中国科学院年鉴

(1997)

中国科学院办公厅　编

科学出版社

1998

内 容 简 介

《中国科学院年鉴（1997）》集中反映了中国科学院1996年各方面的工作情况，包括学部和学部工作，基础研究，资源、生态、环境与社会协调发展，应用研究与发展工作，高新技术企业，人才培养，人事制度改革与队伍建设，国际交流与合作，计划财务，基本建设，科研装备与技术监督，出版与图书情报，思想政治工作与精神文明建设等。同时还登载了有关统计资料。对院属各科研单位也作了比较详尽的介绍。

本年鉴各种资料的截止时间为1996年12月31日。

中国科学院年鉴（1997）

中国科学院办公厅 编

科学出版社出版

北京东黄城根北街16号

邮政编码:100717

中国科学院印刷厂印刷

科学出版社出版发行

*

1998年4月第 一 版 开本：787×1092 1/16

1998年4月第一次印刷 印张：20 3/4

印数：平 1—2030 插页：12

精 1—530 字数：541 000

ISBN 7-03-006332-5/Z·280

定价：68.00元

中国科学院1997年度工作会议4月5日至9日在北京召开

中国科学院双文明建设先进集体和双文明建设标兵在院工作会议上受到表彰。

1996年6月3日，中国科学院第八次院士大会、中国工程院第三次院士大会同时在北京召开。

李鹏总理代表党中央、国务院在中国科学院第八次院士大会、中国工程院第三次院士大会开幕式上讲话。

李鹏总理在第八次院士大会开幕式前会见我院首批外籍院士杨振宁等。

我院首批外籍院士陈省身、杨振宁、丁肇中、田长霖、张立纲在第八次院士大会上。

第八次院士大会选举产生第三届中国科学院学部主席团。

周光召院长在北京百名院士百场科技系列报告活动中作首场报告。

路甬祥副院长率技术科学部院士到北京市作科技报告时与市委书记尉健行会见。

中国科学院院士、复旦大学校长杨福家在上海作科技报告。

师昌绪院士主持两院院士国家重大科学工程备选项目评估会议。

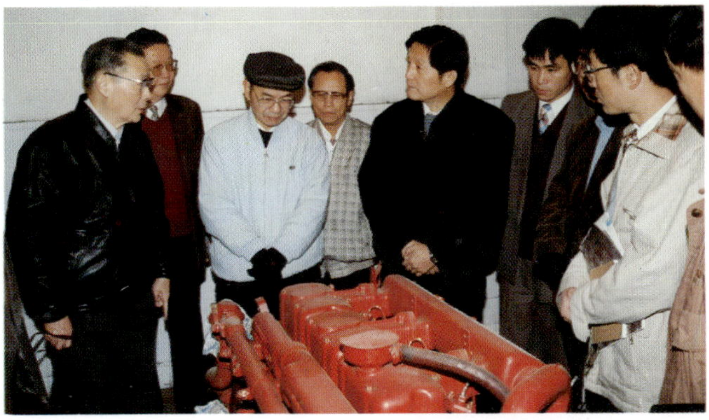

严东生、任美锷院士领导的"长江三角洲经济与社会可持续发展若干问题"咨询项目组到企业考察。

地学部、生物学部共同完成了我国东南红壤坡地农业持续发展问题的咨询报告。图为院士们到农田考察。

北京天文台采用自己研制的高灵敏度探测器和先进软件，一年之内发现6颗超新星，位居世界各国前列。图为超新星巡天系统专用60厘米望远镜。

近代物理研究所“新核素合成和研究”项目组部分科研人员在研究分析他们率先合成并鉴别出的超铀区缺中子新核素镅-235。

理论物理研究所在Bc介子等双重味强子和破裂函数计算研究中取得突破性进展。

上海光机所建成的具有90年代国际先进水平的新一代小型化、高重复频率的飞秒TW级超短、超强激光实验装置。

在国际运筹学联合会第14届学术会议上，应用数学所的“国家经济信息系统项目评估系统”获运筹学进展奖一等奖。

数学所“非线性问题中的局部环境理论”取得突破性进展。

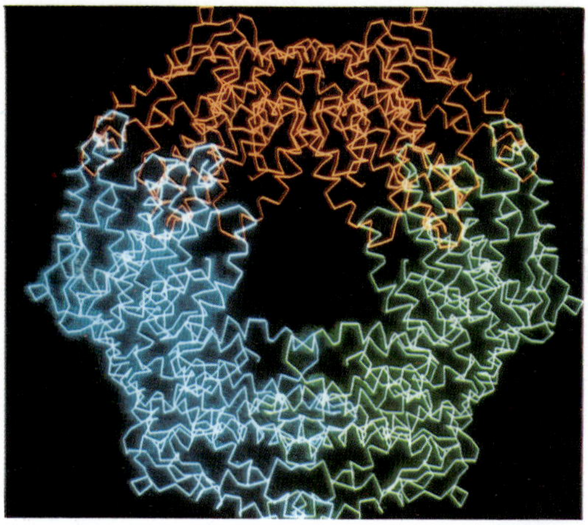

生物物理所 2.8 埃分辨率 R-PE (R-藻红蛋白)三维结构图。

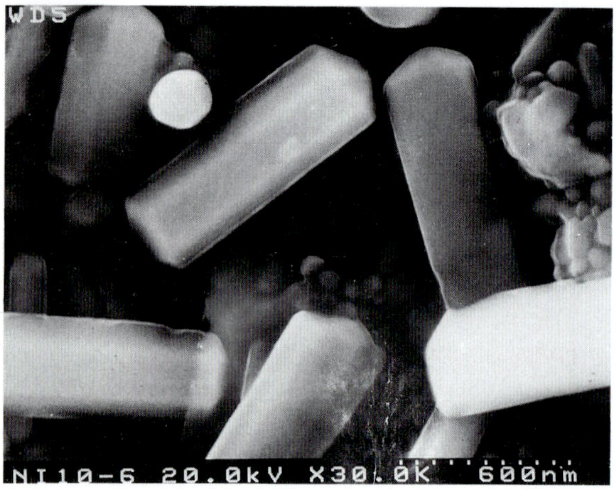

物理所研制的 C-N 晶棒。

上海有机所周维善院士和许杏祥教授因青蒿素结构和全合成研究获 1996 年求是科技基金会杰出科技成就集体奖。

感光所研究发现在可见光或太阳光照射及二氧化钛纳米光催化剂存在下，染料污染物可迅速分解为二氧化碳和小分子化合物。

在洪国藩研究员领导下，水稻基因组物理图构建成功，受到世界各国重视。

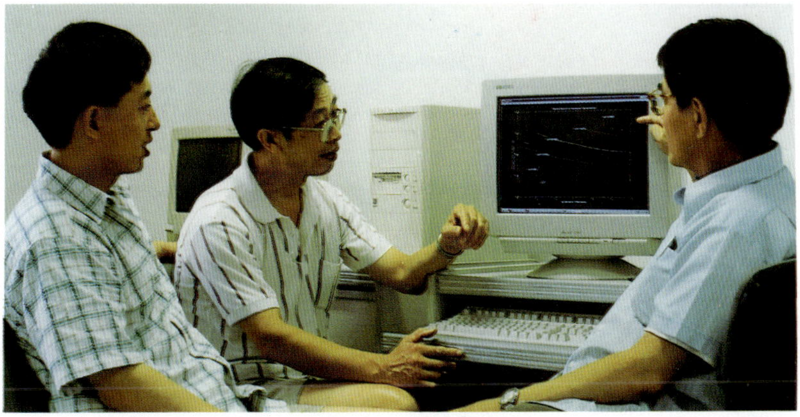

软件所与物理所合作研制成功大规模并行本征值求解软件包PQR，性能优于美国匹兹堡超级计算中心的同类软件包三至五倍。

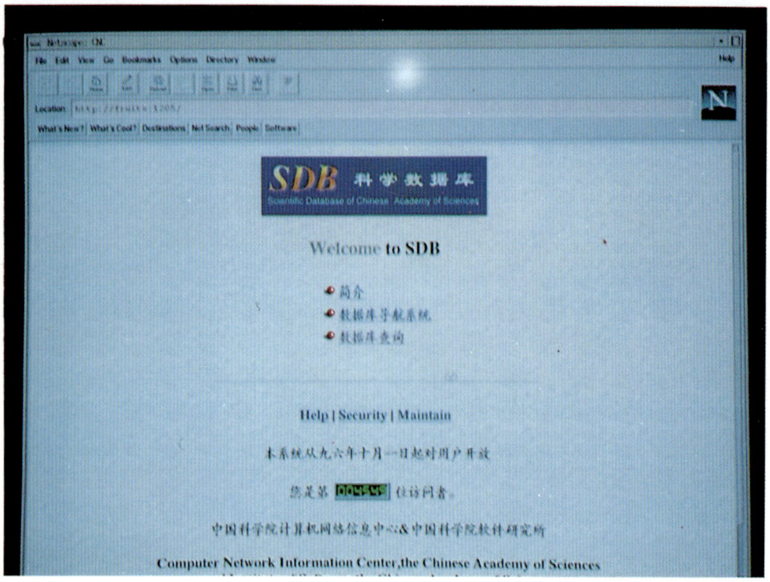

由全院10多个研究所经10多年建设，中国科学院科学数据库及其信息系统于1996年12月通过成果鉴定，可通过INTERNET向国内外提供科技信息服务。

电工所承担的西藏双湖25千瓦光伏电站建设项目是目前我国容量最大的、世界上海拔最高的光伏电站。

动物所与成都大熊猫繁育研究基地合作，采用“雌雄双控”技术和综合方法繁育的大熊猫双胞胎。

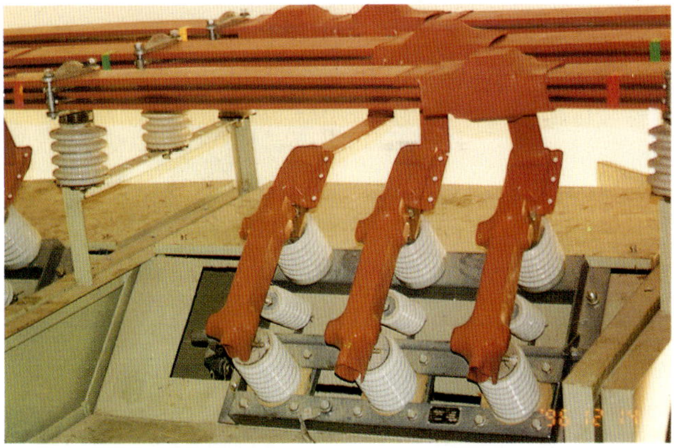

长春应化所热缩材料股份有限公司生产的热缩材料广泛应用于电力、电子、石油等诸多领域。

半导体所研制的大功率半导体激光器。

沈阳自动化所研制的“CR-01”6000米无缆自治水下机器人。

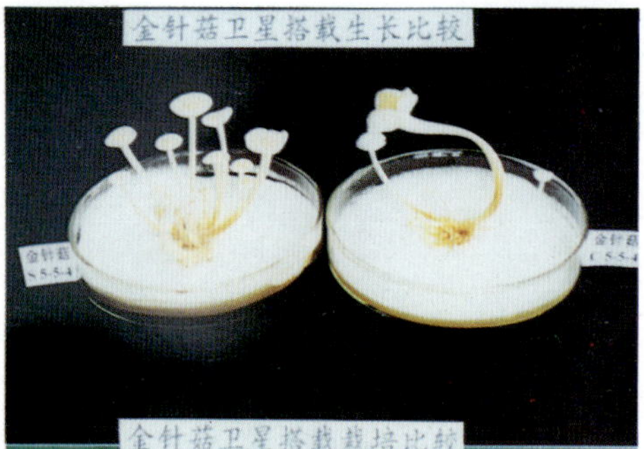

1996年10月，我国成功地发射了第17颗返回式卫星。中国科学院空间科学与应用总体部成功地组织了空间材料科学、空间生命科学及空间环境预报与监测系统的搭载。

高档数控国家工程研究中心生产线一隅。

中国科学院“八五”科技攻关巡礼多媒体光盘。

集RS、GZS、GPS为一体的香港综合地理信息系统，具有空间查询、统计分析、三维显示、视频动画、空间定位等功能。

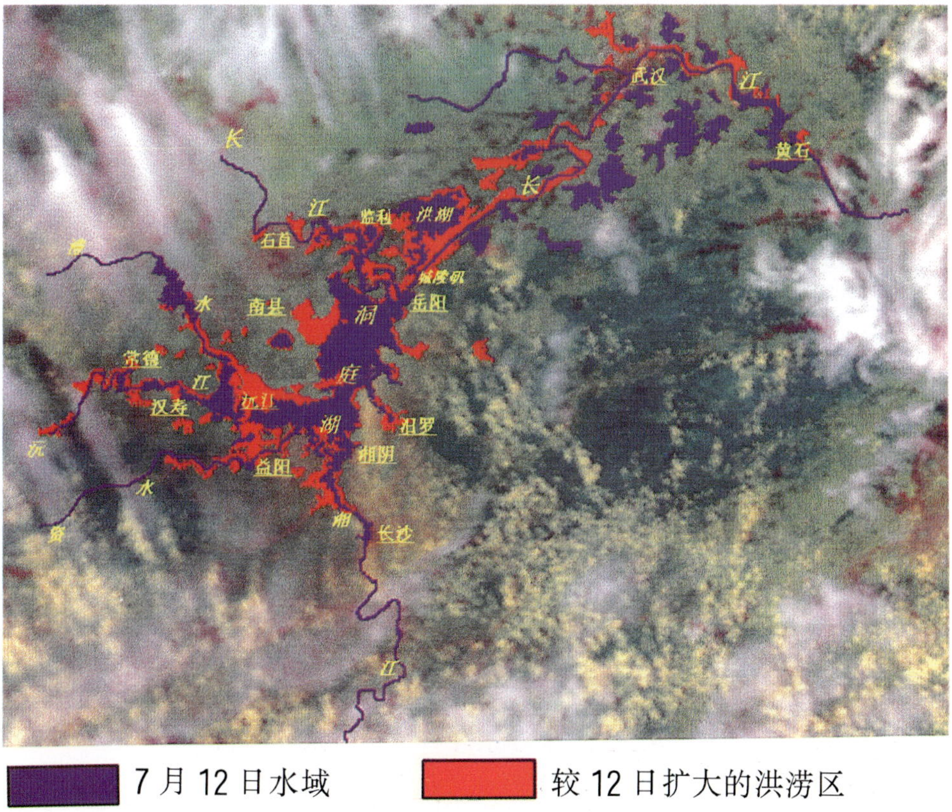

利用美国NOAA气象卫星数据进行汛期水灾监测。图为洞庭湖地区1996年7月23日13时23分NOAA气象卫星汛情图象。

兰州沙漠研究所夏津县试验站沙岗地种植棉花喜获丰收。

水生所在豫北平原开展高效生态渔业模式示范研究。

黑龙江农业现代化所承担的国家攻关项目大豆重迎茬减产机理与对策研究获得进展。

鼎湖山自然保护区。

试区秋色

稻禾平畴似碧毡，敢信昨日碱湖滩？
古河开发换天地，归燕误作小江南。

长春地理所大安试区。

水土保持所利用林草、工程等措施对荒山进行综合治理。

地球物理所复杂地质体精细速度分析及三维叠前深度偏移理论和方法应用于胜利油田并取得成效。图为胜利油田领导会见有关科研人员。

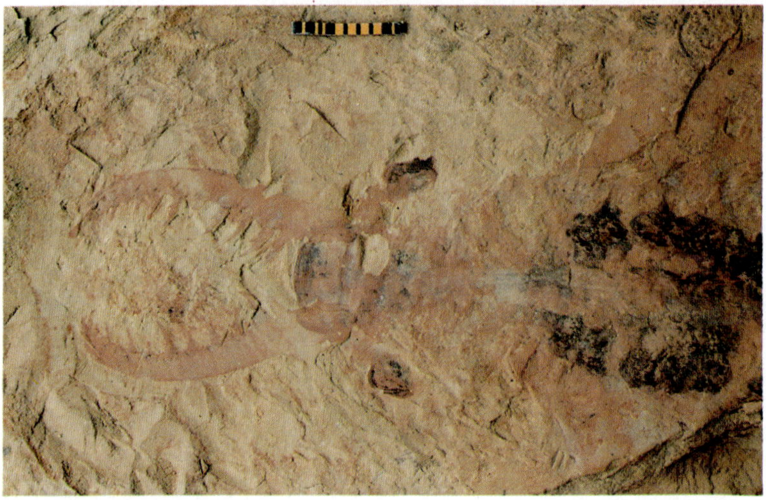

出于澄江帽天山化石群的大型食肉动物奇虾化石。

中国科学院召开科技企业工作会议。

李岚清副总理等参观联想集团公司。

中国科学院1996年度院长奖学金、亿利达奖学金、地奥奖学金颁奖大会。

中国科学院首次教学成果奖评审会。

中国科学院首届京区研究生文艺汇演。

中国科学院留学人员工作组看望在新加坡的留学人员。

科学院教育对口支援三峡库区巫溪县中学计算机房。

中国科学院人事制度综合配套改革工作会议在庐山召开。

白春礼副院长与参加第三期青年科学家暑期学术交流活动的科学家们座谈。

1996 年 6 月 5 日，首届日本桥口隆吉奖颁奖大会在北京举行。

香港大学与中国科学院签署建立联合实验室和设立港大驻中国科学院联络处的协议。

1996 年 10 月 6 日,中国科学院与国际宇航科学院联合举办科学院日活动。

1996 年 11 月,美国明尼苏达大学代表团访问我院,白春礼副院长代表我院与该校签署合作谅解备忘录。

中国科学院上海化学新材料中试基地无机部分学术报告厅和客座宿舍。

上海天文台甚长基线观测站。

昆明动物所工作区后园。

中国科学院召开第五次期刊工作会议。

我院电子出版物发展迅速。

国际图联第62届大会部分代表参观院文献情报中心举办的院士著作展。

文献情报中心参加信息日活动。

中国科学院年鉴（1997）编辑委员会

目 录

综合情况

院属各单位情况

综 合 情 况

综　　述

1996 年是中国科学院继“八五”奋斗之后成果丰收的一年，是“九五”立项初战告捷和结构性调整不断深化的一年，也是全院上下团结奋斗、努力拼搏，向着江泽民总书记提出的“努力把中国科学院建设成为具有国际先进水平的科学研究基地、培养造就高级科技人才的基地和促进我国高技术产业发展的基地”的目标迈进的一年。

一、科研与开发工作成绩显著

1996 年，中国科学院科技人员锐意创新，勇攀高峰，获得了 31 项国家科技进步奖，8 项国家发明奖。在院自然科学奖和科技进步奖评比中，有 86 项获自然科学奖，其中 12 项获一等奖，有 131 项获科技进步奖，其中 4 项获特等奖，15 项获一等奖。全院知识产权意识进一步增强，管理制度进一步完善，专利申请量突破 800 件，与上年相比增长 60% 以上。

中国科学院国家基因研究中心在全世界首次成功地构建了高分辨率的水稻基因组物理图，取得了该领域的领先地位，构建水稻基因组物理图是解开水稻全部遗传信息之谜的重大步骤，并可通过 DNA 测序和基因定位克隆等多种现代技术，为农业遗传育种提供所需的重要基因信息和系统技术手段。灾害性气候预测及其对农业年景和水资源调配的影响和海洋工程的安全、防护及海洋环境研究取得了系列成果，编制了《中国气候灾害图集》，建成了灾害气候资源信息系统。新核素镅-235 的合成，又向超铀区迈进了一步。合成气经二甲醚制低碳烯烃全新方法，达到国际同类研究领先水平，将为我国能源和化学工业做出重要的贡献。我国重要金矿类型的成矿模式、找矿方向及采选冶新技术、新方法研究，在成矿理论、找矿增储、采选冶新技术方面不断有所突破，为提高我国黄金产业的科技含量与生产能力做出了显著的成绩。沙漠公路建设的关键技术研究，解决了国家开发塔里木油田的重大基础工程设施的技术难题。澄江化石群和寒武纪早期生命爆发事件研究，在野外发掘和采集了大量保存精美的新化石类型，其研究成果在国际一流刊物上发表后，使澄江化石群的重大科学意义得到国内外科学界的普遍承认，从而在该领域形成了以我国科学家为主体的研究中心。南极生物资源、环境系统与全球变化项目，钻取了长 701.62 米的冰岩芯、64.3 米的湖芯和海洋柱状物 10.6 米，经综合研究，重建了晚更新世晚期以来的环境历史，探讨了重要的环境演变事件。复杂地质体速度精细分析及三维叠前深度偏移理论与方法的研究，运用复杂地质体速度精细分析新方法，对胜利油田桩西、埕岛两探区的地震资料进行重新解释，预测的潜山顶面深度与地震反射低速带均获得油田钻井证实，并打出了一口日产千吨的高产油气井，这项成果为我国三维地震资料叠前深度偏移理论的研究打下了坚实的基础，为我国油田的实际增产做出了贡献。

1996年，完成了“八五”有关项目的验收总结，中国科学院组织实施的13个国家攀登计划A类项目通过国家科委“八五”总结验收，全部获得综合评价优秀的好成绩，并完成“九五”延续立项的初评工作。在国家计委、国家科委和财政部联合组织的“八五”国家科技攻关总结表彰中，中国科学院有92项重大成果和39名先进个人受到表彰，名列各部委之首。

中国科学院国家重点实验室在评估中继续处于领先地位，1996年组织了生物、地学领域的13个国家重点实验室和14个院开放实验室参加国家的评估，在全国6个优秀实验室中，中国科学院占4个。

科技企业继续健康发展。北京联想集团1996年微机销售量超过20万台，在国内外各种品牌微机中国市场销售量中名列第一。成都地奥制药公司在立足拳头产品——“地奥心血康”的同时，与医药研究院所合作，又推出新药产品，形成了产品多元化的产业结构。长春热缩材料股份有限公司与社会生产要素结合，扩股融资，扩大生产规模和市场占有份额，取得了明显的效果。上海冶金所利用器件封装技术优势，合资建立新康电子有限公司，1996年进出口总额超过1亿美元，纯利润超过500万美元。中科集团以产品和产业发展为主，以联合、创名牌、上规模的方针，对企业和产品进行了调整，确定了电子、医电、新材料等领域的上规模产品。1996年，希望公司的UCDOS软件市场占有率达72%；三环公司的钕铁硼磁性材料年产量达到580吨，销售额2.5亿元；大恒公司的激光加工设备占国内市场的三分之一。中国科技国际信托投资公司以金融和科技相结合为宗旨，狠抓内部的规范化管理和外部的开拓，1996年资产总额达88.1亿元，利润总额6100万元，分别比上年增长了16%和55%。东方科学仪器进出口集团公司1996年进出口总额达9900万美元，营业额达9300万元，净利润1340万元。

二、“九五”立项初见成效

全院“九五”科技任务立项势头良好。到目前为止，全院争取的国家任务经费已超过“八五”水平，横向任务也有较大发展。在争取“九五”立项时，加强了院内外单位合作，通过“九五”立项促进结构调整，取得了良好的效果。

大科学工程按照既定原则分批部署，经国家科技领导小组决策，已确定合肥同步辐射二期工程、大天区面积多目标光纤光谱天文望远镜和中国地壳运动观测网络三项作为首批启动工程，其中中国科学院主持前两项，参与第三项；由中国科学院与上海市人民政府共同建设的上海新一代同步辐射光源即将进入预制研究阶段；第二批项目已报国家计委、国家科委待选，并正在资源、环境、生物等领域积极组织预选立项。

“八五”期间，中国科学院在“863”高技术计划7个领域中，全面参与了17个主题的研究工作，取得了很好的成果，培养了一批中青年科技人才。1996年，在积极做好项目推荐、申报、评审的基础上，已有230多个项目签定了任务合同。

产学研联合开发工程是产业部门、高等院校和科研单位联合推进科技与经济结合、促进科技成果转化的有效途径。1996年，中国科学院一方面加强对实施中的14个项目的管理，另一方面积极争取将“激光毛化”、“热塑料工程塑料技术开发与产业化”、“高档医疗设备”等项目列入产学研计划，其中“激光毛化技术开发示范中心”、“热塑料工程塑料技术开发与产业化”等已立项启动。

由中国科学院与地质矿产部、新疆自治区人民政府联合申请的国家攻关“305”查明新疆优势金属矿产资源及大型矿床的综合研究项目已获批准并已开始实施。中国科学院与国家气象局联合申请的攀登计划项目南海季风试验已通过了初评。沈阳自动化所与北京自动化所、清华大学、机械部的企业联合，承担了“新一代全分部式控制系统”的攻关任务，并与机械部的“智能仪表”及“现场总线的标准与规范”项目单位协同配合，将对我国基于现场总线的自动控制系统和新一代智能仪表的技术开发和产业化产生重大作用。此外，如“微波催化工程技术”、“离子束应用技术”及“工业机器人及其产业化”等项目也已落实。

三、结构性调整步伐加快

1. 结构重组，优势联合，不断探索新的组织模式，完善新的运行机制

为深化科技体制结构性调整的重要措施，开始进行“实验室分类、研究所定位管理”的研究，并积极按“联合、重组、改造、转制”的原则进行跨研究所的调整试点。为了减少重复，加强院内优势力量的联合和重组，1996 年，继武汉数学与物理所和武汉物理所合并以后，又将西双版纳热带植物园从昆明植物所中划出，与昆明生态所合并重组成西双版纳热带植物园。年底，开始酝酿新疆生物土壤沙漠所与新疆地理所的联合重组。上海生命科学研究基地，西北地区干旱、荒漠、高原特殊生态环境地球科学研究基地以及合肥科研教育基地的筹建也取得了积极的进展。

基础性研究所改革试点工作，在学科调整、人员分流、完善机制、突出特点、提高学术水平等方面不断取得可供借鉴的经验，得到国家有关领导和部门的好评。物理所对课题组再次进行优选；化学所的分子科学中心也有实质性的进展；应用数学所在形成发展重点和成立改革指导委员会加强所校结合之后，又提出要从应用出发，开拓所企结合渠道；地球物理所在争取自然科学基金等国家项目的过程中，加大了队伍调整的力度，取得了很好的效果；生物物理所为筹建结构生物学中心也做了充分的准备。

科学中心建设得到进一步发展和完善。上海生命科学中心已试运行两年，实行了全员合同聘任制，建立了 7 个研究组，已开始对遗传性精神病的基因连锁分析，细胞分裂和分化的调控，神经营养因子和神经损伤、修复的关系以及转移核糖核酸的前体研究等问题开展工作；积极探索与海外优秀青年科学家合作在中心建立研究组并把研究组设置在有关研究所，由中心和所共同支持的新模式；开始建立有外国科学家参与的顾问委员会，逐步使评估工作“国际化”；建立了“生命科学学术论坛”，已组织学术报告会、研讨会 17 次，国际学术会议 3 次。1996 年，还成立了凝聚态物理中心和晨兴高等数学中心。凝聚态物理中心以改造一所为主，是以物理所的超导实验室、磁学实验室、表面物理实验室、光学实验室及原属北京科仪中心的电镜实验室和真空物理实验室等 6 个国家和院开放实验室为基础建立起来的。而晨兴高等数学中心是独立于原来的数学各所之外的新型科研实体，它通过中心的管理委员会和学术委员会成员及其工作，与各所和高等院校

取得联系，以造就杰出的中青年数学家，在前沿领域做出世界水平的科研成果。晨兴高等数学中心的建立，也是争取企业界支持兴办科研实体的重要尝试。此外，还以中国科学院认知科学实验室和北京医院的核磁共振成象装置为基础，与卫生部共同合办了脑认知成象研究中心。

“三片一线”基地建设是中国科学院资源、生态、环境领域进行结构性调整，突出区域特色和学科特色的重大举措。1996年，成立了“三片一线”基地建设领导小组和规划小组，召开了各种类型的研讨会，重点抓了西南、西北两片基地建设的试点工作，取得了实质性进展。对北京片、长江一线及其它地区地行了调研，初步形成了“三片一线”基地建设的基本框架。西南片，着重对云南几个生物学领域研究所的方向和机构进行了调整，将相关研究所的优势有机地组装集成起来，建成东南亚生物多样性中心，争取在国内形成优势，在国际上具有一定的地位。西北片，提出了将西北地区建成有区域特色和学科特色的“干旱、荒漠、高原特殊生态环境地球科学研究基地”的框架设想，提出了西北基地建设中基础性研究、应用研究和开发研究的方向和课题，即在理论研究方面，充分发挥地域优势，开展全球变化和地球系统科学研究，出高水平的成果；在为地方经济服务方面，从西北7省区需求出发，开展社会经济持续发展的集成研究，形成新的优势，解决重大资源、环境、灾害、生态、区域、农业等方面的科技问题；在开发研究方面，开展石油、天然气、土地资源、水资源、生物资源和作物品种等的开发工作，建立若干个新兴产业孵化基地或工程研究中心。北京片研究所在国内外有一定影响，要在加强应用和开发研究的同时，积极开展国际前沿的研究工作，作出国际一流水平的研究成果。长江沿线要作为一个整体加以设计，根据上中下游不同区段的特点有步骤地加以组织，沿线各所主要围绕农业持续发展、生物多样性保护与利用、区域规划和山地灾害等开展工作。

工程研究中心的建设有力地促进了研究所的改革与结构调整，促进了科研人员观念的转变和科研成果的转化，培养了一批青年科技人才，初步建立了面向市场、面向国家经济建设的新机制，产生了一定的社会影响，有些工程中心的建设和发展，已对行业技术进步发挥重要作用，如大连化物所催化工程技术研究中心、沈阳机器人工程研究中心等成绩显著，分别在甲氰菊酯类农药和工业机器人产业化方面迈出了重要的一步。1996年，在原15个国家工程（技术）中心的基础上，经国家科委批准，新成立了金属腐蚀控制、遥感应用、天然药物和高性能计算机4个国家工程技术研究中心，国家计委批准立项的高档数控和光电子器件工程研究中心通过了验收。同时，还成立了我院第一个院级工程研究中心——信息安全技术工程研究中心。

青年实验室为吸引、锻炼年轻科技人员发挥了作用。北京天文台青年天文研究中心以开放、流动的机制，吸引国内优秀青年客座访问学者和国外留学人员来中心工作，同时以特邀报告、定期学术研究进展报告、参与全国性专业学术研讨会、举办暑期讲习班等方式，加强学术交流，提高学术水平。上海细胞所与德国马普联合实验室继1995年设立了第一个青年科学家小组后，1996年又设立了第二个青年科学家小组，青年科学家们思想活跃，富有创新和拼搏精神，已取得了可喜的成果。

2. 加强与地方、行业、大学及大中企业的联合，使中国科学院深深植根于中国社会

1996年，中国科学院积极组织科技力量投入地方的经济建设和社会发展，得到了当地政府的欢迎和经费、政策上的支持，取得了明显的成效。如：与上海市开展了基础研究和高技术研究、开发与产业化及人才培养等方面的全方位、高层次合作，共建上海生命科学研究中心和上海新材料中心；联合向国家申请建设上海新一代同步辐射装置；上海分院与上海大学共同筹建研究生院等；光盘及其应用国家工程中心和微电子国家工程中心与市属企业联合，转制为股份制企业，加快高技术产业化的进程。与江苏省合作的50个技术合作项目已开始实施，双方同意在常熟共建“设施农业工程研究中心”，并在滩涂综合开发、丘岗地利用与中低产田改造、太湖与淮河环境综合治理、合理利用水土资源等方面开展合作。广州分院组织了4项广东省“九五”重大项目，总经费达1266万元。辽宁省计委确定的1997年10项产业化项目中，沈阳分院各所承担7项。与吉林省共建北方液晶工程技术研究开发中心，组织东北区域农业综合开发联合攻关；与浙江省又进一步洽谈成功了13个技术转让项目；与云南省合作的“滇池综合治理”项目正式列入云南省1996年度第一批重点科技项目。此外，与新疆、青海、贵州、天津等的合作也有积极的进展。与宝山钢铁公司签订了5项合作项目，激光毛化技术已推广到宝山、本溪等钢铁公司。

3. 注重加强与国外及港澳台地区的合作

学术交流继续加强，合作研究不断深入，并进一步发展到合作建立科研机构，形成全方位国际合作的新格局。与德国大众汽车基金会、马普学会等联合成立的催化基础、环境生态化学、毒理等联合实验室，在理论研究、改善研究条件、培训人员方面做出较大成绩；与摩托罗拉公司经过几年合作研究后，也成立了联合实验室，共同研制高性能计算机及通讯产品；与德国戴姆勒-奔驰集团合作成立了电子器件封装联合研究实验室，将合作从生产向研究推进了一步。

适应香港97回归，在中国科学院推动下，香港人士发起成立了香港中华科学与社会协进会，在扩大中国科学院影响、推动香港与内地合作方面发挥了作用；中国科学院还与香港大学、香港科技大学等联合建立了新材料、生命科学与生物技术等联合实验室等。

四、跨世纪人才工程初见成效

随着新世纪的到来，对人才代际转移的认识不断增强。6月在庐山召开了全院人事制度综合配套改革工作会议，总结交流了10年来中国科学院人事制度改革和队伍建设的经验，研究部署了“九五”期间的任务。启动了全员合同聘任制和按需设岗、按岗聘任为核心的专业技术职务制度改革等人事制度配套改革措施。长春分院从领导班子的年轻化入手，促进研究所的结构调整，现长春分院所级干部平均年龄47岁，所长平均45岁。长春光机所、长春地理所、长春应用化学所、发育生物学所、计算数学与科学工程计算所等实践表明，这批年轻所长富有开拓精神，能着眼于下个世纪的发展，提出新的奋斗目标，制定出切实可行的措施，得到全所上下的支持，研究所的凝聚力和活力增加，面貌发生了可喜的变化。

为加速青年科技将帅人才培养的“百人计划”已实施3年，已入选的30多人绝大部分都取得了相当好的成绩，不少在本学科领域表现出很强的发展势头，凝聚出一批高水平的科研群体。培养、选拔、吸引2000名年轻研究员的工作正在加大力度。为加强青年一代的创新能力，建立了院青年创新基金；为边疆地区吸引人才，启动了“西部之光计划”，将在5年内投入1000万元，与地方政府共同支持100位左右在西部及边远地区研究所工作的优秀年轻科技人才。

研究生教育继续开拓生源渠道，改善条件，调整结构，提高质量，适度发展。1996年全院招收博士生1603名，硕士生2028名，达历史最高水平。新进站博士后300人。同时，经过努力，新增博士授予单位6个，新增博士点12个，硕士点21个，结构和布局更趋合理。

中国科学技术大学完成了“211工程”规划建设立项的全部工作，1997年国家拨款到位后即可启动。

五、学部工作开拓了新思路

1996年，制订了《中国科学院学部“九五”工作规划纲要》，提出了“突出重点做好咨询评议、学术交流、科学普及等学术性工作，加强院士队伍组织建设，加强科学道德与学风建设，为科技进步和人才培养做贡献，为经济建设和社会发展做贡献，为提高全民族科学素质做贡献”的任务和目标，使学部工作进入向高水平、深层次方向发展的新阶段。

组织开展了对若干重大项目的咨询评议。受国家计委、国家科委委托，会同中国工程院，组织两院院士对国家重大科学工程9个备选项目进行了咨询评议。组织30多位院士和专家开展的长江三角洲地区经济社会可持续发展战略问题咨询项目，受到国家计委和江、浙、沪地区领导部门的高度重视。此外，技术科学部的《我国城市交通问题的现状与建议》、生物学部的《中国药物研究与发展》、地学部的《关于东南红壤丘陵坡地农业持续发展问题的建议》和《关于香港填海工程计划的初步评估意见》等，受到有关方面的重视。

与中国科协联合发起，自3月拉开序幕的“百名院士百场科技系列报告会”活动，已有100多名中国科学院院士面向高中级领导做了约150场报告，听众约10万人次，引起很大反响，产生了很好的社会效果。

成功召开了第八次院士大会，学部主席团和常委会顺利换届，选举产生了10名新的外籍院士。推出了加强精神文明建设的新举措，成立了学部科学道德建设委员会，与中国工程院主席团联合发出了《做物质文明建设的先锋，当精神文明建设的表率》的倡议书，对科技界精神文明建设起到很好的促进作用。

六、一九九七年工作设想

1997 年，中国科学院将围绕组织重大科技任务、加强跨世纪科技和管理队伍的建设和加强科研基地建设三个主要方面开展工作。

1. 组织"九五"重大任务，为国民经济和科技发展做出重大贡献

组织重大任务，其根本目标是要为国民经济和社会发展做出重大贡献，为科学的发展做出中华民族应有的重要贡献。同时借助"九五"重大项目的组织，一要强调任务带动调整，通过重大项目的带动，加快结构性调整步伐。二要通过重大项目的实施，形成下世纪发展的生长点。三要通过项目带动、凝聚和锻炼出一支支撑下个世纪发展的骨干队伍。为此必须要有长远考虑，纵深布局。中国科学院作为一个多学科的综合团体，必须发挥综合优势，加强系统集成能力，致力解决国家重大 的综合性的科技问题。要围绕既定的战略目标，选择那些有综合优势又能够很好系统集成起来的项目，精心组织，重点突破。

重大任务的组织，关键是看准战略方向，选好将帅人才。在中国科学院重大项目的组织中，将充分发挥专家的才智和主导性，赋予充分的学术领导权和组织领导权，院所要为之提供必要条件支持和保障，院机关业务部门和有关研究所将把工作重点转移到选准方向找准将帅、组织协调、动态调整、综合配套支持服务和阶段评估上来，形成既相对稳定支持重要战略方向，又能对国内外科技发展变化敏捷响应的组织体系和运行机制。为此，将采取以下措施：

(1) 按已有文件规定的条件，精心选择重大项目的负责人或群体。考虑到战略方向的相对稳定性及中国科学院代际转移高峰的来临，院"九五"重大任务的负责人要进一步年轻化，在宏观总量上，50 岁以下的负责人不低于 50%，65 岁以上的老专家原则上不再担任负责人，由 55 岁以上专家牵头的项目，原则上应配备年轻的执行负责人。

(2) 基础性研究重大项目，试行首席科学家或项目专家组负责制；应用研究与开发类重大项目，实行项目经理负责制。院所机关要简政放权，保证项目负责人或专家小组在实施过程中的决策权和有限资源调配权，包括子项目及其负责人的选择权、项目经费的调控权。

(3) 院机关和研究所要在加强服务的基础上，建立科学的项目评价体系和对项目负责人的考核、调整规则，院设立特别支持费，对进展好的项目予以强化支持，并根据结构调整和基地、队伍建设等目标予以综合配套支持；对进展不好的项目，适时调整经费，调整项目负责人，直到中止项目执行。

2. 加强跨世纪科技和管理队伍的建设

1997 年，中国科学院科技队伍开始进入本世纪末的退休高峰期，在今后 3 年左右时间，全院现有 72%的研究员（约 3000 名）要退休。要高质量地实现"代际转移"，全院队伍在宏观上要从"八五"期间"以老带新，老中为主"的结构转变为"九五"期间的

“新老交替，青中为主”的结构，建设跨世纪的科技和管理队伍。

(1) 结合重大科技任务、基地建设等工作，制订政策措施，加快学术带头人、科技骨干队伍的年轻化步伐。

要进一步拓展“百人计划”等人才培养计划的思路，对于承担国家重大任务、有较大任务经费的单位，可以采取统筹规划、保证质量、公开招聘、择优选聘、院所结合、共同支持的方式，充分利用在研的任务经费和岗位，放手培养和吸引科技将帅人才。“321工程”中2000人的培养计划，也要与院重大、重点及其他科技任务相结合，采取从任务需求出发，以项目自身经费和岗位锻炼为主，院择优进行综合资源匹配支持的方式进行。

要充分发挥中国科技大学在培养年轻人才方面的优势，结合“211工程”，支持科技大学实现第三次创业。加快北京、上海、合肥等相对集中的人才基地建设步伐，采用开放、流动、联合的机制，吸引、培养、凝聚和输送优秀的年轻科技人才。

要结合实际，吸收国际上现代科研管理服务的有益经验，加强管理创新，优化队伍结构，建设一流的管理队伍。对新换届的领导班子中，小于50岁的人员原则上不低于50%。未到届的各单位，也要注意选拔优秀年轻干部，可采用先进后出等方式补充年轻人才进入班子。用3年左右时间，使全院所级领导班子实现“新老结合，中青为主”的结构。

各级学术组织，包括院一级的专家委员会，各所的学术、技术委员会，要大幅度增加年轻人的比例，其中院一级专家委员会、专家组等，45岁以下的研究员原则上不低于30%，所级学术、技术委员会原则上不低于50%。

3. 加强科学研究基地、高技术研究与创新基地和人才培养基地的建设

在基础研究领域，基地建设主要是指建设好100多个国家和院开放实验室、按新结构模式和运行机制组建起来的科学研究中心、以大科学装置为中心的研究基地及经过学科优化、队伍精干后以基础研究为主的研究所，一方面要保持其学科方向、科研队伍的相对稳定，从装备、经费等方面给予稳定的支持，另一方面要继续贯彻“开放、流动、联合、竞争”的方针，从机制上保证其充满活力。

在资源、环境、生态研究领域，基地建设的主导思想是在各研究所学科定位和优势分析的基础上，逐步强化各所的学科优势，在促进研究所间优势互补的前提下，建设具有明显区域特色的资源、生态和环境研究基地，即“三片一线”区域建设的格局。

在高技术创新与发展领域，从研究所自身定位入手，重点抓好30～40个主要从事高技术创新与发展的研究所，抓好国家重点实验室和院开放实验室的分类管理，完善工程研究中心的运行机制。积极探索市场经济体制下高技术创新研究与发展的新机制。

人才培养基地建设，要在稳定支持中国科学技术大学及其研究生院的同时，与科学研究基地建设、重大科研任务的组织实施紧密结合起来，要将人才培养纳入到科学研究基地建设的计划之中，使科学研究基地同时也成为培养和造就高级科技人才的基地。

中国科学院主要领导

院　　长	周光召
副 院 长	路甬祥　严义埙　许智宏　陈宜瑜　白春礼
秘 书 长	竺　玄
副秘书长	王玉民　郭传杰
党组书记	周光召
党组副书记	余志华
党组成员	路甬祥　许智宏　陈宜瑜　白春礼　王德顺

中国科学院院部机关机构

办　公　厅

主　任　马彤军

副主任　蒋崇德　戴明华

下设处室：秘书处、文书机要处、信息处、公关协调处、档案处、财务处、办公室、图书情报出版委员会办公室、党组办公室。

基础研究局

局　长　钱文藻

副局长　王贵海　祖钦信

下设处室：办公室、综合处、学科规划处、数学力学天文学处、物理学处、化学处、生物学处、技术科学处。

自然与社会协调发展局

局　长　秦大河

副局长　佟凤勤

下设处室：办公室、综合处、国土与环境处、地球科学处、宏观生物学处、农业项目办公室、遥感与地理信息处。

应用研究与发展局

局　长　顾文琪

副局长　桂文庄　郁小民

下设处室：办公室、综合计划处、工程技术处、技术经济发展处、信息与光机技术处、化工材料处、能源处、应用生物学与生物技术处、空间遥感技术处、军工办公室。

学部联合办公室

主　任　郭传杰（兼）

副主任 何仁甫 韩存志

下设处室：综合处、学术活动与调研处、数理学部办公室、化学学部办公室、生物学部办公室、地学学部办公室、技术科学部办公室。

高技术企业局

局　长 李致洁

副局长 赵　勤 刘晓群

下设处室：综合业务处、企业管理一处、企业管理二处、企业管理三处。

计划财务局

局　长 王声孚

副局长 丁晓良 阎成德

下设处室：办公室、预算与综合处、财会制度管理处（与院财务大检查办公室合署办公）、国有资产管理处（与院清产核资办公室合署办公）、固定资产投资处、装备处（与院机电设备进口协调办公室合署办公）、机构编制处、统计处、成果处、专利处、技术监督处、规划处、开放实验处。

科技政策局

局　长 王玉民（兼）

副局长 曹效业

下设处室：综合业务处、科技战略处、科技政策处、研究所联系处。

国际合作局

局　长 程尔晋

副局长 梁增勇 葛明义

下设处室：办公室、一处（亚非拉、日本）、二处（欧亚）、三处（美大）、四处（国际组织）、五处（西欧）、综合计划处、财务处、研究室、外资外贷办公室。

人　事　局

局　长 张永庆

副局长 黄伯明 黄海霞

下设处室：办公室、调配处、领导干部处、科技干部处、机关人事处、工资福利劳保处。

基本建设局

局 长 薛钟灵

副局长 戚 强 王志刚

下设处室：办公室（与人防抗震办公室合署办公）、综合计划处、规划设计处、房地产处。

教 育 局

局 长 李云玲

副局长 石庭俊

下设处室：综合处、留学人员处、研究生处、继续教育与培训处。

科技安全局

局 长 何远光

下设处室：综合处、安全处、技安处、治安处、保密处。

京区党委

书 记 王玉民（兼）

常务副书记 蔡春雷

副书记 郭曰方 杨建国

下设处室：办公室、组织部、宣传部、统战部、机关工作部、团委办公室、工作办公室。

离退休干部局

局 长 周凭栏

副局长 张洪春 潘世起

下设处室：办公室、调研处、老专家处、机关离休干部处、机关退休干部处、教育活动处。

纪检监察组

由中央纪律检查委员会驻院纪检组、监察局与京区纪委合署办公。

下设处室：综合办公室、纪检监察一室、纪检监察二室、纪检监察三室、审理教育室。

中央纪律检查委员会驻院纪检组

组　长　王德顺

副组长　李京顺　郑高本

监　察　局

局　长　李京顺

副局长　高凤春

京区纪委

书　记　郑高本

副书记　过生如

审计署驻院审计局

局　长　王　青

副局长　李晏婴　刘冬红

下设处室：办公室、京区处、综合处。

学部与学部工作

1996年，中国科学院学部在制定发展规划、组织各种重大活动、广泛开展咨询评议活动、积极开展学术交流等方面做了很多工作，在社会上产生了很大的影响。

一、院士大会圆满召开，“百场报告”轰动全国，规划纲要意义深远

1. 第八次院士大会隆重召开

1996年6月3日，中国科学院第八次院士大会和中国工程院第三次院士大会在北京同时召开。李鹏、刘华清、温家宝、罗干等党和国家领导人以及中央、国务院各有关部门的领导出席了开幕式。全国人大常委会副委员长、中国科学院、中国工程院主席团成员吴阶平在开幕词中指出了两院院士大会的中心任务：动员和组织两院院士，广泛团结全国科学家和工程技术专家，积极推进科教兴国战略和可持续发展战略的实施，为全面实现八届人大四次会议通过的国民经济和社会发展“九五”计划和2010年远景目标纲要做出新的贡献。同时，还宣布了中国科学院、中国工程院的决定：从1996年起，两院院士大会将同时同地联合举行，时间定在每逢双年6月的第一个星期，以利于促进两院的交流和密切合作，有利于工作进一步走向规范化。

李鹏总理在开幕式上做了重要讲话。李鹏总理说，要实现“九五”计划和2010年的远景目标，关键在于推进从传统的计划经济体制向社会主义市场经济体制的转变，推进经济增长方式从粗放型向集约型的转变，实施科教兴国战略和可持续发展战略。但实现两个转变，特别是经济增长方式的转变，是一个非常艰巨的任务，归根到底就是要加快科技进步，提高科技因素在经济增长中的含量，大力发展教育，培养德、智、体全面发展的各类人才，全面提高劳动者素质，发展生产力，提高综合国力。

李鹏总理说，当今世界上，科技水平已经成为衡量综合国力的重要标志。我国经济和社会正处在高速发展阶段，对科技开发，尤其是对高新科技的开发应用，有着更急切的需求。党和政府期望两院院士对经济和社会发展的重大科技决策积极提供咨询建议，促进国家宏观决策的科学化、民主化。两院分工虽然有所不同，但总目标一致，工作任务往往前后衔接，互相渗透。因此，两院之间应紧密合作，加强协作，以充分发挥两院的综合作用。

中国科学院首批外籍院士陈省身、杨振宁、丁肇中、田长霖、张立纲等5位教授应邀出席了开幕式，并发表了热情洋溢的讲话。会前，党和国家领导人李鹏、刘华清、温家宝、罗干等亲切会见了他们。

中国科学院院长、学部主席团执行主席周光召和中国工程院院长朱光亚分别在大会上作了工作报告。

6月3日下午，中共中央政治局常委、国务院副总理朱镕基到会向两院院士作了关于

当前国家经济形势、国有企业改革与促进科技进步的报告。

在6月3日至6月7日的中国科学院第八次院士大会上，与中国工程院联合进行了大会学术报告；分学部听取了各学部工作报告，开展了学术交流活动，进行了各学部常委会的换届，选举产生了各学部第八届常委会。全体院士通过了修订后的《中国科学院院士章程》；选举产生了第二批中国科学院外籍院士罗伯特 W. 康、卓以河、W.N. 克里斯琴森、朱经武、简悦威、高锟、林同炎、毛河光、沈元壤和P.J. 威利；选举产生了第三届学部主席团。

在6月7日下午的两院全体大会上，颁发了首届中国工程科技奖和第六届（1995年度）陈嘉庚科学奖。由中国科学院学部评选产生的第六届陈嘉庚科学奖的获得者是：数理科学奖黄昆、化学科学奖梁树权、生命科学奖汤佩松、农业科学奖张福绥、医药科学奖姜泗长、地球科学奖叶笃正、信息科学奖杨嘉墀、技术科学奖李国豪。

2. “百名院士百场科技系列报告”活动蓬勃开展

自1996年3月以来，为贯彻落实中共中央、国务院《关于加速科技进步的决定》和《关于加强科学技术普及工作的若干意见》的精神，实施科教兴国战略和可持续发展战略，提高全民族的科学文化素质，中国科学院和中国科协联合发起，并会同中国工程院以及中央、国务院有关部委和一些省、区、市共同举办了主要面向各级党政领导干部的“百名院士百场科技系列报告”活动。

这一活动得到了中央领导同志、中央和国务院有关部委、有关省、区、市的高度重视，同时也得到了中国科学院院士和中国工程院院士的积极响应。从3月18日开始，报告会陆续在北京、上海、天津、沈阳、长春、南京、合肥、武汉、广州、成都、昆明、西安、呼和浩特、兰州、青岛等十几个城市举行。据统计，共有120余位中国科学院院士作了近140场报告，听众累计近10万人次。此项活动在全国各地引起了很大反响，受到广大干部的热烈欢迎，收到了良好的社会效果。

3. 研究制订《中国科学院学部“九五”工作规划纲要》

在认真总结学部“八五”工作（主要是实现了院士增选工作的制度化、规范化和国际化）的基础上，学部联合办公室经过向全体院士和有关部门广泛调研，起草了《学部“九五”工作规划设想》，提出了重点做好咨询评议、学术交流、科学普及等学术性工作；加强院士队伍组织建设和加强学部科学道德与学风建设；为科技进步和人才培养做贡献；为经济建设和社会发展做贡献，为提高全民族科学素质做贡献的总体目标。特别是将加强咨询评议、学术交流和科学普及等学术性工作明确为“九五”期间学部工作的重点。这一“规划设想”得到院党组和主席团会议原则肯定，经第八次院士大会审议后，修改制订为《中国科学院学部“九五”工作规划纲要》，对今后学部各方面工作的发展具有重要的指导意义。

二、认真开展咨询评议，为国为民献计献策

1. 技术科学部向国务院呈送《当前我国大城市交通问题的原因、趋势与建议》

技术科学部于1994年7月确定了以周干峙院士为首的“我国大城市交通问题的研究”咨询课题组，随后组织部分院士和有关专家进行了一年多的调查研究，经技术科学部常委会多次审议后，于1996年5月17日向国务院呈送了《当前我国大城市交通问题的原因、趋势与建议》的咨询报告。报告介绍了国外城市交通发展的状况，分析了我国大城市交通的特点和制约交通发展的原因、发展前景及目标。提出了以下措施和建议：(1)加强城市政府对交通的统一领导，建立大城市的交通委员会；(2)增加路网密度，提高交通建设决策水平；(3)疏散大城市中心区人口，调整城市土地使用功能；(4)落实优先发展公交的政策，调整过低的公交票价，优化公交运行条件；(5)采取交通限制措施，适应私人小汽车的需要，车和路的发展相互协调；(6)加强经济可行性研究，重点发展特大城市的轨道交通；(7)广开渠道，多种形式解决资金来源；(8)加强科学技术研究力度，提高全民交通意识。宋健国务委员5月8日批示：请计委和建设部研究科学家们的建议。

2. 地学部向国务院呈送《关于东南红壤丘陵坡地农业持续发展问题的建议——江西、广东考察咨询报告》

1994年2月，地学部常委会决定以“我国生态脆弱地区持续发展与科技脱贫”为题对我国3个典型生态脆弱地区进行考察调研。

1994年5月上、中旬，部分院士、专家考察了贵州、云南岩溶石山贫困地区，考察结束后于1994年7月向国务院提交了咨询报告；1995年8月下旬至9月上旬院士专家考察组考察了我国西北干旱区典型地区之一的黑河、石羊河流域，针对其合理用水和拯救生态问题于1995年10月向国务院递交了咨询建立。院士考察组于1995年12月对江苏省、广东省有代表性的东南丘陵山区进行考察后，形成了第三个咨询报告——《关于东南红壤丘陵坡地农业持续发展问题的建议》，并于1996年7月4日呈送国务院。

3. 化学部、生物学部向国务院呈送《关于我国药物研究与开发的建议》

1993年化学部常委会组织了以王夔、梁晓天院士牵头的“新药研究的途径”课题组，经过两年多时间的调研，向全国180多位在药物研究与开发以及药厂工作的人员征求意见并组织有关专家多次讨论，提出了咨询意见。1994年生物学部常委会确定了“我国药物研究与发展”课题组，由孙曼霁、陈可冀院士负责，吴征镒、周廷冲、嵇汝运院士为顾问，组织了30多个有关部门的科技、管理人员参加了调研工作，于1996年初形成研究报告。在两个咨询意见的基础上，经过化学部、生物学部两个学部常委会的多次讨论和修改，共同形成了向国务院提交的咨询报告——《关于我国药物研究与开发的建议》，于1996年8月14日呈送国务院。

报告分析了我国药物研究与开发的现状，认为在世界各国严格实行药品专利保护制

度和我国即将加入世界贸易组织的新形势下我国药物研究与发展面临的主要问题，提出了加快我国药物创新研究与开发的建议：(1) 抓住机遇，转变战略，努力创新。改革药物筛选机制，尽快建立一批GLP实验室、GCP临床基地和GMP药厂，使药物研究与生产严格符合国际标准。(2) 大力发展中药品的研究与开发。重点抓好普筛、中成方开发、制剂和“科学中药”的研制。支持中药和西药二者相融合的开发研究。对中药成方的新药审批政策规定做适当修改和放宽。(3) 大力扶植国营药厂。增加对国营药厂的科技投入，以我国专利为依据或不在国外专利限制范围的药品首先投放在国营药厂生产。给国营药厂更多的自主权，使其能与三资药厂公平竞争。(4) 增加资金投入。从目前我国药物研究中有苗头的化学药物来看，只要保证一定的投资强度，到2000年10～15个新化学药品上市，2～3种药品进入国际市场是有希望的。(5) 改革管理体制，建立有权威的调控指挥机构（如美国的FDA）。统筹规划，合理布局，分工协作，合理使用资源，避免低水平重复。

4. 中国科学院学部和中国工程院受国家计委和国家科委委托，共同组织两院院士和有关专家对国家重大科学工程9个备选项目进行咨询评议

根据两委的文件精神，在中国工程院副院长、中国科学院学部主席团咨询评议工作委员会主任师昌绪院士的领导下，成立了由两院院士等组成的咨询专家组，分别到有关单位对国家重大科学工程的7个备选项目进行了现场考察。

6月9日～6月12日，召开了国家重大科学工程备选项目评议会，除咨询考察组的13位院士外，还邀请了有关院士及同行专家参加。在听取了9个项目申请单位的汇报后，与会的专家们站在国家的立场上，本着对我国科技事业认真负责的精神，对项目进行了评议。根据评议的结果，国家计委、国家教委报请国家科技领导小组批准，两委已组织启动了其中3项，即：(1) 大天区面积多目标光纤光谱望远镜（中科院北京天文台，北京）；(2) 国家同步辐射实验室二期工程（中国科技大学，合肥）；(3) 中国地壳运动观测网络（国家地震局，北京）。

11月9日～12日在师昌绪院士和中国科学院数理学部主任方守贤院士的主持下，进一步对其余的两个申请项目——“北京放射性核束装置”和“兰州重离子加速器存储环工程”进行了评议。中国科学院和中国工程院16位院士以及核物理领域的9位同行专家以及申请单位的专家经过同场认真、深入、严谨的讨论和辩论，最后由评审院士、专家分别填写了评价表以及个人评价意见，密封后送交国家计委和国家科委。会上还探讨了核物理领域的发展趋势。中国科学院周光召院长、中国工程院朱光亚院长、国家计委王春正副主任、国家科委邓楠副主任到会发表了重要讲话，两委项目主管机构的负责人，以及中国科学院基础研究局和核工业总公司科技局的负责人等出席了会议。

5. 生物学部组织部分院士和有关专家评议“全息生物学”

根据李岚清副总理、宋健国务委员对新华社《国内动态清样》1995年第2906期的批示，生物学部于1月26日在北京组织部分院士和有关专家对山东大学张颖清教授的“全息生物学”进行了评议，评议意见已经上报国务院。

6. 沪、宁两地院士提出开展《关于长江三角洲经济与社会可持续发展若干重大问题咨询的建议》项目的意见

沪、宁两地院士经过酝酿筹划，于5月23日在上海召开会议，提出了开展《关于长江三角洲经济与社会可持续发展若干重大问题咨询的建议》项目的意见。6月5日上午，国家计委主任陈锦华同志约见了严东生、任美锷、赵其国、匡定波院士等，听取了汇报。陈锦华主任肯定了院士们的建议，表示积极支持院士们开展咨询活动，并同意将这项咨询工作纳入国家计委计划，委托中国科学院学部进行咨询。他认为，沿江流域各省、市对长江经济带开发的认识问题还未真正解决，"九五"计划和长远规划的衔接、重大基础设施的布局、内河与长江、长江与沿海、商贸走廊、环境保护等都需要认真研究，整个长江流域应有一个统一的经济政策和法律法规，便于大家共同遵守，不能站在一个省、一个市的立场上看问题。这项咨询工作已分为基础设施、产业布局、农业发展、城乡建设与环保四个专题抓紧组织调研考察。

7. 部分院士受江苏省政府委托、评审《江苏省"九五"产业发展技术政策》

8月8日，江苏省政府邀请北京、上海和在宁的16位中国科学院院士和专家，评审通过了由该省17个厅局就18个产业联合编制的《江苏省"九五"产业发展技术政策》。陈必亭副省长在会上作了重要讲话。他认为，这是江苏省转变政府职能，加强决策科学化，重视高层次科技人才咨询作用的具体体现。这一举措将使江苏省产业发展技术政策更具科学性、权威性、可行性和指导性。

8. 院士考察团应日照市政府邀请到日照市进行调研

应山东省日照市政府的邀请，9月14日至20日学部联合办公室组织院士考察团就如何发挥日照市的区位优势和大港优势赴日照市进行了调研考察。参加考察团的有王淀佐、邱大洪、林群、周孝信、黄志镗、程庆国院士等。考察团先后参观了日照港、岚山港、日照水库，考察了日照开发区、日照电厂、水厂及钢铁厂等大项目的选址，听取了城市规划介绍，并就参观考察项目提出了咨询建议。

9. 技术科学部与国务院信息化领导小组联合召开"通信高科技产业研讨会"

技术科学部常委会确定"发展我国民族高科技产业的若干问题"为1996年咨询项目，该项目分6个专题进行研究，"通信高科技产业"是其中之一。为开展此项工作，技术科学部与国务院信息化领导小组办公室于年11月15～16日在京联合召开了"通信高科技产业研讨会"。会上交流了我国通信行业发展状况、企业生产情况，重点讨论了改革开放以来我国通信产业发展的方式、机制、政策，面临的困难和存在的问题，探讨健康地发展我国通信高科技产业的道路。

10. 生物学部组织《南方草地资源的合理经营利用》咨询项目组并开展工作

为开发我国草地资源，发展畜牧业，生物学部组成了"南方草地资源的合理经营利用”咨询项目组，由10余名两院院士及专家组成，张新时院士任组长，李博院士任副组长，于11月18日～12月2日实地考察了湖北省恩施市大山顶草场，利川市齐岳山草场，湖南省龙山县八面山草场，云南省昆明市小哨草场和曲靖市旬县云南省种牧场；沿途考察了鄂西南山地，湘西北山地和滇东北山地丘陵草山草坡；观看了湖南省桑植县南滩草场、城步县南山牧场和云南省思茅市草场的录像；听取了上述省、市、县等草地畜牧业的工作汇报。考察组对各地草地畜牧业工作提出了很好的建议，并结合当地的经济建设和社会发展情况提出了一些建设性的意见，受到当地政府及有关部门的热烈欢迎和高度评价。考察组已写出考察报告初稿，现正在进一步征求意见和审改之中，预计在明年初上报国务院及有关部门。

11. 组织“香港填海工程计划中国科学院院士专家评估组”并开展工作

1995年10月30日，国务院港澳事务办公室委托中国科学院地学部作为中英联合联络小组中方顾问，对“香港填海工程计划”进行评价和论证，并提出咨询意见。经地学部常委会研究，成立了以地学部副主任苏纪兰院士为组长，严恺、张宗祜等院士和专家12人组成的“香港填海工程计划中国科学院院士专家评估组”。

1996年1月，国务院港澳办根据“评估组”的意见与港英政府进行了第一次交涉，提出港英政府提供的资料中仅有简单的说明书，缺少关于香港填海工程计划的环境影响评估报告及其他必要的调查报告，请港方补充提供必需资料。

5月初，港英政府根据我院学部提出的意见寄来了31份“填海工程计划报告材料”，“评估组”立即对这些材料进行分析研究，提出以下意见：香港填海工程涉及香港新机场建设、港区西移、维多利亚港地区城市扩建和改造等。在实施上述工程前，需对香港地区自然条件进行总体调查和全面评价，特别是海洋动力和海洋生态环境的时空变化的实地调查，并通过数学和物理模拟进行工程实施后对环境改变的预测，这些是评价填海工程计划至关重要的材料。现港方提供的材料，并不是总体调查和全面评价的结果，仅仅为涉及新九龙、中环、湾仔、青州等局部地区填海工程对其临近海域环境影响的评估报告，据此难以就香港填海工程及其对环境的影响做出全面的评估。此外，所提供的材料大多只有结论，缺乏系统的测试数据和实验结果，由此难以判断其结论的可靠性。为此，需请港英政府进一步提供香港海域地形与动力场调查资料，维多利亚港功能改变、新机场建设、港口西移等大范围内的填海工程对整个香港周围水域海流场和海洋生态环境变化的整体影响和评价的技术报告。评估组同时指出：虽然港英政府宣称“未开工的填海工程不再开工”，但已开工的仍在进行，如九龙半岛一带以及新机场的建设，尤其是后者将涉及大规模的填海以及从其他海域挖沙两大类工程。据4月初的《南华早报》报道，港英政府仍在委托英资咨询公司对香港海域珊瑚礁作全面调查，以便在进行填海工程时用作疏浚物抛弃及挖沙海区的选择。“评估组”认为：从长远看，港英原填海工程计划虽有它可取的一面，但对如此巨大的工程，许多重要问题都必须在决策之前论证清楚，妥善解决。

国务院港澳办根据“评估组”的意见，再次与港英政府进行了交涉。6月20日，国务院港澳办香港经济司派员来地学部办公室转告交涉结果，并带来国务院港澳办香港经济司张良栋司长批示："根据梁宝荣（港英政府规划环境地政司司长）说，拟对填海计划进行检讨，并可让中方公司参与评估。"

12. 王世真等院士提出《关于在我国筹建 PET 中心的建议》

《中国科学院院士建议》第 7 期刊登王世真等院士提出的《关于在我国筹建 PET 中心的建议》，得到宋健、彭珮云国务委员的批示，财政部已批拨 2000 多万元专款予以落实。

三、积极开展学术活动，广泛交流学术思想

(1) 地学部于 3 月 19 日上午在国家地震局召开了 1996 年学术茶会，议题为：地震预报的科学问题。地学部 24 位院士和国家地震局陈章立局长出席了学术活动。此次活动特邀国家地震局预报中心张四民副主任介绍了近年来国内外的震情和研究动态，播放了阪神地震等录像片。与会院士围绕地震预报及其研究进行了讨论。院士们谈到，尽管地震预报是全球性重大、难点研究内容之一，但中国的地震科学工作者在国务院的关怀下，特别是在 60 年代周总理的指示下，逐步建立了一支较强的科研队伍。目前据观测分析，本世纪第五个地震活跃期已经到来，预计从 90 年代到下世纪初将还有一系列大地震发生。为此，必须针对重大基础科学问题加紧进行深入研究，争取有所突破。

院士们还就加强多学科交叉，综合分析，加强新技术、新方法的研究方面提出了不少建议和意见。不少院士表示，为了我国现代化建设宏伟目标的实现，减少地震灾害造成的损失，加紧研究地震预报问题，探索出我国地震灾害的发生发展规律，是中国地学界的紧迫任务和责任，应为此加倍努力做出贡献。

(2) 化学部于 6 月 9 日～10 日在北京召开"绿色化学与技术"研讨会。这是化学部常委会在 1995 年确定了"绿色化学与技术"咨询项目并成立了由闵恩泽、陈家镛、陆熙炎、胡英、戴立信、蔡启瑞等 6 位院士组成的咨询组后，所开展的一次重点研讨活动。

来自国家自然科学基金委员会、中国石化总公司、有色金属总公司、冶金部等部委、高校和研究单位的 39 位院士及专家学者参加了研讨会。本次研讨会围绕"绿色化学与技术"主题，共有 21 篇学术报告，涉及绿色化学的科学基础、化学反应选择性、无毒无害催化剂和溶剂、环境友好产品及一些行业如铬盐、造纸、制革、涂料等的绿色技术。这些技术有的已经实施，有的正在研究、开发，有的尚在规划、设想中。专家们希望以召开这次研讨会作为一个开端，引起决策部门的重视，推动我国绿色化学与技术的发展，并建议国家设立绿色化学基金，开展相应的基础研究。

(3) 地学部于 9 月 26 日在北京组织召开了题为"中国主要环境问题、对策和环境科学基础性研究的重点问题"的学术讨论会，会议由地学部副主任孙枢主持。地学部主任徐冠华和涂光炽、武衡、叶笃正等 40 名院士，数理学部李家明院士、化学部徐晓白院士、技术科学部郑哲敏院士、中国工程院任振海院士以及中国环境科学研究院、中国医学科学院、中国社会科学院等有关单位的专家出席了讨论会。这次会议还特别邀请了国家科委社会发展科技司甘师俊司长、国家环保局叶汝求副局长、陈尚芹副司长参加。有 19 位与会专家、领导作了发言，陈俊勇、赵鹏大等院士寄来了书面发言稿。

针对我国的环境污染问题，与会院士、专家们从不同角度进行分析、论证，归纳起来主要有以下三点需要引起有关部门的特别注意并认真对待：第一，加强环境科学基础理论与应用的研究；第二，加强环境，特别是区域环境污染控制的理论、方法与应用的研究；第三，合理开发和利用水、土、生物资源，防止生态恶化，保护生物多样性，进行分区治理、控制，分区保护、建设管理，促进社会经济的可持续发展。国家环保局叶汝求副局长介绍了我国第四次环保大会的精神及我国当前的环境现状，提出了如下建议：加强全民的环境科普教育与宣传，有关我国的环境形势与污染状况，应该上传下达；加强自然科学与社会科学的交流、互补，对环境中出现的复杂问题，仍需组织多学科进行综合研究；重视空间环境对地面的干扰与影响，加强环保适用技术的研究与推广应用；组织力量，向中央提供有关控制、改善中国环境问题的咨询报告与建议书。

(4) 地学部与国家测绘局11月12日在北京联合举办了“我国地理信息系统、遥感和全球定位系统技术发展战略座谈会”。会议围绕为加速地理信息系统（GIS）、遥感系统（RS）和全球定位系统（GPS）等高新技术的发展，推动我国3S技术与应用的系统化、实用化和产业化，3S的发展战略，3S集成关键技术及其综合作用，测绘与地学的关系等问题进行了座谈讨论。徐冠华、孙枢、苏纪兰、涂光炽等15位院士及测绘局局长金翔龙、副局长杨凯、冯孟华及测绘局中青年专家共40多人参加了会议。会议期间，院士们还参观了测绘高新技术展示会。

(5) 化学部于11月19日在清华大学召开了主题为“生命化学中的若干前沿问题”的学术讨论会，化学和生物学领域的专家学者30余人参加了会议，会议由王夔、赵玉芬院士主持。

在讨论会上，唐有祺、吴旻、匡廷云、赵玉芬等院士和吴毓林、陈均远研究员分别作了题为“生命科学与结构分析”、“p53蛋白——93年的分子明星”、“光合作用中吸能、传能和转能的分子机理”、“青蒿素类化合物与亚铁的反应及对DNA的作用”、“澄江化石群与生物大爆炸”和“生命的化学进化的三个基本模型”的学术报告。

此外，学部还在加强与海外科学家的联系交流、倡导精神文明建设方面做了不少工作。

1996年8月13日，中国科学院在北京饭店举行招待会，欢迎出席第30届国际地质大会的中外部分地学家，中外宾客80余人出席。其中有新当选为我院外籍院士的美国实验岩石学家P.J.Wyllie教授夫妇，新当选为国际地科联主席的Dr.R.Brett和国际地科联其他官员，美国科学院、俄罗斯科学院院士，英国皇家学会会员等；中方有地学部的部分院士及专家、台湾地学专家，以及海外华人地学家。煤炭部部长王森浩、冶金部副部长徐大铨、地矿部副部长陈其洲、寿嘉华等应邀出席。

招待会由陈宜瑜副院长主持。周光召院长在致辞中说：“地质科学虽然是一门非常古老的学科，但随着当今科学技术的飞速进步，现代观测技术和测试手段的应用，使地球科学正面临一次突破性变革时刻的到来。……认识并研究地球本身及地圈、生物圈和气圈等几大圈层的相互作用及其变化，改善人类生存与发展的条件，是世界科学家们面临的严重挑战，同时也是地质学能对人类作出重大贡献的绝好机会。因此，我预祝地质科学界的朋友们，在这样难得的历史机遇面前，在进行全球性地学研究中取得更大进展。”

周光召院长在讲话中还介绍了中国科学院学部和研究所两部分的功能，并表示欢迎世界各个国家和地区的地学界朋友加强与中科院的交流与合作。

徐冠华主任代表地学部介绍了近些年地学部广大院士为国家经济建设和地学科技进步所作的工作。他呼吁，中国的地球科学事业要发展，就要更加开放，加强与世界地球科学界的合作，为此，中科院地学部将与各国地学工作者携起手来，共同为“保证生存和持续发展”作出不懈的努力。

在招待会开始前，周光召院长为P. J. Wyllie教授颁发了外籍院士证书。P. J. Wyllie在招待会上发言，对中科院和广大院士表示衷心的感谢，他表示今后要不断加强与中国地学界的交流与友谊，共同为地学事业的发展而努力。

招待会之后，地学部主任徐冠华邀请部分海外华人地学家座谈，就中国地学发展问题征询大家意见，同时希望以此为契机，加强与海外华人地学家的联系与交往，为中国地球科学事业的进步共同作出努力。出席座谈会的有：台湾知名科学家顾德隆、法国雷恩大学地化中心实验室主任江博明、美国斯坦福大学地学系教授刘忠元等。他们就中国地学科研发展、地学论著出版、人才培养、大型仪器设备共用、资料数据共享、提高管理水平等问题提出了许多中肯的意见。

1996年12月9日，中国科学院学部主席团和中国工程院主席团向两院全体院士发出“做物质文明建设的先锋，当精神文明建设的表率”倡仪书，提出如下倡仪：

(1) 大力弘扬爱国主义精神，献身科技，振兴中华，促进自尊、自信、自强的民族精神在全社会发扬光大，以为社会主义祖国的现代化事业贡献自己的全部力量为光荣，以损害国家利益、民族尊严为耻辱。

(2) 自力更生，艰苦奋斗，勤俭求实，开拓创新，坚持不懈地努力攀登科学技术新高峰。

(3) 积极参与决策咨询，发挥院士群体智慧，为经济建设的顺利进行，为科学技术和经济建设的密切结合，为实施科教兴国战略和可持续发展战略进言献策。

(4) 努力为人民服务，淡泊名利，无私奉献。反对和抵制拜金主义、享乐主义和个人主义，用自己的全部知识报效祖国，回报人民。

(5) 发扬集体主义精神，大力加强团结协作，以促进我国的科技事业、国家经济建设、社会发展的大业为重，团结全国科技工作者努力拚搏，为增强综合国力、提高国际竞争能力不断作出新贡献。

(6) 积极投身科学普及工作，弘扬科学精神，宣传科学知识、科学思想和科学方法，提高全民族的思想道德素养和科学文化素养，维护科学尊严，坚持真理，旗帜鲜明地反对伪科学，反对封建思想残余和封建迷信活动。

(7) 以身作则，倡导优良学风，遵守科学道德，坚持严谨、严肃、严格的科学作风和实事求是的科学态度，同一切违背科学道德、科学精神的行为作斗争，坚决抵制在科学技术评审、鉴定工作中及论文、成果署名等方面的不正之风。自觉维护院士称号的崇高荣誉和纯洁性，做净化社会风气的带头人。

(8) 以对国家科学技术事业的高度责任感，关心、培养、扶植青年人才，言传身教，加速培养大批优秀学术、技术带头人，为造就一支德才兼备、扎根中华的跨世纪科技队伍作出新成绩。

两院主席团号召全体院士，从我做起，从现在做起，加强自身建设，在创建物质文明和精神文明工作中发挥表率作用，团结广大科技工作者，为实现“九五”计划和2010年远景目标而努力奋斗，与全国人民一起，共绘中华腾飞的新世纪宏伟蓝图。

中国科学院学部领导机构

学部主席团名誉主席

严济慈　　卢嘉锡　　武　衡　　钱学森

第三届学部主席团顾问

顾　问　朱光亚　　胡　绳　　王春正　　朱丽兰（女）　　韦　钰（女）　　怀国模

　　　　刘积斌　　张存浩　　张玉台

第三届学部主席团

执行主席　　周光召

成　员　（以姓氏笔画为序）

　　　　王　元　　王　越　　方守贤　　冯　端　　师昌绪　　李德生　　张存浩

　　　　邹承鲁　　沈善炯　　陈宜瑜　　陈能宽　　周光召　　郑哲敏　　娄成后

　　　　徐冠华　　倪家缵　　涂光炽　　梁晓天　　路甬祥

第三届学部主席团执行委员会（以姓氏笔画为序）

　　　　方守贤　　张存浩　　邹承鲁　　陈宜瑜　　周光召　　郑哲敏　　徐冠华

执行委员会秘书长：郭传杰

中国科学院数学物理学部第八届常务委员会

主　任　方守贤

副主任　白以龙　　曲钦岳　　杨　乐　　赵忠贤

委　员　（以姓氏笔画为序）

　　　　王　元　　方守贤　　甘子钊　　白以龙　　曲钦岳　　杨　乐　　杨福家

　　　　闵乃本　　苏肇冰　　张恭庆　　陈佳洱　　陈建生　　林　群　　周　恒

　　　　赵忠贤　　胡仁宇　　郝柏林

中国科学院化学部第八届常务委员会

主　任　张存浩

副主任　王　夔　　闵恩泽　　周同惠　　黄志镗

委　员　（以姓氏笔画为序）

　　　　王　夔　　邓景发　　闵恩泽　　沈家骢　　张存浩　　周同惠　　胡　英

　　　　赵玉芬（女）　　郭景坤　　袁　权　　徐晓白（女）　　黄志镗

　　　　梁敬魁　　将锡夔　　楼南泉

中国科学院生物学部第八届常务委员会

主　任　邹承鲁

副主任 卢永根 许根俊 吴 旻 张新时

委 员 （以姓氏笔画为序）

卢永根 朱兆良 许根俊 吴 旻 吴建屏 吴祖泽 吴常信

邹承鲁 沈允纲 张树政（女） 张春霆 张新时 陈宜瑜

郝 水 唐崇惕（女） 韩济生 强伯勤

中国科学院地学部第八届常务委员会

主 任 徐冠华

副主任 孙 枢 孙鸿烈 苏纪兰 张宗祜

委 员 （以姓氏笔画为序）

马宗晋 孙 枢 孙鸿烈 苏纪兰 李德仁 肖序常 汪品先

张宗祜 张弥曼（女） 陈运泰 欧阳自远 周秀骥 赵其国

赵鹏大 徐冠华 黄荣辉 常印佛 章 申 戴金星

中国科学院技术科学部第八届常务委员会

主 任 郑哲敏

副主任 母国光 陈能宽 周干峙 顾诵芬 戴汝为

委 员 （以姓氏笔画为序）

王 越 王大中 王淀佐 母国光 匡定波 严陆光 李依依（女）

李衍达 杨芙清 陈俊亮 陈能宽 闵桂荣 吴德馨（女）

周干峙 周兴铭 郑哲敏 钟万勰 顾诵芬 徐性初 蒋民华

潘家铮 蔡睿贤 戴汝为

1996 年中国科学院院士名单

（共 577 人）

数学物理学部（115 人）

丁大钊　丁夏畦　于　敏　万哲先　马大猷　马志明　王　元
王乃彦　王业宁（女）　王梓坤　王淦昌　王绶琯　方　成
方守贤　甘子钊　艾国祥　石钟慈　叶叔华（女）　卢鹤绂
白以龙　冯　端　曲钦岳　吕　敏　朱光亚　庄逢甘　刘应明
汤定元　严志达　严济慈　苏步青　苏定强　苏肇冰
李　林（女）　李大潜　李方华（女）　李正武　李国平
李荫远　李家明　李德平　杨　乐　杨立铭　杨福家　吴文俊
吴式枢　吴杭生　何泽慧（女）　何祚庥　余瑞璜　谷超豪
应崇福　闵乃本　汪德昭　沈　元　沈学础　张仁和　张恭庆
张淑仪（女）　张涵信　陆启铿　陈　彪　陈佳洱　陈建生
陈景润　范海福　林　群　周　恒　周光召　周毓麟　冼鼎昌
郑厚植　经福谦　赵忠尧　赵忠贤　郝柏林　胡　宁　胡仁宇
胡世华　胡和生（女）　胡济民　柯　召　段学复　姜伯驹
洪朝生　贺贤土　夏道行　钱伟长　钱学森　钱临照　徐至展
徐叙瑢　郭尚平　席泽宗　唐孝威　谈镐生　黄　昆　黄胜年
黄祖洽　章　综　彭桓武　葛庭燧　程开甲　程民德
谢希德（女）　谢家麟　蒲富恪　蔡诗东　管惟炎　廖山涛
熊大闰　潘承洞　霍裕平　戴元本　魏宝文　魏荣爵

化学部（100 人）

王　夔　王方定　王佛松　支志明　邓从豪　邓景发　申泮文
田昭武　卢佩章　卢嘉锡　冯新德　邢其毅　朱亚杰　朱清时
朱起鹤　刘元方　刘有成　江元生　孙家钟　严东生　苏　锵
肖　伦　吴征铠　吴浩青　时　钧　何国钟　何鸣元　何炳林
余国琮　闵恩泽　汪　猷　汪尔康　汪家鼎　汪德熙
沈天慧（女）　沈家骢　沈之荃（女）　张　滂　张礼和

张存浩　张青莲　张乾二　陆婉珍（女）　陆熙炎　陈庆云
陈荣悌　陈茹玉（女）　陈俊武　陈冠荣　陈家镛　陈敏恒
陈耀祖　林励吾　林尚安　周同惠　周维善　赵玉芬（女）
胡　英　胡宏纹　查全性　侯祥麟　俞汝勤　袁　权　顾翼东
钱人元　倪嘉缵　徐　僖　徐光宪　徐如人　徐晓白（女）
殷之文　高　鸿　高小霞（女）　高济宇　郭景坤　郭慕孙
郭燮贤　唐有祺　唐敖庆　黄　量（女）　黄本立　黄志镗
黄维垣　黄葆同　黄耀曾　梁树权　梁晓天　梁敬魁　彭少逸
蒋丽金（女）　蒋锡夔　嵇汝运　程镕时　游效曾　谢毓元
楼南泉　蔡启瑞　黎乐民　戴立信　戴安邦

生物学部（96人）

于天仁　王文采　王世真　王志均　王应睐　王德宝　贝时璋
毛江森　尹文英（女）　石元春　田　波　卢永根　印象初
匡廷云（女）　朱兆良　朱祖祥　朱既明　庄巧生　刘建康
刘新垣　汤佩松　许根俊　孙曼霁　孙儒泳　阳含熙　李　博
李庆逵　李季伦　李振声　李竞雄　杨弘远　杨雄里　杨福愉
吴　旻　吴常信　吴阶平　吴英恺　吴征镒　吴建屏　吴孟超
吴祖泽　邱式邦　邹　冈　邹承鲁　沈允钢　沈善炯
沈韫芬（女）　张广学　张春霆　张树政（女）　张香桐
张新时　陆宝麟　陈　竺　陈子元　陈中伟　陈可冀　陈华癸
陈宜张　陈宜瑜　陈慰峰　金善宝　周廷冲　郑作新　郑国锠
赵善欢　郝　水　钦俊德　侯光炯　施教耐　施履吉　娄成后
洪孟民　洪德元　姚　鑫　姚开泰　徐国钧　徐冠仁
唐崇惕（女）　唐守正　谈家桢　龚岳亭　阎隆飞　梁栋材
梁植权　韩济生　曾　毅　曾呈奎　谢联辉　强伯勤　蒲蛰龙
裘法祖　裘维蕃　翟中和　薛社普　鞠　躬

地学部（105人）

丁国瑜　马在田　马杏垣　马宗晋　王　水　王　仁　王之卓
王恒升　王鸿祯　文圣常　方　俊　丑纪范　业治铮　叶大年
叶连俊　叶笃正　卢衍豪　朱显谟　任美锷　刘东生　刘光鼎
刘昌明　刘宝珺　刘振兴　关士聪　安芷生　许志琴（女）
许厚泽　孙　枢　孙大中　孙鸿烈　孙殿卿　苏纪兰　李吉均

李廷栋　李星学　李德仁　李德生　杨　起　杨遵仪　肖序常
吴传钧　吴汝康　汪品先　汪集旸　浓其韩　宋叔和　张宗祜
张弥曼（女）　张炳熹　陈　颙　陈永龄　陈庆宣　陈运泰
陈述彭　陈国达　陈俊勇　陈梦熊　武　衡　欧阳自远　周立三
周志炎　周秀骥　周明镇　於崇文　赵其国　赵柏林　赵鹏大
郝诒纯（女）　侯仁之　施雅风　秦蕴珊　秦馨菱　袁道先
贾兰坡　贾福海　顾知微　徐克勤　徐冠华　殷鸿福　高由禧
郭文魁　郭令智　郭承基　席承藩　涂光炽　陶诗言　黄秉维
黄荣辉　盛金章　常印佛　章　申　巢纪平　董申保　程纯枢
程国栋　程裕淇　傅承义　傅家谟　曾庆存　曾融生　谢学锦
戴金星

技术科学部（163人）

丁舜年　干福熹　王　选　王　越　王大中　王大珩　王之江
王之玺　王占国　王立鼎　王守武　王守觉　王阳元　王希季
王启明　王补宣　王崇愚　王淀佐　邓锡铭　石青云（女）
叶恒强　叶培大　史绍熙　卢　强　卢肇钧　冯纯伯　母国光
匡定波　师昌绪　吕保维　朱　静（女）　朱物华　朱森元
任新民　庄育智　刘广均　刘永坦　刘盛纲　齐　康　许学彦
孙　钧　孙钟秀　孙家栋　严　恺　严陆光　李　强　李文采
李志坚　李国豪　李依依（女）　李衍达　李敏华（女）
杨　槱　杨芙清（女）　杨叔子　杨嘉墀　肖纪美　吴自良
吴全德　吴良镛　吴承康　吴德馨（女）　邱大洪　邹世昌
闵桂荣　汪　耕　汪闻韶　沈　鸿　沈志云　沈珠江　宋　健
宋振骐　宋家树　张　钹　张　维　张　煦　张光斗　张兴钤
张作梅　张沛霖　张景中　张效祥　陆元九　陈芳允　陈学俊
陈俊亮　陈能宽　陈翰馥　邵象华　苗永瑞　林为干
林兰英（女）　林秉南　欧阳予　罗沛霖　周干峙　周尧和
周兴铭　周孝信　周国治　周炳琨　周巢尘　周惠久　郑哲敏
赵仁恺　胡文瑞　胡聿贤　胡海昌　柯　俊　钟万勰　钟香崇
保　铮　侯　洵　侯朝焕　俞鸿儒　闻邦椿　姚　熹
夏培肃（女）　顾诵芬　钱令希　钱钟韩　徐芝纶　徐采栋
徐性初　徐建中　徐祖耀　高庆狮　高景德　高镇同　郭可信
唐九华　唐稚松　陶亨咸　黄文熙　黄克智　黄宏嘉　黄纬禄
曹建猷　曹楚南　梁守槃　梁思礼　屠守锷　彭一刚　董韫美

蒋民华	程庆国	**童宪章**	程耿东	谢光选	简水生	雷天觉
路甬祥	阙端麟	窦国仁	蔡其巩	**蔡金涛**	蔡睿贤	熊有伦
颜鸣皋	潘际銮	潘家铮	戴汝为	魏寿昆		

中国科学院外籍院士名单

1. 第一批中国科学院外籍院士名单（以姓氏英文字母排序）

（经 1994 年 6 月 8 日中国科学院第七次院士大会选举产生）

巴　顿	(Derek Harold Richard Barton)	（英国）
张立纲	(Leroy L. Chang)	（美国）
陈省身	(Shiing-Shen Chern)	（美国）
冯元桢	(Yuan-Cheng B. Fung)	（美国）
李政道	(Tsung-Dao Lee)	（美国）
林家翘	(Chia-Chiao Lin)	（美国）
雷　文	(Peter H. Raven)	（美国）
司马贺	(Herbert A. Simon)	（美国）
田长霖	(Chang-Lin Tien)	（美国）
丁肇中	(Samuel C. C. Ting)	（美国）
吴健雄	(Chien-Shiung Wu)	（美国）
杨振宁	(Chen Ning Yang)	（美国）
丘成桐	(Shing-Tung Yau)	（美国）

2. 第二批中国科学院外籍院士名单

（经 1996 年 6 月 7 日中国科学院第八次院士大会选举产生）

罗伯特 W. 康	(Robert W. Cahn)	（英国）
卓以和	(A. Y. Cho)	（美国）
W.N. 克里斯琴森	(W. N. Christiansen)	（澳大利亚）
朱经武	(C. W. Chu)	（美国）
简悦威	(Y. W. Kan)	（美国）
高　锟	(Charles K. Kao)	（美国）
林同炎	(T. Y. Lin)	（美国）
毛河光	(H. K. Mao)	（美国）
沈元壤	(Y. R. Shen)	（美国）
P.J. 威利	(P. J. Wyllie)	（英国）

基 础 研 究

1996 年是国家“九五”计划的第一年，是在本世纪末实现研究所的“转制、改造、联合、重组、科研队伍的代际转移以及研究方向重新布局”的关键一年，也是我院跨世纪战略部署开始的一年。按照去年院工作会议上所确定的要求，制订了全年的工作计划。一年来，在院党组领导下，通过全院基础研究战线上的同志们共同努力，较好地完成了预期的任务。

一、努力拼搏，取得可喜的成果

1996 年是“九五”计划取得良好开端的一年。我院基础性研究取得了一批具有科学意义和国际水平的科研成果或阶段成果。如北京天文台建立的超新星巡天系统，实现了望远镜和探测系统的计算机控制，配备了高性能 CCD 相机，整个系统自动化程度高，系统工作稳定可靠，观测效率高，已观测发现了六颗超新星，在国际上产生了很好的反响。该成果被科技日报评为 1996 年中国十大科技新闻之一。近代物理所首次合成并鉴别了新核素镅-235，使我国新核素合成与研究闯入了又一个重要核区——超铀缺中子区，为核素图上填补了一个空白，对镅同位素链进行系统研究具有重要意义。同时该所还合成了具有奇异变性质的新核素钆-135，并观测了钆-135 的部分衰变性质，为远离稳定线核的研究提供了重要信息和开辟了途径。上海光机所通过国际合作研究建成了具有 90 年代国际先进水平的新一代小型化飞秒（10^{-15}秒）TW（10^{12}瓦）级超短超强激光实验装置。他们还在 X 射线波段激光研究上做出了开拓性的工作，首次将复合泵浦 X 射线激光的波长推进到了 46.8（埃），其最短波长的 X 射线激光已接近具有重大应用价值的“水窗”波段，使我国复合泵浦 X 射线激光研究达到国际领先地位，被评为 1996 年科技日报十大科技新闻之一。应用数学所研究的“国家经济信息系统项目评估系统”论文在 1996 年召开的国际运筹学联合会第十四届学术会议上获得了运筹学进展奖一等奖，为我国争得了荣誉。数学所建立的“非线性问题中的局部环绕理论”是变分和拓扑方法研究领域的重要进展。云南天文台创立了国际上最大的蝎虎 BL 天体＋FRⅠ射电星系＋FRⅡ（G）射电星系的统一模型，该模型修正了 90 年代初由外国著名天文学家创立的、被学术界广泛承认和引用的“蝎虎 BL 天体和 FRⅠ射电星系的统一模型理论（被称为 UPS 模型）；该理论模型被美国天文学家欧文等人的观测结果所证实。此研究在国际上产生了很大的影响。在藻类光合作用中捕光蛋白——藻红蛋白、藻蓝蛋白和变藻蓝蛋白等结构的研究对揭示光能的吸收和传递具有重要意义。生物物理所经五年多奋战，先后突破了晶体培养、重原子衍生物制备、相角计算和电子密度图分析等结构测定难关，于 1996 年完成了 R-藻红蛋白结构测定，其分辨率高达 1.8（埃），使我国在这一领域达到国际水平。物理所制备了 β-C_3N_4 晶态膜，并观测到含有 20 微米以上的单晶，用 TEM 观测到了整齐排列的劳厄斑点，并在国际上首次观测到表征晶体结构完整的菊池线簇，是当前获得的质量最高的β-C_3N_4超硬单晶材料。用活性天然产物介入生命过程，用化学的原理和技术来探索生命过程将是化学科学在21世纪的重要发展方向。上海有机化学所在青蒿素抗疟机理的研究中获得重要新进展，提出了可较圆满地解释反应过程的自由基机理。感光所发现用二氧化钛纳米晶光催化剂能迅速分解很高浓度（数千ppm）的染料废水，COD去除率在90%以上。该研究将为我国亟待解决的染料废水处理提供新途径；中科院国家基因研究中心在世界上首先成功地构建了高分辨率的水稻基因组物理图，该成果不仅能为解开水稻的全部遗传信息之迷奠定基础，而且能通过定位克隆等现代技术为农业遗传育种提供重要基因及有关信息。软件所等单位利用曙光1000高性能计算机，完成了"广义本征分解"、"非线性光学晶体材料LBO的电子结构计算"、"天然DNA片断的电子结构计算"等三项高水平成果。研制成功的"广义本征并行分解软件包PQR"已进入国际平台，与美国先进的T3D机上运行的程序包PJAC相比，速度快5倍，功能更强。该研究受到国际同行的广泛重视。国际权威A.Freeman教授评价认为"这是当今世界上有影响的一个特征值并行计算包中最好的一个"。

二、突出重点，基地建设取得实质性进展

基地建设是我院长远发展之根本。以基础性研究所改革试点、完善和发展科学中心新结构模式、大科学工程立项和开放实验室建设为主要内容的我院基础研究基地建设，一年来取得不少实质性进展。

(1) 以五所试点和上海生物口八所改造为典型，推动研究所的结构改革，继续完善和发展科学中心，探索基础研究新结构模式。

在国家科委和院的有效支持下，积极推进基础性研究结构调整、改革进程。5个试点所已按原定方案进行课题调整、人员分流和新结构组建与完善。同时，在"上海岳阳路生命科学研究基地院改革指导小组"的带领下，已经运转两年的上海生命科学中心正在稳步发展。在此基础上，院决定将基础研究改革试点首先扩展到上海生物口的八个所的改革，以带动全院的基础性研究结构性调整。

根据院党组的决定，基础研究局与人事局、计财局和武汉分院的同志共同努力，协助武汉物理所和武汉数理所完成了两所合并，并已进入正常运转。同时，还组织成立了中国科学院凝聚态物理中心和中国科学院晨兴高等数学中心以及我院和卫生部合办的脑认知成象研究中心。

通过上述工作可以看到，要对研究所的结构性改革的重要性、紧迫性和长期性必须有充分的认识，注意结构调整对基础研究的推动作用和效果，妥善处理好长远和近期的关系，才能积极、主动地推进改革进程。

(2) 大科学工程建设按三个层次部署，合肥同步辐射二期工程、大天区面积多目标光纤光谱天文望远镜等大科学工程进入起步阶段。

在院领导的直接指导下，基础研究局从三年前就着手大科学工程立项前的准备工作。由于我们以科学的态度和坚持不懈的努力及较早地进行了认真的准备工作，因而收到了

理想的效果。国务院科技领导小组决定："九五"期间国家拨专款建设新一代的大科学装置，确定合肥同步辐射二期工程、大天区面积多目标光纤光谱天文望远镜和中国地壳运动观测网络等三项作为首批启动工程；上海新一代同步辐射光源也进入预制研究阶段。除中国地壳运动观测网络项目我院只参与少部分工作外，其它各项均由我院主持，为我院"九五"大科学工程计划进入一个新的阶段打下了基础。

(3) 开放实验室的完善和取得的进展。一年来，基础研究局继续依据开放实验室的管理办法，进一步强化竞争机制，采取对不同类型实验室实行分类管理，使开放实验室不断创新，充满新的生机和活力。基础研究局与协调局的同志协同作战，组织了生物、地学等学科领域的 13 个国家重点实验室和 14 个院开放实验室参加国家的评估活动。由于各实验室的勤奋努力及评估准备工作充分，其中生物大分子、淡水生态及生物技术、黄土与第四纪地质和大气数值模拟等四个实验室被评为优秀国家实验室，占国家优秀实验室的三分之二。参照国家的评估办法和指标体系对 1991 年以前开放而未纳入国家评估的 17 个院开放实验室和 7 个开放站进行了检查评估，评估结果认为绝大多数实验室在科研成果、人才培养和管理工作等诸方面都取得了较好的成绩。

在各研究所申请的基础上，根据择优原则，又选择了生物结构、选键化学、宇宙线和冰芯等 4 个条件较为成熟的实验室，通过了专家论证，待报院长办公会议批准后，将正式作为院自费实验室向国内外开放，这也是实现本世纪实验室发展计划的组成部分；另外，对激光技术、低氧生理和联合生命科学等 3 个实验室的学科方向和科研队伍进行了调整，使之更符合学科发展趋势和所在研究所的主要发展方向。

三、重大、重点项目基本梳理成章

1996 年是"八五"期间国家和院的基础性研究重大、重点项目完成总结、验收和"九五"项目组织落实、实施阶段的头一年。根据国家科委的统一部署，我院主持实施的 13 个"八五"国家攀登 A 项目全部通过验收。131 个课题中被评为 A 类 96 个，占总数 73.3%；B 类 33 个，占 25.2%；C 类 2 个，占 1.5%。各项目综合评价均为优秀，显示了高质量、国家队的水平。组织"九五"攀登项目预审、筛选，选出新立项目 11 项，延续项目 13 项（含资环口）上报科委，现已经国家科委初评，形势喜人。由为院组织实施的五个攀登 B 项目，各首席科学家严格项目管理，在经费分配、人才培养及调动科研人员积极性等方面做了大量工作，使项目进展顺利。首批国家自然科学基金重大和重点项目已定，由我院有关研究所牵头的部分项目已通过论证。我院基础性研究"九五"第一批重大、重点项目和青年基金项目已通过学科专家委员会评审、院长批准，拨款、实施。

四、展望未来、扩大战果，为新时期发展打好基础

1997 年将是我院结构性改革继续深化、试点经验进一步推广和完成我院基础研究"九五"工作部署的关键一年。其重点工作如下：

(1) 结构性调整要抓实施、抓效果、抓试点经验的推广。要在国家计委和国家科委的

支持下，对已经成立的上海生命科学中心、北京凝聚态物理中心和晨兴高等数学中心进一步加强管理，使之成为活跃在交叉学科前沿领域的、由优秀学术带头人（主要是青年人）组合的、按照完善的竞争机制运行的和与国际接轨的现代科研机构的样板，要为在若干年后培育出一批过硬的青年学术领导，做出有影响的、创造性成果打下坚实基础。根据条件，将审慎地探索成立新的科学中心和与地方联合成立的网络、基金型的科学中心，对有的中心将要探索其成为科研实体。

(2) 1997 年是国家科委基础性研究所改革试点三年计划的最后一年，我们要继续努力实施试点所所提出的改革措施，确保在年末总结时卓有成效，为国家科委的阶段总结进行认真的准备；着手总结、推广试点所取得的成功经验，逐步落实我院研究所分类定位管理指导思想并为国家科委扩大试点范围做好充分准备。

(3) 继续对开放实验室进行分类管理，研究、确定分类原则和方案，修订基础型开放实验室的评价体系和管理办法；配合有关方面认真地做好信息、材料领域开放实验室的评议准备工作；力争被评为优秀的院开放实验室晋升为国家实验室。

(4) 基本完成“九五”重大项目的部署，实施基地建设与重大项目的实施相结合。

在组织国家和院的重大基础研究项目时，要与我院的基础研究基地建设、科研实体的结构性调整及“百人工程”紧密地结合起来。要注重年轻学术带头人的培养，重视发挥他们的创新学术思想。要注意调整应用基础研究和纯基础研究的适当比例，使研究基地在完成重大项目中发展、壮大。1997 年要在已确定的院重大项目的基础上，1997 年要基本完成院重大基础研究项目的部署。

大科学工程项目必须抓紧、抓实，不能停留在已经取得的成绩上。大科学工程的建设要与基地建设、人才培养紧密地结合起来，积极吸引优秀的青年人来主持、参与有关工作；工程的科学方向要与挂靠所的主要学科方向一致；对于尚未立项的项目，要根据成熟程度，不断充实和完善项目内容，努力做好争取立项工作。

“九五”攀登计划项目今年将全部完成立项，国家自然科学基金重大项目也将陆续确定。我们要紧密配合国家科委和国家自然科学基金委做好立项的组织工作，并及时沟通情况、分析趋势，协调国家和院三类重大基础研究项目的分流工作，以免重复；对那些“八五”延续的项目，必须对原有课题进行严格甄别、清理，定出新目标，选好新课题，要赋予老项目以新的生长点和活力。同时，我们还要按照管理程序组织好我院和国家自然科学基金委的重点项目。

1997 年我们要进一步贯彻中共中央和国务院关于加速科技进步和深化科技体制改革的决定，为制订我国新时期基础性研究发展的方针、政策和具体措施献计献策。要积极参与有关活动，并把这项工作作为主要工作来抓，力争和全院广大基础研究战线的同志们携手奋斗，多出成果、出人才，共同开创我院基础性研究的新局面。

资源、生态、环境与社会协调发展工作

资源、生态、环境领域的研究是我院具有特色和优势的学科领域之一。在“九五”的第一年，我院资源环境领域积极落实国家项目、抓紧推进结构性调整，在“三片一线及优势学科”基地建设、学科调整和研究所定位、“九五”科研项目落实、院内资源分配、能力建设、科研管理、人才培养和精神文明建设等方面积极开展工作，取得了显著成绩。

一、加快科研基地建设的步伐

1.“三片一线”基地建设取得进展

“三片一线”基地建设是我院资源、生态、环境领域结构性调整、突出区域特色和学科特色、加强集团军建设的重大举措。1996年我院成立了“三片一线”基地建设领导小组和规划小组，召开了各种类型的研讨会，重点抓了西南、西北两片基地建设试点工作，取得了实质性进展。对北京片、长江一线及其它地区和学科进行了调研，形成了“三片一线”基地建设的基本框架。

云南是我国物种最丰富的地区，约占全国生物总量的1/2。为了充分发挥我院在云南地区生物研究机构的作用，把主要研究力量集中到为生命科学发展和地方经济建设做出有重大贡献的优势领域，我们对云南地区几个生物所的方向和机构做了适当调整。将有关研究所和研究室的学科领域有机地组装起来，建成东南亚生物多样性中心，争取在国内形成优势，在国际上具有一定地位。将昆明植物所的西双版纳热带植物园与昆明生态所合并，组建了中国科学院西双版纳热带植物园，并已开始正式运转。调整后的的昆明地区二个生物所和一个植物园着重开展生物分类区系研究、生物多样性保护与持续利用以及生物资源的合理开发研究工作。

西北片通过认真分析该地区的现状，围绕如何提高西北地区资源环境研究所能力这一关键问题，进行了多次研讨，完成了西北基地建设初步方案，提出了将西北地区建成有区域特色和学科特色的“干旱、荒漠、高原特殊生态环境地球科学研究基地”的框架设想，提出了西北基地建设中基础性研究、应用研究和开发研究的方向和课题。在理论研究方面，充分发挥地域优势，开展全球变化和地球系统科学研究，与国际接轨，出高水平的理论成果；在为地方经济服务方面，从西北七省区经济建设、社会发展的需求出发，开展社会经济持续发展的集成研究，形成新的优势，解决重大资源、环境、灾害、生态、区域、农业等方面的科技问题；在开发研究方面，开展石油、天然气、土地资源、水资源、生物资源和作物品种等的开发工作，建立若干个新兴产业孵化基地或工程研究中心。

北京片、长江一线和东北地区以及地球化学、海洋科学两个优势领域也分别召开了专家座谈会，明确了基地建设的基本思路。

2. 做好研究所改革试点

社会公益性研究所改革试点是国家科技改革的重要组成部分。1995年国家科委重点抓了“五所二校”的科技改革试点，资源环境领域的地球物理所是国家科技改革基础性研究试点所之一。1996年，在总结基础性研究试点所经验的基础上逐步扩大社会公益领域研究所科技改革试点，并提出了如下改革目标：

(1) 通过改革试点，寻找公益性研究所结构调整的模式，带动我院和全国同类型公益性研究所的改革，形成具有优化组合、布局合理，能解决国家重大资源、生态、环境和大农业问题的国家级科研基地、高新技术产业基地和人才培养基地，为国家资源环境方面的宏观决策提供技术支撑；

(2) 探索公益性研究所范畴内的基础性研究、应用研究、发展研究等类型研究所的结构改革模式、经验和具体措施；

(3) 完善对公益性研究所的科学评价体系，建立科学的现代化科研院（所）的内部管理制度。

3. 努力办好开放实验室和野外开放试验站

(1) 做好实验室评估。开放实验室（站）建设是我院基地建设的重要组成部分，“八五”期间，资源环境领域共建成33个开放实验室，其中国家重点实验室16个。

1996年，国家对地球科学和生命科学的开放实验室进行评估，我院资源环境领域共有19个开放实验室参加评估，约占全国参加评估实验室数的1/3，其中3个实验室被评为优秀实验室，占全国优秀实验室数的1/2，18个获得国家运行费资助，资助率为95%，高于86%的全国平均水平，我院资源环境领域的国家重点实验室均获得国家的实验室仪器设备更新改造费，这对于进一步加强实验室建设无疑有重要作用。

各开放实验室经过四年来的艰苦努力，在国家评估中取得了可喜的成绩。资源环境领域参加评估的国家重点实验室和院开放实验室，“八五”期间共承担国家科技攻关课题95项，863计划课题2项，攀登计划课题55项，国家自然科学基金218项，省部委级课题179项，国际合作项目153项。共获取经费11 330万元。充分体现出资环口开放实验室承担国家重大科研任务的能力，表明开放实验室已经成为国家重要的科研基地。

1996年开放实验室共获国家级一等奖1项，二等奖7项，三等奖9项，四等奖1项。获部委级一等奖26项，二等奖47项，三等奖42项，四等奖1项。发表论文共5028篇，其中，国际会议报告664篇，国内会议的报告869篇，发表在国际刊物上的524篇，国内核心刊物上的1556篇。出版专著152本，其中外文专著26本。已获批准的发明专利17项，其中国外7项。已鉴定的成果129项，创造经济效益79184万元。技术转让项目10项。这些成果，有的对国家乃至世界的科技发展具有重要意义，有的对国民经济的发展有很大的指导作用，有的已经产生了重要的经济效益和社会效益。

开放实验室在促进中青年科技人员的迅速成长，培养高层次人才，开展学术交流活动，积极参与世界科技竞争方面，发挥了重要的作用，促进了开放实验室向更高、更深层次的发展。

(2) 增选院自费开放实验室。根据择优的原则，在研究所自费开放实验室中，经过认真筛选和严格的论证评审程序，1996年增加了“冰芯与寒区环境开放实验室”作为院自费开放实验室。该实验室具有明显的学术研究和科研设施的优势，在出成果、出人才等方面取得了突出的成绩。

(3) 野外开放试验站检查评议。中国科学院资源环境领域的研究所，从50年代开始，根据学科发展或任务的需要，在全国不同类型地区建立了84个野外观测试验站。其中，农业生态试验站23个，林业生态站12个，草原生态站5个，海洋、湖泊生态站18个，沙漠及沙漠化研究站8个，冰川、泥石流等特殊自然环境的研究站9个，遥感、地磁、重力潮等研究站9个。1987年以来，先后在农业、林业、草地、海洋、遥感、冰川、泥石流等学科领域选择了11个野外站对外开放。

根据有关规定，1996年开始对野外开放站（长白山站、净月潭站、东川站、内蒙古草原站、封丘站、禹城站、大亚湾站）进行了检查评议。从已检查评议的7个野外开放站的情况来看，总的情况良好。具体表现在：1）研究方向明确，科研工作取得了丰硕的成果，如由农业部主持，封丘站、禹城站主要参加的“黄淮海平原中低田综合治理的研究与开发”和由铁道部主持，沙坡头站主要参加的“包兰线沙坡头地段铁路治沙防护体系的建立”二项成果均获得国家科技进步特等奖；2）野外观测试验手段、工作、生活条件得到了极大的改善；3）基础数据积累工作开始规范化，成效显著；4）为解决生产实践问题和促进地方经济发展作出了较大的贡献；5）一批年轻科研人才正在成长，并担任了站的领导职务；6）所领导和地方政府都十分重视这次检查评议工作。

二、“八五”项目继续取得重要研究进展和成果

我院承担的国家“八五”攀登项目“气候动力学与气候预测理论研究”、“超大型矿床的寻找与探索”及国家“八五”攀登项目和院重大项目“青藏高原形成演化、环境变迁与生态系统研究”于1996年顺利通过国家验收。“青藏高原形成演化、环境变迁与生态系统研究”取得了高原西部南北长约600km的综合地球物理剖面，探测的大量数据和资料，揭示了该地区岩石结构的基本特征；第一次在海拔6200m的西昆仑古里雅冰帽钻取长达309m的冰芯，获取的数据具有指标可靠、年代确切、信息和分辨率高等特点；指出近百年来高原气候经历了三次突变（四个阶段）和高原冰冻圈对气候变动的响应基本同步的事实；模拟了青藏高原各类生态系统的现实生产力和潜在生产力，提出了青藏高原可持续发展的战略构想和产业结构调整的优化模式。

国家攻关项目“遥感应用技术”、“南沙及其临近海域综合考察”、“黄土高原水土流失区综合治理与农业发展研究”和“生态环境综合整治与恢复技术研究”及其他有关课题和专题也于1996年通过验收。从总体上看，由我院承担的国家攻关项目、课题和专题都圆满完成了任务，达到了预定的目标。某些项目、课题和专题取得了实质性进展，为国民经济建设做出了应有的贡献。

遥感所、地理所和综考会等单位在完成国家科技攻关项目“遥感应用技术”研究，特别是“重大自然灾害遥感监测评价”和“重点产粮区主要农作物遥感估产”课题的基础

上，结合院重大项目“国家资源环境遥感宏观调查与动态研究”的实施，建成了图形与统计数据库。在全国耕地变化的时空分布和地域差异的快速调查与监测方面有重大突破与创新。该项目在我国首次建立了具有航天遥感、航空遥感、地面观测、大容量图像处理和快速评估能力的灾害立体监测与综合评估系统，形成了经过实践考验、对我国重点地区洪水等突发性自然灾害进行应急监测评估的技术系统和指挥系统，开拓了综合应用遥感、GIS技术与地学方法相结合，实时和准实时监测灾害和评估灾情的新途径。

“八五”院重大、重点项目的设置，有力地促进了资源环境科学领域学科前沿工作的深入开展，产生了一些学科新方向和生长点，推动了新技术、新方法的应用，产生了较大的社会和经济效益，提高了老中青结合的稳定的科研群体业务素质，为争取“九五”国家重大科技任务打下了良好的基础。

“八五”期间，我院资环领域组织管理院重大项目12项，重点项目149项，并于1996年完成了院重大、重点项目验收工作。这些项目，取得了一批重要研究成果，解决了一些国民经济建设中的重大问题，有的研究成果在国际上引起了强烈反响。共发表论文5000篇（部），成果鉴定与推广250项。获奖66项，其中国际奖1项，国家三等奖1项，省部级一等奖11项。

在“南极生物资源、环境系统与全球变化”项目中，钻取了长701.62m冰岩芯，64.3m的湖芯和海洋柱状物10.6m。在冰川、湖泊、海洋和现代环境的综合研究基础上提取较高分辨率的环境信息及年代学数据，重建了晚更新世晚期以来的环境历史，探讨了重要的环境演变事件，对国际南极磷虾研究和南大洋生态系统研究作出了贡献；确定了中山站陆壳演化历史，南极半岛中新生代岩浆活动过程及地球物理场特征；建立了日地观测系统，探讨了日地系统对太阳的电磁和粒子辐射的多种响应过程和整体效应；进行了南极与世界典型环境区研究结果的对比。

“我国主要类型生态系统结构功能与提高生产力途径研究”项目，完成了我国不同自然区16个代表类型生态系统结构功能的系统认识，积累了丰富的研究观测资料，形成了一些具有创新意识的认识和发现；建立了有关农业、林业、草地牧业和水体养殖20余个优化管理模式及其配套技术；进一步阐明了生态过程的地域分异规律；提出了服务于我国农业持续发展的土壤肥力管理对策。

“复杂地质体速度精细分析及三维叠前深度偏移理论与方法研究”项目是基金委及有关主管部门与我院共同支持的项目。该项目的研究人员运用复杂地质体速度精细分析新方法，在胜利油田古潜山下第一套122米油层中打出原油，证明这是一口日产千吨的高产油气井。与国外同类软件比测表明，地震波场资料成象结果优于以、美、法各国，为我国三维地震资料叠前深度偏移理论的研究奠定了坚实的基础，为我国石油的增产做出了实际贡献。

“灾害性气候的预测及其对农业年景和水资源调配的影响”和“海洋工程的安全、防护及海洋环境研究”项目，取得了系列成果，编制了《中国气候灾害图集》，建成了灾害气候资料信息系统（数据量为20亿个以上）。

“我国重要金矿类型的成矿模式、找矿方向及采选冶新技术新方法的研究”，在成矿理论、找矿增储、采选冶新技术、提高我国黄金产业的科技与生产能力方面，作出了显著的成绩，产生了广泛的影响。

“澄江化石群和寒武纪早期生命爆发事件”项目，不仅在野外发掘和采集方面获得了大量保存精美的新化石类型，而且其研究成果先后在《Science》、《Nature》等国际刊物上发表，使澄江化石群的重大科学意义得到国内外科学界的普遍承认，从而在动物的早期演化、寒武纪生命大爆发等学科前沿领域，形成了以我国科学家为主体的研究中心。

“生物三志”不仅具有重要的学术意义，而且可为生物资源的开发利用和保护，以及国家某些重大决策提供科学依据。经多年努力耕耘，《中国动物志》、《中国植物志》、《中国孢子植物志》取得突出进展，获1996年“求是”科技基金“杰出科技成就集体奖”。

治疗肿瘤、心血管、艾滋病、老年性痴呆新天然药物研制项目取得了重要进展。一类抗癌新药AT—1840申报临床前的全部资料已上报药政部门。石杉碱甲是新一代胆碱脂酶抑制剂，作为治疗早老病和老年性痴呆新药，已获得生产许可证。威麦宁作为肺癌治疗辅助药物和香茶菜作为口腔抗菌药也已获得生产许可证。在筛选模型和苗头药物研究上，也取得了很好进展。

“主要农作物新品种选育和育种新技术研究”项目在“八五”期间，育成水稻、小麦、大豆、甘薯、玉米、棉花、谷子等主要农作物优良新品种21个，比当地主栽品种增产8～10%，累计推广面积3082.3万亩。育成大豆“诱处4号”、棉花“石远321”、小麦“高优503”等一批有良好应用前景的优良品系。推广“七五”育成的品种11个，种植面积达8587.75万亩。取得了显著的经济、社会效益。

“海湾湖泊水产农牧化及生态调控技术研究”项目取得了一系列重要成果。海湾扇贝引种复壮成功，并在山东省内实现了海湾扇贝种质更新，推广养殖10万亩，年总产量达39万吨以上。南美白对虾的研究，突破了人工授精关键技术，建立了人工育苗工艺流程，为我国大规模养殖奠定了基础。发现了一种新型、毒性小、成本低、效率高的D-型诱导剂，解决了中国对虾染色体倍性检测技术，取得了中国对虾多倍体诱导技术的重大突破。在开展鱼-草动态平衡、水生植被和鱼类群落结构恢复和优化，及经济水生动、植物的养殖技术和大水面鱼类疾病检测等方面的研究中，应用3S（GPS、RS、GIS）等高新技术手段，进行洪湖沉水植物生物量的估算，分析不同利用强度对水生植被的影响，在我国生态学研究中尚属首次。

1996年我院资环领域共有8项成果获得国家奖，其中“抗疟新药—蒿甲醚”获国家发明三等奖；“中国东北地区盐渍土的形成与改良”、“微生物单井吞吐提高采油研究与应用”、“涂层尿素应用技术与开发”、“猪饲料养分回肠消化率及有效氨基酸需要量的研究”、“川藏公路南线西藏境内山地灾害及防治对策”、“春小麦新品种高原602的选育、研究和推广”、“用同位素研究新疆氮磷化肥的归宿及其经济利用”等7项成果获国家科技进步三等奖。

共有51项成果获中科院“自然科学奖”和“科技进步奖”，其中一等奖9项，二等奖17项，三等奖25项。其中9个一等奖项目分别是：兰州冰川所等的“国际横穿南极考察冰川学研究”，南京土壤所的“土壤电分析化学的建立与发展”，地球物理所的“地球磁场空间结构与地球内部物理过程”，地质所等的“中国东南和邻近海域岩石圈结构组成与演化”，古脊椎所的“内蒙古高原早第三纪地层和哺乳类的研究”，兰州地质所等的

“天然气成因理论及大中型气田的地学基础研究”，大气物理所的“台风暴雨预报警报系统及减灾对策研究”，海洋所的“海藻碘的应用研究－活性海藻碘晶”，综考会等的“重点产粮区主要农作物遥感估产”。

三、积极争取“九五”国家项目，搞好院“九五”项目的组织

1996 年是落实“九五”项目关键的一年。我院资环领域已落实的国家项目约有 70 多项，经费约 2 亿元。其中，已基本落实的国家科技攻关项目 30 项，待落实的科技攻关项目 9 项；正在执行的攀登 B 项目 4 项，已通过初评的攀登项目 9 项（包括“八五”延续项目）；已落实的国家重大基金项目 5 项；已基本落实的国家重点基金项目 20 项。与“八五”相比，科研经费明显增加。

重大项目是我院在资源分配上“盘活存量、优化增量”，促成集团军形成，发挥综合优势，出高水平成果，培养解决国家经济建设中重大资源、生态环境、农业等问题能力的重要措施，重大项目分为重大项目 A 和重大项目 B。A 类重大项目的遴选原则是：鼓励跨所联合，能获得国家重大奖励。部分 A 类重大项目可得到院重大项目特别支持费的强化。B 类项目遴选原则是：通过综合集成研究，对提高我院显示度有重大作用，具有超前性、前瞻性，有助于争取“十五”国家项目。重点项目的安排是我院在资源分配上促成以所为单元的优势学科形成，提高研究所对外竞争能力的具体措施。无论是院重大项目，还是院重点项目，都必须符合“三片一线”基地建设和学科长远发展规划。

院重大、重点项目是院内资源分配的重要组成部分。从某种意义上讲，用好这笔资源，管理好科研项目则可出好成果、大成果，出一批优秀科技人才。科研项目的管理主要涉及投资方向、投资强度、项目的组织与评审、项目的跟踪管理、验收鉴定、成果申报及评奖等诸多方面。为了做好科研项目管理工作，1996 年我院出台了《中国科学院重大、重点项目管理办法》，在局机关内部，还制定了《中国科学院重大、重点项目实施意见》和《关于业务管理费的暂行管理办法》。这些办法的出台，使科研管理逐步走上规范化、科学化的道路。给广大科研人员提供了一个相对公平竞争的科研环境，尽可能避免科学决策上的重大失误，促进高水平科技成果的产生和青年优秀人才的成长。

考虑到目前国家攻关、攀登项目正在论证、签订合同过程中，“三片一线”基地建设处于框架设计阶段，重大项目的安排应与此相配合。目前，各项目已通过可行性论证，有几个项目于 1997 年第一季度相继启动。计划 1997 年将启动 A 类项目的 80％，B 类项目的 50％。

四、加强科研管理和人才培养

出成果、出人才是中国科学院的根本任务，也是结构性调整的核心问题。资环口能否出一批具有国际先进水平的理论成果，能否解决国家经济建设中的重大科技问题，能否造就一批从事科学研究的帅才、将才，始终是国家关注的首要问题。能否出色地完成上述任务，我们认为与管理有着密切关系。因此，我们始终把加强科研管理作为我们工

作中的重要任务，努力抓紧抓好。

“百人计划”的实施是我院培养科技帅才的重大举措，也是关系到是否后继有人的大问题。三年来已先后有60名同志进入了百人计划，其中资环口有18人，涉及18个学科。1996年，我院资源环境领域经过认真分析学科现状、人才结构，从长远发展和学科布局出发，推荐了地震层析成象与岩石层结构、鱼类生理生态学、环境水质化学、分子有机地球化学、岩石圈构造演化与动力学、遥感应用与地理信息系统、实验海洋生物学与海洋生物技术等8个学科作为百人计划的优选学科。其中7个获得批准，并顺利通过了评审。另推荐了10个学科，作为1997年“百人计划”的招聘学科。

“西部之光”计划的实施是我院在资源分配向边远地区倾斜，稳定科研队伍，促进人才成长的措施之一，1996年，我院实施“西部之光”计划，经初步评审，有12个资源环境领域项目入选“西部之光”计划。

1996年我院还组织了方树泉奖金的评审工作，共评出方树泉奖金获奖者103名，其中方树泉奖学金获得者76名，方树泉科学家奖获得者15名，方树泉扶贫奖12名。方树泉奖对地处边远艰苦环境地区资源环境领域研究所的发展，稳定科技队伍，促进年青人员的培养，以及鼓励科学家扎根边疆，为发展边疆地区建设起了非常积极的作用。

应用研究与发展工作

一

1996年是实施“九五”计划的第一年，我院应用研究与发展工作的目标是：切实抓好“八五”科研项目的验收和总结；集中力量争取承担“九五”国家各类重大任务；面向市场，加强创新，以改革的精神探索科技与经济结合的途径；选择和组织好一批对推动国民经济发展有很大作用和高显示度的科研项目，组织科研队伍，结合研究所的定位，促进其结构调整和新的机制的建立，建设好一批工程中心和科研基地；到2000年在我院基本建成以市场为导向、结构优化、布局合理、开放、流动、科技与经济紧密结合的应用研究与发展工作体系，1996年我院应用研究与发展方面的工作取得了很好的进展。

1.“八五”国家科技攻关和院重大应用项目的验收和总结

“八五”期间，我院承担了国家科技攻关项目（课题）52个，包含461个专题。以我院为主组织的11个项目（课题）共取得重要科技成果465项，其中重大科技成果266项，获专利136项；获国家奖12项，获省部级奖102项。相当部分成果达到国际先进水平。

在两委一部联合组织的“八五”国家科技攻关总结表彰活动中，我院有92项重大成果和39名先进个人受到表彰，重大成果和先进个人总数均名列各部委之首。

“八五”期间，由应用研究与发展局归口管理的院重大应用项目11个，包含68个课题，共投入经费7000多万元，均已完成验收和总结。共获得重要科研成果61项，其中27项已得到推广；获国家和省部级奖23项，获专利28项。

2.“863”高技术计划的组织

“八五”期间，我院在“863”高技术计划的7个领域中，全面参与了17个主题的研究工作。1996年我院一批高水平、有影响力的中青年专家进入各领域专家组。在配合国家科委进行的“863”项目推荐、申报、评审工作中，我院又有230多个项目签定了任务合同，初步落实经费1.7亿元。

受国家科委委托，我院还承担并组织了来自全国的部分高技术专家进行“S-863高技术计划纲要”建议研究。这批专家中有我院的一些知名院士及一些中年科技骨干。目前，“S-863计划纲要”建议研究对农业、先进制造与自动化、信息、生物技术、能源、新材料、航空、海洋等领域已编写了建议。

3.“九五”科技攻关和重大科研项目的争取和落实

1995年至1996年，我院先后向国家计委、国家科委推荐国家攻关项目建议书500多份。到目前为止已经入选了一批具有独创性的项目，如“微波催化工程技术”、“离子束应用技术”和一批面向行业发展的产业化项目，如“工业机器人及产业化”、“新一代全分布式控制系统研究与开发”等。已落实项目合同经费3亿多元。还有一批项目如：“面向国税、石化行业信息化建设的组合框架软件应用系统”等已在近期落实。

4. 大力促进科技与经济结合，组织好产学研联合开发工程

促进科技与经济结合，加速科技成果转化，是我院的重要任务之一，参加产学研工程是实现这一任务的重要途径之一。1996年我们一方面加强了对实施中的14项产学研工程的组织管理，另一方面积极争取并实现了“激光毛化技术开发示范中心”、“热塑性工程塑料技术开发与产业化”、“高档医疗设备”等一批项目列入产学研计划。其中不少项目已列项启动。

1996年我院加强了与江苏省、云南省和北京市的合作。一批省院合作项目如滇池综合治理等正式列项启动。

5. 加强工程研究中心和科研基地建设

工程研究中心是促进科技与经济结合的又一个重要途径。1996年我局加强了已建的15个工程研究中心的规范化管理，同时，又成立了金属腐蚀控制等4个国家级工程研究中心。我院还将根据需求和条件逐步建立院级工程研究中心系统，为更多国家工程研究中心的建立创造条件，第一个院级“信息安全技术工程研究中心”已正式成立。目前我院已有19个国家工程研究中心，一个院工程研究中心，两个与地方或行业共建的工程研究中心。共计获得国家投资人民币1.7亿元和世界银行贷款近2000万美元。

6.“九五”院重大项目的组织

1996年，院应用研究与发展局认真进行了“九五”院重大项目的遴选和组织工作。确定了14个首批预选项目，同时将“天然气炼厂气综合利用”、“高档医疗设备”等3项作为试点项目。通过试点，在重大项目的选项目标、市场分析、运作机制、队伍组成、评审方式几个方面取得了经验。

目前第一批预选项目的启动工作已基本结束，第二批预选工作也正在积极酝酿中，将按照项目的成熟程度，分批签定合同组织实施，并继续进行立项工作。

7. 对研究所的状况试行诊断性评估

采用国际通行的办法，聘请咨询公司对研究所的状况试行诊断性评估。1996年中完成了对计算所、化学所、半导体所、声学所、金属所、长春光机所、上海光机所和上海有机化学所等8个研究所的评估工作，并完成了评估报告。报告比较科学和全面地分析了各个研究所的现状，为研究所进一步发展提出了建议，为院的决策提供了参考依据。

二

考虑面向21世纪发展需求，总结以往组织重大项目的经验教训，1996年我院在组织

院“九五”重大任务过程中，在确定战略重点、选项原则和组织方式上都有新的改变。

院重大项目立项原则是：技术上有所创新，在国民经济建设中具有战略性的重大、关键科技项目；产业化目标明确，经过有一定深度的市场或需求分析能获得明显的经济效益或社会效益的项目；有利于我院结构调整，有利于我院2000年后发展的项目。

高技术研究与发展是当代产业革命的动力，是改造农业、基础产业、支柱产业并使得生产力大幅度提高的主要手段，也是发展高技术产业的基础，是21世纪中国经济在全球经济中能否迎接挑战的关键因素之一。中国科学院应当继承和发扬优良传统，为中国的高技术创新和加速高技术产业化进程做出新的贡献。要在电子与信息、生物技术、新材料及其应用、先进制造技术、新能源与环境技术、空间技术、海洋技术等重要领域，选择对国民经济和事业发展关系重大的战略需求和前沿方向，组织力量进行重大创新研究和发展，并按市场和需求，同社会生产要素相结合，实现人才、成果的集成转移，加速产业化进程。加强对具有战略性的重大、关键、共性高技术问题的突破和系统集成能力，并实现示范带动。

在第一批应用研究与发展重大项目中有与大中型企业密切合作，促进产业的技术进步，提高企业的经济效益为目标的项目，如：YAG激光毛化是我院自主研制开发的具有国际领先水平的技术，“八五”与有关企业合作，已取得了良好的经济效益，“九五”已列入国家产学研计划，在力学所建立研究开发与示范推广中心，并与宝钢、鞍钢、攀钢、本钢等单位密切合作，预计到2000年，这些企业每年可增产260万吨优质毛化薄钢板和带钢，新增产值120亿元，年增利税10亿元，年出口创汇2.5-3亿美元。基本改变该类产品主要依靠进口的局面，同时继续保持技术领先地位。

有以研究与开发具有战略意义的产业技术、为资源有效利用和形成新的经济生长点提供科技支撑为目标的项目，如：煤基合成液体燃料项目，煤化所要在“八五”完成2000吨工业示范装置的基础上继续加强技术创新和系统研究，为建立万吨级工业化示范工程提供成套技术和设计依据。

我国天然气探明储量和产量增长迅速，要加强天然气综合利用的研究开发，依靠科技发展天然气工业。“九五”期间，要在“八五”攻关成果的基础上完成天然气直接氧化制合成气、经由合成气制甲醇和甲醇甲酯、高辛烷值汽油添加剂等新工艺，完成甲烷氧化偶联制乙烯一体化工艺研究，加强炼油厂废气综合利用技术的研究开发，加快工艺性试验和产业化。

有以加强高技术创新研究，密切结合市场需求，夺取技术和市场竞争的制高点，为发展自主知识产权提高我国参与医药产业国际竞争的整体实力，推动我国医药研究产业发展为目标的项目，如：“生物技术药物的研究和开发”项目通过药物筛选模型的建立、新基因的发掘和生物工程药物产品三个层次进行创新性研究，研制出一批分子、细胞水平的自主开发的新型筛药模型，功能明确和有应用前景的新基因，以及具有明确市场前景的生物工程药物，初步形成我院在生物工程药物研究方面的体系，并创制我国自主的知识产权新药。

还有以加强高技术的基础性研究和产业化打好基础为目标的项目，如：充分利用我院在半导体材料及工艺、光机电、精细加工等方面的综合优势，积极探索在微、小卫星等方面的应用，力争尽快建立基础，取得优势，形成气候。

还要组织网络安全、高级医疗仪器、工业机器人及其产业化等项目。

三

随着工程中心建设的不断深入，一批高技术研究与发展基地在调整中得到发展，如我院的软件园区已逐步建成软件产业基地，96年软件开发、销售及系统集成的收入超过6000万元，已初具规模。越来越多的工程中心已经逐步地走入市场，进入国民经济主战场。机器人国家工程中心一九九六年完成了十六台弧焊机器人、三台点焊机器人应用工程，另外正在为一汽“大众汽车”开发的冲压线，它将是国内第一条自行研制开发的自动冲压线，已被列为国家“九五”攻关项目，该中心九六年完成产值3000万元，新签合同总额超过6000万元。

专用集成电路设计工程中心受国家税务总局委托对“防伪税控系统”的安全性进行评测试验，通过对系统的多芯片模组的解剖分析，证明了该系统的不安全性问题并提出了详尽的改进建议，国家税务总局已请该中心参与税务信息安全体系的规划工作，并承担该体系的有关建设项目。

催化工程中心开发的甲氰菊酯农药生产技术使我国成为世界上第二个能生产这种高效优质农药的国家，已在国内形成年产2000吨的生产规模，产品销售到20多个省市，已实现新增产值2.1亿元，并已批量出口创汇260万美元。

高档数控中心与机床企业合作，研制成功我国自行研制的第一台五轴联动叶轮加工中心、第一台双立柱曲轴铣床、第一台非球面磨床，并形成二十多种数控机床品种。中心为鞍山高压容器厂成功地解决了高压气瓶自动生产线上的旋压收口控制问题，使瘫痪了十年的生产线得以重生，为该企业走出困境作出了重要贡献。

光电子器件工程中心经过四年的建设，建成了一条比较先进、配套的二英寸光电子器件中试工艺线，已达到年产一万对激光器、探测器单管和三千对组合件的中试生产能力，超额完成了原设计能力的要求，中心还开发了新型超薄层生长技术、LD中试规模批量生产技术、以及金属化耦合封装技术，成功地开发了大功率半导体激光器和可见光激光器，实现了批量生产，产品销往国内外。

工程中心是科技体制改革中的新生事物，需要我们不断探索，在技术创新的同时还要进行机制创新。

为保证中心在市场环境中的健康发展，必须加强工程中心的规范化管理。我院在1996年初颁发了《中国科学院工程研究中心管理办法（暂行）》，对工程中心的组织机构、立项程序与组织实施、运行管理作了明确的规定，具有较强的可操作性。至1996年底，已有九个工程中心成立了有行业、企业代表参加的管理委员会，并召开了首次管理委员会会议，制定了中心的章程和管委会的工作条例、确定了中心的组织机构，使中心走入规范化管理的轨道。

在我院工程中心管理办法中，规定了工程中心要按照有限责任公司的模式去办。它不仅涵盖了工程中心要引进企业文化，要以市场为导向、树立用户第一的观念、建立质量保障体系、注重营销工作等等，而且规范了工程中心与母体研究所的关系。为工程中心运行机制的转变创造了良好的环境，使工程中心成为研究所的科研成果向企业转移的通道，并促进研究所其它工作的发展。工程中心的建设对研究所的体制改革和结构调整必将起到重要的作用，并提供了一种很有效的改革途径。

1996 年，我局还举办了“工程研究中心企业形象设计培训班”和“工程研究中心质量管理培训班”，对增强工程中心的质量意识、形象意识和市场竞争意识，以及加强工程中心面向市场的运作能力起到积极的推动作用。

四

根据我院“九五”期间的奋斗目标，1997 年应用研究与发展工作的主要任务是：

1. 继续抓好国家重大科技项目的立项工作

中国科学院作为国家综合性的科学研究基地，应当为我国科学事业的发展和国民经济建设作出重大贡献。承担国家科技攻关、“863”高技术计划和科技专项任务是我院义不容辞的责任。在 1996 年工作的基础上，我们将组织研究所以强有力的竞争姿态去争取国家科技项目。特别要落实一批国家战略性重大关键科技项目。争取 1997 年在国家科技攻关、“863”计划、科技专项等国家科研项目中落实一批创新性强、对行业发展带动性强的重大项目，再增科研经费 4～5 亿元。

2. 抓好“九五”院重大项目的立项和实施

为加大对高技术创新工作的支持力度，1997 年我们将选择和组织一批前沿创新性的项目列入院重大项目计划，作为新的生长点给予适当和有效的支持。从战略的层面对院重大项目进行布局，争取在“十五”中向国家、行业、企业输送更多新成果、新技术。

研究改进计划管理的办法，对院重大项目将滚动立项、动态管理。每个项目除了制定总目标外，还必须制定分阶段目标，对项目实施“里程碑”式的全过程管理，加强定期检查评估。通过定期评估，确定下一阶段的支持强度。局的管理人员将参与项目管理，探索项目管理的经验。

3. 深化结构性调整，抓好基地建设

根据院的统一部署，加强分类定位工作。实行分类定位管理，就是要依据对下一个世纪科技、经济和社会环境发展趋势的判断，从院、所两级调整学科布局、队伍结构、组织模式、运行机制，深化我院的科技体制改革，实现江泽民主席提出的把我院建成三大基地的目标。

积极进行以研究所定位和开放实验室分类管理为主的结构性调整，从研究所自身定位入手，重点抓好 30～40 个主要从事高技术创新研究和发展的研究所；抓好开放实验室分类管理；巩固和完善已建工程研究中心，积极稳步地发展新的工程研究中心。

积极推动一批研究所与产业和地方结合，使其发展成面向区域发展和面向市场的技

术开发型科研机构。“九五”期间我院应更加注意用各种方式有效地利用各种社会资源，以便把我们的工作做得更好，影响面更大，为国家的经济和社会发展做出更大的贡献。

4. 抓好高技术创新研究与成果转化

今年，我院已将负责产学研联合工程与国内合作的“技术经济发展处”，从应用研究与发展局调整到高技术企业局。这一调整将有利于推动我院的科技与经济的结合工作。调整后的应用研究与发展局将加强高技术创新研究，加速形成具有自己的知识产权的高技术成果，并通过各种方式将自主开发的高技术推向产业化，以取得重大的经济效益和社会效益。

高新技术企业

一、科技企业发展相对平稳，继续取得新的成绩

1996年我院科技企业的广大职工按照中央“两个转变”的方针，继续加深对社会主义市场经济的认识，进一步落实现代企业制度，加强了内部管理，拼搏奋斗，取得了不小的成绩，经济规模有较大幅度的提高。据不完全统计，1996年，全院科技企业的营业总额为82.90亿元，比上年增长了54.1%，年营业额超过1000万的科技企业有49家(1995年为41家)；全院的利润总额达到5.09亿元，比上年增加了18.1%。年利润总额超过100万的科技企业有45家（1995年为42家）；全院企业向国家缴税1.23亿元；全院科技企业向主办投资部门上交近1.22亿元，上交院所超过100万的科技企业有22家。大多数科技企业认识到技术创新对企业生存和发展的重要意义，重视R&D工作，1996年全院科技企业的R&D投入达1.47亿元，有31家科技企业的R&D投入超过了50万。

院直属企业集团有了新的进展。北京联想集团1996年初明确了战略发展目标：要高举发展民族工业的大旗，成为能持续发展的国际性大公司，2000年销售额目标为25亿美元。在领导体制上，为完善科学、民主的决策程序，成立了对董事会负责的、以集体领导为核心的执行委员会。在销售、供应、财务、人事、激励等方面调整了运行机制。加强了企业文化建设和干部培训。通过这些举措，公司在1996年迎来了大好形势。到年底，销售收入42.47亿元，是1995年的276%，实现利润1.17亿元，是上年的287%，向国家缴税7557万元，是上年的171%。微机销售量超过21.5万台，是上年的240%，跃居国内市场第一位，微机的销售供不应求。联想大亚湾科技工业园初具规模，已建成厂房4.68万平米，基础设施完备，管理现代化。现有职工1800余人，年产值13亿元，目前主要生产计算机板卡和印制电路板。

中科集团一直以产品和产业发展为主业，1996年以联合、创名牌、上规模的方针，对企业和产品进行了调整，确定了电子、医电、新材料等领域的上规模产品。按中科集团占股的股份比例折算的销售额达12.5亿元。基本完成了对院委托的原院管公司资产的清理和产权的界定，控制了流失。希望公司的UCDOS市场占有率达72%；三环公司的钕铁硼磁性材料年产量达到580吨，销售额2.5亿元；上述两项产品均被评为北京市名牌产品。大恒公司的激光加工设备占国内市场的三分之一。22 000平米的中科大厦竣工并投入使用，为集团的发展创造了条件。

中国科技国际信托投资公司坚持金融和科技相结合的宗旨，狠抓内部的规范化管理和外部的开拓，同时加强了企业文化建设和对京外部门的监督、审计，1996年公司的资产总额达到88.1亿元，比上年增长了16%，利润总额6100万元，比上年增长了55%。

东方科学仪器进出口集团公司从1995年开始了结构调整，目的是优化经营结构，提高效益，对摊子过大的子公司实行资产重组，调整业务方向，对条件成熟的公司进行股

份制改造试点。在加强内部管理方面制订和修订了一系列规章制度。领导班子以身作则，抓了中层干部队伍的建设。1996年进出口总额达9900万美元，集团的营业收入达到了2.61亿元，交纳各种税款587万元，净利润1340万元，净资产由9250万元上升到1.1亿元。

深圳科健集团1996年面临很严峻的形势，出现了较大亏损。院会同深圳科健集团对中国科健股份有限公司的领导班子进行了调整之后，新领导班子积极工作，在1996年一方面改善组织管理，调整干部队伍，大胆启用年轻人；一方面狠抓新的产品开发，安科的CT已在今年年初有了较好的销售形势，中国科健解决了VCD的产供销关系，有了批量的生产能力，今年会有较大的销售增长，集团在信息高速公路方面，开辟了以广域网为主的系统集成业务，有很好的势头，除此而外，集团还和声学所DSP中心合作开发WEBTV和卫星直播数字电视接收机等项目。科健集团在分析了亏损的原因之后，制定了明确目标，采取了扭亏措施，有信心在1997年扭亏为盈。

许多研究所进一步转变了观念，认识到在社会主义市场经济中，研究所的科技开发活动必须以市场为导向，扩大与社会各生产要素的有机结合，以实现双盈为方针。兴办科技企业必须按现代企业制度规范，必须以盈利为目的，必须发挥创新能力开发拳头产品。在这些认识下，1996年出现了一些所办企业的新秀。

二、加强了院对高技术企业的管理，加快了现代企业制度建设步伐

推行董事制度和推进股份制改造是向现代企业制度过渡的两项重要工作，是实现“九五”科技企业发展战略目标的制度基础。院党组决定“九五”期间要在全院推行董事制度，完成所有有条件的科技企业的股份制改造工作。在“九五”的第一年，这两项工作已有良好的开端。

由院高技术企业局直接参与已经完成的试点单位有5个，正在继续进行的有6个，正在酝酿的有7个。同时，组织申请股票上市，报中国证券监督委员会，批准我院1996年一家上市名额，这是我院开户后获准的第一个名额。

为适应我院目前企业发展和管理状况，在加强经营性国有资产管理方面起到规范和促进作用，同时为准备推行董事制度，1996年初颁布了《中国科学院科技企业董事管理条例》，条例为规范董事会和董事的行为提供了依据，明确了董事作为股东代表的责任、权力、义务和纪律，为建立和推行董事制度奠定了基础。

为配合《董事管理条例》的实施，院有关部门共同举办了董事高级培训研讨班。研讨班主要以分院、直属企业以及部分研究所主管开发领导为对象，从董事责任、权利、义务、纪律以及董事会在公司中的地位和作用等方面进行培训。参加培训的同志认为培训对规范化管理和如何作尽职尽责的董事等方面有一定的帮助和提高。大家体会到建立健全董事制度、培养造就一批懂企业管理的董事队伍的紧迫性，呼吁根据院科技企业的现状和发展趋势，尽快建立起合格的董事队伍，对国有资产的保值增值真正负起责任。

在高级培训班基础上，高技术企业局又举办了三期以分院、所主管开发领导同志以及直属企业为主要培训对象的董事培训研讨班，参加培训的达140余人，除财务讲课外

又增加了有关资金运作的讲课内容。

在规范管理行为、促进企业发展方面，首先为落实1996年院工作会议上提出的“九五”期间开发工作的主要目标，把制定院科技企业“九五”发展规划列为重点工作任务之一。在98家科技企业按要求向院报送了发展规划的基础上，制定出《中国科学院科技企业“九五”发展规划》(讨论稿)，目前正搜集各方面意见作进一步修改。

另外在加强政策导向方面做了一些工作，颁布了《中国科学院科技企业奖励暂行办法》；收集编辑了近几年国家、院以及局发布的有关企业的法律法规，约140万字，已经送出版社出版。

为正确评价科技企业中从事研究与开发工作人员的贡献，解决他们的职称问题，在1995年已经公布的《中国科学院直属企业正高级职称评审条例》基础上，经过较长时间的酝酿和准备，组织召开了院直属企业高级职称（正研级）评审答辩会，完成了直属企业高级职称（正研级）评审工作，在评审过程中不仅重视学术水平、获奖和发表论文的情况，同时也注重经济效益。评审本着严肃认真的工作态度，高标准严要求的工作原则，从严要求，在26名申请人中，有7人通过资格评审，其中1名是破格晋升的年轻人。

为对科技企业有更深入和客观的了解，帮助他们寻找在发展中存在的问题，请中科集团对科技企业进行诊断性评估，内容包括业务方向、组织机构、运行机制、管理规章、领导作风、企业文化、人员结构、市场策略等方面。诊断的目的与领导班子考核不同。前者的重点在于管理机制、资源状况、竞争能力和进一步发展的潜力与存在的问题；后者的重点在于考核人的能力、素质绩效。

为总结“八五”期间科技企业发展得失，院召开了科技企业工作会议。大会对“八五”期间优秀科技企业、扶植优秀科技企业成长的有突出贡献的人员、优秀科技企业家、先进工作者以及高新技术产品进行了表彰。会议在认真总结“八五”期间科技企业取得的成绩和经验教训的基础上，讨论了在“九五”期间如何使我院科技企业再上一个新台阶，完成院领导提出的战略目标。会议对“九五”科技企业发展战略规划草案和科技企业认定办法进行了讨论和修改。

三、明确新的任务，努力奋斗，再做贡献

1997年，将主要抓好以下工作：

1. 科技企业以及其他各类企业的管理

(1) 筹建经营性国有资产投资控股公司，用新体制管理好部分院的经营性国有资产。筹建相应的支撑系统，适应资产产权的多元化和公有制的多种形式，从建设新管理体制和新的运行机制上促进科技企业的发展。

(2) 引导企业向现代企业制度过渡

股份制及董事制度是现代企业制度中两项重要内容。1997年将在1996年工作的基础上，继续大力推进我院科技企业的股份制改造。

为了规范对企业的管理，帮助科技企业健康发展，将在全院的科技企业中推行董事

制度，采取执行董事和非执行董事的组成方案。将出台《推行董事制度的实施意见》促进此项工作，着手建设董事队伍，并继续举办董事培训班培训董事。

(3) 高新技术企业认证

目前，我院名义上有近400家技术开发性企业，可实际上不少企业并不能完全符合国家和我院对高新技术企业的要求。为了有利于企业经营机制的转化和结构调整，为了优化有限资源的配置，1997年将开展院内高新技术企业认证工作。这不但有利于科技企业的规范管理，而且可以给科技企业增加一定的无形资产。

(4) 加强企业扭亏工作

我院有一百余家科技企业亏损，院领导多次指示要各级领导重视亏损企业的扭亏工作，要把院和所的风险减到最小。

实现这一目标需要认真落实扭亏增盈目标责任制，建立健全扭亏增盈监督、检查、考核制度。一方面要进一步加强领导班子建设和企业内部管理，另一方面要进一步深化改革，更充分地发挥广大干部职工的积极性。要抓重点、以点带面，分类指导，要把企业扭亏增盈工作放到重要的位置上。

(5) 加强政策研究，推动明晰产权、职工持股等改革措施和与企业效益挂钩的新分配制度的建立，如年薪制、企业人员退休养老制度等，激发企业经营者和职工的积极性，加快科技企业的发展。例如，实行年薪制是今后对企业领导人员的分配制度的改革方向之一。因为年薪能比较方便地使经营者的业绩与其报酬挂起钩来，有利于调动积极性。

建立职工退休养老保险是对企业职工负责，有利于企业安定和社会安定，有利于人员正常流动。全面实行这个制度，有待于属地政府的统一安排，但是我院科技企业应该早做准备。

2. 做好高技术产业化的促进工作，促进科技与经济结合

抓好产学研工程和与地方合作的面向工程，促进成果转化，在这方面，今年主要要完成以下工作：

(1) 努力探索产研合作的方式、方法和运行机制，坚持以市场为导向，进一步加强和规范两个“工程”的实施管理。从今年开始，要逐步建立起两个“工程”的专家咨询系统；建立项目评价体系和项目负责人的考核标准；制订我院两个“工程”项目的管理办法；

(2) 继续组织实施好产学研联合工程。抓好国家产学研工程项目的选择、推荐工作，重点是前期的预审、可行性研究、合作机制的建立和过程管理，尤其要注意从市场需求出发和骨干队伍的选择与建设。

(3) 今年“面向工程”要总结经验，巩固已与我院签约的省市的科技合作关系，特别是要抓好与江苏省、云南省的合作，争取落实一批具体项目，提高合作质量。要进一步协调好院、分院、研究所三个组织层次的功能，特别要注意充分发挥分院在地方科技经济合作中的独特作用，并注意调动我院派出的科技副职的积极性。

人　才　培　养

1996年，我院人才培养工作着重在全面提高研究生的培养质量、加大管理干部的培训力度、有效吸引优秀留学人才以及加强人才培养基地建设等方面开展工作，取得了显著成绩。

一、环环努力，全面提高研究生教育质量

研究生教育工作继续坚持“适当发展规模，全面提高质量，优化学科结构，改善办学条件”的工作方针，以提高质量和改善办学条件为中心任务。

1. 提高生源质量，超额完成招生计划，招生规模继续稳步增长

(1) 1996年，全院招收博士生1603名，再创历史最高水平，与1995年相比增长9.3%；全院招收硕士生2028名，提前完成2000年规划指标，与1995年相比增长6.4%；接受全国重点大学推荐的免试博士生和硕士生比例分别增长7%和8.3%。

(2) 为1997年招生工作打好基础，组织全院性招生咨询活动。1996年招生咨询参加单位和人员均为历年最多，接待前来咨询的来自近百所高校学生近万人。收到良好效果。

招生、录取工作全部实行计算机信息管理，为招生工作规范化提供了重要保证。“研究生教育管理计算机信息系统”获院科技进步三等奖。

1996年还通过召开院招生工作会议和化学口联合招生工作研讨会，全面总结、分析当年招生工作，并提出1997年招生工作的总目标。进一步规范博士生招生工作，印发了《关于加强博士生招生工作的若干意见》。京区招生单位继续实行集中报名、集中考试，实行规范化管理。

2. 加强宏观管理，促进研究生培养质量的全面提高

(1) 抓好研究生精神文明建设，树立全面育人观念。

教育局与京区党委联合召开院研究生德育教育和思想政治工作座谈会，院党组副书记余志华同志亲自到会并作重要讲话。会上，讨论修改了《院党组关于加强研究生德育教育和思想政治工作的几点意见》，并于会后以党组文件形式印发全院，进一步明确了工作目标和思路，为今后工作的开展打下了基础。

教育局还就加强研究生德育教育问题组织了课题研究，形成《中国科学院研究生思想情况调查及加强研究生精神文明建设的思路探讨》的报告，加深了对新时期研究生群体的思想特点和其精神文明建设规律的认识，为改进和加强研究生德育和思想政治工作奠定了良好的基础。

组织召开院长奖学金、地奥奖学金、亿利达奖学金联合颁奖会和首届研究生文艺汇

演，激励研究生振奋精神，努力学习，弘扬爱国主义和集体主义精神。

(2) 改进和加强学位课程教学，优化课程设置，抓好教材建设，提高研究生的培养质量。组织中国科大研究生院和院学位与研究生教育学会各专业委员会，根据21世纪科技发展的趋势和拓宽培养口径、打实知识基础的要求，提出调整、优化课程设置的方案和对学生选课的要求。力求逐步形成中国科学院规范化的研究生课程设置和教学体系。

设立教材出版基金，资助优秀研究生教材出版。制定和印发了《中国科学院研究生教材出版基金暂行实施办法》。成立了中国科学院研究生教材建设领导小组和中国科学院研究生教材建设专家组，组织召开首次领导小组和专家组评审会，通过了1996年度院研究生教材出版基金资助项目13项和我院申报“九五”国家级重点教材的项目10项。组织部分学科（包括地学、化学、生物学等）研究生教材联合编写工作。

组织成立中科院研究生英语教学指导委员会，加强了研究生英语教学的组织领导，今年秋季首次试行博士生英语入学考试全院统一命题，统一阅卷，统一确定录取分数线。

3. 继续推进研究生教育改革

抓好导师队伍建设，坚持博士生导师遴选制度改革，推进导师队伍的年轻化，保证学科点培养力量后继有人。评审通过1997年上岗博士生导师1448名，其中新遴选上岗的354名，占24.4％；50岁以下和35岁以下的导师比例分别从1995年的4.1％和0.4％上升到13.4％和3.6％，而65岁以上的导师比例则由32.8％下降到8.6％。

硕博连读改革试点初见成效。对京区第一批90多位硕博连续生的课程学习情况进行了调查、总结，提出改进硕博连读试点工作的意见。推动试点单位进行规范化管理，做好研究生院和各试点单位的协调工作，保证了培养质量和试点工作的正常进行。

4. 加强基地建设，为我院研究生教育进一步发展创造有利条件

(1) 组织首批博士生重点培养基地评审。对39个研究所和科大共40个单位的申报材料进行严格、认真的评审，通过物理所等10个所和中国科大为全院首批博士生重点培养基地，极大地调动了研究所的积极性，有力地促进了研究生教育工作。

(2) 1996年全院新增博士授予单位6个，新增博士点12个，新增硕士点21个；经过积极争取，我院有4个单位获得按一级学科招收研究生的权利。中国科大获工商管理专业硕士学位的试办权。

(3) 按照国务院学位办的部署，组织研究所修订学科专业目录，使我院有特色的学科专业在目录中得以保留（如水生生物、第4纪地质学、地图学与地理信息系统等）。

(4) 加快研究生宿舍建设，制订“九五”研究生公寓建设规划。通过大量的调研与测算，教育局会同计财局、基建局联合制订并下达了“九五”研究生公寓投资计划控制方案。将“九五”5950万元的研究生基建投资指标分配到分院和所。

(5) 积极推动院校合作。推动上海分院做好与上海大学合办研究生院的工作。促进和推动中国科大和合肥分院在教育和科研方面的合作。

二、积极创造条件，认真做好博士后管理工作

经全国博士后协调管理委员会批准，1996年我院又新增博士后流动站3个（安徽光机所、昆明动物所、科大化学专业)。使我院有博士后设站单位73个，流动站80个。1996年博士后进站300人，完成预定计划。

1996年博士后经费由原100万元增至200万元，并制订了《中国科学院博士后经费使用试行办法》。博士后管委会新分配我院18套博士后公寓，使我院在934楼的博士后公寓从最初分配我院使用的52套增加到82套。

三、加强职工继续教育与培训，努力提高职工队伍素质

职工继续教育和培训工作紧紧围绕优化整体队伍的素质、增强科技队伍的创新能力、提高管理水平和管理效益、适应未来需要开展工作，推进、拓宽培训渠道，加大了管理干部的培训力度。

1. 拓宽渠道，加大管理干部、特别是管理骨干的培训力度

(1) 采取多种形式，加强对所级领导干部的培训。如：经有关部门大力协同，举办应用开发口和资源环境口的两期所级领导干部高级管理研讨班。对进一步认清竞争形势，拓宽思路，深化改革，主动实施结构调整，搞好研究所分类定位，促进研究所的发展起了重要作用。教育局还协同人事局组织了我院第九期所级领导干部上岗培训班。

(2) 为了进一步与国际接轨，组织局、所级领导干部和研究所的开发人员、财会人员分别出国培训。促进了在科技管理、技术转移和技术开发方面，借鉴先进经验，同时在开拓科技市场，营销策略，投资决策，财务管理等方面，也学到了新的知识，得到了新的启示，拓宽了思路。

(3) 举办企业一制干部的培训与研讨。1996年，举办八期企业骨干的研讨班和培训班，包括四期董事研究班和两期ISO9000质量认证管理培训班。另就工程中心管理、项目管理等重要管理领域举办四期培训、研讨班，参加人数达170余人。都收到了好的效果。

(4) 举办短训班，加强全院各管理系统管理干部的培训。1996年机关各局举办各类培训班共38期，参加人数达1980人，取得了明显成效。特别是计财局举办两期科研处长班收到较好的效果，学员们认为：随着市场经济和我院科技体制改革的深入，传统的研究所的业务管理方式正受到冲击和挑战，为适应这一转变，加强培训十分重要。

(5) 加强了院和分院机关干部专项管理技能的培训。针对实际需要，继续组织英语、公文写作等常规培训班，在此基础上，1996年，特别加强了计算机的操作使用、联网等的培训，除院机关举办了有局级干部、处级干部等参加的（人数达160多人）三期培训外，各分院地区和京区也组织了各层次的计算机的培训，由于内容新，针对性、实用性强，所以收到了较好的效果，为办公自动化作了准备。同时还举办了管理干部、企业干

部的心理素质训练班，提高竞争中的心理承受能力。

院机关还积极支持机关管理骨干函授、进修管理的学历教育。1996 年支持 20 余位年轻骨干学习第二专业和攻读研究生课程，以及专业岗位培训。以逐步改变管理人员的知识结构，进一步提高业务管理水平。

2. 加强对科技人员的继续教育，增强科技创新能力

(1) 举办专业技术人员高级研讨班。1996 年全院共举办涉及各学科领域的专业技术人员高级研讨班 56 期，教育局资助的与院重大项目紧密结合的 19 期，参加研讨的人数达 610 人。例如：研究生院举办的第一届北京夏季理论物理高级研讨班，广州分院举办的资源环境与可持续发展研讨班，长春地理所举办的湿地研究现状及发展研讨班，安徽光机所举办的光束特性研讨班，等离子体物理所举办的核聚变工程研讨班，武汉物理所举办的原子、分子与团簇结构研讨班，青岛海洋所举办的海底热液作用及其成矿研讨班等，对促进学科交叉，学术交流，拓宽思路，增强科技专家的创新能力都起到了很好的作用，并在科技人员中引起了强烈的反响。

(2) 继续开展国内地区间访问进修，重视对边远薄弱地区年轻骨干人才的培训。1996 年支持“两院、两地”即：新疆、昆明、青海、贵州的研究所的年轻骨干到内地科研单位、高校进行合作研究、访问、进修，共资助 150 人月。在培养和稳定科研骨干队伍方面产生了较好的效果。

(3) 结合科研工作实施在职申请学位的工作，支持鼓励在职年轻科技人员通过本职学习，提高学历水平，以调整队伍的知识能力和学历层次结构。据统计，45 岁以下的在职申请学位的人数达 607 人。

(4) 组织科技人员参加市场经济知识专题讲座。为“争取用几年的时间使 70%的年轻科技人员熟悉市场知识”，组织、支持各分院、各所举办有关市场经济知识的培训班或专题讲座 30 期，有近 2000 人参加了讲座、培训。例如大连化物所，举办了新技术成果的转化、市场营销、财务管理、税务制度等专题讲座。科技人员学习后说：“许多知识原来不了解，是盲点，学习这些知识对推动科技和经济结合、技术产品的开发是不可缺少的。”

(5) 培训技术人员，提高实际操作能力。我院一直重视技术人员和技术工人培训工作，科研单位技术设备专业性强、非标准加工多，要求技术工人具有全面技术。各分院地区配合技术工人考工定级组织培训。今年仅京区就组织了近 800 人参加培训，西安分院也组织了近 900 人参加培训。培训注重操作能力和技能的提高，有力地提高了技术工人的素质。

(6) 进行调查研究，了解科技人员的培训现状。为进一步掌握我院年轻队伍的状况，今年 4 月份我局对我院 45 岁以下从事基础研究、应用研究与开发工作、技术工作和管理四大类人员，从学历构成、出国进修、参加国际学术交流以及国内进修培训等 75 个项目进行了调查，为进一步有针对性地搞好职工的培训奠定了基础，明确了目标。

3. 改善培训基础设施，为培训工作顺利开展创造条件

(1) 改善部分培训基地如：成都、西安、昆明、武汉、新疆等分院的培训中心的计算机培训设施，以满足管理人员计算机培训的需求。管理学院为配合管理人员的培训，专门筹款建起了有 48 台 586 计算机的机房。

(2) 加强培训教材的编著，规范培训内容。为了适应管理干部培训工作的需要，1996 年编印部分实验技术人员岗位培训系列教材，其中《微型计算机原理与新技术》、《光学技术基础》、《实验动物饲养与管理》已经印刷。还编印了“中国科学院高级管理人员赴美培训论文集”。管理学院还选定了若干管理培训的教材和参考资料。使培训内容更加规范化了。

(3) 利用电教，开展多种形式的培训。电化教育是开展干部培训的主要形式之一。1996 年电教中心编制培训电教片，辅助各培训中心开展计算机等的培训。

4. 不断提高成人高教的教学质量

1996 年成人大专、本科招生入学 2300 人，学生入学率为招生计划的 82%，较好地完成了招生任务；由于课程设置和专业符合社会需求，参与了社会竞争，中专招生有了大幅度增加，招生入学 500 人。在保证比较稳定的招生规模的基础上，各院校始终要把教学质量放在第一位，这样才能得到社会的认可。

四、调整出国留学人员选派结构，吸引留学人员回国服务

1996 年我院的出国留学工作，在选派方面大力进行结构调整，注重了高层次业务骨干和学术带头人的培养深造；在国外管理方面，加强了对优秀拔尖留学人员的联络、沟通，创造条件适时吸引留学人员回国和为国服务，收到了良好效果。

1. 出国留学进修选派工作稳步发展

(1) 1996 年共派出留学人员 357 人，其中公费派遣 176 人，国外资助派出 181 人。1996 年度经香港“王宽诚教育基金会”批准，获资助派出项目 81 项，参加国际会议项目 33 人。

(2) 审批、办理“王宽诚教育基金会”、“卢嘉锡学术交流项目”42 项。

(3) 审批、办理 1996 年出国参加技术培训审批项目 108 个，123 人。

(4) 成立“中国科学院受理国家教委留学基金项目申请办公室”，1996 年度受理申请 42 人，32 人获批准，接受各类咨询 600 余人次。

(5) 审理 1997 年度院的申请留学项目逾 200 项，经评审 116 项通过初选。

2. 深化改革，调整选派结构，加强学科梯队人才培养，提高选派质量

根据我院的学科发展和布局，进一步调整公费留学计划的选派结构。

(1) 对第一次出国的青年高访人员，改为一年的留学期限，以使其有足够的时间深入

开展研究，涉足新领域，接触新的生长点，建立较深的联系，为今后的长期合作打下基础。

(2) 选派计划更强调结合任务和学科、人才队伍的建设，成组配套选派，提高学科群体的素质，以适应我院整体发展的需求。今年共录取205人，其中人选一般公费项目128人；留学基金项目26人；短期项目35人；成组配套项目5组15人。选派人员层次进一步提高，年轻高职人员增加，具有博士学位的人员占39.5%，比1995年计划提高7.6个百分点；35岁以下人员占64.5%，比上年提高10.5个百分点。

3. 联络吸引优秀留学拔尖人才回国服务

(1) 突出重点，协助研究所对特别优秀者的联络吸引，以及解决优秀人才回国工作的有关问题取得成效。

(2) 进一步充实、完善留学人员人才库，拟定了联系办法，发动各研究所通过专家业务合作、学术交流，加强与留学人员的联系，对优秀留学人员进行有效的跟踪管理。

(3) 邀请并资助优秀留学人员回国参加我院学科发展规划讨论。六月份，在讨论生物学发展的香山会议上，邀请四位在英、美的具有较高学术造诣的留学人员与会，使他们在这种高层次的会议上对学科规划、学科发展献计献策，同时也使他们能更深入地了解国内科技情况，以便今后进一步开展合作、交流，为国服务。

4. 为留学人员回国工作、为国服务创造条件

1996年，有225人提出申请留学经费择优支持回国工作基金，其中有41人是以研究生身份出国，获博士学位后回国工作的，比往年有较大幅度增长。全年共批准资助175人，资助总金额达441.9万元，其中有30人得到重点支持。今年开始启动留学人员短期回国工作资助项目，有5人获得资助。

我院还积极争取从国家教委获得更多的留学回国人员科研资助费。1996年，我院有74位留学回国人员获得总金额为262.5万元的资助，比上年增加53%。

1996年举办五个学科的青年学者学术讨论会。共有260多人与会，其中来自海外的留学人员70多人。与往年相比，今年的突出特点是提高了学术水平，取得了更多的实效，会后建立了不少深入的合作研究关系。

为配合全国留学回国工作的开展，认真遴选，积极向国家教委推荐表彰我院的优秀留学回国人员，进一步推动了我院留学工作。

5. 组织对留学工作的总结、研讨

通过认真准备，召开了中国科学院出国留学工作研究会年会，100多个单位参加了会议。通过交流，相互启发，共同提高，进一步明确了今后留学工作的方向和重点，对推动留学派遣结构的改革，加强优秀人才工作将起到积极作用。

五、院校及其他工作也得到稳步发展

1. 中国科技大学完成“211工程”规划的立项

按照国家计委、教委和财政部的要求，中国科大做好有关“211工程”立项论证各项准备工作，顺利通过建设项目的可行性论证。首批正式进入国家“211工程”规划，“九五”将获中央拨款6000万元的支持。这对科大的第三次创业和21世纪建成为国内一流、国际知名大学创造了有利条件。

2. 中国科技大学实现招生并轨

1996年本科招生1148名，完成招生计划；制订1997年的本科招生（1450名）计划。

3. 评选、表彰优秀研究生导师、教师和优秀教育干部

根据国家教师法和我院实际情况，制订了《中国科学院评选优秀研究生导师、教师和优秀教育干部的办法》。在全院组织申报、评选，评选出优秀研究生导师、教师251名，优秀教育管理干部93名（其中包括21名“地奥教育管理奖”获得者）。于1996年教师节召开了京区表彰大会。

4. 组织院首次教学成果奖的评审

经有关部门同意并报请院领导批准，首次设立“中国科学院教学成果奖”。根据国家有关规定，制订了《中国科学院教学成果奖励暂行办法》。同时，组织了各单位的申报工作。

人事制度改革与队伍建设

1996年，我院认真贯彻落实党的十四届四中全会、六中全会精神，深化人事制度综合配套改革，加强院属单位领导班子、科技人才队伍、管理人员队伍和工人队伍建设，迈出了较大的步伐，取得了较好的成效。

一、加速培养选拔优秀年轻干部，进一步加强院属单位领导班子建设

1. 院属单位领导班子的换届与调整工作

1996年完成了院属单位43个行政领导班子、39个党委领导班子的换届工作，同时还对48个单位的领导班子进行了任期中考核和个别调整。

在换届、考核工作中，一是抓分析和预测。对即将到届的领导班子逐个进行分析和预测，做到心中有数；年初和每个季度都认真作出合理安排；二是抓重点、难点。以分院、大所、问题较多的单位为重点，由院领导亲自带队；三是抓规范程序。严格按照规范化的程序，充分听取各方面的意见，广泛进行民主评议、民主推荐，做到了公开、民主、择优，提高了广大群众参与度和对领导班子的信任度；四是坚持"定正选副"。以优选党政一把手为重点，优化领导班子的年龄结构、知识结构和气质结构，增强领导班子的凝聚力。

2. 努力培养、大胆启用优秀年轻干部

为了认真贯彻四中全会和全国组织工作会议精神，受院党组委托，人事局与党组办联合召集了分院党组书记会议，专题总结、研讨、布置加速培养选拔优秀年轻干部的工作。使各级党政领导同志提高认识，统一思想，增强了使命感和紧迫感。

组织全院各单位认真分析干部队伍现状，摸清底数，针对存在的问题，补充或重新建立了所级后备干部名单，并制定了相应的培养计划。目前，全院已落实所级后备干部近700人，50岁以下的占80%以上，其中所级党政一把手后备人选占三分之一左右。

在领导班子换届和调整过程中，打破"论资排辈"的传统观念束缚，大胆启用优秀年轻干部。特别强调每个班子必须配备45岁左右的年轻干部。对个别确实有困难，暂时没有合适人选的，要空出职数；对有些领导班子职数已满、干部年龄较大又需要留任一段时间的单位，采取了"先进后出"的办法，先补充年轻干部，进行新老交替过渡。由于目标明确，措施得力，产生较好效果，一些优秀年轻干部进入所级领导班子，新提拔的所级领导干部中，45岁以下的占50%。45岁以下的所级领导干部在领导班子成员总数中所占的比例，由1995年的12.4%上升到15.3%。全院已有68%的单位领导班子中配备了45岁左右的年轻干部，以50岁以下干部为主组成的所级领导班子，占总数的15%。目前，全院所级领导班子成员的平均年龄为52岁，在1995年下降2岁的基础上又下降

了1岁。

3. 加强领导班子思想作风建设

认真贯彻落实江泽民同志关于“领导干部一定要讲政治”的指示，采取多种方式，加强所级领导干部的培训，有计划地安排部分领导干部入各级党校学习。圆满完成了第九期所级领导干部上岗培训班、第二期党政一把手研修班的培训任务。在培训班上，院党组领导同志走上讲台，亲自授课，给学员以极大教益。

二、全面推进人事制度综合配套改革

1996年，国家人事部正式批准了我院《关于进一步深化人事制度综合配套改革的规划和意见》，主要包括8个方面的内容：

· 建立宏观调控指导、微观放开放活的进人制度；
· 建立多渠道、多层次培养跨世纪科技人才的制度；
· 完善以岗位聘任为核心的专业技术职务聘任制度；
· 建立适应管理人员特点的职员制度；
· 完善符合工勤人员特点的技术等级考核制度；
· 建立以聘用合同制为核心的灵活多样的用人制度；
· 建立与科研任务和工作绩效密切挂钩的内部分配制度；
· 积极进行社会保险制度改革。

6月在庐山召开全院人事制度综合配套改革工作会议，总结交流了10年来人事制度改革的经验，研究部署了“九五”期间队伍建设与人事制度改革的指导思想、目标和任务以及措施。会议提出，我院要从实际出发，以制度建设为核心，以综合配套为措施，以服从、服务于全院的整体改革，促进研究所改革和发展为指导思想，以多出成果、多出人才，为我国经济建设和科技发展多作贡献为目的，紧紧围绕三支队伍（专业技术人员队伍、管理人员队伍、工人队伍）的建设，在多年试点的基础上，以“双聘”为核心，把若干单项的改革有机地结合起来，引向深入，形成合力。

1. 正式启动了聘用合同制

制定下发了《中国科学院对新进人员实施聘用合同制的暂行规定》。从1996年起，院属各单位与新进人员在平等自愿，协商一致的基础上，签订聘用合同，明确双方的责任、义务和权利；根据科研开发任务及岗位的不同情况和职工素质，合同期限分为短期、中长期或无固定期限；合同期满后，用人单位与职工再次进行双向选择。这一制度克服了“一次就业定终身”、“铁饭碗端到底”的弊端，有利于调动积极因素，促进人才流动，优化队伍结构，得到了应聘人员的理解和院属单位的欢迎。院机关进行了首次公开招聘管理人员的尝试，报名之踊跃、反响之热烈、应聘人员层次之高，都是空前的。

实施中，我院根据不同地区、不同单位和不同类型人员的实际情况，逐步推行，不搞“一刀切”；由于社会保障制度尚不完善，制定了与聘用合同制配套的有关劳动报酬和保险福利待遇的暂行规定，对受聘人员所承担的风险给予补偿。

2. 按需设岗，按岗聘任，实现职称工作的重点转移

在试点的基础上，1996年我院将职称改革工作的重点从“评审”转移到了“聘任”上来，全面实施按科技工作的需要设立工作岗位，再按工作岗位、按个人资格条件聘任专业技术职务，即“按需设岗，按岗聘任”的新举措。

“按需设岗，按岗聘任”的重点是研究员岗位，我院在设置自然科学研究领域的研究员岗位时，规定必须符合以下条件之一：

第一，学术带头人或是主要研究方向的带头人，能组织和指导本学科领域的研究工作并做出高水平的研究工作，参加国际竞争。有较好的研究实验条件，有重要的科研课题和较充足的经费，有合作者、助手或研究生。

第二，科研项目或课题的负责人，能带领、指导和组织协调项目组的科技人员保质保量完成任务并做出高水平的成果。有足够的经费，能保证项目（课题）和研究集体的正常运转；有较好的科研设备和较强的科研集体，并在科研集体（室、组）中处于带头人、指导者的位置；有研究生。

第三，高技术研究及其技术开发的带头人。有明确的任务和较强的经费支持，组织和带领下属人员从事新技术、新产品、新工艺、新材料的研制和开发。

“按需设岗，按岗聘任”的职称改革制度，给研究所在调整学科方向和争取科研经费方面提供了新的调控手段，在把科技力量吸引和凝聚到重点学科、重大重点项目（课题）上，保证这些项目学科对高、中级专业技术岗位的要求，减少、避免重复和分散等方面能起积极作用；也有利于引导广大科技人员的注意力从职称评审转向了积极争任务、争项目、争取科研经费，实现了职务聘任与对研究所贡献的紧密结合。从而使“按需设岗，按岗聘任”成为研究所进行结构性调整的有力手段。

3. 职员制度的推进平稳良好

1995年，我院根据国家的有关规定，在国家已建立并实施职员工资的基础上，经过试点，建立并推行了职员职级考核晋级制度。为管理人员的晋级升资提供了制度保证。并对管理人员实施了职员职级的首次套定工作，全院近8000人进入职员序列，占职工队伍的10.5%。1996年，一方面，少数尚未进行职员职级首次套定的单位完成了首次套定，符合条件的人员全部进入职员序列；另一方面，牵住职员职级晋升这个“牛鼻子”，有重点地抓好职员管理制度的完善与配套，实现正常化与规范化。

职员制度经过一年的运行，效果良好。一是初步实现了分类管理。管理人员有了自己的职务序列，明确了任职条件和努力方向；二是开辟了管理人员正常晋升的渠道。职员晋升，通过考核（与考试相结合）、述职、评审、投票进行，并给予相应的待遇，增加了管理人员晋升职级的透明度，调动了管理人员的积极性；三是吸引了部分高素质的人员到管理岗位上来；四是精干了管理队伍。职员制度包含优胜劣汰的机制，对人员素质严格把关，如规定晋升高级职员要有大学本科以上学历等，保证了管理队伍的整体素质。

4. 分配制度的改革继续深入

随着新工资制度的实施，我院已初步建立起了适应科研单位特点、国家档案工资与单位内部分配相结合、双轨运行的分配机制，并在实施中不断完善。

1996 年，在继续完善津贴制度的同时，重点抓了职工年度考核以及考核结果与工资分配挂钩。通过总结两年来年度考核与津贴分配的经验，下发了《关于印发〈中国科学院工作人员考核暂行规定〉的通知》和《关于贯彻执行〈中国科学院工作人员考核暂行规定〉的几个具体问题的处理意见》，对改进考核方法提出了指导性意见，对考核结果的等次划分做了修改补充，增设了“基本合格”一档，并依据新的考核结果等次对职工工资晋升如何与之挂钩，提出了具体而又明确的规定，这对于奖优罚劣，防止新的“大锅饭”，起了积极作用，使考核工作进一步规范化、制度化。

指导研究所充分运用 3%优秀晋升权，结合年度考核，为全院在工作中做出突出贡献和成绩的 2283 名工作人员晋升了一级工资。院还直接给予工作绩效突出的 55 位所长、党委书记奖励晋升一级工资。

京区单位在工资分配中如何执行属地化原则，是一个比较敏感的问题，既涉及职工切身利益，又关系单位的承受能力。今年，院人事局认真调查研究，过细地做工作，具体问题具体分析，对京区如何按照属地化原则，既充分、合理地利用地方政策，又恰当处理集体利益与职工利益的关系，提出了可行的意见。实施后，职工的收入水平有提高，离退休人员生活水平亦有提高，从而稳定了队伍，稳定了人心，各方面比较满意，收到了较好效果。

5. 社会保险制度改革进一步扩大

继续抓紧了建立养老储备金的工作，为参加国家统一的社会保险制度改革做准备。目前，在尚未建立社会保险的地区，全院所有单位均建立了养老储备金，据不完全统计，目前存入银行专户的养老储备金总额已达 4000 万元。

继成都分院之后，人事局会同计划财务局又确定合肥分院为医疗保险制度改革的试点单位，进一步探索在内部医疗机构有一定规模和实力的基地型分院，如何通过建立医疗统筹基金与个人医疗账户相结合的办法，改革医疗保险制度。节约医药费 20%～30%，效果较好。

此外，重新修订了京区职工子女统筹医疗暂行规定，改革后的新办法受到了广大职工的欢迎。

6. 工人队伍管理初步实现正常化

工人队伍是科研与技术开发的重要辅助力量。1996 年，中国科学院的工人队伍管理，主要是在两个方面下功夫：一是理顺关系。根据人事部关于工人技术等级考核的有关规定，将京区工人考核标准与上级有关部门考核标准并轨，实现尺度统一；同时，加强与京外有关省、自治区、直辖市劳动部门的联系，使我院的工人考核工作得到地方政府主管部门的认可和支持。二是保证考核质量。为此，扎扎实实地组织技术培训，严格掌握考核标准，宁精勿滥。在此基础上，对技术工人，根据生产任务，以岗位定人，通过考核（考试）技术等级，优胜劣汰，精干队伍，对一部分技术水平低、多年无长进、又不勤奋的人，通过调整岗位、强化训练等手段，提高素质，进行分流。对行政后勤工人，采取固定工、合同工、临时工相结合的用工形式，以合同工、临时工为主，推行合同化管理。

三、科技队伍建设迈出了新的步伐

为实现我院“九五”期间年轻科技队伍建设的“321”总体目标，1996年重点抓了以下几项措施：

1. 抓实现“321”目标的龙头，继续实施“百人计划”

（1）认真组织1996年“百人计划”招聘工作。经过认真筹备，3月份召开了中国科学院“百人计划”新闻发布会，公布1996年“百人计划”招聘学科。此后又不断通过新闻媒介以及国际互联网等渠道，向国内外广为介绍，意在宣传“百人计划”，宣传我院的人才培养战略。由于宣传得力，应聘者十分踊跃，26个学科有近200人报名，其中三分之二的应聘者在海外。

（2）对1994年、1995年“百人计划”入选项目进行中期评估。“百人计划”实施3年来，我院坚持动态跟踪管理。1996年，集中精力对前两年的34位入选者进行全面评估。检查其科研任务、经费、人员、工作和生活条件的落实情况，及时发现并解决问题，总结经验，同时推动入选单位给予进一步的重视和支持。这次的评估结果显示：首批入选者中的绝大部分人，通过“百人计划”支持，都已取得了相当好的成绩，其中不少人在本学科领域已表现出很强的发展势头，同时带出了一批高水平的科研群体。对未能按要求到位工作的应聘人员，经院“百人计划”领导小组批准，取消了其入选资格。

2. 继续做好特批研究员的工作

特批政策已实施10年。1996年，中国科学院改进了做法，一是院重点对研究员级的专业职务进行特批；二是采取分批审核的方式，改变过去年底才统一审批公布的办法，使特批人员能及时上岗。1996年特批研究员200位。

3. 推荐“百千万人才工程”人选

“百千万人才工程”是国家跨世纪人才培养计划。我院根据国家人事部的要求，在各单位上报的人选中，挑选出约250位代表中国科学院水平、在各个领域已做出突出成就的优秀年轻科技人才，推荐给国家，扩大中国科学院年轻科技人才在国家、在社会上的影响，为他们参与社会竞争提供条件。最后有92位青年科学家入选“百千万人才工程”的第一、二层次。

4. 制定、部署“西部之光”计划

“西部之光”人才培养计划是贯彻落实党中央要加快西部地区经济发展方针的一项具体措施。在5年之内投入1000万元，支持100位左右在西部及边远地区研究所工作的优秀年轻科技人才。这是我院在结构性调整中，对西部及边远地区研究所的一种特殊支持方式，旨在稳定艰苦地区年轻科技队伍，促进年轻人才成长，引导他们更好地为当地科技事业和经济发展服务。制定下发了《中国科学院“西部之光”人才培养计划的管理办法》，1996年年底前已完成该工作的宣传部署，并正式启动。

5. 组织评选优秀中青年专家

组织评选出20位国家级有突出贡献的中青年专家候选人报国家人事部；同时评选出30位院级有突出贡献的中青年专家。

6. 组织了1996年度政府特殊津贴评定工作

1996年，全院共有180位专家享受该津贴。在指标分配上不搞平均主义，优先考虑做出突出绩效、正在承担重大重点项目的科技骨干，并对优秀年轻人才实行适当倾斜。

四、进一步加强了对离退休干部工作的领导

截至1996年底，全院离退休人员达25973人，比上一年净增2933人，即12.74%；其中离休人员3712人；比上一年净减71人，即1.88%；退休人员22261人，比上一年净增3004人，即15.60%。全院离退休干部中，专业技术人员10845人，占离退休干部总数的66%。

遵照中央关于老干部“基本政治待遇不变，生活待遇还要略为从优”的政策原则和党组关于“老干部的实际困难，要根据中央和各地政府的政策，热情关心，尽力解决”的精神，院属各单位政治上关心老同志，生活上照顾老同志，狠抓落实老干部两项待遇的工作。由于我们认真贯彻了《中共中央办公厅、国务院办公厅关于千方百计解决部分群众生活困难问题的通知》和中组部、人事部《关于在春节期间抓紧解决拖欠离退休干部离退休费问题的通知》精神，中组部把我院列为“非常重视，及时采取多种措施贯彻落实”的部委之一，并在“党政领导高度重视，把贯彻落实两个‘通知’精神作为一项重要工作来抓”的标题下，向全党通报表扬我院。

1996年，我院离退休干部工作进一步向规范化、制度化方向发展。各单位普遍实行了党政领导定期向离退休人员通报重要情况的制度，节假日和生病住院走访慰问探视老干部制度，定期检查督促评比老干部工作的制度，定期召开老干部座谈会听取意见的制度，定期参加离退休党支部活动的制度，领导定期接待老干部来访、及时处理老干部来信的制度，以及尊老敬老日为老干部一条龙服务的制度等。这些行之有效的制度，加强了在职领导与老同志的沟通和联系，增强了相互感情和理解。

院属各单位认真贯彻中组部召开的“老干部信访工作座谈会”精神，遵照《老干部

信访工作暂行规定》，积极热情地搞好老干部的来信来访工作，做到件件有着落，事事有结果。各级党政领导和有关部门耐心、细致地听取老同志的意见和要求，不推诿、敷衍、拖延，及时给予答复和处理。能解决的问题，下大气力尽快解决好，不能解决的，做好实事求是的说服和解释工作。把问题解决在基层，解决在初发阶段；把矛盾处理在本单位，处理在萌芽状态。使广大离退休老同志充分体谅科学院的困难，更加支持改革，支持在职干部的工作，为稳定大局作出贡献。

为纪念建党75周年和红军长征胜利60周年，院属各单位精心组织了隆重的庆祝活动。对老干部丰功伟绩的历史回顾，进一步树立了老干部群体的光辉形象，提高了其在广大群众中的崇高威望，使各级党政领导和在职职工进一步增强了对老干部的深厚感情，增强了做好老干部工作的自觉性。使关心老干部，尊重老干部，老干部工作光荣，成为全院的共识。

为适应新形势的需要和保持队伍的稳定，进一步加强了老干部工作人员队伍建设，举办首期全院老干部处长培训班，进一步提高了老干部工作者的政策理论水平和整体素质，交流了工作经验，增强了做好老干部工作的信心和决心。

由一位副院长、院党组副书记、正副秘书长、办公厅主任和各综合局局长组成的院老干部工作委员会及各单位老干部工作领导小组进一步发挥了其在离退休干部工作中的决策和协调作用，增强了对老干部工作的领导力度，为离退休老同志雪中送炭，办了大量实事，有力地促进和推动了离退休干部工作的开展。

五、主要体会

(1) 认真领会和贯彻党中央、国务院的路线、方针、政策，把人事工作放到全院和研究所改革的大局中去考虑，在把握大局的前提下，部署人事制度的改革工作。

(2) 抓好工作布局，使各方面的改革规划有序，梯次推进。人事制度改革既要着重当前，更要瞄准长远；既要抓好现在，又要规划今后；既要抓住重点，也要突破难点。要按照既定目标，一步一个脚印地抓好落实，抓出成效。

(3) 环环紧扣，处理好改革与稳定的关系。只有坚持改革，不断创新，步步推进，环环相扣，才能取得实效，创新局面；而只有实事求是，循序渐进，才能取得广大干部群众的拥护和支持，使改革成为全院的自觉行动。

(4) 整体配套，工作不断形成气势和合力。数项相关工作的结合推进与单项工作分散进行，其产生的影响和作用是无法相提并论的。因此，必须强调整体效能和相互配套，协调发展。

国际科技合作与交流

1996年是进入“九五”的第一年，我院国际科技合作工作紧密围绕院、所重大科研任务进行部署，开辟了新的合作渠道，取得一定成效。据不完全统计，全年交流总量为进出4304批、7450人次。详见下表：

	院级		所级		总计	
	批数	人数	批数	人数	批数	人数
请进	240	769	549	1249	789	2018
派出	669	1305	2846	4127	3515	5432
合计	909	2074	3395	5376	4304	7450

一、合作交流突出重点，不断取得新进展

1. 围绕院、所重大项目开展合作交流

上海同步辐射光源项目已列入我院“九五”重点工程，为配合其建设，年内陆续组织兰州近物所、高能所科研人员赴日本理化所工作，学习世界最大规模的同步辐射加速器SPRING-8的建设经验，为我工程建设培养和储备了人才。我院主持的“八五”国家重大项目天然气（合成气）综合利用已取得显著成绩，并被列为院“九五”重大项目。为此，组织了我院和计委专家赴澳大利亚、新西兰考察，取得了实质性收获。针对“重离子冷却储存环”和“超导托卡马克”大科学装置项目的立项工作，组织了对德、法、美的考察，获得了重要依据。围绕“合成孔径雷达”、“加拿大卫星地面接受站的建立”、“国家产学研项目的研究”、“脑功能核磁成像装置研究”等项目，与加、美、澳大利亚、新西兰进行了合作，收到了预期效果。

2. 加强与国际组织的合作，寻求多方支持

化冶所的中西部贫困地区大气污染治理项目、成都山地所的山区危险工程项目、地理所为西藏自治区培养研究生和西藏21世纪议程农业优先项目，以及成都生物所、昆明植物所等一批项目还获得联合国开发计划署、环境署、教科文组织、国际山地中心、国际理论物理中心的资助100余万美元。一批重大国际合作项目也获得了国家科委的支持。

利用世行贷款进行的国家、院重大项目“重点学科发展”继续开展，已完成了18套设备的采购和资料上网工作，并组织了各实验室进行经济分析，以促进其在推动国民经济发展中发挥作用。“环境技术援助项目”也完成了人员派出和设备采购工作。“世界实验室”组织了太阳能电池等11个项目，有较大的收益。

3. 一些连续进行的合作项目有了新发展

中美高能物理联委会举行了第17次会议，制定了新的合作计划。中美温室效应合作项目举行了第8次双边学术会议，商定了继续合作计划。澳大利亚国际农业研究组织与我合作的水土保持、氮肥和水资源利用项目均通过了第一期专家评审。美国阿拉斯加北坡自治区与我在北极地区的资源生态方面的合作研究项目，又签署了下一个3年合作协议。中日两国文化合作项目下的西藏羊八井宇宙线观测项目进展顺利，日方政府提供的约200万美元的仪器设备已全部进关，并进行了多次联合观测。中日沙漠绿化合作研究、中关村改造工程等项目均顺利开展。新疆沙漠所承担的中日草炭合作项目获得日本JICA和我国家科委批准，将获得价值5千万日元的科研装备。

二、巩固和开辟合作渠道，把合作引向深入

1. 广泛开展与国外各学术团体和科学家的合作与交流

加拿大皇家学会、日本早稻田大学年内和我院新签、美国明尼苏达大学和我院续签了合作备忘录，建立和保持了持久的合作关系。在与亚非拉发展中国家合作中，以我为主，对南非金矿和朝鲜铅锌矿进行了考察。

欧洲联盟在科技方面具有雄厚的实力，我院加强了与他们的合作，在原有合作的基础上，提出了8个项目参加招标。并在从国家科委争取到的40万人民币项目费中，将30万元用于我院与欧盟的合作项目。德国大众基金会、马普学会与大连化物所、武汉水生所、感光所联合成立了催化基础、毒理等联合实验室，采取从德国招聘青年科学家、双方匹配投资等方式，在理论研究、改善研究条件、培养人员方面取得了较大成果。

李政道、丁肇中教授年内多次访华，为高科技中心的发展和AMS计划的落实作出了贡献。我院邀请了由新一代华人组成的旅美科学家、工程师专业人士协会访华团访问我院，建立了新的合作渠道。我院与日本合作建立了桥口隆吉基金会，我院两位著名材料科学家获基金会的首次奖励。

为配合香港回归祖国，对香港开展了较活跃的工作。6月份，在路甬祥副院长推动下，由香港人士发起的“香港中华科学与社会协进会”成立，该组织在宣传科学院、推广高技术方面做了工作。香港蒋氏基金会也承诺每年出资为我院培养20～30名企业管理人员。我院还与香港大学和香港科技大学签订了成立新材料、生命科学联合实验室。发育所、南海所、物理所、科大等单位也与香港的几所大学合作，成立了海洋生物、新材料、火灾安全技术等联合实验室和研究中心。

1996年工作中，开展了以解决我国重要社会问题为内容的国际合作，其中做得较好的有与日本东京大学田村三郎合作组织的中日广西农业技术扶贫项目，日方2批11人次到广西贫困山区考察。确定了从1997年～2001年共同研究开发的工作范围。此项目将在作物栽培、林木研究、水资源开发等方面进行合作研究，并将在农民培训、淡水养植、沼气利用等方面开展工作。

2. 积极将年轻人推向国际舞台

实行国际合作的参与者向年轻人倾斜是年内工作的重点。在批准出国参加国际会议、参加合作项目和资金匹配资助等方面都为青年人创造了条件。10月份，白春礼副院长率我院年轻所长代表团访德、法，除在发展合作关系、学术交流方面取得成果外，也向国外展示了我院年轻领导者的形象和国际合作的后备力量。年内资助了“百人计划”入选者动物所张树义和植物所刘燕菊参加国际会议，他们作的学术报告受到大会的重视，并通过参加学术交流活动获得了宝贵资料和经费支持，建立了新的合作关系。在第六批德国大众基金实验室物理博士生的挑选中，6名录取生中有我院4名。马普第二个青年科学家小组组长招聘工作已完成，胡庚熙博士荣任组长，该小组获得了中德经费支持。

3. 加强与国外大型企业的合作，促进科研开发和高技术推广工作

我院与法国斯波特卫星图象公司达成在华成立合资公司，共同开发遥感市场的协议。意大利安莎多公司与我院合作，提供7个人的奖学金，分别在国内外作培养研究生的工作。声学所也与日本松下电器公司签署了开发聋儿发声学语训练的合作计划。

我院与美国美中技术公司（CTC）合作出版的《中国技术目录》已发行四期，介绍了技术转让项目80余个，部分项目进入实质性销售谈判阶段。摩托罗拉公司与我院成立了联合实验室，研制高性能计算机及通讯产品。美国罗斯药业公司、阿莫科石油公司、杜邦公司和联合技术公司都与我院进行了不同规模和形式的合作。

4. 引智工作获得实效

引智工作加强了力度，中俄超导托卡马克HT-7U升级项目继续进行，双方签署了购买俄方超导线和成立联合实验室的协议。实用型水下机器人、星载孔径雷达、卫星行波管、燃料电池等项目的合作都进展顺利，经济和社会效益比较明显。我院还主动拓宽渠道，组团访问了乌克兰、哈萨克斯坦、俄罗斯西伯利亚和远东地区，开辟了合作渠道。

5. 跻身国际舞台，开展国际组织的工作

我院加强与国际理论物理中心（ICTP）的合作，成立了ICTP中国联络中心。由联合国教科文组织协调的修复周口店北京猿人遗址项目，年内召开了专家委员会会议，确定了项目的整体规划和实施步骤。我院还参加了美国、印度、瑞典科学院发起的科学院间国际问题委员会（IAPII）的活动，加强了与世界各国科学院间的信息交流。

三、加强规范化管理，注重调研和信息交流

按照我院国际合作向重大项目倾斜的原则，在调研的基础上，初步确定了若干项目予以重点支持，以求总结经验再行推广。院级合作项目沿用执行了3年的专家评审制度，受到各方的好评。经5个专家组分别评审，评出279个项目，确定执行。

为实现管理手段的现代化，合作局建立了计算机网络，设立了12个数据库，提高了

工作效率。

在院领导的支持下，创立了英文版的中国科学院简讯《NEWSLETTER》，及时、全面介绍了我院的工作，受到国外读者和驻华外交、商务机构的欢迎。

根据我院外事干部代际转移的需要，在进行充分调研的基础上，开设了中国科学院国际科技合作史的编写和研究的课题，为我院国际合作交流留下了宝贵的史料。

四、1997年工作的设想

(1) 继续做好为重大项目服务工作。支持已开始执行的有前景的国际合作；增加对重大项目支持的倾斜度；收集国外信息，为项目提供政策咨询。

(2) 充分利用院级协议，争取将更多重大项目纳入协议渠道。重视通过协议进行基础研究方面的合作和人材培养，支持国际前沿和交叉学科项目。

(3) 进一步加强引智工作，尤其是在院重大项目和农业项目方面。

(4) 加强国际组织工作，开拓渠道，扩大影响，推动更多科学家、特别是青年科学家进入国际组织任职。

(5) 继续利用多种渠道争取国外资助。

(6) 利用香港回归祖国的有利时机，加强与香港的大学、基金组织和企业界的合作。

基 本 建 设

1996 年是执行“九五”计划和 2010 年规划纲要的第一年，我院基本建设工作认真贯彻院党组制定的“加强科研基地建设，加强住宅建设，加强基础设施的系统改造”的基建方针，经过全体基本建设管理人员的共同努力及各方人士的积极配合，较好地完成了各项建设任务。

一、科研基地和研究所的总体规划取得重要进展，项目规划同前期审批工作协调进行

（1）中关村科学城总体规划、上海生命科学中心基地总体规划、大连化学物理所总体规划已获地方政府批准并付诸实施。北京地区 917 大楼、物理所、云南热植园的总体规划正在制定之中。

中关村科学城总体规划是中关村 40 多年来第一个获得政府部门批准的总体规划。它为中关村科学城从现在到 2010 年期间的规划、改造要求和建设任务规定了明确目标，使其成为面向 21 世纪一流的科研基地、培养高级科研人才的基地和高新技术产业发展基地。中关村科学城的总体规划对中关村用地功能分区、道路系统框架、建设密度和高度控制等方面都有了明确的原则规定，使今后的具体建设项目有所依据，为中关村更新改造的建设工作奠定了良好的基础，并有一批项目投入前期准备。

上海生命科学中心基地总体规划已获得上海市规划部门的认定，它使上海生命中心基地所属岳阳路 319 号、320 号两个大院，8 个生命研究方面具有较强实力的研究所，在今后的共同合作发展中有一个较理想的环境和发展空间。

大连化物所的总体规划确定了星海二站为所基础研究和高新技术研究基地；一二九街为所对外开发合作、成果展示、学术交流的合作基地；金寨沟为高新技术产业开发生产基地。规划确定后，1996 年在星海生活区内与院外单位合作已开工建设 12558 平方米的研究生教育综合楼，解决了多年来困扰大化所硕士生、博士生学习、生活问题，为吸引、培养人才和所的发展创造了有利条件。

（2）京区住宅建设规划重点解决科研流动人员、青年技术骨干住宅的建设。已经落实的有北京地区院青年住宅小区、青年公寓以及物理所等 10 个研究所的研究生宿舍的规划和立项审批手续，个别项目已经动工兴建。

（3）项目前期管理工作取得较好成绩。全年共审批院属各单位住宅及配套工程可行性研究报告 32 项，合计建筑面积 229 791 平方米，投资规模 3.43 亿元；审批住宅及配套工程初步设计 22 项，合计建筑面积 153 877 平方米，投资 2.35 亿元，其中包括中关村北区集中供热、院图书馆新馆以及大科学工程项目的前期准备工作。审批科研工程、基础设施改造项目初步设计 27 项，建筑面积 111 929 平方米，投资 2.19 亿元；审批中侧重注

意与学科的结合、建设规划和市场经济趋势的结合，力求项目建设从立项开始就围绕以提高投资效益为中心进行把关。

二、坚持深化改革，认真组织实施，完成年度投资额创历年记录

1996 年全院共完成基建设资 48 122 万元，其中国家拨款 31 440 万元，自筹资金 15 982万元，建设贷款 700 万元，比 1995 年完成的投资总额增长了 8.18%，创历年年度投资的最高记录。

全年开复工面积 601 012 平方米，其中住宅 453 337 平方米，占开复工面积的 75.4%；全院竣工面积 226 581 平方米，其中住宅竣工面积 154 401 平方米（折合 2757 标准套住宅），占全院竣工面积的 68.1%，科研用房和其他竣工面积 72 180 平方米，占 31.9%。

京区全年竣工 108 277 平方米，其中住宅竣工 66 981 平方米（折合 1196 标准套），占京区竣工面积的 61.8%，与 1995 年相比住宅峻工面积增长了 125%。

上述成绩的取得是正确贯彻国家和院的建设方针，加强投资结构调整力度，侧重建设项目的跟踪、监督，加强基本建设程序的培训和坚持国家、集体和个人集资建住宅的结果。在组织实施中，全院努力，做了如下几项工作：

1. 认真组织建设项目的竣工验收

竣工验收是基本建设项目管理程序中的一个重要阶段。竣工验收，可以全面考核和检查项目建设是否符合设计和工程质量要求，也是总结建设经验，积累建设资料的重要手段。1996 年我院共有 5 项科研建设项目通过了国家和院级竣工验收并交付使用：

(1) 古脊椎所标本馆，这个项目的建成对我国古脊椎动物学和古人类学学科的研究工作起到了重要作用，并为国内外学术交流提供了良好环境。

(2) 自动化所实验楼投入使用不仅使该所科研用房的紧张状况得到很大改善，尤其是对开展模式识别的科研工作提供了较好条件，并取得多项科研成果，荣获了国家和院的重大奖励，模式识别实验室被评为国家优秀重点实验室。

(3) 广州地新所复建工程，该工程相继建成了有机地化国家实验室，并被评为国际有机地球化学研究中心之一，同时被批准建立中科院同位素地球化学青年实验室和广东环境资源利用与保护重点实验室，极大地丰富了科研手段。

(4) 高档数控国家工程研究中心。

(5) 光电子器件国家工程研究中心。

2. 全面推行建设工程监理制度

工程监理的任务是在项目实施阶段从组织和管理角度采取措施，以确保建设项目总目标（包括造价、工期、质量目标）的合理实现。根据建设部的规定，今后 5 000 平方米以上的建设项目都要实行工程监理制。全院 1996 年开工的项目，已多数实行工程监理制度。院、分院经国家或地方建设主管部门批准，京内外已组建了 6 个监理公司，其中在

京区组建的鸿厦监理公司已承担院内 4 项,院外 1 项的建设监理任务,总建筑面积 74 000 平方米。他们边完成,边提高,已初见成效,颇受建设单位好评。

3. 加强基础设施改造的投入

我院“九五”基建计划的重要特征就是增加基础设施的改造投入。1996 年全院投向基础设施新建和改造的投资达到 7267 万元,投资强度远远大于往年。

中关村和北郊是我院京区集科研、开发、居住为一体的两大基地,它集中了北京地区 81%的科研单位,两万多科研职工。该基地的公共设施和基础设施的资金已作为重点给予解决。

(1) 北郊北新建生活区正在全面建设,已交付使用的住宅已达 16 万平方米,进住 2500 余户,约 8000 人口。为改善职工生活和居住环境,1996 年已完成生活区一所小学、一所托儿所、二个居委会、卫生服务站、奶站等建筑项目。并完成了供生活区和工作区的大屯路天然气干管和住宅小区内部的中低压调压站、维修站。解决了北郊地区各单位的科研需要和广大住户期盼已久的使用天然气问题。与此同时,还完成了小区周围上下水干管和三、七区绿化工程,使居住环境得到根本改观。

(2) 中关村地区新建幼儿园一所、老干部综合服务楼工程也已交付使用。为离退休老干部、老专家提供理想的活动场所。与此同时,积极开展了青年住宅小区等工程的立项、设计、报建、施工筹建等工作。

4. 以建设工程项目执法监察为契机,加强建设项目的综合管理

根据国务院 12 号文件精神,院基建局、监察局、计财局、审计局联合在全院开展了建设工程项目执法监察工作,对投资 50 万元以上的九五年以来竣工项目、九六年在建项目和九五年以前竣工存在严重质量问题的建设项目进行了调查摸底、单位自查和院组织力量重点抽查工作。全院共审核自查项目 172 个,按全国执法办要求,抽查了 76 个项目。从重点抽查的结果来看,我院绝大多数单位在建设工作中能够严格执行国家、地方政府和院的有关规定,能按基本建设程序办事,广大基建战线上的管理人员和技术干部工作认真负责,廉洁自律。工程质量是有保证的,在抽查的 76 个项目中有获得省市级优秀工程,还有一大批区(地、市)级优良工程。

但是,由于从计划经济向市场经济转轨过程中,建设市场还不够健全,其本身的监督制约机制还不够完备。不正之风和腐败现象难免会侵蚀到我院某些基建管理部门和人员,这次执法监察结果也证明了这一点,主要问题是极少数单位和个人不按基本建设程序办事,不遵守国家法律和有关规定,出现受贿或私分非法所得事件。

通过这次执法监察,使我们既看到成绩,也找到差距,增强了建设工程规范化、法制化意识,纠正了基本建设某些环节的不良风气,加强了建设工程项目的管理,进一步确保工程质量。

三、房地产管理逐步走上正轨，房改工作稳步推进

(1) 我院房地产管理已实现了有法可依、有章可循，逐步走向规范化、法制化。房地产合作项目仍然坚持按意向书、协议书两阶段逐级进行审批的程序。1996 年共审批房地产合作项目协议书 8 项，协议用地 11.6 万平方米（约 174 亩），协议得房 8 万平方米，协议得资金 3690 万元，另外还审批合作项目意向书建议 10 项，意向用地 7.2 万平方米（约 108 亩），意向得房 52 652 平方米，意向书得资金（补偿费）860 万元。

(2) 坚持对已批复的房地产开发项目进行跟踪管理，1996 年共收入房地产上缴院的收益 730 万元，累计历年房地产上缴收益已达 1800 万元。

(3) 为加强我院房地产的资产管理，院房地产管理所增调了人员和设备，首先对院属京区各单位的土地摸底清理，现已整理土地 257 宗，占地面积 811 万平方米（约合 12 177 亩），目前正继续进行收集权源资料，确定界址点、界址线，地籍调查，指界、认界和实地测绘等一系列工作，今后将逐宗向国家机关主管部门报审，争取一两年内取得北京市核发的土地证。

(4) 房改项目继续按属地化的原则并根据科学院的特点进行审批，1996 年共审批了京外 10 个单位向职工出售公有住房 104 916 平方米。收回的资金多数按规定逐步投入住宅建设。

四、加强抗震防灾建设

抗震防灾一直是我院基建关注的问题之一，它不仅关系到科研设施完备，而且对科技人员和广大职工的生命安全保证至关重要。在今年建设部召开的全国抗震工作会议上要求，在今后 10 年内基本完成重要工程的抗震加固任务。1996 年我院完成抗震加固工程 2 项，建筑面积 2 万平方米，自筹资金 810 万元，截止到年底全院抗震加固的情况是：沈阳、兰州地区已全部完成了加固任务，成都、新疆、武汉地区已进入收尾阶段。据统计，全院需要加固而尚未安排加固计划的还有 44 万平方米，此外尚有早期加固的建筑物 10 万平方米，由于国家提高了设防标准需再补强。抗震加固任务任重道远，需要我们在今后的抗震工作中提高各单位的抗震防灾意识，在计划资金安排上也要加大力度，对个别资金困难较大的单位，应给予必要的倾斜。

科 研 装 备

一、概 况

“八五”期间，国家专项设备更新经费支持和其它渠道装备更新费的投入，使我院仪器设备状况有所改善。

(1) 为了充分发挥我院基础研究的综合优势，对天文、数学、力学、物理、生物、资环生态等学科的前沿学科重点进行装备；对大型科学装置如天文望远镜、三大加速器、托卡马克装置、遥感飞机的航空摄影和微波系统、海洋科学考察船等设备进行必要的改造和完善，增强科研能力，使之发挥更大作用。

(2) 择优重点安排一批院开放实验室的关键装备，吸引和稳定一大批从事前沿基础研究的中青年科学家，广泛开展国际合作，不少实验室在国家级评比中名次不断上升，列全国优秀行列。

(3) 合理布局，重点装备了一批适合科研的较高档通用分析仪器，如各类质谱仪、光谱仪、波谱仪、各类透射电镜、扫描电镜、扫描隧道显微镜、激光共聚焦显微镜、全自动 DNA 序列仪等，提倡共用，提高全院整体分析测试水平。

(4) 加强全院信息网、文献情报网络和机关信息管理网络建设工作，为广大科技人员提供快速的国际交往条件，同时装备了一批计算机工作站，加强了数据采集处理能力，促进了科研的发展。

(5) 为了加快高新技术的创新和发展，近几年装备一批关键急需的设备，如Ⅲ、Ⅴ族和Ⅱ、Ⅵ族-分子束外延设备、气态源分子束外延设备、激光分子束外延设备、金属有机化学气相沉积设备、垂直单晶炉、连续多功能烧结炉、各类镀膜机、双面光刻机、喷涂设备、材料实验机等，为争取“九五”重大项目立项和承担国家重大任务作出贡献。

(6) 配合院“百人计划”的实施，在前几年重点支持一些优秀科学家的基础上，三年来连续支持了六十多位“百人计划”入选者和两个中德马普研究小组的装备，为吸引人才作出了努力。

由于突出对重点学科的择优支持，充分利用有限的资金，使我院一批老、中、青科学家的实验条件有所改善，不但保证我院“八五”各项科研任务顺利地完成，而且为“九五”立项提供了必要的条件，增强了竞争力。

1996 年科研装备方面重点做了以下几项工作。

(1) 配合院结构性调整和分类定位工作，加强对新兴、交叉学科的支持，按照院的发展战略，计财局与各业务局反复磋商，对大型仪器设备从严掌握，提倡共用。1996 年各业务局制定装备计划各有侧重，基础局侧重于前沿科学研究的基地建设，如凝聚态物理中心、生命科学中心等；高技术研究与发展局侧重于与重大项目匹配支持，保证国家任务顺利完成；资源环境局侧重于“三片一线”的结构性调整，装备计划报主管院长审核后分批下达，涉及到全院 60 多个研究所。

(2) 加强和完善全院信息网络建设。经过几年的努力，全院已建成 10 多个局域网络并实现了百所联网，1996 年对尚未建局域网的新疆、广州、长春、上海四个分院分别建网，并对五个文献情报中心网络进一步完善。建设并开通院机关信息网络系统，重点分批投资，充分发挥院、分院、研究所建设和应用的积极性，使院计算机网络建设第一期工程基本告一段落。为了推动和扩大信息网络应用，院将推动第二期工程加快实施，即国际信道的扩容和城域间卫星通信技术的应用。

(3) 继续做到“百人计划”入选者的装备计划和积极支持科大“211 工程”建设，为科大重点发展学科进行必要的装备，如火灾实验室、选键化学实验室和力学实验室等。

(4) 1996 年装备计划中突出加强了对老仪器升级改造和创新思想的仪器研制工作，充分使用好有限资金，努力做到物尽其用。

在前几年少量实践基础上，1996 年分二批安排老仪器升级改造 77 项共上百台的大中型仪器。其中有自主知识产权的研制项目 20 项，不少为吸引回国的青年科学家，发挥了很好的作用。同时，此项工作受到广大科技人员欢迎，不但稳住了一批技术队伍，又使原有仪器延长了使用寿命，满足了科研急需。此项工作，已取得显著的经济效益：

(1) 在全院支持下，利用北京科仪中心多年来质谱技术的积累，对我院现有 80 年代的 4 台 VG7070E 质谱仪进行改造，每台仅花 9 万人民币，使每台原值 30 多万美元的旧质谱仪恢复到原有水平；

(2) 利用我院感光所的改造核磁成功经验，院仅投入 60 万人民币，使 8 台 100M 核磁（原值 150 万美元）实现更新，用高档微机替换了原有数据和控制系统，自制接口板，自编数据控制和处理软件，改造后的核磁仍能达到原有的分辨率；

(3) 广州地化所用 15 万元改造了 80 年代的同位素质谱仪，自制了适用的 YAG 激光熔样装置，使测定速度提高 30 倍，还使原值 20 多万美元的大型仪器扩展了新的功能，达到了新的水平；

(4) 长春物理所在院支持下，对 10 多年前自制的常压 MOCVD 改造，只进口一些关键部件，充分利用国内材料及部件，发挥科学家长期积累的经验，改造后的系统操作压力在 267—400Pa 之间可连续调控，使进气口数量增加一倍，再配上 4 路高精度金属有机源冷阱，使控制系统全部计算机化。新型的 MOCVD 设备实现了低压和常压下都能工作，大大提高了多量子阱的重复性、均匀性和质量，其费用仅为进口同类设备经费的 1/7。

二、大型仪器管理与技术监督工作

根据院工作会议明确的大型仪器管理的指导意见和国家“以质量为中心，标准化、计量为基础”的技术监督工作方针，我院的大型仪器管理与技术监督工作，经过各方面的努力，1996 年继续取得了新进展。

1. 大型仪器管理

(1) 完善制度，加强科学管理。针对当前管理中出现的新情况，1996年重新制定了《中国科学院仪器设备调剂管理细则》和《中国科学院科学器材暂行管理办法》。为贯彻院工作会议要促进大型仪器利用率提高到80%以上的指导意见，修订并草拟了《中国科学院院管大型精密仪器工作考核评比及表彰办法》(征求意见稿)。这些办法的制定和修订，对仪器设备的管理起到了规范化、制度化的作用。

(2) 大力推进仪器设备共用协作网的建设，实现资源共享。1996年院工作会明确提出，在研究所比较集中的区域，联合高校与地方科研部门，建立5个左右仪器设备共用协作网的目标。在有关分院的共同努力下，广州分院率先与广东省科学院建成了共用协作网。上海、长春、武汉分院也与地方的科教部门进行了积极的商议，有的已进入了实质性讨论阶段。

(3) 继续做好大型仪器功能开发的管理工作。院自1988年设立专项经费支持大型仪器功能开发工作以来，深受全院广大科技工作者的欢迎，申请立项者十分踊跃，普遍认为这是进一步挖掘潜力，扩大仪器使用范围，拓展、提高仪器性能的有效途径。九年的实践证明：对大型仪器固有功能的开发利用和新功能的开发与研究，不仅能提高仪器利用率，延长使用寿命，而且也是拓宽仪器应用领域，扩大服务面和受益面，保持仪器先进性，使其充分发挥效益的重要条件；也是保证科研创新，稳定分析测试队伍的重要技术手段。为进一步支持这项工作的发展，1996年院增加了这一专项经费的投入，并积极考虑改进管理的措施。

2. 技术监督工作

技术监督工作，“以质量为中心，标准化、计量为基础”，质量是目的，标准是依据，计量是保证，全面做好技术监督工作是国民经济建设和社会发展的要求，也是推动我院科研、开发工作总体水平上台阶的要求。我院从1990年起加强了技术监督工作，围绕《计量法》、《标准化法》、《产品质量法》的贯彻实施，积极推行法定计量单位，对计量器具分类实施强制和依法监督管理，组织计量定升级和计量认证，协助办理计量器具生产许可证，推动分院(地区)计量站和单位最高计量标准的建设，受理企业产品标准的备案，承担国家标准的制定和修订，积极参与ISO/TC202、IEC中国超导工作组和全国颜色、声学等四个标委会的组织协调工作，组织标准化、计量、ISO9000认证等的业务和管理骨干的培训。实践证明，上述工作的开展，为科研和开发工作提供准确可靠的数据，提高科研工作和产品质量，为有关单位增强参与市场竞争的能力，规范管理，提供了良好的技术基础，起到了积极作用。

1996年完成了以下几项主要工作：

(1) 组织武汉物理所波谱与原子分子物理国家重点实验室、贵阳地化所资源环境测试分析中心、成都光电所几何量及光电精密机械实验室通过了国家计量认证，并取得了国家技术监督局颁发的合格证书。自1992年以来，我院已有30个国家重点开放实验室、分析测试中心和其他技术机构获得了计量认证合格证书，在各自申请认证的业务范围内，对外出具的公证数据具有法律效力。

(2) 召开了计量认证合格单位业务管理会议。1997 年，全院将有 15 个计量认证技术机构进行合格期内的监督检查，4 个计量认证技术机构进行期满复查换证。会议的召开，一方面部署了工作，同时又达到了交流经验、研讨问题、巩固成效、内抓管理、外树形象的预期效果。

(3) 在京区部署了“消灭无标生产工作”，通过企业的自查、整改，我院京区企业的产品标准覆盖率达 95%。经审查、修改，全年受理企业产品标准备案 37 项。

(4) 组织有关单位完成了“颗粒粒度的表征幂函数”等 13 项国家标准的制定和“晶体的介电热释电等性能测试”3 项国家标准的函审工作；组织同行专家审定并通过了“光掩膜缺陷分类和尺寸定义指南”等 3 项国家标准的报批稿；积极参与香港特别行政区区旗、区徽两项国家标准制定的组织协调工作。

(5) 为推动我院企业群众性质量管理活动的开展，经我院推荐，联想微机事业部、尼赛拉红外传感器事业部、地奥心血康胶囊 QC 小组在“第十八届全国质量管理小组代表大会”上，分别被命名为“全国质量管理小组活动优秀企业”、“全国优秀质量信得过班组”和“全国优秀质量管理小组”。

出版与图书情报

1996年是“九五”规划实施的第一年，全院出版与文献情报工作在《中国科学院自然科学期刊“九五”发展计划》和《中国科学院文献情报工作“九五”发展计划》的指导下，努力开拓进取，得到了较大的发展。

一

1996年，全院共出版新书653种，重版书318种，期刊294种，电子出版物也取得了进展。中国科学院的出版业已形成了集图书、期刊、音像和电子出版物等多品种、多方位的出版体系，将科技信息通过各种媒体辐射到各个领域，为国家的科学进步和经济建设做出了新的贡献。

科学出版社作为我院科学技术传播最大的媒体出版机构，在新一届领导班子的带领下，全社职工认清形势，转变观念，加大改革力度，在坚持“三严”作风、“三高”特色的前提下，主动进行结构调整，构筑起适应社会主义市场经济的出版经营机制。通过一年的实践和探索，科学出版社制定出“两为方向”、“一个目标”、“两个传统”、“三个服务”、“四个特色”和“五项措施”的发展目标，探索一条具有科学出版社特色的双效益道路。科学出版社全年经济效益创历史最高水平，总产值10300万元，并且取得了较好的社会效益，23种图书获省部级以上的奖励。科学出版社承担的《中国科学院自然科学期刊合理布局》课题研究获中科院科技进步三等奖。一套15本的《中国固体地球科学研究丛书》(英文版)在第30届世界地质大会上推出，引起了很大反响。

为了进一步改革出版基金的运行机制，充分发挥出版基金的作用，院出版基金委员会提出了《中国科学院出版基金改革方案》，在资助方向、资助方式、书刊资助比例、出版安排、基金管理、基金筹集等方面进行了改革。该项改革取得显著效果，解决了每年数百万元的基金缺口问题。

电子出版物作为一种新型的信息载体在中国科学院尤其是在院属企业得到迅猛发展。其主要内容涉及科技、文化、艺术诸多领域。为了促进电子出版事业的健康发展和繁荣，推进社会主义物质文明和精神文明建设，加强我院电子出版物的管理，院出版委制定了《中国科学院电子出版物特批暂行规定》。

目前，全国名词审定委员会对基础学科名词的第一批审定公布任务已基本完成，工程技术学科的名词审定和规范工作已陆续进行，并有一部分公布出版。第一批名词公布后，一些基础学科名词的增补和加注定义工作也有计划地陆续展开。另外，还着重对科技新词的命名及试用工作进行了试点和探索。在原有50个学科分委员会的基础上，又成立了昆虫学和心理学学科名词审定委员会并已开始收词和审定工作。1996年是该委员会开展海峡两岸科技名词交流活动较多的一年，并获得一些实质性进展，如已着手两岸天文学名词对照本的编订和出版，开展两岸天文学新词的收集、整理和对照工作。通过两岸的互访活动，增强了相互间的了解，为以后的名词交流和统一活动奠定了基础。

为配合1997年全国优秀科技期刊评比活动，根据《中国科学院优秀自然科学期刊奖暂行条例》，全院于1996年5月开展了优秀科技期刊评比活动，77种期刊获奖，其中，获一等奖14种，二等奖26种，三等奖37种。

1996年6月，在成都召开了中国科学院第五次期刊工作会议，会议讨论通过了《中国科学院“九五”期间自然科学期刊发展计划》。“九五”期间，全院期刊工作发展目标是：继续发挥全院期刊系统的整体优势，初步建设成为开放的面向科技和经济建设的现代化科技期刊编辑出版体系。在建立现代化科技信息网络，促进科技进步和生产力发展以及加强和扩大我国科技的国际交流方面起到桥梁作用。会议还强调，“九五”期间全院期刊工作要认真贯彻党的十四届五中全会精神和中央关于加速科技进步的决定精神，紧密结合院“九五”期刊发展计划和全国出版业发展部署，在实施院“九五”期刊发展计划中，重点制定好实施方案和年度进展计划，并进行有效的监督；提高全局观念，强化整体建设；落实和使用好院拨经费；认真抓好队伍建设工作。这次会议将指导中科院的期刊工作步入一个新的发展阶段，为迎接21世纪期刊工作跨入世界先进行列打下更加坚实的基础。

二

根据“九五”计划提出的“把中国科学院文献情报系统初步建设成为多功能、现代化、开放的科技文献信息服务体系”的发展目标，全院文献情报系统在文献信息网络等方面开展了多项工作。

积极组织和落实“中国科学院网上文献信息共享系统项目”。作为“九五”期间全院文献情报系统重点应用项目，得到了院领导和院有关部门的大力支持，项目立项前的各项准备工作逐步得到落实，项目的组织牵头单位——院文献情报中心给予大力支持，四个地区文献情报中心积极配合和参与组织工作，各参加单位也积极支持配合项目计划的制定和落实。在此基础上，成立了“中国科学院网上文献信息共享系统工程部”，负责工程项目的设计、制定、组织、协调和落实实施计划，研究和制订有关标准、规范，组织人员培训，检查和协调各参与单位的执行情况，同时工程部设立了总工程师和副总工程师。目前，院文献情报中心与四个地区文献情报中心的联网工作已完成了软件平台移植和系统间的升级切换，全面实现了五个文献情报中心的自动化系统间的互联，初步建成中国科学院CSTNET网上书目查询系统，同时在开通远程终端（telnet）方式、微机客户机（PC/client）方式的文献信息服务后，又开通了Internet互联网上的WWW服务系统。同时提供了中西文书目数据库，APT中西文三馆联合书目数据库，中、西、日、俄文连续出版物联合目录数据库，中国科学院文献数据库，中国科学院科学数值数据库，中国科学院科技成果数据库，以及一些全文数据库等的网上查询和检索服务。

在各方面的努力和协作下，中国科学文献数据库的建设已发展成包括数学、物理、化学、力学、天文、地理、生物、计算机、光学、电子学和稀土11个数据库，收录了1700

多种科技期刊，约40万条文摘记录的大型综合性科技文献数据库，同时还出版了“中国科学院文献数据库”光盘版。积极组织建设中国科学院科技核心期刊全文数据库，出版了“中国科学院引文数据库”书本式版本，推出了光盘版。

组织全院参加在北京召开的国际图书馆联合会第62届大会，这是我国第一次举办图书馆界的世界性国际会议。院文献情报中心作为会议代表重点参观单位，对原有馆舍进行了装修和重新布置，接待了会议代表400多人，除馆藏外，网上资源建设也是代表参观重点之一。通过这次国际图书馆界的盛会，扩大了我院文献情报系统的国际影响，增强了与国际、国内图书馆界的学术交流与合作。

1996年是我国科技情报工作创建四十周年，国家科委、国防科工委、中国科学院、中国科协、中国工程院、国家基金委在北京联合举办了纪念活动，表彰了一批优秀成果和优秀工作者，我院成都文献情报中心的“长江三峡库区经济、社会、生态环境基础数据及现状分析”和“实用技术信息——食品、轻化工业新技术文献的开发研究”两项成果分获二、三等奖，兰州文献情报中心的“地球科学发展规律、特征与对策研究”获三等奖。院文献情报中心的史鉴、兰州文献情报中心的孙成权、上海有机所的秦聿昌获先进工作者奖。

为进一步加强对全院文献情报系统情报研究工作的指导、组织和协调管理，充分发挥我院情报研究工作的人才和资源优势，提高情报研究和决策咨询的服务水平，院成立了中国科学院文献情报系统情报研究专家委员会，并设立了中国科学院情报研究基金，制定了《中国科学院情报研究基金管理条例》。为进一步加强全院文献情报人员继续教育工作的指导、组织和协调管理，提高文献情报人员的思想和业务素质，改善知识和能力结构，建设一支德才兼备、结构合理的跨世纪文献情报队伍，院成立了中国科学院文献情报人员继续教育工作委员会，委员会主任由院党组副书记、出版图书情报委员会主任余志华同志担任。

继续组织了一年一度的中国科学院科技进步奖科技情报成果的评奖工作，沈阳自动化所的“智能机器人情报跟踪与服务”项目获二等奖，科学出版社的“中国科学院自然科学期刊合理布局”项目和武汉文献情报中心的“湿地生态农业开发技术信息及农业实用科技情报调研服务”项目获三等奖。

思想政治工作与精神文明建设

大力加强社会主义精神文明建设，以推动科技事业发展，是全院工作的重要指导思想，是完成各项任务的根本保证。1996年，各级党组织以邓小平同志建设有中国特色社会主义理论为指导，认真贯彻党的十四届五中全会和全国科学大会精神，围绕院“九五”立项落实和结构调整，大力加强社会主义精神文明建设，做出了积极贡献。

1. 重视和加强了党员领导干部的思想政治建设

(1) 年初，制定下发了《一九九六年度京区政治理论教育指导计划》，根据不同情况，提出学习要求，进行分类指导。对各单位党委学习中心组的落实情况进行了全面检查。从检查情况看，绝大多数单位注意把理论学习与本单位改革的实际相结合，解放思想，转变观念，加强领导班子的思想和作风建设。注意分析解决班子中存在的问题，使党政一把手能够互相理解、互相支持，形成坚强的领导核心，率领本单位职工完成中心任务。

(2) 针对当前形势的需要，各期培训班均加大了管理科学知识的教学力度。根据基层党员干部再学习、再提高的要求，下半年举办了中央党校函授学院科学院领导干部函授班，招收京区十几个单位的领导干部参加为期三年的系统学习。

(3) 为增强京区单位党组织的凝聚力，定期（每二个月）举办一次党委书记活动日，通过时事政策的教育和适当的活动，增强了京区党委与基层党委、基层单位相互之间的沟通和理解；提高了对党的方针、政策的认识，以便更好地指导本单位的改革实际。在人手少、经费紧张的情况下，想方设法、创造条件组织了京区部分党委书记赴张家港、华西村等改革先进单位进行学习考察。此次考察开阔了眼界，拓宽了思路，学到了经验，党委书记们表示：要把张家港“团结拼搏、负重奋进、自加压力、敢于争先”和苏州新区“抓机遇促发展，抓人才练内功，抓廉政促勤政，抓文明保稳定，抓改革增活力”的精神，带到本单位工作中去，为深化院所的改革与加快发展做出新贡献。

(4) 分类指导，提高党员领导干部民主生活会质量。根据中组部和中央国家机关工委“关于要认真开好党员领导干部民主生活会”的要求，96年始终坚持了京区党委干部和组织员参加基层单位民主生活会制度，并于2月、7月有重点地检查了基层单位的民主生活会情况，以书面形式进行了两次通报。通报中表扬了做得较好的单位和同志，同时指出了存在问题和今后努力方向。

(5) 配合人事局对生态中心等15个单位的行政领导班子进行了任期中和换届考核；对计算所等20个单位的党委换届工作进行了审核、指导，对新任职的党委书记、副书记人选进行了考核，并撰写了考核报告。考核中，注重及时总结经验，沟通情况，并结合工作实际，对如何进一步做好党政班子同步换届的工作提出了建设性的意见和建议。根据院党组安排，参与了1996年度分院党组书记和部分研究所党委书记研讨会，向与会人员介绍了京区党建工作、党组织发挥政治核心作用和干部队伍理论建设的情况。

(6) 深入开展调查研究，为院党组指导改革，加强基层领导班子的建设提供政策依据。由京区党委几位副书记带队，对京区50多个单位的结构性调整、“九五”任务的落实情况、实施“所长负责制”等四个条例、院党组贯彻十四届四中全会《决定》的实施意见和《加强研究所领导班子建设的若干意见》、青年人才培养及后备干部的选拔工作等进行全面的调查了解，通过认真研究分析，向院党组提交了报告。在深入调研的基础上，于1997年元月，选择一些单位在京区党政干部会议上介绍经验和体会，以点带面，推动京区各单位的深化改革。

2. 加强基层党组织建设，发挥科研单位党组织的政治核心作用

(1) 充分发挥党组织政治核心作用，是党章赋于科研单位党组织的基本职责，也是深化改革，落实科教兴国战略的重要内容。为配合中央国家机关工委就“中央国家机关实行院所长（主任）负责制的科研单位党组织如何发挥政治核心作用”的专题调研，京区党委组织力量，以召开党委书记、所长、党办主任、党支部书记座谈会和下发问卷的形式对京区单位党委的政治核心作用、党组织建设的情况进行了为期两个多月的调查，并撰写了调查报告上报中央国家机关工委。

(2) 在院的改革和各项工作中，京区各单位涌现出一大批先进基层党组织、优秀党员，为弘扬他们的先进模范事迹，进一步加强党的建设，于中共建党七十五周年前夕，召开表彰大会，周光召、路甬祥、余志华、王德顺、王玉民等院领导和京区党委领导、各单位党员代表近千人参加了大会。授予力学所等15个基层党组织“中科院京区先进基层党组织”称号；刘会洲等71位同志“京区优秀党员”称号；冯玉琳等6位同志“京区优秀党员行政领导干部”称号；潘锦杜等15位同志“京区优秀党务工作者”称号。

同时，由京区党委推荐，中组部表彰了李维学同志和研究生院DCS实验室党支部；中央国家机关工委表彰了陈述彭院士、陈肇雄研究员、王跃飞副研究员、潘锦杜同志、冯玉琳所长和力学所党委、遥感所图像处理室党支部，为我院赢得了荣誉。

在全国第八届“半月谈思想政治工作创新奖”评选活动中，京区党委常委、心理所所长张侃荣获“半月谈思想政治工作创新奖”。

(3) 抓好基层党支部书记培训，采取多种形式加强基层的党建工作。5月、9月举办两期党支部书记培训班，先后培训近100名支部书记。编印《党的工作文件选编》，为基层组织建设提供理论依据。举办一期由京区基层单位51位同志参加的党员管理数据库工作骨干培训班，为基层单位党员管理打下基础。此外，还为基层提供党员教育录相带和党建书刊。据基层同志反映，近年来基层党组织建设工作呈上升趋势。

(4) 做好组织发展工作，为党增添新鲜血液。举办二期入党积极分子培训班，有近200人参加了学习，院党组成员、副院长陈宜瑜同志用自己的切身体会结合国际国内形势为学员们上党课，使大家受到较为深刻的党的理想、信念和基本知识的教育。召开“京区组织发展工作经验交流会”，把发展青年党员与培养21世纪科技人才结合起来，努力培养跨世纪的又红又专的科技事业接班人。

(5) 重视做好党的统一战线的工作。加大宣传力度，及时传达贯彻中央统战工作会议精神，提高党组织对新时期统一战线工作重要意义的认识。根据中央进一步做好民主党派工作的指示，对我院京区18位民主党派市委委员和9位中央委员进行全面考核，提出了是否留任的建议；协助“九三”市委、“民进”市委对后备干部人选进行了考察；向有关部门推荐了8位在民主党派中央换届时拟担任中央委员、常委、副主席的预备人选。加强与党外知识分子的联系，帮助他们解决工作、生活上的困难，如：千方百计从中央统战部争取到二套两室一厅和一套三室一厅的住房给物理所、应用数学所，为基层解决了具体困难。推荐33名党外中、青年代表人物做为中央统战部重点联系、培养和拟做政治安排的对象。

根据邓小平同志强调的“现在最大的统一战线问题，是台湾归回祖国，实现祖国和平统一问题”的讲话，认真贯彻中央对台工作会议精神，加大了对台政策的宣传力度，赴南京、沈阳分院调研并召开了有四个分院参加的对台工作会议和京区的座谈会，提出了加强对台科技交流工作的新思路；代院起草制定了《中科院对台科技交流合作工作的暂行规定》，经院领导批准后实施，对我院的涉台工作进行规范性管理。今年有500多位台湾科技界人士来我院参访，我院亦派出167位学者赴台交流，并成功组织了跨地区、跨部门的团组访台，重点支持了一些有影响的对台科技学术会议，并从国务院台办争取到9万元的经费资助。在双向交流基础上，扩大了对台科技合作、技贸合作，个别单位成效卓彰，累计获得合作经费达上千万元人民币；技贸合作达上百万美元。此外，配合中央统战部、中央电视台拍摄电视片《巍巍中华》，扩大对海外的宣传。

(6) 院机关党组织建设有了进一步的增强，机关党委的监督保证作用和支部的战斗堡垒作用得到较好的发挥。认真贯彻党组务虚会议精神，积极参加院机关建设和团体文化的建设，参与院机关工作领导小组和办公室的日常工作，组织召开机关建设和团体文化研讨会，起草多份机关建设的实施意见和研究报告，配合人事局对机关等五个单位的局级干部进行考核，参与机关年度考核工作。注意将机关党委的工作渗透到院机关的各项中心工作中去。在转变作风、改进管理、宏观调控、为基层服务等方面，做了大量卓有成效的宣传教育和思想工作。京区党委在院风和精神文明建设上起到了表率作用。认真研究分析机关离退休干部党组织工作中存在的问题，做好离退休老干部的工作。

(7) 针对当前基层党组织建设中出现的新情况、新问题，着重加大了调查研究和党建理论的研讨，注意把调研的过程做为解决问题的过程，在调研的过程中为基层提供指导和服务。如：年初，组织召开“党的工作研讨会”，探讨如何围绕中心开展党的工作，使我院各级党组织在进一步深化改革中发挥更好作用。京区15个单位的党委书记、所长和京区党委机关各部门负责人共30余人参加研讨。9月份，召开小型研讨会，就党组织工作成效评价体系的问题进行研讨。11月，举办学习六中全会精神研讨班，京区各单位党委书记、党办主任70多人参加，对如何把我院精神文明建设落到实处提出不少好的建议及措施。

3. 推进反腐倡廉，加强党风建设

(1) 按照国家机关党工委的通知精神，对院机关、京区各单位党员领导干部民主生活会的内容提出明确要求，并派员与纪检、监察、人事局的同志前往39个单位参加民主生活会，及时了解情况，向院党组和中央国家机关工委报告。基层单位领导同志反映：这次民主生活会，领导重视、内容具体、有针对性。

(2) 开展党纪、政纪的学习，配合纪检、监察部门对京区各单位局、处级干部进行“党纪、政纪条规”的教育考核。参与中纪委、监察部举办的“党纪政纪条规”知识竞赛工作。此次竞赛，京区共有 9100 名党员参加，满分率达 98.5%，这是新时期对党员进行党风廉政教育的好形式。

4. 加强精神文明建设，改进思想政治工作，调动一切积极因素，为院的中心工作服务

(1) 党的十四届六中全会闭幕后，京区党委召开常委会，对贯彻宣传六中全会精神进行研究，并发出通知，对院机关、京区各单位近期的学习宣传做了安排。根据院的统一部署，明年院工作会议前，党组将提出“加强我院精神文明建设的实施意见”，由京区党委、党组办组成文件起草小组，着手对精神文明建设的情况进行调研，预计明年春节前拿出初稿，分赴京内外召开座谈会听取意见。

(2) 团体文化建设的研究有了新的进展，并已开始付诸行动，院机关在此方面开了好头，年初即成立课题组，提出若干意见和行为规范，经院领导批准，已将团体文化建设纳入院机关总体建设中，利用回迁之机，开展多种形式的文化建设活动。政研会召开团体文化专题研讨会，分别从研究所、高新技术企业、校园、机关不同角度交流了文化建设中的形象设计、内涵定义、目标任务等方面的想法与做法。

(3) 为适应新的形势，加大思想宣传的力度。有组织有计划地宣传了一批在科研与管理工作上做出突出贡献的先进个人和群体，提高我院在社会上的整体形象。完成了“前进中的中国科学院”电视声像片脚本和延津治沙站事迹的长篇报道，还宣传了一大批优秀共产党员和先进基层党组织的先进事迹。对原有《政工信息》进行了改造，京区党委新的机关刊物《求真》于 4 月 24 日诞生。它的任务是：在京区党委与基层党组织和广大党员之间，架起一座桥梁，起到宣传政策、舆论导向、沟通信息、交流思想的作用。目前，《求真》已出版 15 期，它不负众望，真正起到了桥梁作用，受到各方好评。

(4) 在“普法”教育中，针对科学院的实际，着重开展了科技成果转化法、专利法、公司法、合同法等法律法规的学习。由于工作扎实，成效显著，中科院被中宣部、司法部授予“二五”普法先进单位称号，受到表彰。今年又制定了“三五”普法教育指导计划。

(5) 结合中国共产党建党 75 周年、红军长征胜利 60 周年，组织了大规模的歌咏演唱会和庆祝长征胜利座谈会。各单位党组织也通过组织参观、座谈、报告会、办宣传栏、文艺汇演等形式，对广大职工进行爱国主义、集体主义、社会主义和革命传统的教育，收到良好效果。

(6) 圆满完成中央国家机关组织的两次向灾区人民捐助的任务。特别是今年 8 月向河北灾区的损助活动，在任务重、时间紧的情况下，京区党委与办公厅紧密配合，各单位通力合作，仅用三天时间，就将九万件衣物、6 万多元现金送往灾区，体现了我院京区职工的精神风貌。

(7) 各级工、青、妇、侨联等群众组织，发挥各自优势，围绕院、所的中心、配合党组织做了大量的工作，发挥了积极作用。

工会在京区各单位普遍开展了“我为改革献一计”的活动，得到基层党组织、工会的积极响应。加强基层工会组织建设，制定下发了《加强基层工会建设的几点意见》；举办了工会干部和职代会骨干的培训班，增强职代会在研究所民主管理中的作用。为表彰、鼓励在“八五”期间获奖的科技工作者，分两次组织了60多名同志到庐山疗养、游览三峡的活动。春节、国庆节前夕，开展向职工送温暖活动，各基层工会共筹集慰问款29万多元，看望了1269户职工；院工会筹集9万多元，慰问118户职工。贯彻“全民健身纲要”和“体育法”，成立院全民健身领导小组，制定实施意见下发全院；院体协换届，产生新的领导集体；与有关单位配合将“健康快车”开到中关村，为科研人员咨询；广泛开展群众性的文化、体育活动，组织代表队参加全国第三届职工运动会、取得较好成绩，并获道德风尚奖第二名。为纪念中共建党75周年和红军长征胜利60周年，开展了歌咏比赛等丰富多彩的文艺活动和纪念活动，起到了凝聚人心的作用。

共青团配合有关部门联合评选“中科院十大杰出青年”和30名“中科院优秀青年”。参加中央国家机关青年实用技术评选活动，获“十佳”两项，优秀奖八项。经团委推荐，我院青年杨元庆、杨桂生当选全国青年科技创业优秀奖。化冶所副所长刘会洲当选为“中央国家机关十杰青年”。加强了团的基层组织建设，对京区共青团情况和青年的思想状况进行调研，并写出初步的调查报告。

妇委会向中央国家机关妇工委推荐“巾帼建功”先进个人2名、先进集体1名、精神文明家庭一个均入选，其中先进个人1名、先进集体1名、精神文明家庭获全总、全国妇联表彰。落实《中国妇女发展纲要》，明确具体措施，广泛开展了适合女职工特点的活动。

侨联依据自己的特点积极开展工作，如：争取院有关部门的支持，为归侨退休人员发放生活补贴；为归侨排忧解难，呼吁解决生活、工作及子女的各种问题；开展时事政策的宣传，为归侨服务。

5. 工作中的主要体会和存在的问题

(1) 针对当前一些科研单位党组织政治核心作用发挥不够、凝聚力不强的现状，一方面加强向院党组、国家机关工委的请示报告，寻求上级的支持；另一方面提出“实、情、创、体、力”的工作指导思想：“实”就是坚持实事求是原则，一切从实际出发，讲究工作实效，不搞花架子、表面文章；“情”就是以情感人，在感情投入的基础上，寻找共同的努力方向。如：今年组织党委书记外出考察、党务干部休养以及探望退休、生病的党员领导干部等就是一种感情投入。“创”就是要适应新形势，开拓新思路，创造新局面；“体”是增强整体意识，把党的工作摆入院的宏观目标中，为实现这一目标，加强与兄弟部门的协作；“力”是形成内部的凝聚力，使大家心往一处想，劲往一处使，这种凝聚力首先来自领导核心。总的看，据基层和机关的同志反映，京区党委今年的工作较有生机，有一定的深度和广度，地位、作用、影响也在不断增强和扩大。

(2) 在宏观上，注意把理论建设提到一定的高度。本着理论先行的原则，针对科技体制改革的深化给党建提出的新问题、新情况，加强了党建、精神文明建设、团体文化建设的研讨，有些具有一定的超前性。加强理论建设，对于提高党务干部的思想认识，形成工作上的合力，用于指导实践具有不可低估的作用。存在的问题是：京区党委内部的理论学习不够，今后要在内部的理论学习上狠下功夫。

(3) 体现党管干部的原则，确保干部使用上走群众路线，党组织严格把好干部的政治素质关，今年着重在这方面做了一些探索，并提出了改进工作的设想。今后应继续努力，真正把党管干部的原则落在实处，发挥各级党组织的政治核心作用。

(4) 在京区党委干部队伍以及内部的建设上加强了力度。培养年轻人，敢于压担子，不求全成材，但求多成材，在工作实践中考察、培养干部。注意让年轻干部多参加理论研讨和综合性的调研工作，以提高年轻同志的理论水平和调研分析、解决实际问题的能力。同志们反映，目前京区党委干部之间的关系较为融洽，工作环境和谐，大家的进取心也增强了。存在的问题是：基层一些单位反映京区党委各部门之间协调不够，有的工作交叉重复。此外，在京区党委内部规范性管理上还有待于进一步改进，包括：文件传递、档案管理、签发审批、出差请假、经费设备管理、人事工作、办公会议以及服务标准等。

中国科学院 1996 年统计公报

一、全院概况

1. 机构

截止 1996 年末，院属独立事业单位 158 个，其中科学研究机构 123 个（其中软件工程中心正在向企业过渡，下同），文献情报中心 5 个，高等院校 3 个，科学仪器研制中心 5 个，院与分院管理机构 14 个，其它机构 8 个。

院属独立企业单位 8 个。

2. 职工

我院在进一步结构性调整中精干队伍，职工总数继续呈减少趋势。1996 年末，我院全民所有制单位全部职工总数 7.80 万人（包括临时工和计划外用工），比上年减少 0.33 万人。其中正式职工 7.18 万人，比上年净减 0.33 万人，净减率为 4.4%。事业单位正式职工 7.03 万人，企业单位正式职工 0.15 万人。

全院女职工 2.42 万人，占正式职工的 33.7%。

全院干部 5.55 万人，其中各类专业技术干部 4.78 万人，占正式职工 66.6%，行政干部 0.77 万人，占正式职工 10.7%。各类专业技术干部中具有高级技术职称的 1.67 万人（其中正研级 0.43 万人），具有中级技术职称的 1.98 万人，分别占各类专业技术干部的 34.9%（9.0%）和 41.4%。高级、中级、初级（含未定职）比例为 1：1.19：0.67。

全院工人 1.63 万人，占正式职工的 22.7%，比上年减少 40%。

截至 1996 年底累计离、退休人员 2.57 万人。比上年增加 0.31 万人，增长率为 13.7%。

职工素质逐年提高。1996 年全院正式职工中，具有高学位、高学历的比例呈上升趋势，具有大专以下学历的比例呈下降趋势。

		人数（万人）	占正式职工（%）
学位	博士	0.24	3.3
	硕士	0.64	8.9
	学士	0.82	12.1
学历	研究生	1.06	14.5
	大学	2.27	31.6
	大专	1.07	14.9
	中专	0.56	7.8
	其它	2.22	30.9

全院正式职工平均年龄为41.4岁，各类专业技术人员平均年龄为41.5岁。与上年相比，30岁以下年龄组人数占正式职工的比例下降1.9个百分点，30—34岁年龄组人数占正式职工的比例增长1.8个百分点，40—44岁年龄组人数占正式职工的比例增长1.2个百分点。

年龄组	人数（万人）	占正式职工（%）
30岁以下	1.10	15.4
30～34岁	1.30	18.1
35～39岁	0.79	11.0
40～44岁	1.12	15.6
45～49岁	0.82	11.4
50～54岁	0.87	12.1
55～59岁	1.07	14.9
60岁及以上	0.11	1.5

3. 职工增减变动情况

(1) 本年新增和调入正式职工1921人。其中：统一分配研究生、大学本、专科毕业生1336人，比上年增加19.2%。从农村、城镇招收68人，统一分配的复员、转业军人61人，由院外单位调入350人。

(2) 本年减少和调出正式职工5197人，其中：离、退休人员3110人，退职、辞退158人，死亡106人，调至院外1024人。

(3) 1996年正式职工院内流动254人；院外进出流动1374人，调至院外人员为由院外调入人员的2.9倍。本年人员流动78%为专业技术干部。

(4) 本年由院外单位调入人员35岁以下占68%；调至院外单位人员35岁以下占71%；院内流动人员35岁以下占54%。

4. 工资

职工工资水平继续提高。1996年我院全民所有制单位全部职工工资总额6.73亿元，人年平均工资为0.86万元，比上年增长15.3%（未扣除物价增长因素）。

正式职工工资总额6.43亿元，人年平均工资为0.88万元，比上年增长15.8%（未扣除物价增长因素）。其中：事业单位正式职工工资总额6.20亿元，人年平均工资为0.87万元；企业单位正式职工工资总额0.23亿元，人年平均工资为1.42万元。

5. 科学事业总经费（不包括基本建设费，下同）收入、支出情况

1996年科学事业总经费收入32.50亿元，科学事业总经费支出33.06亿元。另因支出统计口径变化，增加拨款制度改革减拨经费和课题结余支出7.17亿元，合计总支出40.23亿元。

	经费（亿元）	占总收、总支（%）	比上年增长（%）
经费总收入	32.50	100	0.8
科学事业费拨款	15.01	46.2	5.9
科技三项费用拨款	1.07	3.3	－48.1
科学基金拨款	0.83	2.5	－18.0
“863”项目拨款	1.16	3.6	0.9
其它收入	14.43	44.4	4.0
经费总支出	33.06	100	5.5
人员费用支出	7.52	22.7	1.1
公共费用支出	5.39	16.3	－11.1
科研费用支出	20.15	61.0	12.9

6. 基本建设

1996年基本建设投资实际完成4.81亿元，比上年增加0.36亿元。其中预算内投资2.16亿元；计委专项0.98亿元；自筹1.60亿元，比上年增加60%；银行贷款0.07亿元。本年施工面积57.5万平方米，其中住宅38.9万平方米。科研用房10.2万平方米。本年竣工面积22.7万平方米，其中住宅14.7万平方米，科研用房4.1万平方米。

7. 科研课题

1996年全院在研课题10163个，比上年减少748个。其中当年开题3777个，当年完成3792个。课题经费内部支出11.68亿元，课题组人员折合全时人数2.39万人年，比上年减少0.05万人年。其中科学家、工程师2.24万人年，比上年减少0.04万人年。其他科技人员0.11万人年。

	课题数（个）	课题经费内部支出（千元）	课题投入人员（人年）
合计	10163	1167947	23861
科研机构（123个）	9359	1144557	22742
其它单位（8个）	804	23390	1119

8. 科技论文、专利、成果

据国际三大检索工具在1996年对1995年度科技论文的检索，我院科技人员在国际上发表论文4546篇，比1994年增长11.9%。被引论文2615篇，比1994年增长12.8%，被引次数达5033次（1990年—1994年论文在1995年被引用情况）。比1994年增长17.4%。

我院科技人员在1231种被选定的国内自然科学科技期刊上共发表论文7424篇，比上年增长5.5%。

专利申请受理逐年增加。1996 年专利申请受理 791 项(含国外 3 项),比上年申请量增长 58.8%。其中:发明 467 项,实用新型 318 项,外观设计 6 项。专利授权 192 项(含国外 8 项)。比上年授权量下降 14.3%。其中:发明 86 项,实用新型 105 项,外观设计 1 项。

1996 年上报院登记成果 989 项。其中:基础性研究成果 203 项,占成果登记总数的 20.5%;应用研究成果 657 项,占 66.4%;试验发展研究成果 70 项,占 7.1%;其他研究成果 59 项,占 6%。

获国家级科技成果奖 40 项:

	合计	一等奖	二等奖	三等奖	四等奖
合计	40		9	29	2
科技进步奖	31		8	23	
发明奖	9		1	6	2

获院级科技成果奖 217 项:

	合计	特等奖	一等奖	二等奖	三等奖
合计	217	4	27	78	108
院自然科学奖	86		12	35	39
院科技进步奖	131	4	15	43	69

9. 人才培养

全院现有 125 个单位招收研究生。其中 123 个单位可授予硕士学位,99 个单位可授予博士学位。有博士学位学科专业点 222 个,硕士学位学科专业点 443 个。有 73 个单位建立了 80 个博士后科研流动站。

1996 年录取研究生 3631 人,比上年增长 7.6%。其中硕士生 2028 人,博士生 1603 人。毕业研究生 2383 人。其中硕士 1659 人,博士 724 人。在学研究生 10005 人。其中硕士生 5756 人,博士生 4249 人。授予硕士学位 1490 人,博士学位 689 人。

1996 年选派 357 名科技人员出国留学。其中:访问学者 308 人,研究生 49 人。

博士后进站 318 人,获国外博士学位 34 人,出站 149 人。

在职各类人员继续教育与培训 51860 人次。

10. 国际合作交流

1996 年邀请来华 2018 人次,比上年减少 21.0%。其中:合作研究 524 人次,考察访问 903 人次,培训 21 人次,国际会议 431 人次,其他 139 人次。派出 5432 人次,比上年增长 21.1%。其中:合作研究 1466 人次,考察访问 1546 人次,培训 39 人次,国际会议 1934 人次,其他 447 人次。

二、科学研究机构情况

1. 全院科学研究机构123个。正式职工5.62万人，比上年减少0.28万人。从事科技活动4.14万人，占正式职工73.6%。其中：科技管理人员0.59万人，占正式职工10.5%；课题活动人员（指编制在课题组人员）2.88万人，占正式职工51.1%；科技服务人员0.67万人，占正式职工12%。从事生产经营活动人员0.81万人，占正式职工14.4%。

2. 经常费收入30.64亿元，比上年增加2.37亿元，其中政府拨款增加1.42亿元。经常费支出29.94亿元，比上年增加2.89亿元，其中固定资产购建支出增加2.07亿元：

	金额（亿元）	占总收、总支（%）	比上年增长（%）
经常费收入合计	30.64	100	8.4
政府拨款	16.48	53.8	9.4
横向技术收入	6.49	21.2	3.3
生产经营收入	2.65	8.6	7.3
银行贷款	1.97	6.4	—
其它收入	3.05	10.0	−22.6
经常费支出合计	29.94	100	10.7
劳务费	7.32	24.4	8.8
固定资产购建支出	5.21	17.4	65.9
科研业务费	9.87	33.0	11.7
管理费	2.27	7.6	3.7
生产性支出	0.98	3.3	18.1
其它支出	4.29	14.3	−19.4

注：经常费支出未包括拨款制度改革减拨经费和课题结余支出7.17亿元。

3. 1996年为“九五”计划期间第一年，部分国家任务与经费尚未到位。在研课题9359个，比上年减少780个。其中当年开题3477个，当年完成3536个。

课题经费内部支出11.45亿元，占科研机构经常费总支出38.2%。课题投入2.27万人年，比上年减少0.07万人年。其中科学家、工程师2.13万人年。平均每个课题经费内部支出为12.23万元，比上年增加0.70万元；平均每个课题投入2.4人年，比上年减少0.1人年。

科研机构在研课题按课题类型分

1996年基础研究与应用研究的课题数有所减少；试验发展的课题数、经费内部支出及课题投入人年分别比上年增加12%、39.5%及16.5%：

	课题数		经费内部支出		课题投入人员	
	个	%	千元	%	人年	%
合计	9359	100	1144557	100	22742	100
基础研究	3601	38.5	289970	25.3	7520	33.1
应用研究	4466	47.7	572072	50.0	11241	49.4
试验发展	745	8.0	168914	14.8	2432	10.7
其它	547	5.8	113601	9.9	1549	6.8

科研机构在研课题按任务来源分

1996 年国家任务与院计划的课题数有所减少；地方任务、企业委托及国际合作的课题数分别比上年增加 18.1%、24.9%及 38.5%：

	课题数		经费内部支出		课题投入人员	
	个	%	千元	%	人年	%
合计	9359	100	11444557	100	22742	100
国家任务	4255	45.5	553085	48.3	10984	48.3
院计划	1402	15.0	170960	15.0	3443	15.1
地方任务	1045	11.2	70106	6.1	2044	9.0
企业委托	698	7.4	137389	12.0	1899	8.3
自选课题	1418	15.1	146398	12.8	3225	14.2
国际合作	270	2.9	42388	3.7	653	2.9
其它	271	2.9	24231	2.1	494	2.2

全部课题中，属技术领域的课题 5832 个，占课题总数的 62.3%，其中信息技术 910 个，生物技术 988 个，比上年增加 94 个，新材料 780 个，能源技术 339 个，激光技术 231 个，自动化技术 387 个，航天技术 236 个，海洋技术 43 个，其它技术领域 1918 个。

4.1996 年末，科研机构固定资产原值总额 62.18 亿元，比上年增长 6%。其中房屋和建筑物 16.66 亿元；专用设备 41.37 亿元，其中：科研仪器设备 38.06 亿元；图书资料 1.72 亿元；其它固定资产 2.44 亿元。

5.签定技术合同 3081 项。技术合同当年实收金额 4.19 亿元，比上年减少 1.9%。其中与政府部门签定 294 项，比上年增长 46.3%；与科研机构和院校签定 675 项，比上年减少 10.5%；与企业签定 1578 项，比上年增长 12.5%；与国外签定 622 项。

6.出版科技专著 282 种，11086 万字。其中：译成外文 116 种，1354 万字；大专院校教科书 5 种，113 万字；科普著作 24 种，481 万字。

三、开放实验室（所、站）情况

全院现有开放实验室（所、站）126 个。其中：国家重点实验室 50 个，院开放实验室 63 个；开放研究所 2 个；开放野外试验站 11 个。

1996 年现有固定人员 3076 人，比上年增加 132 人。其中高级职称 1949 人。客座人员 8660 人月。其中：外籍人员 541 人月，国内高级职称 4789 人月。在读博士生、硕士生和在站博士后 3429 人。

研究课题 4226 个，课题经费投入 1.80 亿元（含客座人员课题）。其中：国家基金课题 1009 个，经费 0.37 亿元；国家攻关课题 195 个，经费 0.22 亿元；“863”课题 154 个，经费 0.17 亿元；攀登计划课题 195 个，经费 0.09 亿元；学委会审批课题 1376 个，经费 0.16 亿元。部委课题 621 个，经费 0.35 亿元；国际合作课题 262 个，经费 0.22 亿元。

国内核心刊物发表论文 3243 篇。国际刊物发表论文 2119 篇。

授权专利（发明）42 项。

中文专著 100 种，外文专著 23 种。

四、院属企业经营概况

1996 年，院属各单位对所属企业进行清理整顿，采取关停并转等形式，促使企业向规模化方向发展。

(1) 截止 1996 年末，技术开发企业 314 家，职工总数 1.68 万人。其中：院属职工 0.74 万人。营业收入达 82.93 亿元，比上年增长 74.3%。其中：产品销售收入 41.33 亿元。利润总额（税前利润）5.10 亿元，比上年增长 18.3%。上缴税金 1.14 亿元。净资产 30.27 亿元。

(2) 服务性企业 129 家，职工总数 0.35 万人。其中：院属职工 0.12 万人。营业收入 2.58 亿元。其中：产品销售收入 0.85 亿元。利润总额 0.14 亿元，上缴税金 0.10 亿元。净资产 1.89 亿元。

(3) 利润总额超过 1000 万元的技术开发企业 9 家，利润为 4.81 亿元，占总利润的 93.0%；利润小于 1000 万元大于 100 万元的技术开发企业 36 家，利润为 1.13 亿元，占总利润的 21.6%。

全部亏损企业 134 家，占全部企业的 30.3%，亏损面比上年下降 3.7 个百分点。

(4) 企业上交院、所利润与费用 1.14 亿元。

(5) 院直属企业（集团），职工总数 0.36 万人。营业收入 61.26 亿元，占全院企业营业收入总额 71.7%。利润总额为 1.12 亿元，占全院企业利润总额的 21.4%。

(6) 非银行金融企业 1 家。营业收入 9.32 亿元，利润总额 0.62 亿元。

(7) 进出口贸易企业 2 家。营业收入 2.62 亿元，利润总额 0.17 亿元。

中国科学院 1996 年度获国家科技进步奖及发明奖情况

一、国家科技进步奖

获奖成果名称	第一完成单位	获奖等级
Ce：$BaTiO_3$ 单晶生长及物理性质	物理所	2
多通道太阳望远镜	北京天文台	2
高质量与大口径 KDP 类型晶体的研制	福建物构所	2
机载 SAR 实时数字成像处理器研制	电子所	2
含磷深冲高强度汽车薄钢板系列研究及应用推广	金属所	2
优质可调谐激光晶体掺钛蓝宝石 Ti：Al_2O_3 的研制	上海光机所	2
基因工程人 r 型干扰素的研制、中试生产及临床应用	上海生化所	2
中国东北地区盐渍土的形成与改良	沈阳生态所	3
微生物单井吞吐提高采油研究与应用	微生物所	3
涂层尿素应用技术与开发	石家庄农业现代化所	3
猪饲料养分回肠消化率及有效氨基酸需要量的研究	长沙农业现代化所	3
环境中砷的治理与检测新方法新设备	半导体所	3
发动机，后桥，油箱 AGV 及副环装配线系统	沈阳自动化所	3
施肥专家系统	合肥智能所	3
磁处理技术在油田的应用	金属所	3
能动光学器件系列	光电所	3
L-蓝光膜及母料的研究，生产和应用	广州能源所	3
新颖双波长和高功率 1.34 微米晶体连续激光器	福建物构所	3
双波长高功率锁模激光系统	上海光机所	3
具有漫反射特性农用塑料膜的研究及应用	广州能源所	3
川藏公路南线西藏境内山地灾害及防治对策	成都山地所	3
引青自动化系统工程	大恒公司	3
春小麦新品种高原 602 的选育、研究和推广	西北高原生物所	3
用同位素研究新疆氮磷化肥的归宿及其经济利用	新疆生土所	3
ASM-060S 超导型磁共振成像系统	科健安科高技术公司	3
全国粮食产量预测	系统所	3
《简明中国科学技术史话》	自然科学史所	3

二、国家发明奖

获奖成果名称	第一完成单位	获奖等级
具有脉冲预电离管一条电级的工业用横流 CO_2 激光器	上海光机所	2

抗疟新药——蒿甲醚	上海药物所	3
一种电路新结构、新原理 ——多元逻辑（DYL）及其实用化	半导体所	3
铜蒸气激光震荡放大链同步自动控制装置	上海光机所	3
常压水煤气部分甲烷化新型催化剂制造方法及工艺技术	大连化物所	3
短波自校守时钟	武汉物理所	4
新型极性毛细管气相色谱柱的制备	长春应化所	4

中国科学院 1996 年
自 然 科 学 奖 授 奖 项 目

一等奖 12 项

获奖成果名称	完成单位
Bc 介子等双重味强子的研究及其碎裂函数计算	理论物理研究所
含异相材料的损伤与断裂	力学研究所
铜银异金属原子簇化合物的分子设计	福建物质结构研究所
	结构化学国家重点实验室
国际横穿南极考察冰川学研究	兰州冰川冻土研究所
	电子工业部电波传播研究所
中国东南和邻近海域岩石圈结构组成与演化	地质研究所
	地球物理研究所
	海洋研究所
	南海海洋研究所
	地球化学研究所
	广州地球化学研究所
	中国科学技术大学
	南京大学
地球磁场的时空结构与地球内部物理过程	地球物理研究所
内蒙古高原早第三纪地层和哺乳类的研究	古脊椎动物与古人类研究所
土壤电分析化学的建立与发展	南京土壤研究所
鱼类基因转移育种应用基础研究	水生生物研究所
中国特有珍稀若干动物类群的细胞与分子进化	昆明动物研究所
并发进程的代数理论及验证工具	软件研究所
多复变数奇异积分	中国科学技术大学

二等奖 35 项

获奖成果名称	完成单位
非线性双曲型守恒律的黎曼问题	数学研究所
	应用数学研究所
非线性问题中的变分和拓扑方法	数学研究所
表面吸附与相互作用	物理研究所
X 射线吸收精细结构谱方法和固体原子近邻结构研究	物理研究所
压电体在声电耦合作用下激发产生的弹性波场和振动特性	声学研究所
原子核双 β 衰变和轻子数不守恒	高能物理研究所

	上海原子核研究所
环耦合撕裂膜的理论研究	等离子体物理研究所
A-130、190区核的高自旋态研究	近代物理研究所
双星非守恒演化研究	云南天文台
瞬变种及相关反应的紫外光电子能谱（UPS）研究	化学研究所
天然北羟醌化合物的光化学、光物理和光动力作用	感光化学研究所光生物和结构实验室
光透光谱电化学法的研究	长春应用化学研究所
闪烁晶体辐照损伤机理和新效应研究	上海硅酸盐研究所
氧化还原体系引发下氟卤烃化学行为的研究	上海有机化学研究所
元素同位素质谱测定新方法及其应用研究	青海盐湖研究所
青藏高原地图集	地理研究所
	自然资源综合考察委员会
	地质研究所
	植物研究所
	兰州冰川冻土研究所
中国城市群的研究	南京地理与湖泊研究所
《三峡工程与生态环境》系列专著	成都山地灾害与环境研究所
	南京土壤研究所
	海洋研究所
	植物研究所
	武汉测量与地球物理研究所
中国雪崩研究	兰州冰川冻土研究所
生物矿物学	地质研究所
南极乔治王岛菲尔德斯半岛地层及古生物研究	南京地质古生物研究所
	北京自然博物馆
	南京大学现代分析中心
	煤炭科学研究总院西安分院
	上海自然博物馆
典型河口海湾灾害性赤潮的成因和治理研究	海洋研究所
热带大气季节内振荡的动力学机制	大气物理研究所
	北京大学地球物理系
中国柳叶菜属（柳叶菜科）系统学	植物研究所
	美国密苏里植物园
昆虫数学生态学	动物研究所
明、暗对视网膜中突触传递的调制	上海生理研究所
《中国南方土壤肥力与栽培植物施肥》专著	长沙农业现代化研究所
视觉计算理论与算法研究	自动化研究所
疲劳裂纹扩展门槛与断口定量研究	金属研究所
类金刚石碳膜内应力的成因，变化规律及其与性能的关系	金属研究所
纳米金属材料形成，结构与性能研究	金属研究所
数字光学图象处理	上海光学精密机械研究所
高中层大气湍流的研究	空间科学与应用研究中心

林火行为规律的实验模拟和计算机模拟研究	中国科学技术大学
生物大分子的计算机模拟	中国科学技术大学

三等奖 39 项

获奖成果名称	完成单位
非晶态合金在玻璃转变附近的物性及微结构研究	固体物理研究所 中国科学技术大学
多孔介质的 NMR 及微成像的研究	武汉物理研究所
辐射、光引发激发能转移和电荷转移机制的时间分辨研究	上海原子核研究所
热核三重与四重碎裂实验研究	近代物理研究所
矮造父变星的周期变化研究	北京天文台
反相离子对色谱保留机理的研究	大连化学物理研究所
水溶液的膜蒸馏研究	长春应用化学研究所
(类)钙钛石型稀土复合氧化物的结构和催化性能的关系	长春应用化学研究所
鹰爪素类化合物的立体选择性全合成研究	上海有机化学研究所
核谱学及其应用	福建物质结构研究所
二氧化碳聚合用高效催化剂 PBM ——二氧化碳共聚物化学研究	广州化学研究所
润滑油脂添加剂及其摩擦化学的研究	兰州化学物理研究所
沸石分子筛中吸附扩散形状选择反应的实验和理论研究	山西煤炭化学研究所
黄河流域侵蚀环境及资源开发利用	地理研究所
北祁连山东段纳缪尔期地层和生物群	南京地质古生物研究所 西北大学地质系
西藏中新生代石珊瑚	南京地质古生物研究所 地矿部海洋地质综合研究大队
南极地区重力场及固体潮汐研究	测量与地球物理研究所
中国环境变化与同位素标记	地球化学研究所
^{137}Cs 及 ^{210}Pb 在湖泊沉积物顶部地球化学行为	地球化学研究所
青海湖近代环境的演化和预测	兰州地质研究所 青海盐湖研究所 兰州冰川冻土研究所 兰州高原大气物理研究所 西北高原生物研究所
中国浅海沉积物地球化学	海洋研究所 地质矿产部地球物理与地球化学研究所
南海东北海区沉积生物综合生态与拟生态	南海海洋研究所 福建海洋研究所 海洋研究所
华南海岸潮汐汊道现代过程研究	南海海洋研究所

平流层气溶胶的地基综合观测和模式研究	大气物理研究所
新疆二叠纪、三叠纪植物化石及其区系意义	植物研究所
	江汉石油学院
我国东北地区硒的生物地球化学研究	沈阳应用生态研究所
水土流失定量遥感方法及其应用的研究	南京土壤研究所
	山东省水利厅水土保持办公室
	福建省水土保持试验站
精油资源、化学成分和应用研究	华南植物研究所
植物氧代谢研究	华南植物研究所
遗鸥鄂尔多斯种群保护生物学研究与实践	动物研究所
	内蒙古伊克昭盟林业处
西南武陵山昆虫	动物研究所
	上海昆虫研究所
	昆明动物研究所
山莨菪碱与膜脂、膜蛋白相互作用	生物物理研究所
Recursion方法及其在复杂杂质问题中的应用	半导体研究所
准晶结构模型及其谱性质的研究	金属研究所
	湘潭大学
固体微球腔内量子电动力学研究	上海光学精密机械研究所
窄能隙半导体碲铬汞光学常数研究	上海技术物理研究所
地理系统分析与PRED协调理论	科技政策与管理科学研究所
	华东师范大学
空间等离子体中混合模不稳定性的理论研究	中国科学技术大学
新铜氧化合物制备，结构和超导电性	中国科学技术大学

中国科学院 1996 年
科技进步奖授奖项目

特等奖

获奖成果名称	**完成单位**
合成气经由二甲醚制取低碳烯烃新工艺方法	大连化学物理研究所
曙光 1000 大规模并行计算机系统	计算技术研究所

一等奖

获奖成果名称	**完成单位**
多功能激光淀积设备暨激光法制备 YBCO 高温超导薄膜	物理研究所 沈阳科学仪器研制中心
长脉冲激光破坏机理实验系统的研制及其应用	力学研究所
细旦、超细旦丙纶长丝的研究开发及应用	化学研究所 北京涤纶实验厂 浙江平湖化纤厂 北京第一针织厂
汽车用聚烯烃工程塑料及其合金材料	化学研究所 上海上双工程塑料公司 杰事杰材料新技术公司 南京昌宁汽车工程塑料公司 重庆益弘工程塑料有限公司
市场经济转型中的三个重大关系研究	生态环境研究中心
动态交联乙丙橡胶改性聚丙烯汽车保险杠专用料研究	长春应用化学研究所 吉林市塑料厂
天然气成因理论及大中型气田的地学基础研究	兰州地质研究所 广州地球化学研究所 地球物理研究所
海藻碘的应用研究——活性海藻碘晶	海洋研究所
台风暴雨预报警报系统及减灾对策研究	大气物理研究所 国家气象中心
重点产粮区主要农作物遥感估产	自然资源综合考察委员会 地理研究所 南京地理与湖泊研究所 北京大学遥感与地理信息系统研究所 长春地理研究所

	遥感应用研究所
	江苏省农业科学院现代化所
	全国农业区划委员会
	北方农业遥感中心
	武汉测量与地球物理研究所
棉铃虫灾害减灾对策及技术的研究与应用	动物研究所
1.55微米应变层量子阱分布反馈（DFB）激光器	半导体研究所
0.8微米CMOS集成电路芯片制造技术	微电子中心

二等奖

获奖成果名称	完成单位
国民经济宏观管理中的决策方法研究	系统科学研究所
	国家计委外资司
D&Z-1声参量多频海底测绘系统	声学研究所
北京天文台施密特望远镜CCD	北京天文台
多色测光系统	紫金山天文台
天文时纬观测用于强震预测和垂线变化的研究	北京天文台
	云南天文台
	云南省地震局
	上海天文台
石化地区污水回用成套技术	生态环境研究中心
	北京燕山石油化工公司
超高纯稀土氧化物的制备和分析研究	长春应用化学研究所
高强型改性HIPS树脂	长春应用化学研究所
2-乙基蒽醌合成新工艺研究	上海有机化学研究所
丁烯氧化脱氢制丁二烯W-201催化剂的研制和工业应用	兰州化学物理研究所
	中国石油总公司锦州石化公司炼油厂
星载SAR应用研究	遥感应用研究所
	中国林业科学院资源信息研究所
	国家海洋局第二海洋研究所
	地矿部航空物探遥感中心
	水利部遥感技术应用中心
	北京农业大学
	中国测绘科学研究院
高精度地应变测量系统	测量与地球物理研究所
	河南省鹤壁市地震办公室
	河南省地震局
	国家地震局物探队
	国家地震第一形变监测中心

新疆北部造山带前寒武纪基底特征及其成矿前景研究	广州地球化学研究所
多元生物有机复合肥的研究与推广应用	沈阳应用生态研究所
高丁醇比丙酮丁醇工业发酵菌种选育和发酵工艺	上海植物生理研究所
钾素和微量元素对烤烟香气质（量）影响的研究	南京土壤研究所
	中国烟叶生产购销公司
博优210选育及有关理论研究	华南植物研究所
	广东省新会市遗传育种所
	广东省肇庆农校
华北平原大仓鼠黑线仓鼠发生规律、控制对策及防治技术	动物研究所
	山东大学生物系
小型草型湖泊渔业综合高产技术研究	水生生物研究所
	湖北省水产科学研究所
	华中农业大学
复合生态系统处理城市污水技术	水生生物研究所
	湖南省常德市人民政府
	农业部环境保护科研监测所
长江中下游浅水湖泊生态渔业的研究	水生生物研究所
	南京地理与湖泊研究所
	武汉植物研究所
	测量与地球物理研究所
小麦远缘杂交新品种——早优504	石家庄农业现代化研究所
	陕西省西北植物研究所
ϕ2英寸和ϕ3英寸非掺Si-GaAs单晶（片）研究	半导体研究所
MBE生长HBT用超薄多层异质结构材料	上海冶金研究所
新结构器件及微细加工研究	微电子中心
智能机器人情报跟踪与服务	沈阳自动化研究所
	上海交通大学
	兵器工业210所
	哈尔滨工业大学
SACAWR-Ⅰ型高压水切割机器人	沈阳自动化研究所
	成都飞机工业公司工艺研究所
涂层研究	空军第一研究所
旋转轴对称掠入射X光显微镜	长春光学精密机械研究所
氩离子锁模激光同步泵浦染料激光器	长春光学精密机械研究所
卷云探测仪（模样）	上海技术物理研究所
空间晶体生长观察装置（模样）	上海技术物理研究所
	上海硅酸盐研究所
高能量闪光灯泵浦的掺钛宝石激光器研究	安徽光学精密机械研究所
化学战剂远距离监测技术研究	安徽光学精密机械研究所
千分尺数控激光刻划机	光电技术研究所
30千瓦风/光互补电站系统工程技术和装备的研制	电工研究所
DY-5型亚微米电子束曝光机的研制	电工研究所

水产养殖全自动控温——燃油供热系统	广州能源研究所
引青水利自动化系统工程	中国大恒公司
	秦皇岛市引青局
	系统研究所

三等奖

获奖成果名称	完成单位
中国科学院研究生教育管理信息系统	应用数学研究所
	教育局
用于GaAs集成电路用PHEMT材料	物理研究所
高性能NTC热敏电阻系列研究	新疆物理研究所
IHEP计算机网络系统	高能物理研究所
核分析技术在我国城市和海洋大气气溶胶研究中的应用	高能物理研究所
HT6M托卡马克等离子体平衡的1MW快响应反馈控制	等离子体物理研究所
工程用车载式氢原子钟	上海天文台
采用抗干扰和干扰识别技术的太阳射电望远镜	紫金山天文台
森林火灾林火行为研究	力学研究所
	黑龙江省森林保护研究所
长江三峡工程永久船闸高边坡三维有限元非线性分析	武汉岩土力学研究所
永平铜矿西部0～2线边坡稳定性研究及滑体综合整治	武汉岩土力学研究所
	江西铜业公司永平铜矿
乐凯GBR100高清晰度彩色胶卷技术开发中的高科技	感光化学研究所
绕制式复合热收缩带—热收缩自熔复合带	长春应用化学研究所
Ⅱ型稀土三基色荧光粉的研制与应用	长春应用化学研究所
TF系列聚氨酯皮革助染复鞣剂	成都有机化学研究所
大型转炉高强度供氧喷头的研制与应用	化工冶金研究所
	宝山钢铁（集团）公司
	济南崇盛冶金氧枪研究所
年产百吨级苏云金杆菌固体发酵杀虫粉剂新工艺	化工冶金研究所
	徐州市红鹏生物化学厂
钻井用抗盐高温稳定降滤失剂特种树脂SHR	山西煤炭化学研究所
	成都栲胶厂
遥感技术在寻找大-超大型矿床中的应用研究	遥感应用研究所
朝阳市综合发展规划追踪实施研究与开发	长春地理研究所
	朝阳市经济研究中心
214国道和227国道路基冻土调查与勘探研究	兰州冰川冻土研究所
金川露天采场边坡稳定性的工程地质力学研究	地质研究所
	金川有色金属公司
CHS型标准质子旋进矢量磁力仪	地球物理研究所
渤海石油开发区海/气与海/泥交换界面区腐蚀与防护研究	海洋研究所

适用于地方的区域暴雨增强预报系统研究	兰州高原大气物理研究所
	国家气象中心
	兰州中心气象台
	南京气象学院
	陕西省气象台
	江苏省气象台
稀有濒危植物的迁地保护	植物研究所
三峡库区可再生资源生产潜力与合理开发利用研究	南京土壤研究所
	地理研究所
	动物研究所
塔干南缘绿洲过渡带生态环境区综合治理技术及试验示范	新疆生物土壤沙漠研究所
	新疆环境保护科学研究所
	新疆策勒县策勒乡
	新疆策勒县农技推广站
	新疆地理研究所
	西安建筑科技大学环境工程系
云南植被生态景观	昆明生态研究所
	云南大学生态学与地植物学研究所
	云南省农业区划办公室
蔬菜花斑虫(马铃薯甲虫)发生规律和应急防治技术的研究	动物研究所
	新疆植物保护站
	新疆农业大学
	新疆农业厅麦类检疫工作站
	新疆伊犁地区植物保护站
藻类蛋白饲料研究	水生生物研究所
	国内贸易部武汉饲料工业技术开发中心
湖泊水生植被重建、结构优化及合理利用研究	水生生物研究所
	武汉大学
	武汉植物研究所
银杏叶胶囊	上海药物研究所
	浙江康恩贝集团公司
珠美海棠苗木组培工厂化生产及推广应用	石家庄农业现代化研究所
南皮试区旱地棉田农机农艺配套技术研究	石家庄农业现代化研究所
	河北省农业机械研究所
	河北省南皮县农业局
编译系统 COC、COC＋＋和 COF90	软件研究所
	中国计算机软件与技术服务总公司
	清华大学
	上海交通大学
减压薄层硅外延片的研制	半导体研究所
气态源分子外延 InP 基及含磷化合物半导体微结构材料	上海冶金研究所
MOCVD GaInAsSb 红外探测器材料、器件和阵列的研制	上海冶金研究所

微静电马达技术	上海冶金研究所
VDMOSFET 用高阻厚层硅外延片研制	微电子中心
防盗报警控制器系列	自动化研究所
聋儿微机可视语言训练系统	自动化研究所
	中国残疾人联合会中国聋儿康复研究中心
面向 CIMS 的基于知识的 CAPP 系统	沈阳自动化研究所
快淬钕铁硼磁粉和粘结永磁材料	金属研究所
	沈阳科学仪器研制中心
	江苏省江阴亨达新磁性材料有限公司
涡轮喷气发动机构件断裂失效分析及延寿技术的研究	金属研究所
火电厂煤场储煤量激光检测系统研制	长春光学精密机械研究所
光栅尺动态测量仪	长春光学精密机械研究所
智能化 YAG 激光外科设备	长春光学精密机械研究所
星座仿真器	长春光学精密机械研究所
室温 Co：MgF_2 可调谐激光器	安徽光学精密机械研究所
	国家建材局北京人工晶体所
ASOM 型系列高档手术显微镜	光电技术研究所
激光光束参量分析仪	光电技术研究所
GKJ-1.8 米激光自动线位移刻检系统	光电技术研究所
飞秒掺铬氟化锂锶铝激光器研究	西安光学精密机械研究所
ZPRT 前列腺射频治疗仪	电工研究所
	南京铁道医学院附属医院
	解放军总医院
新（K20～25）型锅炉连续排污扩容器的研究与应用	广州能源研究所
地球物理勘探综合信息系统	中国科学技术大学
湿地生态农业开发技术信息及农业实用科技情报调研服务	武汉文献情报中心
《中国科学院自然科学期刊的合理布局》	科学出版社
科学实验建筑设计规范 JGJ91～93	北京建筑设计院
联想汉字激光打印机	联想集团公司

1996年中国科学院大事记

一　月

1.2　沈阳市人民政府与沈阳分院联合召开市院合作10周年总结表彰会。会议表彰了30个优秀合作项目、15个优秀科技新产品和50位先进管理工作者。双方续签了今后五年的合作协议。

1.4　中国科学院院士、中国科学院古脊椎动物与古人类研究所原所长、中国第四纪研究委员会副主席、中国自然博物馆馆长周明镇教授在北京逝世，享年77岁。

1.9　国务院副总理李岚清在周光召、胡启恒的陪同下视察了联想集团。陪同视察的有外经贸部部长吴仪、电子部常务副部长刘剑峰、北京市副市长胡昭广等。

1.10　美国国际商业机器公司(IBM)向我院软件所捐献100万美元仪式在京举行。

1.11～13　院基础局和协调局联合组织“九五”国家攀登计划项目交流会，有32个项目进行汇报，参加汇报会的有21位院士和2个分院、14个所的领导。

1.18　经400名中国科学院院士、中国工程院院士投票评出的95年科技十大新闻揭晓。

1.18　中国科学院评选第四次青年科学家奖，40位青年学者获奖。中央书记处书记温家宝、国务委员宋健到会同青年科学家座谈。

1.18　在宁中国科学院院士新春座谈会在南京分院举行，江苏省委副书记顾浩出席并讲话，俞兴德副省长出席。

1.20　中国科学院极地科学委员会在京成立，挂靠地质所，陈宜瑜副院长任主任。

1.21　中国科学院院士、复旦大学化学系教授顾翼东在上海逝世，享年93岁。

1.21～2.2　路甬祥副院长应邀赴日本访问，并与早稻田大学、广岛大学签署合作协议。

1.24　美国联合技术公司研究中心中国部主任RUSSO博士和江士贤博士拜会我院，周光召院长会见了外宾。双方就如何促进双边技术合作进行了商谈。

1.29　中央军委授予吴孟超院士“模范医学专家”称号命名大会在上海第二军医大学隆重举行。中央军委委员、总后勤部王克上将宣读了由江泽民主席亲自签署的命令，并向吴孟超院士颁发了一级英雄模范奖章。

1.29～31　国家科委副主任邓楠视察上海生命科学研究中心、国家基因研究中心和上海原子核所。

1.31　中国科学院院士、中国石油天然气总公司北京石油勘探开发科学研究院总工程师童宪章在北京逝世，享年 78 岁。

二　月

2.2　中国科学院院士 1996 年新春茶话会在北京友谊宾馆举行，郭传杰副秘书长主持会议，周光召院长讲话，会上同时颁发了 1996 蔡冠深中国科学院院士荣誉奖金。

2.2　院应用研究与发展局、办公厅联合组织了与国家计委、经贸委、科委等部门的新春团拜会，国家科委副主任朱丽兰、徐冠华，中国科学院院长周光召、副院长胡启恒出席了团拜会。

2.4　1995 年度院长奖学金评审会在北京召开，有 16 名研究生获院长奖学金特别奖，152 名研究生获奖学金优秀奖。

2.5　胡启恒在院工作会议开幕式上宣布：我院实现百所联网，院主干网络开通。

2.5～10　我院在高能所召开了国际研讨会，讨论 τ-C 工厂可行性研究中的关键问题。周光召院长出席并作了讲话。

2.5～9　中国科学院召开 1996 年度工作会议。这次会议在总结“八五”工作的基础上，进一步研究和明确了院“九五”期间的奋斗目标，研讨了进一步深化改革、加快结构性调整的措施，同时部署了 1996 年的主要工作。

2.8　中国科学院院士、武汉数学物理研究所名誉所长、武汉大学教授李国平逝世，享年 86 岁。

2.9　中国科学院学部联合办公室天津联络处在南开大学正式成立。天津市委副书记李建国、市委科教委书记王鸿江、副市长曲维枝等应邀出席并与在津院士进行座谈。郭传杰副秘书长代表周光召院长向天津地区新当选的 2 位院士颁发了证书。

2.12　院办公厅、人事局、京区党委联合举办 1996 年院机关春节联欢暨表彰大会。路甬祥等院领导向 32 个先进集体和 199 个优秀个人颁奖。

2.12　国家“863”计划短波长化学激光重点实验室在大连化物所成立。

2.14　院办公厅、京区党委联合举办京区春节团拜会，周光召等院领导向京区各所党政领导及科技人员表示祝贺。

2.14　国务委员、国务院秘书长罗干慰问中国科学院系统所研究员章照止。

2.14　由我院组织实施，由中科院、国家教委、农业部、林业部、水利部、国家地震局、国家测绘局所属 72 个单位 800 多名科技人员参加的国家“八五”科技攻关“遥感技术应用研究”综合科技项目通过国家验收。

2.17　国务委员宋健看望李强、金善宝、叶笃正院士，路甬祥、陈宜瑜和郭传杰等领导陪同。

2.27　许智宏副院长会见法国“促进中法科技合作协会”会长，商讨加强与上海细胞所的合作及与生命科学中心合建实验室事宜。

2.27　院人事局、人才交流中心召开科技副职经验会，约50名北京赴各地任职的科技副县（市）长参加了会议，周光召等院领导到会看望并讲话。

三　月

3.5　路甬祥常务副院长在长春市与吉林省副省长王国发等同志会见，双方签定《吉林省政府与中国科学院在区域农业综合开发科技攻关方面的合作协议》。

3.6～8　中国共产党中国科学院京区党代会召开，周光召院长到会作了讲话。会议选举王玉民同志为京区党委书记。

3.7～24　陈宜瑜、郭传杰等领导访问美国，就院士选举、咨询工作等问题与美国国家科学院、国家工程院、国家研究理事会等单位进行交流，并看望外籍院士，向他们颁发证书。

3.14～15　院1995年“百人计划”优秀人才招聘工作结束，有20位青年学者入选。同期举办入选者学术交流和工作汇报会。

3.15　大连化物所、大连理工大学、大连石油化工公司进一步开展产学研全面合作，并签订了产学研全面合作的协议书。

3.18　国家科技领导小组成立，李鹏任组长，温家宝、宋健任副组长，成员有朱光亚、周光召等。

3.18　由中国科学院和中国科协联合发起，决定在全国10多个中心城市举办“百名院士百场科技系列报告会”。首场报告在3月18日上午由中国科学院、中国科协、中国工程院、中央国家机关工委、中央组织部、中直机关工委六个部门共同组织在中国科技会堂举行。周光召院士首讲《科学技术的发展趋势和对社会的作用》专题报告。

3.18　北京市政府举行首场科技报告会，路甬祥常务副院长前往市政府与尉健行书记、市人大及市政协领导会见，周干峙院士为北京市级干部做《关于大城市建设与交通布局问题》的科普报告。

3.19　中国科学院院士、著名数学家陈景润在北京逝世，享年63岁。

3.19～21　院1996年度纪检监察工作会议在上海召开，12个分院、8个直属所主管纪检监察工作的领导参加了会议。胡启恒、王德顺等领导出席并讲话。

3.19　地学部在国家地震局召开了“关于地震预报的科学问题”学术茶会，地学部24位院士和国家地震局陈章立局长及有关地震预报专家出席了茶会。

3.21　我院向国家计委提出了“九五”期间大科学工程建设项目。

3.22　　应上海市人民政府邀请，路甬祥常务副院长在上海市政府大厦会议报告厅作《关于先进制造技术》的科技报告。

3.23　　中国科学院院士、劳动部科技委副主任庄育智在北京逝世，享年72岁。

3.25～27　　许智宏副院长一行赴武汉就武汉物理所与武汉数学物理所合并事宜进行协调。

3.26　　新疆自治区党委副书记克尤木·巴吾东、自治区人民政府副主席米吉提·纳斯尔等党政领导到新疆分院听取了新疆分院程秉均院长的工作汇报及今后设想。

3.27　　中共中央组织部以组任字（1996）42号文件，同意白春礼同志任中国科学院党组成员。

3.28　　院学部咨询评议工作委员会召开了1996年第一次会议，会议由咨委会主任师昌绪院士主持。

3.30　　“周光召星”命名大会暨蔡冠深行星科学奖励基金成立仪式在南京举行。

3月　　近代物理所在世界上首次在超轴缺中子区合成、鉴别了新核素镅-235。

四　月

4.8　　院计划财务局结算中心和院计划财务局三里河中心正式成立。

4.9　　我院向国家计委提交了中国科学院“八五”期间基本建设投资计划执行情况。

4.10～12　　中共中央书记处书记温家宝同志到我院进行调研，看望了王大珩、何泽慧院士，并同高能物理所科研人员进行了座谈。

4.10　　中科院改革指导小组召开今年第一次工作会议，研究、制定今年结构调整工作计划。

4.10　　北京天文台在河外星系NGC4027中发现一颗亮度为15.1等超新星，国际天文学联合会已用快报形式（IAUCircularNo.6379）向全世界天文学家通报这一发现。

4.12　　我国第一个专门从事精细石油化工技术与开发的国家级工程研究中心“精细石油化工中间体国家工程研究中心”在兰州化物所举行成立暨奠基大会。

4.13　　国务院决定（国人字（1996）35号），任命白春礼同志为中国科学院副院长。

4.13　　河南教育出版社出资300万元联合自然科学史所设立了“中国科学史著作出版基金”举行了新闻发布会。该项基金主要用于海内外有创见的中国科学史学术研究著作及中国科学史普及读物的出版。

4.15～19　　国际空间研究委员会（COSPAR）磁层会议在京召开。会议正副主席分别由COSPAR中国委员会主席严义埙和国际空间研究委员会主席G.Haerendel教授担任。

4.16　国务院副总理李岚清视察中国科技大学，强调进一步加快高等教育和高校改革的力度。

4.17～23　院计划财务局召开96院专利工作座谈会,研讨全院工作再上新台阶的措施和奋斗目标。路甬祥、王玉民等领导到会讲话，要求院所各级领导和全院科技人员，要进一步重视专利和知识产权保护工作，以适应社会主义市场经济发展和贯彻我院战略定位，使研究所成为科技创新的源泉。

4.20　宋健到合肥分院视察了等离子体物理所和智能机械所。

4.21　1996年度院“两奖”初评工作全部结束。共评出推荐授奖项目220项(特等奖3项，一等奖36项，二等奖72项，三等奖109项)，其中自然科学奖87项，科技进步奖133项。

4.21　台湾工业技术研究院化学工业研究所所长李钟熙博士率团来我院访问。周光召、许智宏等领导会见了考察团。

4.22　宋健同志在中国科大考察工作，并题词:“创办世界一流大学，为科技兴国作贡献”。

4.22　中国科技大学新闻中心在合肥成立。

4.25　“黄淮海平原农业综合开发研究”项目在石家庄通过验收。国务院副总理姜春云、林业部治沙办公室主任慈龙骏等，国务院农业开发办主任韩连贵、河南省副省长张以祥等先后于4月8日、19日、20日分别到延津站考察。

4.27　中科院农业专家组最近到吉林省对农业综合开发工作进行项目考察，拉开了“九五”期间科技兴农重点移向东北三省攻关战场的序幕。

五　月

5.3　经院团委组织、推荐、地质所董康其、力学所林斌同志获“中央国家机关青年技术成果评选十佳”奖。白春礼副院长出席了在中南海紫光阁举办的颁奖大会并为获奖青年发奖。

5.3　地学部南京地区院士召开关于“地学科学如何为国民经济可持续发展作贡献”讨论会，江苏省委、省政府和南京市有关领导出席。

5.4　国务院总理李鹏在安徽省委书记卢荣景、省长回良玉等陪同下到中国科学技术大学结构分析研究开放实验室视察工作。

5.6～7　国家科委副主任邓楠一行在甘肃省委副书记赵志宏等的陪同下，到近代物理所、兰州冰川冻土所、兰州沙漠所、兰州地质所考察。

5.8～9　由全球变化东亚区域研究中心（TEACOM）和中国生态研究网络(CERN）联合召开的东亚全球变化中的土地利用、土地覆盖变化(LUCC/TEACOM)指导委员会第一次会议在综考会CERN综合中心召开。

5.9～14　院计划财务局邀请财政部财政监督司和吉林、辽宁、甘肃、陕西、湖北、安徽、云南、北京市财政局的负责人在昆明分院共同研究加强中科院财力管理事宜。

5.11　李鹏总理在云南省委书记高严、省长和志强等陪同下到西双版纳热带植物园考察，并为植物园题词："奇花异木绚丽风光，热带植物开发保护"。

5.11　受国家计委和国家科委委托，以钱绍均院士为组长的中国科学院、中国工程院院士考察组和国家计委、国家科委、中国科学院、国际工程咨询公司有关部门负责人及专家一行到近代物理所考察重离子冷却贮存环科学工程项目。

5.15　应香港求是基金会的邀请，周光召院长赴港参加该会 1996 年年会。在港期间，周光召院长还作为主礼嘉宾参加由香港人士发起的"香港中华科学与社会协进会"创立仪式，并访问香港几所大学。

5.16～19　经院优秀期刊评委会对参评的院属期刊进行认真评比，评出中国科学院 1996 年优秀期刊 77 种，一等奖 14 种，二等奖 26 种，三等奖 37 种。

5.17　北京市委书记尉健行、市人大常委会主任张健民以及陈广文、段炳仁、胡昭广、陆宇澄、陈大白等市委、市政府、市人大、市政协的领导同志到高能物理所参观指导工作。

5.20　李鹏总理、姜春云副总理对周光召院长 5 月 8 日报送的系统所《关于 1996 年粮食、棉花、油料产量预测报告》做了批示。

5.21　日本 NEC 株式会社专务董事登家正夫一行来京拜会我院，与路甬祥、竺玄等院领导和有关局商谈双方全面开展合作事宜。

5.23　"北方新材料研究与发展中心"在沈阳金属所成立，严义埙副院长与辽宁省郭廷标副省长共同为中心揭匾。

5.29～6.5　以乌兹别克斯坦科学院院长 T.D. 朱拉耶夫为团长的该院代表团访问我院，与我院签订了原则性的合作协议。

5.30　我国第一个"院士之家"在我院上海学术活动中心建成并举行揭牌仪式。

六　月

6.3～7　中国科学院第八次院士大会、中国工程院第三次院士大会在京举行。李鹏总理在开幕式上讲话。我院首批外籍院士陈省身、杨振宁、丁肇中、田长霖及张立纲等来京出席了大会。周光召等院领导分别会见并宴请上述来宾。在本次大会上选举产生了第二批 10 名我院外籍院士，他们是美国休斯顿大学朱经武教授、美国加州大学旧金山分校简悦威教授、香港中文大学高锟博士、美国加州大学林同炎教授、美国大学伯克莱分校沈元壤教授、美国加州大学 P.I. WyLLIe 教授、美国贝尔实验室卓以和博士、澳大利亚堪培拉大学 W. N. ChRISTIANSEn 教授、英国剑桥大学材料科学系 R.W.CaHn 教授、美国弗吉尼亚大学毛河光博士。中国工程院首批 7 名外籍院士同时产生。

6.5　由沪宁两地中科院院士倡议发起的关于长江三角洲经济与社会可持续发展重大问题咨询项目的建议，被国家计委确定为委托咨询项目。国家计委陈锦华主任约见了严东生、任美锷、赵其国、匡定波院士等。

6.5　我院桥口隆吉基金会首次颁奖大会在京召开。合肥固体物理所葛庭燧院士、沈阳金属所周本濂教授获奖。

6.9～12　受国家计委和国家科委委托，我院学部和中国工程院共同组织两院院士和有关专家对国家重大科学工程9个备选项目进行评议咨询。会前，院士和专家们到有关单位进行了现场考察。

6.10　中国科学院晨兴数学中心在京成立。由香港实业家陈启宗、陈乐宗先生捐资建造的“晨兴教学楼”奠基仪式也同时举行。

6.11　《中国科学》、《科学通报》编委会换届。周光召任《中国科学》第七届、《科学通报》第十届编委会主编。

6.12～17　院人事制度综合配套改革工作会议在庐山疗养院召开。

6.12　中国科学院凝聚态物理中心在物理所成立。

6.13　周光召院长代表我院在中国科学院与加拿大皇家学会在自然科学和技术领域进行合作的协议书上签字，双方正式建立了合作关系。

6.14　沈阳计算所承担的“八五”国家重点科技攻关项目SS-8540开放式高档数控系统通过了鉴定。

6.19～24　第四届分院院长、党组书记联席会议在沈阳分院召开。

6.20　中国科学院院士、物理研究所研究员蔡诗东在北京逝世，终年58岁。

6.25　中央政治局常委、书记处书记胡锦涛在吉林省委书记张德江、省长王云坤、长春市委书记米凤君等省市领导的陪同下，视察了长春热缩材料股份有限公司在高新技术开发区的主要生产车间。

6.27　上海大学和上海分院签署了共同筹建一所高水平的理、工、文、史、经、法综合性的研究生院的协议。

6.28　国务委员、国家科委主任宋健视察了海洋所关于海洋生物高技术研究方面的工作。

6.29　我院与云南省重点合作项目“滇池的蓝藻、凤眼莲资源化和水生生物精华技术工业性试验”及“滇西三江地区新生代陆内变形、岩浆活动和成矿作用”的可行性论证会在昆明举行。陈宜瑜副院长、云南省赵淑敏副省长出席了会议并讲话。

七　月

7.11～13　由计算数学与科学工程计算所承担的“八五”国家攀登项目“大规模科学与工程计算理论和方法”在北京通过国家验收和“九五”延续专家评审。

7.12　中国科技大学化学与材料科学学院成立，朱清时院士任院长。

7.12　路甬祥常务副院长会见并宴请美国德州大学核聚变中心主任ALANWOOTTON博士等人，就双方今后的合作问题交换了意见。

7.12　国家科委副主任邓楠、副秘书长黎懋明等一行赴北京天文台怀柔太阳观测站检查工作。

7.13～16　香港大学校长郑耀宗先生访问我院，与我院签署有关新材料联合实验室合作的协议，路甬祥常务副院长代表我院在协议上签字。

7.17　由院新闻办公室与中央电视台共同策划的《东方之子》院士专场系列片开始连续10天播出。此次播出的院士有吴文俊、王元、张光斗、贝时璋、曾呈奎、唐敖庆、林兰英、涂光炽。

7.17～19　周光召院长、王玉民副秘书长及中国科协党组书记张玉台一行赴长春，视察了长春市开发区，并先后视察了长春分院各所。

7.17　路甬祥、许智宏副院长及院各专业局负责人与“旅美工程师专业人士协会访华团”一行14人进行座谈。周光召院长会见了访华团一行。

7.18　院光电技术所微细加工国家重点实验室通过了国家计委委托我院组织的验收。

7.18　《21世纪初科学发展趋势》一书已由科学出版社出版。国家科委和我院在京举行了《21世纪初科学发展趋势》首发式新闻发布会。

7.22～26　院学部机关工作会议在沈阳应用生态研究所长白山定位研究站召开。周光召院长、陈宜瑜副院长先后做了讲话，郭传杰副秘书长做了会议总结。

7.24　依托于低温中心的“低温工程技术研究中心”在低温中心举行了成立大会。

7.24～26　国务委员宋健在辽宁朝阳考察，赞扬中科院科技扶贫工作取得成效。

7.24　中共中央政治局常委、中央书记处书记胡锦涛在中国科技大学考察。

7.24　国务院港澳事务办公室、国家技术监督局联合召开香港特别行政区区旗、区徽国家标准第一次工作会议。会议决定由国务院港澳事务办公室、国家技术监督局标准化司、全国人大常委会办公厅秘书局、国务院办公厅秘书局、国务院法制局、中科院计财局组成两项国家标准制订协调领导小组；决定由秘书处挂靠在我院的全国颜色标准化技术委员会牵头组成两项国家标准起草工作组。

7.26　中央政治局委员、广东省委书记谢非在广东省科委副主任郭喜泉的陪同下到广州分院和广东省科学院视察。

7.28　广西植物所实行中国科学院与广西壮族自治区人民政府双重领导，以地方政府为主。

7.29～8.1　遗传所在北京组织第二届亚太地区植物细胞和组织培养会议。会议主席为许智宏副院长。

7.29～8.4　1996年院部分青年科学家暑期学术交流活动在沈阳应用生态研究所长白山定位研究站举行。白春礼副院长参加了活动。

八月

8.3～4　国家计量认证中国科学院评审办公室受国家技术监督局实验室评审管理办公室的委托，组织专家评审组对武汉物理所波谱与原子分子物理国家重点实验室进行了计量认证正式评审并获通过，目前正审批发证。此前，我院已有27个开放实验室、分析测试中心、专业技术机构获得了国家技术监督局颁发的国家计量认证合格证书和CMA标志。

8.7　国家科委韩德乾副主任、成果司董劲生司长一行视察了近代物理所。

8.8　江苏省政府邀请南京、上海、北京的16位院士、专家，评审通过了由该省17个厅局对18个产业联合编制的《江苏省“九五”产业发展技术政策》。会议由南京分院伍贻范副院长主持，陈必亨副省长讲了话。

8.8～23　美国纽约市立学院教授、美中技术公司（CTC）总裁章义朋访华，拜会我院有关研究所及其它单位，就扩展双边合作、加强技术转让工作进行洽商。周光召院长等会见了外宾。

8.9　美国联合技术公司(UTC)研究中心中国项目主任VICRUSSO博士一行3人拜会我院，就如何具体启动双方之间的合作与我院进行了深入的探讨。

8.11～16　由我院与国家自然科学基金委联合主办、化学所承办的'96中国青年学者化学（高分子材料前沿研究）讨论会在北京召开。

8.12～16　由中组部组织的中国科学院、中国工程院院士赴闽休假团在厦门等地参观考察。福建省王良副省长、厦门市洪世家市长会见了全体院士。院士们作了专场学术报告。

8.12～14　中国科学院-美国能源部二氧化碳导致气侯变化双边合作第8次学术会议在京举行。

8.14　兰州分院与中国工商银行甘肃省分行签订了“银科长期合作协议书”。

8.15～9.2　以严义埙副院长为团长、国家经贸委负责同志参加的产学研联合代表团访问澳大利亚和新西兰。

8.18　中共中央政治局常委、全国人大常委会委员长乔石视察了中科院近代物理所兰州重离子加速器实验装置和中科院兰州沙漠所。

8.18　水保所固原生态站实行中国科学院与宁夏回族自治区人民政府双重领导。

8.20　为规范我院所属事业单位科学器材处置的管理，计划财务局制定《中国科学院关于科学器材处置的暂行管理办法》。

8.21　路甬祥常务副院长和新闻出版署署长杨牧之到科学出版社参加了科学出版社建社42周年座谈会。在听取了汪继祥常务副社长的工作汇报后，充分肯定了科学出版社多年来为我国科技出版事业做出的贡献和深化改革所取得的成绩。要求该社在新形势下不断开拓工作的新局面。

8.28 日本政府JICA预备考察团川上敞教授等赴新疆生土所，与该所签署开展中日草炭绿化合作协议。

8.23～25 受国家科委和国家基金委的委托，由大连化物所承办的“第二届化学前沿学科青年学者研讨会”在大连召开。

8.23～29 院“两奖”评审委员会召开评审会议，完成了“两奖”评审工作。1996年度“两奖”获奖项目共217项，其中院自然科学奖86项（一等奖12项，二等奖35项，三等奖39项），院科技进步奖131项（特等奖4项，一等奖15项，二等奖43项，三等奖69项）。

8.25～31 国际图书馆协会联合会第62届大会在北京召开。国务委员兼国务院秘书长罗干任大会主席，李鹏总理出席开幕式并致词。我院派人参加了大会的组织工作，并组织了30人的代表团参加了大会。

8.26～27 由国家科委和中科院联合主持的“九五”国家科技攻关计划“高原水土流失区农业综合发展技术研究”课题论证会在陕西杨陵召开。

8.26 美国CHEYENNE公司与软件所新闻座谈会在北京新世纪饭店举行。会后，举行了CHEYENNE公司向我院捐赠价值约50万美元的ARCserverfor NetWare软件的签字仪式。

8.27～28 学部联合办公室和中国工程院学部工作部在中国科技会堂联合召开了增选院士工作座谈会。国务院60多个部委、直属机构、解放军三总部和中国科协的同志出席。

8.27 “九五”国家攀登计划A项目“南海季风试验研究”通过了专家评审。

8.30 香港求是科技基金会1996年度颁奖大会在北京中国科技会堂举行。本届奖项有杰出科学家奖、两项杰出科技成就集体奖、杰出青年学者奖（分为数学科、物理科、化学科、生物医学科），共有39名科技人员获奖，其中有我院21人。

8.30 中央政治局委员、国务院副总理李岚清在国家教委副主任柳斌和陕西省省长程东安等的陪同下，视察了水土保持研究所黄土高原土壤侵蚀与旱地农业国家重点实验室。

九　月

9.2 首都规委办公室主任赵知敬同志主持召开市规划局、规划院等有关部门负责人参加的联席会议，专题讨论并原则通过了中关村总体规划。

9.3 院协调局组织专家组开始对院开放野外台站进行检查评议，参加评议的还有国家科委、国家基金委有关部门负责同志，中央电视台记者随检查组采访。

9.4 竺玄秘书长会见并宴请了日本日立（中国）株式会社小林社长一行7人，商谈双方在信息通讯、能源、材料、电子等领域的合作问题。

9.4 庐山植物园实行中国科学院与江西省人民政府双重领导，以地方政府为主。

9.5～6 学部主席团咨询评议工作委员会召开了1996年度第二次（扩大）会议。

9.6 严义埙副院长宴请了法国法中委员会主席ANDERCHIENG(钱法仁)先生，商谈斯波特卫星图象数据接收方面的合作问题。

9.7～14 为执行中法周口店北京猿人遗址保护合作项目，联合国教科文组织的5位专家来华，对猿人遗址的地质结构进行考察。

9.8 竺玄秘书长主持了院机关管理信息系统展示会，胡启恒同志及机关各部门的有关同志参加了会议。在各项工作展示汇报的同时，应用研究与发展局重点介绍了我院“八五”攻关成果多媒体系统并进行了演示。

9.9～11 由水利部、中科院和甘肃省人民政府共同主办的全国首届雨水利用学术会暨东亚地区国际研讨会在兰州举行。

9.10 周光召院长接见上海细胞所马普联合实验室设立第二个青年科学家小组组长胡庚熙博士，勉励其积极工作，做出成绩。

9.10～11 由中科院、农业部、化工部联合主持的玉米施用长效碳酸氢铵（长效碳铵）农业示范现场会在北京房山区召开。

9.10 京区召开了庆祝教师节暨优秀导师、教师和优秀教育干部表彰大会。

9.10 中央机构编制委员会以中编办字（1996）130号文件批复我院：一、同意将武汉数学物理所与武汉物理所合并组建为中国科学院武汉物理与数学研究所；二、同意将西双版纳热带植物园从昆明植物所划出，与昆明生态所合并组建为中国科学院西双版纳热带植物园。

9.11 路甬祥、竺玄等领导会见并宴请了德国自然科学基金会（DFG）代表团，商谈双方合作事宜。

9.11 全国总工会表彰10名优秀科技工作者，中科院卢柯、李伯刚榜上有名。

9.13 由路甬祥常务副院长主持的“百人计划”领导小组工作会议在北京召开。

9.14～20 应山东省日照市人民政府的邀请，院学部联合办公室组织了院士考察团赴日照市考察，并就参观项目提出了咨询建议。

9.16～22 第22届国际纯粹与应用物理联合大会在瑞典举行，周光召院长出席会议并被选为该组织理事会副主席。

9.17 为适应形势和市场经济发展的需要，计算所网络研究开发中心成立。

9.18 在’96北京国际发明展览会上，我院展团获得专项奖3项、金奖6项、银奖8项、铜奖7项。其中沈阳应用生态所获专项奖1项、金奖2项、银奖1项、铜奖1项，占我院获奖总数的19%。

9.19 国家科委体改司在物理所召开基础性研究改革试点工作座谈会。

9.19 全国人大常委会副委员长卢嘉锡在贵州省人大常委会主任王朝文的陪同下视察了贵阳地化所。

9.19～21 上海同步辐射装置总体设计报告评议会在上海学术活动中心举行。会议由中科院和上海市人民政府联合发起召开，路甬祥常务副院长和上海市科委等领导出席了会议。

9.24 由中国科学院和国家自然科学基金委员会联合主办、上海光机所承办的1996年中国青年学者技术科学讨论会（光电技术）在上海召开。

9.26 生态环境中心实行中国科学院与国家环保局双重领导，以我院为主。

9.26 地学部在北京组织召开了“中国主要环境问题、对策和环境科学基础性研究的重点问题”学术讨论会，40多位院士及10名专家出席。

9.27 经院团委组织推荐，化冶所刘会洲当选为“中央国家机关杰出青年”，谢鹏云等十四位同志当选为“中央国家机关优秀青年”，院人事局在颁奖会上代表我院作题为“在使用中培养，在实践中提高”的报告。

9.29 中国科学院院士、对外贸易经济合作部教授李强在北京逝世，享年91岁。

十 月

10.3 中国科学院学部联合办公室杭州联络处在浙江大学正式成立。

10.4 生物物理所陈润生研究员在日本的第15届国际科技数据大会上获得“KOTANI奖”。

10.6 在第47届国际宇航联大会召开之际，我院和国际宇航科学院联合举办了科学院日活动，会上为新当选的院士颁发了证书。北京天文台研究员南仁东博士当选国际宇航科学院搜索地外理性生命(SETI)委员会委员，力学所胡文瑞院士被聘为国际宇航院院士。

10.7～11 由生态环境中心、国际生态工程学会、国际科联环境问题委员会中国委员会、南京地理与湖泊所共同主办的生态工程国际会议在人民大会堂举行。

10.9～12 在中国质量管理协会、全国总工会、团中央、中国科协联合召开的全国第18次管理小组代表会议上，我院的联想集团公司微机事业部被命名为全国质量管理小组活动优秀企业，上海尼赛拉传感器有限公司红外传感事业部被命名为全国优秀质量信得过班组，成都地奥公司地奥心血康胶囊QC小组被命名为全国优秀质量管理小组。

10.9～11.2 应德国马普学会和法国科研中心的邀请，白春礼副院长率我院青年所长代表团一行8人访问两单位，商讨扩大双边合作事宜，并与德法两国的中国留学生进行座谈。

10.12～17 陈宜瑜副院长赴菲律宾参加亚洲科学院（FASAS）年度会议。

10.14 为改善机关队伍结构，进一步提高进人素质和管理水平，院机关对新进人员实行公开招聘。

10.14～15 “1996年中国科学院-日本NEC公司学术研讨会”在北京新世纪饭店举行。

10.15 为纪念中国科技信息事业创建四十周年，国家科委、国防科工委、中国科学院、中国科协、国家基金委在人民大会堂联合举办了纪念活动。余志华同志到会并作了专题发言。

10.17　上海硅酸盐所和宝山钢铁公司就“宝钢用高性能陶瓷的研究开发”技术合作项目举行了协议签字仪式。

10.17　何梁何利基金1996年度颁奖大会在北京隆重举行。王应睐、朱光亚、侯祥麟三位院士荣获“何梁何利基金科学与技术成就奖”。

10.18　学部主席团执行委员会首次会议在北京召开，周光召院长主持会议，会议审议了“执行委员会工作办法”等。

10.20～22　中科院冰芯与寒区环境开放实验室通过专家论证，正式对外开放。

10.20　中国科学院院士、军事医学科学院基础医学研究所研究员周廷冲在北京逝世，享年79岁。

10.21～29　我院与日本学术振兴会在合肥举办“聚变等离子体物理前沿国际会议”。

10.21～23　由严东生院士、冯端院士为首席科学家的国家攀登项目“纳米材料科学”，在南京通过了“八五”结题验收和“九五”延续立项的专家评议。

10.22　由院新闻办公室组织的第四届“科星”新闻奖评选活动圆满完成，共评出获奖作品66件。

10.23　路甬祥常务副院长和安徽省省长回良玉分别代表中国科学院和安徽省人民政府签署了中国科学院与安徽省共建中国科学技术大学的意见。

10.25　上海市科协第六次代表大会上，中国科学院院士、上海天文台叶叔华研究员当选为新一届上海市科协主席。

10.25　陕西省植物遗传工程育种重点实验室在西北植物所举行落成仪式。

10.25～27　中国科学院出国留学工作研究会第二届理事会暨1996年年会在南京召开，选举了新一届理事会成员，路甬祥、白春礼为名誉理事长。

10.26～30　由水生生物所主办的第八届国际河流与湖泊环境会议在武汉召开，陈宜瑜副院长担任本届国际会议主席。

10.29　为加强对开放实验室的宏观综合管理工作，自10月29日起将开放实验室处由基础研究局整建制划归计划财务局。

10.30～11.3　院植物园工作委员会在桂林植物园举行。目前，院属植物园共12个，其中中山、庐山、桂林三个植物园实行地方与院双管。

10.30　中国科学院院士、中国农业大学教授石元春在国务院办公厅举行的农业科技讲座上作题为《世界农业科技的现状和21世纪展望》的讲课，国务院副总理李岚清、姜春云等参加听课。

10月　由江浙宁三地中科院院士和部分专家组成的考察团一行30余人开始对长江三角洲进行第一阶段考察。

10月　在1996年度的国家杰出青年科学基金的评审中，共有84位青年科学家获得资助，其中我院有28位青年科学家入选。

10月　长春地理所与俄罗斯科学院太平洋地理所签署了合作协议并结成姊妹研究所。

10月　由上海硅酸盐所承担的“空间晶体生长观察装置”于10月份搭载我国JB-1B卫星进行了实验，获得成功，使我国的空间科学实验进入了能完整记录实验过程现象的阶段。

十一月

11.2　第六、第七届全国人民代表大会常务委员会副委员长、九三学社中央名誉主席、中国科学院院士、学部主席团名誉主席严济慈在北京逝世，享年96岁。

11.4　中国科学院院士、著名土壤学家、教育学家、西南农业大学一级教授侯光炯因病逝世。

11.4～5　我院组织的τ-c工厂项目可行性报告评审会在高能所举行。

11.6　第三届学部主席团第二次会议举行，周光召主持了会议。会议通过了《中国科学院学部“九五”工作规划纲要》和《学部主席团执行委员会工作办法》，修订通过了《院士增选工作实施细则》，决定了1997年院士增选总名额为60名（其中数理学部、化学部、地学部各10名，生物学部12名，技术科学部18名）。会议决定成立中国科学院学部科学道德建设委员会。

11.6　机关公共事务服务中心经中央机构编制委员会批准，更名为中国科学院机关服务中心（对外开展工作可使用中国科学院机关服务局图章）。

11.7～8　第17届中美高能物理联合委员会会议在高能所召开。会议提出并讨论通过了1996—1997年度中美高能物理合作项目32项。

11.7～10　白春礼副院长就推动合肥科教基地建设和科大同步辐射二期工程建设，考察了科大和合肥分院，并宣布了同步辐射二期工程实验室主任和工程经理的任命。目前，科大和合肥分院就推动科教基地建设达成了共识，并成立了以白春礼副院长为组长的合肥科教基地领导小组。

11.7　北京正负电子对撞机国家实验室新建永磁插入件和前端区、光束线调束初步成功。

11.9～13　我院生物学（微观）专家委员会在上海召开工作会议，评审院“九五”微观生物学基础性研究重大、重点和青年基金项。

11.9　孙鸿烈同志代表地学部与国家计委陈耀邦副主任及国土地区司司长等会谈，陈耀邦提请学部组织院士对我国澜沧江-湄公河流域经济可持续发展问题提出咨询意见。

11.10～11　受国家科委委托，我院基础局在北京组织专家对国家攀登计划项目“高分子凝聚态的基本物理问题研究”进行八五结题验收和九五延续立项的评议。由我院主持的“九十年代理论物理重要前沿课题研究”国家攀登项目，在北京通过了八五验收和九五延续立项的评议。

11月　中共中央书记、国家主席江泽民在国务委员宋健陪同下到钱学森院士家看望。

11.12　国家“八五”科技攻关总结表彰大会上，全国349名先进个人受到表彰，我院有39人。在表彰的433项重大科技成果中，涉及我院研究所参加和由我院研究所牵头的总数分别为89项和52项，均居各部委首位。

11.12～13　我院力学学科专家委员会和天文学科专家委员会分别在北京召开工作会议，评审院“九五”力学学科和天文学科基础性研究重大、重点和青年基金的初选项目。

11.12～17　应日本日立公司邀请，严义埙副院长等赴日本商谈在信息通讯领域的合作问题。

11.13　路甬祥会见并宴请日本三菱综合研究所高桥社长一行，商谈关于中关村改造及有关软件研究问题。

11.14～16　我院物理学科专家委员会在京召开工作会议，评审院“九五”物理学科重大、重点和青年基金的初选项目。

11.14　江苏省人民政府和我院长期合作协议签订仪式在南京举行。路甬祥和江苏省副省长张怀西分别在协议书上签字，同时签订首批14个技术合作项目。目前，省院合作“九五”首批启动的50个技术合作项目已落实。

11.15　国家科委副主任徐冠华等一行到化学所了解基础所改革试点情况。

11.15～16　为开展“发展我国民族高科技产业若干问题”重点咨询项目，学部科学技术部与国务院信息化领导小组办公室联合召开了“通信高科技产业研讨会”。

11.18　中国科学院院士、浙江农业大学名誉校长朱祖祥教授在浙江绍兴逝世，享年80岁。

11.18～20　国家攀登A项目“飞秒激光技术与超快速过程研究”在西安通过了结题验收和“九五”延续评议。

11.18～12.2　我院生物学部组织的“南方草地资源的合理经营利用”咨询项目组，考察了湖北、湖南、云南等省。

11.19～22　第14届人与生物圈计划(MAB)国际协调理事会会议在巴黎举行，以中国MAB国家委员会主席许智宏为团长的中国代表团出席了会议。

11.21　由日本日中科技交流协会和我院举办的“中日环境科学会议”在东京举行。

11.21　国家科委副主任徐冠华视察了上海技术物理所和上海生物工程研究中心。

11.21～22　由我院微电子中心主任吴德馨院士任首席科学家的“八五”国家攀登项目“深亚微米结构器件和介观物理”在北京通过了结题验收和“九五”延续专家评议。

11.26　中国科学院院士、南京地质古生物研究所研究员盛金章收到美国库希曼基金会寄来的库希曼奖牌和通知。此奖是国际上给予微体古生物学家的最高荣誉，每年授予一次，每次授予一位科学家。授奖仪式是10月28日在美国丹佛市举行。

11.26～29　以美国明尼苏达大学HASSEIMO校长为团长的该校代表团一行人访问我院，与我院续签合作谅解备忘录。

11.26 第三世界科学院委员会在意大利吉斯特开会，中国科学院上海生化所洪国藩研究员获生物领域1997年第三世界科学院勋章。

11.26～27 受国家技术监督局实验室评审管理办公室委托，国家计量认证中国科学院评审办公室，组织专家组通过了中国科学院成都几何量及电光精密机械测试实验室的国家计量认证评审。

11.27 由京区党委、办公厅、人事局、政策局、院团委联合组织的“中国科学院首届杰出（优秀）青年”评选揭晓，在《中国科学报》上专版发布。

11.29～30 院“西部之光”人才培养计划工作部署会议在兰州召开。会议由白春礼主持，甘肃、青海、新疆、贵州、云南等地区的院属有关单位的领导参加了会议。

11.29 陈宜瑜副院长由协调局和地球所领导陪同前往胜利油田，祝贺复杂地质体项目取得重要进展。

11.30 北京天文台兴隆观测站在NGC664又发现了一颗超新星。

十二月

12.3 针对当前全院科学器材工作情况和管理监督工作中的问题，经计财局、人事局、政策局、审计局共同研究制定并颁布《中国科学院科学器材管理办法》。

12.6 地学部在北京召开“我国气候预测研讨会”。

12.9 我院与中国工程院向全体院士联合发出“做物质文明建设的先锋，当精神文明建设的表率”倡议书。

12.9 院“九五”重大项目“超硬材料P-C3N4的合成及性质研究”在京通过可行性论证。

12.10～14 我院高技术企业局在北京召开了科技企业工作会议，周光召、路甬祥、严义埙、科委副主任徐冠华到会做了重要指示，工作会议总结了“九五”期间院科技企业的发展经验和教训，讨论落实了“九五”发展规划。全院各级领导二百余人参加了会议。

12.12 我院与国家科委、国防科工委、中国科协、中国工程院联合发出《深入学习贯彻党的十四届三中全会精神，切实加强科技界社会主义精神文明建设——致科技界的倡议书》

12.16～20 由中国科学院和国家自然科学基金委员会联合主办、中国科技大学承办的1996年青年学者生物学讨论会（结构生物学）在合肥召开。

12.18 中科院方树泉奖金理事会会议召开，评选出103名奖金获得者。

12月 1996年青年学者生物学讨论会（结构生物学）在合肥召开。

12.24～28 由中国科学院和国家自然科学基金委员会联合主办、水生生物学研究所承办的1996年青年学者生物学讨论会（生态学与进化生物学）在宜昌举行。

12.20　　院计划财务局在长沙召开全院国有资产会议，布置1996年企业、事业单位产权登记年检，国有资产年报和企业单位单位发产权证的工作。

12.23　　经中央机构编制委员会批准全国自然科学名词审定委员会更名为全国科学技术名词审定委员会。

12.24　　中国科学院院士、清华大学教授高景德在北京逝世，享年74岁。

12.24～27　　由国家科委、中科院、国防科工委、科协、外专局主办的“全国第四届科技人才、科技成果交流展示大会”在北京展览馆举行，陈宜瑜副院长参加了开幕式，我院共59个单位参展，其中技术展位31个，人才展位16个。

12.25　　中国科学院近代物理所再闯难关，在世界上首次合成滴浅区奇异核钇-135。

12.27　　由教育局主办，科大研究生院（北京）协办的京区首届研究生文艺汇演在中关村礼堂举行。路甬祥、许智宏、王德顺、王玉民、郭传杰等院领导观看演出。

12.29～30　　地学部在北京召开“我国地学发展战略研讨会”。

院属各单位情况

北京地区单位

数学研究所

代理所长：李炳仁
地　　址：北京市海淀区中关村南4街甲1号
邮政编码：100080
电　　话：010-62553376，010-62551620
图文传真：010-62568356

数学研究所筹备于建国初期，1952年7月1日正式建所。历任所长有华罗庚（1952～1984）、王元（1984～1987）、杨乐（1987～1995）、龙瑞麟（1995～1996）。全所现有员工134人，其中研究人员85人。有中国科学院院士3人，博士生导师27人，研究员46人，副研究员28人，高级工程师5人，中级研究技术人员25人。在学研究生63人，其中博士生47人。另有博士后11人。数学所拥有一支优秀的年轻科研队伍。40岁以下的科研人员占研究人员总数的三分之一，其中四分之三已具有高级职称。

数学研究所是一个以基础数学研究为主并兼有应用数学、计算数学和计算机科学的综合性数学研究机构。1995年被国务院学位委员会批准为具有数学一级学科博士学位授予权单位。并具有计算机软件的博士学位授予权。

数学所现设八个研究室：数论、代数、几何与拓扑、函数论、泛函分析、微分方程、数值分析及计算机科学。主要承担国家自然科学基金委和中国科学院的研究项目，还承担部分“863”项目和产业部门的委托课题。进入90年代，各研究室迅即迈入新兴热点和前沿发展学科领域，诸如大范围分析、几何分析、非线性微分方程与泛函分析、代数几何学、数论方法应用、代数群与量子群、算子代数、现代数学物理、复与实动力系统、小波理论、分支与混沌理论、密码学等。在结构性调整中，新成立的中国科学院晨兴数学中心主要挂靠在数学所，数学所在其各项工作中给予大力支持。数学所拥有全国最为丰富的数学专业图书馆，订有大量国外期刊，藏书逾17万册。还拥有与Internet联网的先进计算机系统。

数学所以“出成果，出人才”为目标，40余年来为我国数学乃至整个科技事业作出了世所瞩目的贡献。先后获得国家自然科学奖8项，其中，一等奖3项，二等奖3项，国家科技进步奖二等奖2项；中国科学院重大科技成果奖、自然科学奖和科技进步奖24项，其中一等奖3项；获陈嘉庚物质科学奖1项，何梁何利基金奖2项，香港求是科技基金会“求是杰出青年学者奖”1项，陈省身数学奖2项，华罗庚数学奖2项，印度哈代-拉玛努贾（Hardy-Ramanujan）学会杰出奖1项，中国科学院青年科学家奖4项，等等。1996年李树杰、丁彦恒，张同等获中国科学院自然科学奖二等奖2项，张松懋获“中创”软件人才奖，《数学学报》获中国科学院优秀学术期刊二等奖。

1996年全所在研课题53项，其中重点课题9项；院“百人计划”和“国家杰出青年基金”项目各一项。举办全所性学术报告会13次，各类讨论班20个；出国访问36人次，在国际会议上作报告20余人次；与北京大学联合举办了“1996调和分析及小波分析国际会议”，主持了“复分析及其应用国际会议”。

1996年科研人员共写作论文107篇，书稿7部。发表论文100篇，其中大部分发表在国内核心刊物或国外刊物上。出版专著5部，登记成果3项。接待来访学者25人，他们在所访问期间完成学术论文18篇。还举办了“华晨杯”第十届全国大学生数学夏令营，18所高等学校的32名学生参加。1996年招收博士生15人，毕业8人；招收硕士生5人，毕业6人。博士生、硕士生共发表论文7篇。获院长奖学金优秀奖1人，亿利达奖学金2人。博士后进站7人，出站3人，发表论文11篇，投稿22篇，专著1部。

数学所是中国数学会的挂靠单位，多年来一直在中国数学会的各项工作中努力发挥作用。主办刊物有《数学学报》(中、英文版)、《代数集刊》(英文版)、《当代数学》(英文版) 及《数学译林》等。

应用数学研究所

所　　长：**章祥荪**
地　　址：**北京市海淀区中关村南4街甲1号**
邮政编码：**100080**
电　　话：**010-62562939**
图文传真：**010-62541689**
E-mail：**iam@amath2. amt. ac. cn**

中国科学院应用数学研究所成立于 1979 年 10 月，由 1977 年成立的中国科学院应用数学推广办公室和中国科学院数学研究所运筹室、概率室部分人员组成。第一任所长是著名数学家华罗庚院士。全所现有职工 122 人，其中科技人员 102 人，有中国科学院院士 2 人，研究员 36 人，副研究员 19 人，中级科技人员 21 人。现有在读硕士生 12 人，博士生 32 人，另有博士后 6 人。

应用数学所主要以基础研究为主，从事具有实际背景的数学理论研究，发展和创造对国民经济和国防建设有普遍意义的应用数学方法。同时承担国家重大攻关项目的研究以及政府部门、企事业单位的委托项目。主要研究领域有微分方程与计算物理、运筹学、概率与统计理论、管理与决策科学等。应用数学研究所在上述前三个领域有硕士、博士授予权，并设有博士后科研流动站。

应用数学所设有 4 个研究室，2 个开放实验室，2 个中心，是国家科委基础研究改革试点所之一，近年来不断扩大开放，积极加强与国内外同行的合作与交流。其中亚太运筹中心等研究中心和实验室，都是该所开放的窗口。近年来，在计算机设备、研究环境等方面都在向国际上的研究所靠近。

应用数学所 1996 年在研课题 39 项，其中国家级项目 6 项，重点基金支持项目 5 项，国家优秀青年人才基金项目 1 项，一般基金支持项目 18 项，部委委托、支持的项目 5 项。应用数学所 1996 年度上报科研成果 5 项，出版著作 4 部，在国内外发表学术论文 189 篇。

章祥荪研究员、崔晋川副研究员合作的“国家经济信息系统建设项目评价系统”在 1996 年国际运筹学联合会第十四届学术会议上获本届大会运筹学进展奖一等奖（国际运筹学联合会颁发)，这是我国运筹学工作者第一次获一等奖。运筹学进展奖是国际运筹学会联合会 (IFORS) 为促进运筹学在发展中国家中的应用而设立的国际奖，三年评选一次，奖励在理论与实际应用结合中具有创新的工作。

马志明院士在狄氏型与马氏过程理论的研究中有突破性贡献，1996 年获香港求是科技基金会颁发的“求是杰出青年学者奖”。

杨树礼研究员（排名 2）与数学所张同研究员合作的“非线性双曲守恒律的黎曼问题”项目获中国科学院自然科学奖二等奖。

章祥荪研究员、蔡玉悌研究员、刘德刚副研究员、林志磊副研究员等人与院教育局合作完成的“中国科学院研究生教育管理信息系统”项目获中国科学院科技进步奖三等奖。

应用数学所 1996 年主办了 1 次国际学术会议，参与组织了 3 次国际学术会议。应用数学所 1996 年度国外来访 21 人次，出访 20 人次。所内举办 45 场学术交流报告会。10 个学术讨论班（半年以上）。

中国运筹学学会、中国计算物理学会挂靠应用数学所。主办刊物有《应用数学学报》(中、英文版，国内外发行)。

系统科学研究所

名誉所长：**吴文俊**
所　　长：**陈翰馥**
地　　址：**北京市海淀区中关村南4街甲1号**
邮政编码：**100080**
电　　话：**010-62553063**
图文传真：**010-62568364**

系统科学研究所成立于1979年10月，主要从事系统科学和数学的基础理论研究，以及直接为国民经济建设服务的应用基础研究。现有人员137人，其中科技人员121人，有中国科学院院士4人、中国工程院院士1人、博士生导师28人、研究员41人、副研究员（包括高级工程师）42人，中级科技人员29人。1996年，系统科学所培养了17名博士毕业生，12名硕士毕业生，4名博士后出站；目前在读博士生66人，硕士生30人，在站博士后11人。

1996年系统科学所对研究室进行了全面的结构性调整，为发挥研究所的综合优势，使之发展成走在国际科学前沿、代表我国系统科学水平，并在系统科学领域内能为国民经济发展提供支撑的高水平的研究所创造了条件。目前，全所共有4个研究室，还有数学机械化研究中心及两个院级的开放实验室。主要研究领域有：数学机械化、控制理论、基础数学、数理统计、数理经济、组合优化、系统分析、系统工程、管理科学与运筹学、计算数学、应用泛函、数学物理等。

1996年度系统科学所全部在研课题99项，其中基础研究75项，应用研究18项，开发课题6项；在基础研究方面，主持和参加了国家科委攀登项目2项，主持了国家自然科学基金委重大项目1项，主持或参加了国家自然科学基金委重点项目6项。吴文俊院士是国家科委攀登计划项目“机器证明及其应用”的首席专家，他领导的数学机械化研究不断取得新的进展。该项目1996年底已通过了国家科委组织的结题验收总结；陈翰馥院士和郭雷研究员多年来在国家自然科学基金委和中国科学院的支持下，在控制理论的自适应控制等方面作出了国际领先水平的结果；陈锡康研究员在国家自然科学基金委重点项目和中国科学院择优基金资助下，在全国粮食产量预测的理论研究和实际应用上均获得了重大成果；在国际上首先提出和建立了新的投入占用产出技术，此项技术的应用结果，获得多位中央领导及中央有关部门的好评。系统科学所受国家自然科学基金委、中国科学院和国家有关部委支持的项目覆盖了控制理论、系统运筹学、基础数学、数理统计等多个研究领域。还承担了若干项较大的应用课题，如“大型复杂系统可靠性综合评价研究”、“外债利用与管理决策支持系统”，为国民经济建设作出实际贡献。

1996年度系统科学所对外学术交流和学术活动工作相当活跃，先后派出参加国际学术会议与合作研究达73人次。一批知名度较高的科学家和创造性较强的青年学者活跃在国际交流合作之中。

1996年系统科学所共发表论文179篇，其中在国外刊物上发表论文52篇，在国内一级刊物上发表论文82篇；出版专著7部，在国际会议上作学术报告49篇（其中大会报告13篇），在国内各类专业会议上作报告60篇；完成课题技术报告42篇。

系统科学所1996年获国家科技进步奖三等奖1项，中国科学院科技进步奖二等奖2项，部委级科技成果奖2项；其它奖6项。

中国系统工程学会和多个数学专业委员会挂靠在系统科学所。主办刊物有《系统科学与数学》（中、英文版）、《系统工程理论与实践》（中、英文版）。

计算数学与科学工程计算研究所

常务副所长：袁亚湘
地　　址：北京市海淀区中关村南4街4号
邮政编码：100080
电　　话：010-62554590
图文传真：010-62542285
E-mail：icmsec@office.cc.ac.cn

计算数学与科学工程计算研究所成立于1995年3月，是以原计算中心三部和“科学与工程计算”国家重点实验室为基础建立的。全所现有职工100人，其中科研人员87人，有中国科学院院士1人，中国工程院院士1人，博士生导师11人，研究员、正研级高级工程师23人，副研究员、高级工程师22人，中级科研人员32人。这支科研队伍始建于1956年，在已故中国科学院院士冯康指导下，取得了数十项重大科研成果，独立于西方创立了有限元法，解决了来自航空航天、核能工程、石油勘探、水利建筑、交通运输等领域的重大计算难题，共获得国家级奖6项，中国科学院级一等奖9项，二等奖6项，这是一支在国内外颇有影响的计算数学与科学工程计算队伍。1996年研究所在读硕士生21人，博士生12人，博士后2人，其中获院长奖学金1人，获亿利达奖学金2人，授硕士学位4人，博士学位7人，研究所设有计算数学专业和应用数学专业博士后流动站，是这两个专业硕士、博士学位授予权单位。

计算数学与科学工程计算所主要从事计算数学与科学工程计算的基础性研究，研究计算方法的构造、理论分析及其实现。研究方向有：数值代数、数值逼近、辛几何算法、有限元边界元方法、数理方程反演问题数值方法、流体计算、并行算法与区域分解算法、最优化、概率统计计算等。结合解决在科学与工程中有重大影响的计算难题，构造和发展新型的计算方法和算法过程，并解决算法实现中的关键问题，伴随计算技术的进步，研究和发展高性能算法。计算数学与科学工程计算所，将办成面向21世纪的小而精、高水平的基础性研究所。

1996年研究所在研课题55个，其中攀登项目子课题9项，“863”项目3项，国家自然科学基金项目15项，国家杰出青年科学基金项目1项。发表学术论文112篇，其中54篇发表于国外学术刊物及国际学术会议论文集，出版专著1部。

研究所以“科学与工程计算”国家重点实验室为主体，不设置研究室，各课题直接由所领导。国家重点实验室有一支以博士生导师和40岁以下的年轻博士为主体的研究队伍。实验室主任袁亚湘曾获1993年“中国科学院青年科学家奖”一等奖、1994年“中国青年科学家奖”提名奖、1995年首届“冯康科学计算奖”、1996年“中国青年科学家奖”，并获1996年首届“中国科学院杰出青年”称号；原实验室主任、现所学术委员会主任石钟慈院士是国家攀登计划项目“大规模科学与工程计算的方法与理论”首席科学家。该实验室承担着包括攀登计划、“863”计划、国家自然科学基金项目在内的34项研究课题。实验室有一台四个CPU的SGI Power challenge小巨型机，十多台高性能工作站以及图形图象输入输出设备。这些设备相当于国际上先进国家高等学校同类实验室90年代初的水平。

计算数学与科学工程计算所与美、英、法、德、意、日、香港等国家和地区进行合作研究和学术交流，先后派出科研人员参加国际会议和合作研究达27人次；接待外国专家来访21人次；1996年9月主办了“非线性规划国际会议”。8月先后与新疆大学及大连理工大学等单位联合举办了“东亚计算数学研讨会”及“中日计算数学讨论会”。

中国计算数学学会挂靠计算数学与科学工程计算所。主办刊物有《Journal of Computational Mathematics》、《计算数学》、《数值计算与计算机应用》、《Chinese Journal of Numerical Mathematics and Applications》。

理论物理研究所

名誉所长：彭桓武
所　　长：苏肇冰
地　　址：北京市海淀区中关村南4街甲1号
邮政编码：100080
电　　话：010-62554447（所办）
010-62555058（业务）
图文传真：010-62562587

理论物理研究所成立于1978年6月，是在理论物理各主要方向上从事基础研究的专业研究所，1985年8月成为中国科学院向国内外首批开放的研究所，1993年被第三世界科学院选为首批参加协联计划的优秀中心。现已成为国内理论物理界进行人员和学术交流，开展各种形式的学术活动，有效地组织有关理论物理重大课题研究的重要基地。全所现有研究人员30人，其中中国科学院院士6人，第三世界科学院院士3人（其中2位同时是中国科学院院士）。除固定编制的科研人员外，经开放所学术委员会或常委会批准，每年接收90人月左右的客座人员来所工作。开放所主要活动方式是在认真调研学科发展的前提下，每年设立若干个中心课题，邀请客座人员与所内研究人员进行联合研究。

理论物理所是国务院学位委员会批准的第一批博士学位授予单位，已授予博士、硕士学位100余人，目前每年招收硕士生、博士生20名左右，1984年起建立博士后流动站，现保持在站博士后15人，形成了一支相对稳定的后备人才队伍。现正积极招聘具有博士学位并从事过两年以上博士后研究工作的国内外优秀青年学者人所工作。

理论物理所设有两个研究室，第一研究室从事粒子物理和场论，引力和宇宙学及数学物理等方面的研究。第二研究室从事非平衡统计物理，凝聚态理论，非线性科学，计算物理，理论生物物理，原子分子及量子干涉学理论以及原子核理论的研究。1996年共承担课题45项，其中攀登计划课题12项（攀登A中：90年代理论物理学重大前沿课题9项；机器证明及其应用1项；非线性科学2项）；国家自然科学基金委理论物理专款项目3项；国家自然科学基金委重点项目2项、面上项目7项；中国科学院理论物理特别支持费13项；开放所开放课题8项（客座人员101人）。

1996年，理论物理所研究人员在国内外主要学术刊物上发表研究论文103篇，学术会议口头报告19篇，发表科普论文4篇，完成英文研究论文预印本35篇，张肇西等人完成的《Bc介子等双重味强子的研究及其碎裂函数计算》获得中国科学院1996年自然科学奖一等奖。1996年中国科技信息研究所发布的1995年中国科技论文统计分析中，理论物理所居《SCI》收录论文数量最多的研究所排名第八位，国际论文被引用数全国研究机构第十名。研究员张肇西的个人单篇论文引用次数排名第六位。

在学术交流方面，所里开展了多种形式的活动，包括主办和协助主办国际会议；举办工作月(周)、系列学术讲座、专题讨论会等，1996年在理论物理所举办了由国家自然科学基金委员会支持的“理论物理学在国民经济中的作用”研讨会，举办国内学术会议和学术讨论会15个，接待国外来访学者14人次，国内学者来所参加活动者达500人次。

理论物理所有一个相当规模的专业图书馆，现已逐步形成我国理论物理学工作者的资料中心。1994年，所内扩建了计算机设备，由SPARC和SUN工作站组成的局域网已与国际通讯网络连通。编辑部设在该所的《理论物理》(英文)杂志继续为世界最著名的情报检索系统《SCI》、《SA》、《CA》所收录。在SCI所收录的所有中国期刊中《理论物理》的文献引用率始终处于前列。

目前，理论物理所正结合国家“九五”科学发展规划，积极争取重大项目和科研经费上更大的支持，为培养和吸收跨世纪的优秀青年人才，为发展我国理论物理学，使其全面达到国际先进水平而努力工作。

物理研究所

所　　长：杨国祯
地　　址：北京市海淀区中关村南3街8号
邮政编码：100080
电　　话：010-62559131（总机）
010-62560906（办）
图文传真：010-62562605

物理研究所是中央研究院物理研究所和北平研究院物理研究所于1950年8月合并而成，成立之初命名应用物理研究所，1958年10月起改名为物理研究所。

截止到1996年底全所共有职工近700人，其中中国科学院院士9人、研究员79人、副研究员和高级工程师212人、中级专业技术人员144人。物理所是硕士、博士学位授予单位并建有博士后流动站，现有博士生导师52人，在学硕士生61人，博士生129人，博士后29人。

物理所的主要研究领域为凝聚态物理、光学物理、原子分子物理、等离子体物理和理论物理等。1996年全所经过第五次课题调整，现有磁学、超导、表面物理三个国家重点实验室和光物理、电镜、真空物理三个中国科学院开放实验室以及28个研究组。物理所还设有负责新技术开发和科研成果推广的技术开发部。经过两年的筹备并经中国科学院批准，1996年6月以六个实验室和物理所部分研究组为基础建成了凝聚态物理中心。

课题调整和凝聚态物理中心的建立进一步增强了研究课题的创新性、前沿性和交叉性。

1996年物理所承担的国家和科学院基础性研究项目共120项，均取得良好进展。在科技开发方面，充分利用全所的科技优势，积极开拓国际市场，取得了好的收益。

1996年物理所共有6项科研成果获国家和院级奖，其中获国家科技进步奖二等奖1项、三等奖1项；中国科学院自然科学奖二等奖2项，中国科学院科技进步奖一等奖1项、三等奖1项。申请专利21项，被国家专利局授权专利12项，美国专利1项。

1996年物理所在国际学术刊物上发表科研论文299篇，在国内学术刊物上发表科研论文238篇，完成学位论文50篇，发表科技专著3部。根据中国科技信息研究所取自美国出版的《SCI》检索刊物的统计，1995年物理所在国际上发表并被该刊收录的论文256篇，被引用的论文269篇，均居全国科研单位首位，这是物理所连续第六年保持了这一领先地位。

作为科技活动的重要组成部分，1996年物理所的国际科技合作得到进一步扩大，向着互惠互利、互补合作的方向发展，从而进一步提高了研究所和科学家在国际上的地位，1996年物理所进行了国际交流项目131项，有155人参加了这些项目的交流（出访或到国外科研机构进行合作研究）；共接待外宾来访117次，有23个国家的科学家访问物理所并进行学术交流和短期工作。

中国物理学会挂靠在物理所。中国物理学会主办并由物理所承办的刊物有《物理学报》、《物理学报（海外版）》、《中国物理快报》（英文版）和《物理》。

高能物理研究所

所　　长：郑志鹏
地　　址：北京市石景山区玉泉路19号乙
邮政编码：100039
电　　话：010-68213344（总机）
图文传真：010-68213374

高能物理研究所是以高能物理研究为主的多学科综合性研究所，其前身是创建于1950年的中国科学院近代物理研究所。现有职工1551人；专业技术人员1057人；其中有中国科学院院士6人；中国工程院院士1人；研究员（包括正研级高级工程师等）72人；副研究员（包括高级工程师等）350人；中级科技人员343人。在读博士生92人，硕士生72人，博士后22人。有5个博士学位授权点和6个硕士学位授权点。

高能所现有15个研究室，主要开展高能物理（理论、实验、加速器）、高能宇宙线和天体物理、同步辐射应用研究，质子加速器及其应用研究（基础，核医学，放射治疗），自由电子激光、核分析技术及应用等研究。高能所的科研工作主要分为以下六大部分：

（1）北京正负电子对撞机国家实验室。充分发挥北京正负电子对撞机、北京谱仪大型实验装置的优势，已获得了一系列引起国际高能物理界瞩目的物理成果，并产生了重要的科学影响。其中包括τ轻子质量的精确测量、ζ(2230)的确认及新衰变道的发现等。使中国在国际高能物理研究领域占有一席之地。

（2）宇宙线与天体物理开放实验室。充分发挥西藏羊八井宇宙线实验站在地理位置上得天独厚的优势，所取得的物理结果受到了国际上的重视与好评。

（3）核分析技术开放实验室（与上海原子核研究所联合）。以核物理、核化学为基础开展核技术应用研究，改进并发展了离子束分析、活化分析、核谱学分析等手段，应用于生命、材料、环境、地学等领域，对于我国交叉学科领域的发展起了较大的作用。

（4）同步辐射应用研究。北京同步辐射实验装置是目前国内唯一以硬X射线为主的多学科共享的同步辐射实验基地，现共有9条光束线和12个实验站，已建立了多种实验方法，为国内80多个单位的各类研究课题提供专用光机时，所研究的课题涉及材料科学、凝聚态物理、化学与化工、生物与医学、地矿与资源、分子原子物理、微电子技术、X射线剂学量等多个学科领域。

（5）质子直线加速器及其应用研究。利用质子直线加速器开展中子治癌临床研究、医用同位素生产及基础研究工作，为我国放射治疗增添新手段，取得了一定经济效益和社会效益。

(6) 北京自由电子激光。1993 年北京自由电子激光装置成功地产生了红外受激辐射，并观测到饱和振荡，使我国成为继美国、西欧之后又一个获得红外自由电子激光的国家，为我国在该领域的研究及应用研究创造了良好的条件。

高能所的重要科研设施及大型实验装置有：北京正负电子对撞机(BEPC)；北京谱仪(BES)；北京同步辐射装置(BSRF)；北京质子直线加速器(BPL)；北京自由电子激光装置(BFEL)；中日合作羊八井广延大气簇射阵列；兴隆大气契仑科夫望远镜 ACT2，ACT3；核分析开放实验室 Van de Graaff 加速器。

高能所 1996 年承担的科研课题项目总数为 157 项，其中国家自然科学基金项目 74 项。

为使中国在国际高能物理研究领域继续占有一席之地，中国高能物理界在认真研究国际高能物理发展趋势的基础上，提出在北京建造北京τ-粲工厂(简称 BTCF)的设想。中国政府和学术界积极、慎重地推进τ-粲工厂的建造计划，作为第一步，"BTCF 可行性研究"项目于 1992 年 2 月获准启动，参加单位有高能所、中国科学技术大学、北京大学、清华大学、山东大学、南京大学、理论物理所和上海交通大学等八个单位。1996 年 11 月 4～5 日，由中国科学院主持，在北京召开了国际评审会上，经来自欧洲、美国、日本的 10 位专家及我国三位专家组成的评审委员会评审，"BTCF 可行性研究"顺利通过评审。评委会高度评价了 BTCF 可行性研究的成果。评委会注意到高能所在国际合作方面的努力，并鼓励继续扩大合作领域和范围，认为前景是十分乐观的。评委会还认为这个可行性研究为 BTCF 的预制研究的开展打下了一个相当好的基础，提出的预制研究项目是合适的。

高能所 1996 年上报科技成果 11 项：有 3 项科研成果获中国科学院自然科学奖，其中"原子核双β衰变和粒子不守恒"获中国科学院自然科学奖二等奖，另有两项成果获中国科学院科技进步奖三等奖。

1996 年高能所的科技开发工作在深化改革形势的推动下，从实际情况出发，立足于国际开发和国内开发两条战线，发挥所的优势和潜力，组织队伍，调整政策，将科技成果进行改造和改型，转化为科技产品，较好的完成了创汇创收任务。在国际开发工作方面，完成与韩国浦项 PAL 实验室、美国 SSCL 实验室等的合同，研制和生产了加速器各种部件。同时积极争取新的国际合作项目，已与美国 SLAC 实验室和日本 KEK 实验室签订了 386 万美元的磁铁加工合同。在国内开发工作方面，利用现有的条件和技术优势，采取自主开发、合作开发等途径，重点扶持一些有开发前景的科技项目，已逐渐形成透皮控释药物、石油化工油罐计算机监控系统、国际网络信息资源开发等四项重点开发产品。

高能所现有科技开发公司 12 个（其中合资公司 1 个），从业人员 80 余人。1996 年各公司总产值 3340 万元，创利润 66 万元，上交国家税金 28 万元。

1996 年高能所共接待来访外宾 296 人，派出 233 人。为重点支持科研工作的开展，组织召开了"北京τ-C 工厂国际讨论会"、"北京τ-C 工厂可行性研究报告评审会"和"中美高能物理联合委员会第十七次会议"等重要会议。对北京正负电子对撞机和北京谱仪的性能改进提高，对北京 BTCF 可行性研究的开展，均起到了积极的推动作用。

为进一步拓宽国际合作，先后与日本高能物理研究所、德国电子同步加速器研究所和俄罗斯新西伯利亚核物理研究所签订了所级合作协议。1996 年，高能所继续执行以前签订的多项所级协议，主要有与西欧中心 CMS 的合作、与丁肇中在 AMS 上的合作、与意大利在 ICARUS 实验和φ-KLOE 实验上的合作、与俄罗斯在气球实验方面的合作，以及与日本在我国西藏羊八井宇宙线实验站的合作等。

郑志鹏所长任亚洲未来加速器委员会副主席；王书鸿任国际未来加速器委员会委员；马基茂任未来加速器国际委员会探测器分委员会委员。

高能所是中国物理学会高能物理分会、中国物理学会及中国核学会的粒子加速器分会、中国电子学会及中国核学会的核电子学与核探测技术分会、中国物理学会同步辐射专业委员会的挂靠单位。受中国物理学会高能物理分会委托，主办《高能物理与核物理》(中文月刊、英文季刊)和《现代物理知识》(中文双月刊)。

力学研究所

所　　长：薛明伦
地　　址：北京市海淀区中关村路15号
邮政编码：100080
联系电话：010-62560914（办）
图文传真：010-62561284

力学研究所是以基础研究为主的综合性研究所，建立于1956年，钱学森、钱伟长曾任正、副所长。已故副所长郭永怀曾长期主持工作，继任所长郑哲敏，现任所长薛明伦。

力学所现有职工616人，其中专业技术人员504人，有中国科学院院士7人，中国工程院院士1人，研究员60人，副研究员、高级工程师210人，中级科技人员155人。是硕士、博士研究生培养点，并设有国家博士后流动站。现有在学博士生57人，硕士生46人，博士后20人。

力学所的研究开发工作由基础与公益性研究，应用研究与技术发展，高新技术及实用技术产业三大部分组成。下设研究室、实验室、研究中心和开发公司。力学所从事研究发展的主要学科有：非线性力学、气动力学与气动物理、微重力流体力学、环境流体力学、应用流体力学、固体力学、材料力学性能、材料工艺力学、海洋工程力学、爆炸力学、激光流体物理、土力学、物理力学、生物力学、等离子体与磁流体力学。

力学所设有中国科学院非线性连续介质力学开放研究实验室和高温气体动力学开放研究实验室，1996年正式成为国家微重力实验室的建设承担单位，由国家经贸委和中科院共同支持的激光毛化示范推广中心也正在积极建设中。中国科学院海洋工程科学技术研究中心办公室设在力学所。力学所的计算机网络已和Internet网络连结，形成国际信息和计算网络。

力学所1996年主要承担的课题有：国家攀登计划4项，国家攻关项目3项，国家自然科学基金项目62项，“863”项目23项，中科院资助项目10余项，“921”项目10项。其中“含异相材料的损伤和断裂”项目，在宏-细观相结合的研究方法上提出了具有创新的技术途径。在揭示和提出韧性损伤中两级空洞交互作用，论证材料分岔是沿尽可能“软”的加载路径，提出了可膨胀塑性本构方程和应用腐蚀的应力强度因子门槛值的计算公式等方面具有领先和首创作用，研究成果处于国际前列。“长脉冲激光破坏机理实验系统研制及应用”项目，是国家“863计划”中激光领域的一个重要研究课题，在国内率先提出并成功开展了“热-力耦合破坏模态”的机理研究，研制了一套完善的能模拟热-力耦合加载的实验系统，并首先发现了激光诱导反鼓包和反冲塞效应，这一新的激光热-力耦合破坏模态，为实现低能量密度和低功率密度破坏预载结构和大型演示实验的成功奠定了理论和实验基础，研究成果达国际先进水平。“脉冲风洞油流和液晶热图流动显示技术及应用研究”项目，成功地在实验时间7～500ms，气流M数5～8高超音速脉冲风洞中实现了可用于表面突出物干扰流动的表面油流和液晶热图显示图象技术，在实验技术上是突破。由此，证实了干扰区多峰、多谷压力和热流分布曲线与多旋涡结构的关系等等，为弹头防热系统研制和高超声速气动热力学的发展作出了重要贡献。微重力流体物理研究中，在小Prandte数半浮区对流的临界Marangoni数研究方面，与空间科学总体部和北京大学化学系专家合作，第一次得到低Prandte数介质的临界Marangoni数不超过800，这个结果验证了目前几种理论模型的偏差，并对空间材料加工有重要作用。

在应用和发展研究方面，1996年力学所取得很大成绩，在钢水浇注控制装置研究、三相交流工频等离子体冶炼铌铁新工艺、激波管叶栅风洞改造、赛络纺打断装置、数控激光图形加工系统等方面，均取得重要成果。YAG激光毛化冷轧辊技术向国有大中型钢铁企业（宝钢、本钢、攀钢）推广应用取得重要进展。“微细球形铝粉生产技术”、“气脉冲除灰装置”等项目，在有关行业进一步推广，取得显著社会效益和经济效益。

1996年力学所获奖成果有5项，其中获中国科学院自然科学奖一等奖 1 项，中国科学院科技进步奖一等奖 1 项、二等项 1 项、三等奖 2 项。

力学所有所办及联营公司 12 个，有 26 个系列产品和技术。现从事科技开发工作的人员有 114 人，1996 年经营总收入约 5000 万元，利润总额 500 多万元。

1996 年力学所共有 53 人次出访到 13 个国家和地区进行学术访问、合作研究和参加学术会议；约有 11 个国家和地区的 77 名学者来所进行各种形式的学术交流。1996 年力学所派员参加了第 31 届空间委员会大会（胡文瑞院士当选为该会议微重力科学委员会主席）、第 32 届 AIAA 联合推进会议和第六届海洋与极地工程国际会议等 10 个相关学科的国际性学术会议；应邀到瑞典 Lulea 工业大学、日本东京大学、加拿大艾尔白伯塔大学、美国布琅大学、法国流体力学研究所等 21 个学术机构进行学术访问和开展合作研究。力学所胡文瑞院士被国际宇航院聘为院士。

1996 年力学所还成功地举办了第三届中日微重力科学学术会议、中德微重力科学学术会和第 20 届稀薄气体动力学国际学术会议。此外，应力学所和国防科工委邀请，钱学森先生的同事和挚友、美国加州理工学院 Frank E. Marble 教授夫妇于 1996 年 12 月专程来华，将他们潜心收集整理和保存多年的钱学森先生 1955 年离开美国回国时未及随身带回的论文手稿捐赠给力学所。

中国力学学会挂靠在力学所。主要刊物有《力学学报（中、英文版）》、《力学进展》、《力学与实践》、《中国力学文摘》。

声学研究所

名誉所长：汪德昭
所　　长：侯自强
地　　址：北京市海淀区中关村路 17 号
邮政编码：100080
电　　话：010-62644116
图文传真：010-62553898
E-mail：zhou@office.ioa.ac.cn

声学研究所成立于 1964 年 7 月 1 日（从中国科学院电子学所分出），现有职工 807 人，其中科技人员 666 人，有中国科学院院士 5 人，高级研究人员 197 人（其中研究员级 43 人），中级科技人员 285 人。现有在学博士生 38 人，硕士生 85 人。有博士后 6 人。

声学所主要研究方向有两个：声场声信息研究和数字信号处理研究。主要研究领域包括海洋声学、水声工程、换能器、超声电子、超声检测、噪声控制、语言声学、数字信号处理（DSP）等基础研究、应用研究和开发工作。设有声学硕士、博士点，信号处理硕士点。全所共设有 12 个研究室，一个声场声信息国家重点实验室，一个 DSP 工程研究中心。京外设有 3 个研究站：中国科学院东海研究站（上海）、中国科学院北海研究站（青岛）、中国科学院南海研究站（海口）。

声学所拥有国际先进的海洋声学实验设备，包括各种大功率发射换能器和水听器阵、温度测量链、先进的水声浮标和卫星数据传输系统及先进的数字数据采集记录系统和分析处理系统。

声学所 DSP 工程研究中心从事数字信息消费类电子产品的开发，拥有 DVB 数字电视测试设备高性能示波器和逻辑分析仪及嵌入式设备的软件开发平台等先进设备。

加速年轻科技人员的培养和选拔是声学所改革的重点。1996 年按中国科学院“按需设岗、按岗聘任”的专业职务聘任制度，成立了“声学所专业技术职务聘任委员会”，对承担经费超 100 万元的重大科研项目的负责人、年轻学科带头人进行认真评审，破格聘任。聘任研究员 10 人，副研究员 8 人。继续加大招收研究生的力度，1996 年招收硕士生 26 名，博士生 19 名，是历年招收研究生人数最多的一年，不仅数量增加，而且研究生质量大有提高。继续推行所长择优基金课题的评议，60%以上的项目倾斜于年轻科技骨干。

1996 年是争取落实“九五”项目的第一年。通过各种渠道竞争项目，通过评审已签订合同和落实的项目有 47 项。其中军工项目 29 项，“863”项目 5 项，国家自然科学基金项目 13 项；通过评审列入“九五”重大项目的有 7 项；有些列入国家计划正在争取的项目有 10 项。预计“九五”项目与经费比“八五”项目有较大幅度提高，其中海底表层底质探测系统、多通道数字成像超声探伤设备、海洋高技术的合成孔径声呐、HFC全功能业务网等都是较有影响的高科技项目。

1996年是“八五”项目的结束年，声学所共鉴定科研项目8项，其中军工项目7项，中科院重大项目1项。验收评议项目有20项，其中中科院重大项目1项(与外单位合作)、重点项目1项，军工项目5项，“863”项目4项，国家自然科学基金项目9项。“八五”项目除需结转“九五”的以外，都已圆满完成。

1996年申报成果总数19项，获得省部级二等奖以上的成果有9项，其中侯朝焕院士领导的“白鳍豚”项目获得中国科学院科技进步奖特等奖。张仁和院士领导的水声基础研究课题，1996年8月首次与美国科学家合作，成功地进行了中美联合远黄海科学考察，取得一批重要数据。使美国等发达国家认识到中国浅海声学研究的实力和水平，决定1997年4月在北京召开国际浅海声学会议，世界知名学者均来参加，由此表明声学所浅海研究在世界上占有重要地位。DSP工程研究中心开展的数字信号处理研究取得较好的社会、经济效益。所设计VCD放像机被美国C-cube公司认为是最优设计，已推广国内数十家企业生产。用该设计生产之VCD放像机几次在国内产品抽查评比中名列第一，已在国内建立一定声誉。还承担了863项目的全功能业务网。

声学所下属8个公司。从事科技开发工作人数约占科技人员的2/5(200多人)，开展的项目大多是技术开发、技术咨询、技术转让项目，120多个项目，合同款1996年达到1000万元。

申请国家专利12项。据1996年中国科技信息研究所年度报告，英国《ISTP》统计1995年中国科研机构科技论文前50名，声学所论文共89篇，名列第一。1996年，声学所派出参加国际学术会议和考察访问33项(批)、55人次，接待外宾来访、参观交流32项(批)、86人次。

中国声学学会挂靠声学所。主办刊物有《声学学报》(中、英文版)、《声学技术》、《应用声学》。此外，还编辑出版《微计算机应用》杂志。《声学学报》1996年被评为中国科学院优秀期刊，并获三等奖。

工程热物理研究所

所　　长：陈静宜
地　　址：北京市海淀区中关村路乙12号
邮政编码：100080
电　　话：010-62573330(总机)
010-62554126(办)
图文传真：62575913
E-mail：etp@etpserver.etp.ac.cn

工程热物理研究所成立于1980年，其前身是国际著名科学家、所名誉所长吴仲华教授于1956年创立的动力研究室，1960年曾与力学所合并建制。现有职工230人，其中专业技术人员196人，有中国科学院院士2人，研究员(包括正研级高级工程师)25人，副研究员、高级工程师等53人，中级科技人员76人。具有硕士、博士学位授予权，并设有国家博士后流动站，目前有硕士研究生30人，博士研究生16人，博士后6人。

工程热物理研究所主要从事能源高效转换与利用研究，其中包括工程热力学，内流气动热力学，燃烧学，传热传质学和热物理测量技术等分支学科。研究与开发领域包括国民经济建设中能源、动力、环境等领域中的前沿与重大关键性课题，以及航空航天领域中的高技术课题。是一个基础、应用研究与技术开发并重的综合性研究所。主要研究先进联合循环与新型能源转换的总能系统、叶轮机械和热机气动热力学、高效低污染燃烧、微重力燃烧、多相传热与传质、高效强化传热等。近年来基于对循环流化床锅炉燃烧技术的深入研究，已成功地开发出一系列不同容量与用途的循环流化床锅炉，获得了广泛的应用；总能系统的研究成果在国家能源事业的发展战略研讨中发挥了重要作用；叶轮机三维粘性复杂流场计算方法、应用软件、流型研究的许多成果在航空、舰船与工业燃气与蒸汽轮机的设计中已得到实际应用；热管技术、强化传热、多相流传热与传质研究在已有成果基础上正在向微小型化和复杂形状的新领域发展。此外在风机与泵的节能降耗与降噪、压缩系统流动失稳机理与控制、微重力燃烧、低污染燃烧、汽车代用燃料应用等项目中都取得了重要成绩。

工程热物理所已建成动、静态叶轮机械和叶栅实验台，冷、热态燃烧实验装置，以及传热研究与技术开发的各种实验设备，并不断地更新先进的测试仪器。1996年1.5MW循环流化床热态实验装置正式投入运行。计算机室的SGIPower ChallengeL主机与工作站系统在科研与各种国际活动中发挥了良好作用。为把研究成果推向市场，还开办了四个所办公司和两个与外单位合作的公司。工程热物理所与世界许多国家与地区的研究机构和企业建立了合作关系，其中包括与美、德、意、日等国的多项国际合作项目。

工程热物理所的科技发展战略是：在继续加强已有优势领域的同时，突出新兴研究领域的开拓和加速科技成果向现实生产力的转化。为实现这一目标，在学科方向、项目安排、运行模式、年轻人才培养、社会保障体系、研究所基础设施发展等方面正在深化结构改革。1996年重点安排了科研项目、特别是大项目的组建与调整。在应用与开发研究方面，除继续加强面向能源领域的“循环流化床燃烧技术与循环流化床锅炉研究开发”和“我国火电站老汽轮发电机组改造”两大项目外，新组建了面向环境事业的“城市固体废弃物焚烧与综合处理”和面向我国动力机械发展的“小型燃气轮机组研制”项目；在应用基础研究方面，除国家基础性研究攀登B项目“能源利用中的气动热力学前沿问题和新设计体系研究”外，新组建了“微重力燃烧”和“超急速传热传质”方面的基础研究项目。同时，为探讨高新技术的发展与运行模式，1996年组建了“工程热物理研究所循环流化床燃烧工程研究发展中心”，并进一步发展了与国内外循环流化床锅炉制造企业的合作关系；以我国老电厂汽轮发电机组技术改造为主要目的、与科研、产业和金融部门共同组建的工程公司也获得了良好的发展；在国家攀登B项目的运行中引入了新的竞争激励机制；1996年工程热物理所在“能源与环境工程热物理”学科方向招聘了一名我国留学海外的年轻学者进入中国科学院的“百人计划”，还有3名40岁以下的年轻博士被提升为正研究员。

中国工程热物理学会挂靠在工程热物理所。主办刊物有《工程热物理学报》(双月刊)《热科学学报》(英文版季刊)。主办或协办“能量系统热力学分析和改进国际会议”、“内流气动热力学实验与计算国际会议”、“国际流体机械与流体工程学术会议”、“国际热管会议”、“亚太地区燃烧与能源利用国际会议”等。

低温技术实验中心

名誉主任：洪朝生
主　任：周　远
地　址：北京市海淀区中关村北1条2号
邮政编码：100080
电　话：010-62554153
图文传真：010-62564049

低温技术实验中心创建于1980年，其前身为中国科学院物理研究所低温研究室与中国科学院气体厂。截止到1996年，职工总人数269人，其中专业技术人员142人，有中国科学院院士1人，研究员16人，副研究员、高级工程师等38人，中级技术人员45人，低温中心具有低温物理、低温技术的硕士学位授与权，是低温技术学科的博士点(与华中理工大学联合)。现有在学博士生7人、硕士生8人，另有博士后3人。

低温中心的学科方向为低温物理和低温技术。在低温物理方面，主要从事液氦温区到mK温度范围的物理研究。包括超导(低温超导、有机超导和各种特殊超导电性)、超流、量子固液体、低温磁性、低维系统问题(例如介观系统的量子输运性质、纳米物质的物性)及低温物性研究。低温技术方面，主要以低温的获得、应用及工程化，以及与之相关技术的研究与开发为主。重点包括：小型、微型制冷技术的研究与应用，低温传热研究与应用，液化技术与低温系统的研究与开发，承接国家、地方各类低温工程，并向社会提供低温技术服务。

低温中心的科技系统分为两大部分：基础与高科技研究部包括极低温物理开放实验室、微型制冷高新技术研究组和低温传热研究组。低温技术开发部包括直属项目组8个,所办公司2个,以及液氦生产车间和试制加工组。

极低温物理开放实验室拥有国内最完善的低温、极低温条件下的物理和力学性能测量装备以及充裕的液氦供应。该实验室与国际上极低温物理研究的三个权威实验室(英国、芬兰、德国)建立了合作研究、合作培养博士等良好合作关系。微型制冷高新技术研究组建有目前国内最先进的"制冷机动态测量实验室",对研究制冷机内部过程、提高研究水平有重要作用。

1996年低温中心自筹建立"低温工程技术研究中心",对低温技术的研究开发、试制工作,实行纵向联合,以探索一条科研成果转化为生产力的更好途径。该工程中心建立的宗旨是使低温技术这门新兴学科,能根据国家和市场的需求,广泛与能源、信息、空间、材料、医学与生物学科相结合,开展有明确应用目标的研究与成果推广,建成具有一定中试和小批量生产能力的基地,同时造就一支精干的研究开发与工程技术队伍。

1996年低温中心从事科研项目25项(低温物理11项、低温技术14项),其中国家自然科学基金项目占44%,国家攻关、攀登计划项目占20%,中科院及部委级各类择优项目占32%,国际合作项目占4%(1项)。

1996年"极低温物理开放实验室"在超导、重费米子及相关的强关联电子系统研究工作中都取得了很好的成绩:在国际上首次提出了相互作用电子系统中的近藤模型,并指出随着电子相互作用的引入和难度的降低,在近藤系统中可以出现的新物理现象;实验上观测到高温超导体中的顺磁迈斯纳效应,并做出了可能的理论解释;在传统超导体YNBC的Ce.U掺杂系统中发现了重费米子效应与超导共存现象;在国际上首次合成了PrCaBaCuO块材超导体。

由于低温中心在脉冲管微型制冷技术方面,具有国际、国内领先水平,以及该技术在空间技术发展中具有明显的优越性,经多年努力,1996年已被国防科工委列入"九五攻关项目"。与此同时,"深制冷技术的热过程研究"也被列入国家自然科学基金委的重点项目。此外,在多孔板换热器方面的研究成果也受到国际同行关注,法国原子能总署Grenoble核研究中心要求与我国合作,由法方资助在低温中心进一步完善传热实验台建设,开展对狭缝孔板换热特性及流动特性的深入研究,建立传热准则方程和摩擦因子公式,为换热器设计提供依据,也为今后该成果在航天飞机、受控热核反应、大型粒子加速器等高技术领域的应用打下基础。

低温中心一贯重视基础性研究工作,对研究经费给予政策性补贴,并对优秀科研论文和优秀青年科技人员实行奖励,在1996年收到了显著效果:根据1996年12月中国科技信息研究所发布的"1995年中国科技论文统计与分析",低温中心被国际《SCI》、《SITP》系统收录的论文数在全国研究机构中排名38位。青年研究员王玉鹏博士在《Phy. Rev. Letts.》发表的论文,受到国际同行注视。青年科学家梁惊涛研究员以其在脉冲管制冷研究工作中的突出成绩,荣获中国科学院首届优秀青年和1996年度中国科学院有突出贡献的中青年专家称号,并获第三届"国氏"博士后奖励基金奖,另有两位年轻同志分别获中国科学院院长奖学金和伊利达奖学金。

1996年低温中心的技术开发工作在取得明显经济效益的同时,取得重要技术突破:(1)为宁夏平罗精细胶粉厂研制的"废旧轮胎精细粉碎低温粉碎生产线"按期完成并试车成功(厂方已验收)。该生产线的生产工艺先进、热力完善度高、连续生产性好,年产可达3000吨。它的建成投产可为我国废旧轮胎的回收再利用开辟新用途,因此该项成果不仅有利于环境保护也节省了地球资源。(2)脉冲管冷冻治疗仪通过北京市医药总公司组织的样机鉴定,并同意进行试生产。该冷冻治疗仪是以低温中心长期以来研究的脉冲管制冷新技术为基础,根据冷冻医疗的要求、研制成只需普通220V电源、不需其他任何冷冻介质、可使温度达到−50℃以下、组织冷冻深度和区域容易控制、操作方便的治疗仪。经北京、天津多家医院的临床试用,认为仪器性能稳定、疗效优良、安全可靠,弥补了用液氮冷冻治疗中的某些不足。

低温中心从事科技开发工作人员约100人,分属开发部直属项目组、液氦生产车间、试制加工组和2个所办公司。

低温中心的下属单位有北京科阳气体液化技术联合公司和北京科迪低温设备公司。中国制冷学会低温专业委员会和中国物理学会低温物理专业委员会挂靠低温中心。

北京天文台

名誉台长：王绶琯
台　　长：李启斌
地　　址：北京市海淀区中关村北1街15号
邮政编码：100080
联系电话：010-62551261，010-62566698
图文传真：010-62561085

北京天文台成立于1958年2月22日。1996年底人员总数为336人。有中国科学院院士3人，研究员23人，副研究员、高级工程师94人；中级科技人员101人。是国家天体物理学和天文仪器与方法的博士、硕士学位授予点和博士后流动站的设站研究机构。现有博士生22人，硕士21人，另有博士后6人。

北京天文台发展前沿优势领域，把主要研究力量集中到观测手段较强，人力也比较雄厚的太阳、恒星、星系层次的天体剧烈活动和宇宙大尺度结构研究两个重点方向上。基本上反映在攀登计划、中科院、国家自然科学基金委等重点、重大项目上。并且围绕大项目、大设备和优秀人才组织课题。设有光学天文、射电天文开放实验室。形成了几个大的系统性研究计划，如太阳活动区磁场，BATC巡天，ROSAT源证认，MUSICOS联测，密云米波射电源证认。承建国家大科学工程——大型多天体光谱望远镜(LAMOST)。空间太阳望远镜的预研——球载太阳望远镜正在积极进行。作出了一批比较显著的有影响的成果，太阳多通道望远镜获得1996年度国家科技进步奖二等奖。1996年我台连续发现6颗超新星，被列为1996年度十大科技新闻之一。

北京天文台现有6个职能部门、15个课题组、1个天文信息中心，4个观测站。设有中国天文数据库、国际空间环境预报中心北京预报中心(IESE)、世界数据中心中国中心天文学中心(WDC-D for Astronomy)，世界恒星数据中心北京分中心。

青年天文中心为青年提供优惠条件，充分发挥青年人的优势，让他们到国际前沿去竞争；北京天文台对怀柔太阳观测站实行一系列特殊政策，为出成果创造条件。

北京天文台的重要科研设备有2.16米光学望远镜和太阳多通道望远镜，米波综合孔径射电天文望远镜，1.2米红外望远镜，60/90厘米施米特望远镜和60厘米反光望远镜等大中型天文观测设备配备，有先进的摄谱仪和CCD探测器和计算机系统。

1996年，天文台主要改革措施及其效果为，实行人才分流，精干科研队伍，编制从489人压缩到336人；运用业绩分考核科研人员并与待遇挂钩；调整结构，集中力量到天文学前沿方向——天体物理学，围绕优秀人才，大设备，大项目组织课题。认真贯彻两手抓，在职工考核中把精神文明建设与业绩考核放到同等地位；将观测宇宙电波中形成的高技术力量转移到卫星通讯技术上，为国民经济服务，以三分之一左右的力量从事技术开发。

1996年，天文台争取和承担的主要科研任务和项目：主持攀登计划《天体剧烈活动的多波段观测与研究》项目，“九五”重大工程项目LAMOST(北京天文台为业主单位)，由中科院升级改造经费支持的空间太阳望远镜预研究——球载太阳望远镜按计划顺利进行，争取太阳空间望远镜纳入国家计划，以北京天文台为核心的国际大射电望远镜(LT)的研制。

获奖成果4项，其中获国家科技进步奖二等奖1项、中国科学院科技进步奖二等奖2项、自然科学奖三等奖1项。上报中科院成果6项：(1)月平滑太阳黑子相对数的中长期预报；(2)超新星巡天系统；(3)超新星观测研究；(4)星系相互作用与其活动性关系研究；(5)贫金属星的元素丰度分析；(6)《太阳地球物理资料》数据库与查询应用系统。

技术开发为天文台精化基础研究队伍、分流人员提供了渠道，为天文台的稳定与发展作出了贡献，中科亚卫通、双星、新科宇及天发公司已正式进入中国科学院科技产品销售网络。台属公司及承包组共有人员89人，作到了自收自支，略有利润上交。

1995年天文台出访人员达81人次，来访人员达45人次。上报院级项目27项，批准15项。

化学研究所

所　　长：朱道本
地　　址：北京市海淀区中关村北1街2号
邮政编码：100080
电　　话：010-62554626
图文传真：010-62569564

1996年化学研究所职工总数695人，具有专业技术职称的566人，其中正高级职称74人，副高级职称272人，中级专业人员181人。有中国科学院院士4人，中国工程院院士1人。在学博士研究生115人，硕士研究生115人，另有博士后28人。

化学所将“基础研究和应用开发研究并重”作为自己的战略定位，并在国家科委及院基础所改革试点工作中不断推进改革。在已相继成立了“分子科学中心”和“聚烯烃材料应用发展基地”与“特种高分子材料应用发展基地”的基础上，1996年正逐步落实各自的运行机制。国家科委年内检查了化学所的基础性改革试点工作，对取得的成果给予肯定。1996年化学所度过了四十周岁生日，通过所庆活动，总结、回顾了化学所的发展史，增强了全所的凝聚力。

化学所承担的“八五”攻关项目在1996年内组织鉴定了8项，“聚丙烯工程塑料”通过验收并获好评；由钱人元院士任首席专家的“高分子凝聚态基本物理的问题研究”(攀登计划A)在“凝结”和“缠结”两个问题上取得了很好的进展，验收专家组给予很高评价，认为这些成果“加速形成了有我国特色的高分子物理学学派，在国际高分子科学界已取得了应有的地位”。“八五”院重大项目“材料表、界面及大分子的扫描隧道显微学研究”专家组验收时认为总体研究水平接近或达到国际水平，部分内容达到国际先进水平”；“分子电子学”的验收评价为“总体水平接近或达到了国际水平，部分研究结果达到国际先进水平或国际领先水平”。据国家科委有关部门的统计在1995年共收录化学所论文85篇，名列全国科研机构第5位，国内发表论文159篇，名列第7位，被引用109篇次，居第5位。全年共申请专利34项，授权专利11项。

化学所1996年获国家、院级奖5项，其中“细旦、超细旦丙纶长丝的研究开发和应用”及“汽车用聚烯烃工程塑料及其合金材料”均获中国科学院科技进步奖一等奖，另外还获国家发明奖和国家科技进步奖三等奖各1项。孙忠贤研究员主持的“LSI用环氧塑封料制造技术研究”项目荣获国家八五重大科技成果证书。梁树权院士等获1996年度陈嘉庚奖，王德禧研究员获“GM中国科技成就”一等奖。

1996年化学所外事出访共66项、75人次；接待来访36项、142人次，共有36项国际学术活动获得资助，金额总计94万元；国际合作研究项目经费总金额达22万美元。1996年化学所主持召开了“IUPAC国际分子凝聚态学术会议”。

化学所有所办公司3个，合资联营公司7个，其中以生产环氧塑封料、有机硅防水涂料和降温母粒为主要产品的科化公司，经济效益排列在院前30名内；营口向阳催化剂联营厂生产化学所的聚丙烯高效催化剂，1996年产值达2500万元。

中国化学会挂靠化学所，主办期刊（与化学所有关的）有《化学通报》、《高分子学报》、《高分子科学》(英文版)、《高分子通报》、《化学教育》和《化学快报》等。

感光化学研究所

所　　长：佟振合
地　　址：北京市朝阳区大屯路甲3号
邮政编码：100101
电　　话：010-64919937
图文传真：010-62029375

感光化学研究所成立于1975年1月，其前身是中国科学院化学研究所有机化学研究室和催化研究室。全所现有职工377人，其中专业技术人员312人，在专业技术人员中，具有高级专业技术职务的149人（正高级53人，副高级96人），中级124人。现有中国科学院院士1人。感光化学所是有机化学、物理化学博士和硕士学位及应用化学硕士学位的授予单位，并设有有机化学和物理化学博士后流动站。全所有博士生导师22人，在学研究生112人，其中博士生51人，硕士生61人，进站博士后3人。

感光化学所是以物理化学和有机化学为学科基础，以光化学、感光化学、胶体与界面化学为主要研究方向的，包括基础研究、应用发展研究和高技术开发的综合型化学研究所，现有国家进出口感光材料检测实验室、中国科学院光化学开放实验室、中国科学院和中国石油天然气总公司胶体与界面科学联合实验室等国家级和院、部级重点或开放实验室。

1996年感光化学所承担的国家级科研课题66个，其中有国家攀登计划课题3项，国家军工任务课题6项，国家“863”高技术课题2项，国家科技攻关课题2项，国家各部委课题8项，国家自然科学基金课题45项（其中重大基金1项，杰出青年基金1项，重点基金5项，面上基金38项）。感光化学所研制的有机光盘染料已在“八五”期间制出了实用的样盘，获得了良好的图像，所里承担的多项“八五”国家攻关项目均取得了重要成果，通过了国家验收或鉴定。在以玻璃微珠技术为基础的反光材料方面，在“八五”期间获得多项成果，并已在国内几家工厂推广生产，产生了良好的经济与社会效益。

1996年，感光化学所“天然苝羟醌化合物的光化学、光物理和光动力作用”和“乐凯GBR100高清晰度彩色胶卷技术开发中的高科技”两项成果分获中国科学院自然科学奖二等奖和科技进步奖三等奖。

感光化学所1996年正式发表科技论文241篇，其中在国外期刊上发表103篇。发表专著两部。根据国家科委科技信息研究所1996年的统计，感光化学所1995年被《SCI》收录和引用的论文总数分列全国科研机构第9名和第14名。

感光化学所重视中青年学术带头人、科技骨干的培养和引进工作，现有45岁以下的研究员7人，35岁以下的副研究员19人。1996年进行了课题调整，一批40岁以下的同志担任了课题组长。继1995年引进2名留日博士之后，1996年又引进2名留德和留美的年轻博士，均已成为新一代学术带头人。通过留德归国人员的努力，所里于1996年11月与德国马普胶体与界面研究所建立了界面结构与动态学国际联合实验室，马普所为该联合实验室提供了60万马克的仪器设备。该联合实验室合作研究项目已列入国际合作局与马普学术交流项目。

感光化学所北京爱比西化学品公司的“高温冲洗加工套药”和中光化工公司的“PS-1涤纶荧光增白剂”两项成果已列入国家火炬计划并被评为国家级新产品，1996年继续获得良好经济效益。为加速科技与经济的结合，所里于1996年建立了光功能材料研究工程中心，该中心与浙江花园集团联合开发VD_3项目取得积极进展，“高折射率透明陶瓷微珠的制备新技术”项目已通过国家“863”高技术专家组评审。全所1996年共申请专利10项。

中国感光学会、中国化学会光化学委员会、中国太阳能学会光化学专业委员会、中国化学会LB膜专业组挂靠感光化学所。负责编辑出版《感光科学与光化学》。

化工冶金研究所

名誉所长：郭慕孙
所　　长：谢裕生
地　　址：北京市海淀区中关村北2条1号
邮政编码：100080
电　　话：010-62554241（办）
010-62551358（科）
图文传真：010-62561822
E-mail：office@home.icm.ac.cn
WWW服务器：http：//WWW.icm.ac.cn/

化工冶金研究所始建于1958年。经过近几年的改革、调整，其主要学科方向已由建所初期的化工冶金转到目前的工程化学，主要研究领域为生物化工、材料化工、能源化工、资源与环保化工和计算机化学等。

化工冶金所1996年在编职工386人，其中科技人员332人，高级研究人员129人（中国科学院院士2人，研究员41人），中级人员141人，初级人员62人。1996年招收博士生21人，硕士生26人，进站博士后4人，毕业博士生7人，硕士生13人，出站博士后2人。所里现设有高温技术与材料工程研究部、生化工程研究部、流态化技术与多相反应工程研究部、分离科学与新材料研究部、计算机化学研究部和一个技术服务部。为了强化基础研究，所里设有生化工程国家重点实验室、多相反应开放实验室、计算机化学开放室和分离科学与工程青年实验室。经国家科委批准，成立了“国家生化工程技术研究中心（北京）”，并已正式启动。还设有北京中柯化工冶金新技术开发公司、北京伯美特生化材料工程研究开发中心和北京三诚科技服务中心。

化工冶金所是国务院首批批准的博士、硕士学位授予单位和博士后流动站建站单位，有博士生导师15人，硕士生导师40人。所内十分重视研究生和青年科技骨干的培养和使用，近年来积极创造条件扩大博士生和博士后的招生和进站，并大胆使用青年骨干，给他们压担子，一批青年科技人员已逐步成长为学科带头人。1996年获院批准，招聘“百人工程”学术带头人1人。

1996年化工冶金所在研的主要研究课题有：“铬盐清洁生产工艺研究”等攻关项目13项、“萃取过程中表面活性剂的作用机理研究”等院重点项目11项、“低温熔盐铝-钛共电沉积的研究”等基金项目16项和“酸性雨的对策及煤的洁净燃烧”等其他应用开发项目35项。1996年完成了“八五”期间的各项任务，有21项“八五”攻关课题及17项“863”、军工、院重点等课题顺利通过验收。科研和开发工作取得了可喜的成绩。

1996年化工冶金所的新型高效破乳剂“D925M实体”，积极开拓市场，降低消耗，占领了国内大部分市场，创产值1100万元，取得良好的经济效益和社会效益，再次被评为北京市新技术开发区拳头产品，荣获国家、院（市）表彰奖励；“Bt农药固态发酵新工艺”适应国家环保大政国策，表现出广阔的市场前景，所里除进一步大力推广外，正积极组织进一步开发生产。所属中柯公司在科技开发方面做出优异成绩，被中科院评为96年度优秀科技企业。

1996年化工冶金所有“50升气升式反应器动物细胞微载体贴壁培养乙脑病毒”等16项科技成果通过鉴定，“电镀污泥资源化示范技术研究”获国家计委、科委和财政部颁发的国家“八五”科技攻关重大科技成果奖，“百吨级苏云金杆菌固体发酵杀虫粉剂新工艺”和“大型转炉高强度供氧喷头的研制与应用”获中国科学院科技进步奖三等奖，另有三项成果获其他科技奖励。1996年全所申请专利21项，批准受权专利3项。

陈家镛院士荣获1996年度何梁何利基金奖技术奖；李静海研究员获第三届中国青年科学家奖和1996年香港求是科技基金会杰出青年学者奖；刘会洲研究员被国家机关党工委授予“优秀党员”称号，并被中科院授予的“十杰青年”称号。

1996年化工冶金所主办了“第五届国际循环流化床会议”，中外学者200多人出席，会议主席为该所名誉所长郭慕孙院士，会议取得圆满成功并决定将顾问委员会秘书处由美国迁到中科院化工冶金所，增选李静海副所长为国际循环流化床会议顾问委员会委员并担任召集人。全年所里有23人次赴美、日、德、俄等11国进行学术交流、讲学、进修或合作研究；来所讲学的外国学者14人。

1996年化工冶金所在国内外各种学术会议或学术刊物上发表的论文和报告184篇，其中在国外发表67篇，编写专著2部。

《中国颗粒学会》挂靠化工冶金所，主办的学术刊物有《化工冶金》和《计算机与化学》等。《化工冶金》获1996年度中科院优秀期刊三等奖。

生物物理研究所

名誉所长：贝时璋

所　　长：王书荣
地　　址：北京市朝阳区大屯路 15 号
邮政编码：100101
电　　话：010-62020077（总机）
　　　　　010-62022029（办公室）
图文传真：010-62027837

生物物理研究所是 1958 年创建的基础性研究所，是全国唯一的生物物理学综合研究机构，也是国际上少数几个生物物理学专门研究机构之一。全所现有职工 606 人，其中科技人员 491 人，包括中国科学院院士 4 人、博士生导师 27 人、研究员 43 人、副研究员和高级工程师 156 人。科研人员中被评为国家级有突出贡献的中青年专家 6 人，中国青年科学家 1 人。

生物物理所是国家首批批准的博士及硕士学位授予单位、博士后流动站建站单位和中国科学院首批博士生重点培养基地，培养分子生物学和生物物理学两个专业的研究生和博士后。1996 年在学研究生 160 人，其中博士生 60 人。自恢复学位制度以来，已培养出硕士研究生 270 人，博士研究生 66 人。1996 年培养的研究生，获中国科学院院长奖学金特别奖 1 人、优秀奖 4 人，获“地奥奖学金”一、二等奖 15 人。博士后流动站以国家重点实验室和中国科学院开放实验室为依托，建站以来共接收博士后 20 人，已出站 14 人。

生物物理所目前的主要研究方向为分子生物学和生物物理学，研究领域包括蛋白质和分子酶学、结构分子生物学、膜分子生物学、神经生物学、细胞生物物理学、蛋白质工程和生物物理技术等当代生物科学中最重要的前沿科学领域。建有生物大分子国家重点实验室和中国科学院视觉信息加工开放研究实验室，以及分子生物学研究室、蛋白质工程研究室、神经生物学研究室、细胞生物物理研究室和生物物理技术研究室，还建有分子神经发育生物学青年实验室。装备了当今世界上先进的 600 兆核磁共振波谱仪，以及面探测仪、纳秒荧光谱仪、离子通道研究装置、离体脑片研究装置及多导微电极记录系统等先进的仪器设备。

“九五”期间，生物物理所除承担国家重点实验室和中国科学院开放实验室的科研任务外，还争取和落实了 29 项国家科委、国家自然科学基金委和中国科学院重大、重点项目，以及“863”计划、921 工程项目、攻关项目等。主持的主要科研项目有：国家攀登计划——新生肽链及蛋白质折叠研究；国家自然科学基金委重大项目——视觉信息加工的神经基础；中国科学院重大项目——结构生物学；国家攻关项目——高速离心机；国家“863”计划项目——中国马氏钳蝎神经毒素的蛋白质工程、分子设计及构象工程设计新方法研究、改进蛋白质晶体质量的研究、重力改变对动物细胞和胚胎的生长发育规律研究；国家 921 工程项目——蛋白质和其他生物大分子空间晶体生长；国家自然科学基金委重点项目——视中枢神经元对视觉信息特征抽取、整合及相关回路的研究，氧自由基对细胞膜的损伤效应与天然抗氧化剂的调节作用，光合作用系统的蛋白质三维结构与功能研究；国家杰出青年基金——蛋白质折叠理论和酶活性不可逆修饰动力学研究，蛋白质构象稳定的热力学基础及重折叠动力学研究。

1996 年生物物理所上报登记成果 4 项，获得中国科学院自然科学奖三等奖 1 项，陈润生研究员获得国际科技数据委员会第 15 届国际科技数据大会小谷正雄奖。全年共发表论文 203 篇，其中在国外期刊发表 53 篇，分别比 1995 年增长了 9％和 20％。据国家科委信息中心 1996 年公布的资料：1994 年度生物物理所国内期刊论文数在全国科研机构中排第 8 位，发表在国际期刊的论文被引证数在全国科研机构中排第 13 位，1995 年《SCI》收录论文被引证数，生物物理所在全国科研机构中排第 12 位。1996 年在国家计委、国家科委组织的全国 43 个生物学科国家重点实验室和部门开放实验室统一评估中，生物大分子国家重点实验室名列第 1，中国科学院视觉信息加工开放研究实验室名列同类实验室第 1 名和总分第 17 名。生物物理所 1996 年绩效和状态均被中国科学院评为 A 级。

生物物理所建有一支研究与开发高技术仪器设备、生化制剂和药品的高水平技术力量，创办了北京中生生物工程高技术公司、北京科龙生物医学技术公司、北京百奥药业有限责任公司、北京伽玛化工技术开发中心和北京科生技术服务公司，以及两个合资公司。所办公司资产总额、所有者权益、销售额和利润总额以30%左右的速度逐年增长，1996年销售额达到3300万元，利润总额660万元。1996年中生公司经营利润在全院高技术企业中名列第8位，获中国科学院优秀企业、优秀企业家和高新技术产品三项奖励，科龙公司KS仪被列为卫生部“十年百项”计划。1996年部署的生物农药、新药开发、棉花增产技术、微弱发光检测技术和流式细胞仪等20余个下一代可转化的重点项目取得良好进展，申请专利8项，以生物农药技术入股创办了合资公司，核酸类药物项目被国家经贸委列入“九五”产学研项目。

生物物理研究所是国家科委和中国科学院基础性研究所改革试点单位，1996年在支持重点优势领域、加强薄弱环节、培养青年人才、建设基础研究基地等方面认真推进改革，取得了良好成效。在中国科学院的领导下，以生物大分子国家重点实验室为基础，联合北京地区的研究力量，开始筹建中国科学院结构生物学研究中心。

生物物理所重视国内外学术交流，每年与20余个国家和地区的科研机构进行广泛学术交流与合作，1996年派出科技人员56人次出国合作研究、访问或参加学术会议，接待国外科学家30人次访问。国际著名蛋白质晶体学家、诺贝尔奖获得者、英国剑桥大学John Kendrew爵士应邀参观了生物大分子国家重点实验室，中国科学院视觉信息加工开放研究实验室，主办了中美“北京感觉、感知和认知神经科学专题研究会”，研究所与韩国生物科学与技术研究所签订了为期五年的“科学合作谅解备忘录”。

中国生物物理学会和中国生物化学与分子生物学会挂靠在生物物理所，主办刊物有《生物化学与生物物理进展》和《生物物理学报》，在《被引频次最高的中国科技期刊500名排行表》中，分别排名18位和57位。1996年《生物化学与生物物理进展》获得第二届全国优秀科技期刊一等奖。

植物研究所

名誉所长：汤佩松
所　　长：张新时
地　　址：北京市海淀区香山南辛村20号
邮政编码：100093
电　　话：010-62590835（办）
010-62591431（总机）
图文传真：010-62590833（所部）
010-62590348（植物园）

植物研究所创建于1928年，原为北平研究院植物研究所及静生生物调查所。中华人民共和国成立后为中国科学院分类研究所，1953年正式成立研究室，设植物分类学、植物生态学与地植物学、植物形态学、植物细胞学四个研究室和一个植物园，改称植物研究所。

植物所在编人员664人；其中科技人员506人；有中国科学院院士5人；研究员70人；副研究员（包括高级工程师、高级实验师）130人；中级科技人员163人。植物所为硕士、博士授予单位和博士后科研流动站单位。现有在学博士生85人、硕士生52人，另有博士后12人。

植物所今后发展的科研方向是：(1)系统与进化植物学；(2)植物生态学与信息生态学；(3)植物光合作用机理；(4)植物发育与生殖生物学；(5)植物资源生物学。本所已发展成为一座多分支学科的综合性研究机构，按分支学科共设有八个研究室、两个植物园、四个野外台站。为适应学科发展需要，1987年建立了系统与进化植物学开放研究实验室；1989年建立了植被数量生态学开放研究实验室；1993年成立了植物演化和环境变迁青年实验室；1996年建立光合作用基础研究开放实验室。此外，于1983年建成一座总面积为一万多平方米的植物标本馆，藏有植物标本200余万号，是亚洲最大的植物标本馆；1996年建成古植物标本馆，收藏古化石标本8万号；有收藏植物种子标本达7万多号的种子标本室，居世界第三位；植物园收集植物种类达6000多种

(包括品种)；有植物学方面藏书较全面的图书资料室，现藏书7万多册，期刊近7万册，古装、线装本近1万种。所里拥有进口气相色谱仪、高压液相色谱仪、红外光谱仪、气-质联用仪、分光光度计、荧光分光光度计、原子吸收分光光度计、超速制备与分析离心机、高级基因转移系统、植物组织细胞发酵培养系统、叶绿素荧光测试系统等；拥有计算机房，开发和移植了有关植被优化管理、图形信息系统动态建模和其他通用软件，并可提供服务。

1996年共争取项目73项，承担项目220项，其中：国家自然科学基金项目争取15项，承担116项（三级以上）；“863”项目争取4项，承担4项；国家攻关项目争取52项，承担7项；“921”项目承担2项；“攀登计划”项目承担15项（主持1项)；中国科学院重点项目争取11项，承担11项；中国科学院院长基金项目争取9项，承担14项；中国科学院其他项目争取17项，承担28项；国内合作项目争取8项，承担18项；国际合作项目争取4项，承担5项。

在承担的国家自然科学基金项目中，主持重大基金项目3项，联合主持1项。

1996年植物所获奖项目有：“中国柳叶菜属（柳叶菜科）系统学”、“青藏高原地图集”、《三峡工程与生态环境》，获中国科学院自然科学奖二等奖；“新疆二叠纪、三叠纪植物化石及其区系意义”获中国科学院自然科学奖三等奖；“稀有濒危植物的迁地保护”，获中国科学院科技进步奖三等奖；“芸苔属蔬菜作物游离小孢子培养技术及其育种应用研究”获北京市科技进步奖一等奖。汤佩松院士获陈嘉庚奖、王文采院士获香港求是科技基金、林金星研究员获第五届中国青年科技奖。另外，植物所研制的红花茶、红花可乐在“96北京国际发明展览会”上分获银、铜奖。

由于改革开放的需要，植物所设有科技开发办公室，全所现办有12个开发实体，包括科技成果开发、技术服务、生活服务设施、贸易等。其中以中植梦绿生物新技术公司为重点，相对集中本所的科技成果，逐步办成具有龙头产品的龙头企业，该公司经营的项目有无公害农药系列，植物生长调节剂（包括用于蔬菜、水果、玉米、糖料增糖剂等）中试产品。所里还设有植物新技术开发公司、技术劳动服务公司等开发实体，有北方工程植物实验开发基地与工业生产开发基地。

植物所的国际合作项目有：与美国高山研究所、尼泊尔国际山地中心合作关于西藏的保护与开发的研究；与日本千岛大学合作关于生物多样性的研究；与国际地圈生物圈（IGBP）委员会合作关于全球变化项目的研究；与法国原子能总署生物能源研究所合作关于光合作用反应中心的结构与功能的研究；与澳大利亚国立大学合作关于地层花粉形态的研究。植物园与世界上50个国家（或地区）300个单位有种苗交换关系。植物所科学家在国际科学机构中任职的有：张新时院士任国际地圈生物圈委员会委员；王献溥研究员任国际自然保护联盟、国家公园与自然保护区委员会副主席；李渤生研究员任国际山地论坛中方负责人；林金星研究员任国际树木学会理事、国际自然保护联盟松杉类专家组成员；黎大爵研究员任第一届国际甜高粱会议主席。1996年植物所主持召开了第四届国际苏铁生物学会议、21世纪的温带草地图际学术会议、东亚地区自然保护区有效管理研讨会、全球变化与生物多样性样带研究国际会议。

中国植物志编辑委员会、中国植物学会、北京生态学会、北京植物生理学会和中国植物学会植物园分会挂靠在植物所。主要刊物有：《植物学报》、《植物分类学报》、《植物生态学报》、《植物学通报》、《植物杂志》、《生物多样性》、《中国植物园》、《植物引种驯化集刊》等。

动物研究所

所　　长：王祖望
地　　址：北京市海淀区中关村路19号
邮政编码：100080
电　　话：010-62552219
图文传真：010-62565689

动物研究所是基础理论研究与社会公益研究并重的综合性生物学研究机构。1996年全所有职工494人，其中科技人员421人。有高级专业技术人员186人，中级专业技术人员148人。45岁以下青年科技人员269人，其中高级专业技术人员55人。现有中国科学院院士3人，博士生导师33人，硕士生导师81人。在学博士生56人，硕士生34人，博士后科研流动站在站9人。动物所设有动物学、昆虫学、生理学、细胞生物学、生态学等5个博士点和博士后流动站。1996年招收博士生23人，授予博士学位10人；招收硕士生11人，授予硕士学位9人，博士后科研流动站进站4人，出站2人。

动物所今后的发展方向是以动物系统学、动物生态学、生殖生物学和细胞膜生物学四个分支学科为发展重点，以人与自然协调发展为科学主题，在动物进化与系统学、动物生态学、濒危物种保护、动物资源持续利用和有害动物综合治理等方面发挥现有优势，形成具有我国特色并能与国际前沿接轨的研究领域和体系。通过研究生殖生物学和生育控制的机理，细胞生物学与细胞膜工程以及有害动物的成灾和控制机理，解决学科发展前沿和国民经济建设中的重大理论和实践问题。逐步形成了基础研究和社会公益研究并重的格局。

动物所是一个科研建制完整、结构较合理的综合性研究所，按其主要研究方向分别设有一个研究中心、三个国家重点实验室、一个青年实验室、六个研究室。

动物所拥有代表我国丰富的生物资源和动物区系的各类动物标本馆和昆虫标本馆，其标本收藏共362万余号，定名标本约5万余种，是我国馆藏动物门类最多、数量最大、研究队伍整体实力最强的动物标本馆。此外还有总藏书量为24.9万余册的图书馆和中心实验室、实验动物室等辅助机构。

1996年，动物所按照结构性调整的总体部署，本着精简机构、纯化管理、放活服务、提高工作效率的精神，根据动物研究所的规模重新调整了职能部门机构设置，由原来的七处四办调整为三处二办。为使动物研究所三个区系分类研究室在激烈的科研竞争中继续保持和发展在动物进化与系统学研究、动物资源保护与利用、动物物种多样性等研究领域的特色，集成优势，重组资源，顺利完成科研骨干的代际转移，走出困境，1996年年底，撤消了三个分类室，重新组建了动物进化与系统学研究中心（暨动物标本馆）。该中心是集科学研究、人才培养、动物标本收藏、公众教育、信息交流等多方面功能于一体的研究实体。

1996年动物研究所落实"九五"各类科研项目74项。其中：国家"九五"攻关项目专题、子专题20项，国家自然科学基金项目18项，中科院重大、重点课题及其他项目16项，国际基金课题3项，国家各部委及地方科研任务8项，开发课题6项。

1996年动物所鉴定科技成果8项。获科技成果奖6项，其中获中国科学院科技进步奖一等奖、二等奖、三等奖各1项；获中国科学院自然科学奖二等奖1项，三等奖2项。发表科技论文243篇，其中在国外发表论文72篇。出版专著6部。转让科技成果5项，成交额38万元。

1996年动物所与法国科学院科学与进化所及英国落桑实验站合作开展了"家蝇和蚊虫杀虫药剂抗性基因的鉴定和利用"的合作研究。举办(或承办)国际会议或双边学术讨论会两次。接待了九个国家的18位外宾来访，参加国际会议39人，赴国外合作研究15人，讲学、考察访问等6人。

中国昆虫学会、中国动物学会、中国生态学会、中国动物志编辑委员会和中华人民共和国濒危物种科学委员会挂靠在动物研究所。主办刊物有《动物学报》、《昆虫学报》、《动物分类学报》、《中国昆虫科学》(英文版)、《动物学杂志》《昆虫知识》《动物学集刊》等七种学术刊物。1996年共出版发行学术刊物6卷28期。

微生物研究所

所　　长：孟广震
地　　址：北京市海淀区中关村北1条13号
邮政编码：100080
电　　话：010-62565880
图文传真：010-62560912
E-mail：menggz@sun.im.ac.cn

微生物研究所成立于1958年12月，其前身是中国科学院北京微生物研究室和中国科学院应用真菌研究所。经过近40年的发展，现已成为以基础研究和高技术创新为主体、从应用基础研究到应用开发研究于一体的综合性研究机构。全所现有职工462人，其中科技人员384人；中国科学院院士2人；研究员38人，副研究员、高级工程师101人，中级科技人员132人。微生物所微生物学、病毒学、生物化学、微生物分子遗传学等四个研究领域均具有博士、硕士学位授予权。全所1996年在学研究生82人，其中硕士生46人，博士生36人，在站博士后2人。1996年所里加大了研究生招生数量和培养力度。招收博士生17人，硕士生18人。毕业的博士生4人，硕士生11人。出站博士后5人，新进站博士后2人。另外，有三位研究生分别获院长奖学金、地奥奖学金及亿利达奖学金。

微生物所经过学科调整现已组建成五个研究室、四个院级开放实验室，还组建了所级分子病毒学与生物工程开放实验室。另外，1996年还与企业建立了两个联合实验室，从而开辟了新的科研经费来源，对科技迅速转化为生产力起到了积极促进作用。

微生物所设有重要的科研设施及装置，如设立了一个中国最大也是亚洲最大的具有40万号菌株的菌物标本馆。还建有一个由国家投资兴建的有着良好的微生物发酵设备及后处理设备的发酵中试工厂，一个具有国内外领先水平的拥有先进仪器设备的新技术中心和一个藏书六万余册的专业性图书馆。

微生物所1996年采取一系列改革措施，加大改革力度，首先制定了“九五”发展规划，进行研究所分类定位。与此同时，建立和完善各项规章制度，使全所工作走向规范化管理轨道。对机关处室本着精简机构的原则由原来七个职能处室减编到现在的五个职能处室。同时在干部配备上进行了调整和充实，把一批较年轻的科技骨干和管理人才推到领导岗位，以利于研究所长远发展。还改组和新建了十几个专门工作委员会，使其在研究所决策及管理工作中发挥重要作用。1996年公司整顿是该所改革工作中所作出的较大动作，新成立的公司董事会对所属公司进行整顿，对全所公司进行资产清理和财务审计，撤销了不利于研究所发展的公司，从而理顺公司与研究所的关系，从根本上降低研究所的经营风险，使公司走向健康发展的良性循环。而另一个大的改革动作是“关于研究所人才建设问题”。该所对院“百人计划”青年实验室给予人力、物力上的支持，谭华荣博士领导的“百人计划”项目“链霉菌发育分化的分子生物学”的研究已取得可喜的进展，引起了国际同行的关注。所里还制定了人才引进计划，吸引了国内外学有所成的优秀人才来所工作，为研究所今后的发展奠定坚实的基础。另外，为了活跃学术气氛，提高科技人员整体素质，以所、室、课题组等不同层次上开展学术活动，例如，开展院士、高研报告会，归国留学生报告会，青年学者报告会等，收到了很好的效果。

1996年微生物所争取和承担的主要科研任务和项目有：国家攻关项目20项，国家自然科学基金项目27项，“863”项目8项，攀登计划项目2项，中国科学院重大项目1项，中国科学院重点项目4项，“921”项目3项，国际合作项目6项，以及其他部委项目15项，横向委托项目20项。申请专利5项，登记成果9项，被鉴定的成果7项。获奖项目2项，其中获国家科技进步奖三等奖1项；海南省科技进步奖三等奖1项。方荣祥研究员课题组完成的“基因工程培育抗TMV和CMV的双抗优质烟草纯合系及其大田应用”项目和陈远童研究员课题组完成的“单-长链二元酸开发”均被评为国家“八五”攻关重大科技成果。1996年全所共发表科技论文147篇，其中在国际学术刊物上发表32篇，发表专著4部。

微生物所重视国际合作与人才培养工作。1996年共派出学者31人次，接待来自美国、英国、日本、加拿大等国家的专家和学者34人次，组织并主办重要大型国际会议及培训班1个。

中国微生物菌种保藏委员会、中国普通微生物菌种保藏委员会、中国普通微生物菌种保藏中心、中国孢子植物志编委会、中国微生物学会、中国菌物学会、中国微生物资源中心挂靠微生物所。主办刊物有《微生物学报》、《微生物学通报》、《真菌学报》、《生物工程学报》。

遗传研究所

所　　长：陈受宜
地　　址：北京市朝阳区大屯路 917 大楼
邮政编码：100101
电　　话：010-64914160（办）
图文传真：010-64914896

遗传研究所创建于 1959 年 9 月，由原中国科学院遗传研究室与中国科学院动物研究所遗传组合并而成。现有职工总数 437 人，其中中国科学院院士 1 人，研究员 23 人，副研究员 71 人，高级工程师 37 人。中级科技人员 137 人。遗传所是自行审定招收培养博士生计划和博士生导师的单位，并设有博士后科研流动站。现有博士生导师 11 人、硕士生导师 30 人、博士后 11 人，在读博士生 34 人、硕士生 39 人。

遗传所是一个围绕生物的遗传与变异开展基础研究和应用基础研究的科研机构。研究对象包括植物、动物、微生物、人类；研究层次涉及分子、细胞、个体、群体四个水平。重点发展方向是分子遗传学、有应用前景的基因工程和细胞工程。目前开展的研究主要分为以下几个方面：农作物抗性分子机制及基因工程；水稻等主要农作物基因组、基因表达和调控；小麦等作物细胞及染色体工程；主要粮食及经济作物高产、优质、抗病虫害生物技术育种；分子免疫学和基因工程；人类基因组多态性以及微生物分子遗传学等。研究所下设分子遗传、动物遗传及医学群体遗传、植物体细胞遗传、植物雄性不育、植物生物技术与育种、植物遗传操作、植物细胞与染色体工程和植物生物技术八个研究室。同时设有“国家植物细胞与染色体工程实验室”和“中国科学院植物生物技术实验室”两个开放实验室。

遗传所 1996 年通过审（认）定的农作物新品种 3 个；花卉脱毒与试管苗规模生产，已在北京和山东等地生产部门应用；牛胚胎分割技术直接应用于畜牧生产，在内蒙古和宁夏等地产生了很好的效益；遗传所自行研制的新药“冻干表皮生长因子”，获国家新药证书。该药可用于治疗烧伤、创伤、溃疡，加速伤口的愈合。

遗传所 1996 年主持和承担的科研任务有：国家自然科学基金委资助项目 20 项；国家杰出青年基金 1 项；国家重大基金 1 项；国家高技术研究项目 14 项；国家攻关项目 23 项；横向联系项目 8 项；国际合作项目 10 项以及总理基金资助项目 1 项。

遗传所在 1995 年改革的基础上，进一步引进竞争机制，使全所的工作效率得到了较大的提高。

遗传研究所主办了两次大型国际会议，接待了上千名来自美、日、英、法等数十个国家和地区的专家和学者；派往国外留学、考察、参观、讲学及参加各种国际会议的代表近千余人次，并开展了一批有意义的国际合作研究项目，已与美、意、德、英等国家和地区及国际原子能署的研究机构、学术团体以及企业建立了广泛的科技合作联系。中国科学院植物生物技术实验室成为英国诺曼鲍拉格植物科学研究所中国中心的一个分部。

1996 年度自英国归来的王道文博士获得了 1996 年度的国家自然科学基金和院长择优基金等项目的资助。

中国遗传学会挂靠在遗传所，主办刊物有《遗传学报》和《遗传》杂志，《遗传学报》英文版在国外公开发行。

发育生物学研究所

所　　长：孙方臻
地　　址：北京市海淀区中关村南 1 条 3 号
邮政编码：100080
电　　话：010-62551951
图文传真：010-62551951

发育生物学研究所于 1980 年正式成立。其前身是中国科学院动物研究所童第周教授领导的细胞遗传学研究组。

1996 年底全所共有职工 136 人，科技人员 67

人，其中研究员（包括正研级高级工程师等）11人，副研究员、高级工程师等10人，中级科技人员27人。现有在学博士研究生11人，硕士研究生19人，博士后3人。发育生物学研究所是发育生物学学科的硕士和博士学位授予单位。

发育所主要从事发育生物学研究，其学科研究方向是从细胞与分子水平上研究动、植物发育的机理及遗传调控。主要开展动、植物受精的分子机理及遗传调控研究；细胞识别及信号转导机理的研究；细胞分化及脱分化的遗传、生化及分子机理的研究；分离与鉴定与发育相关的基因及转基因相关的生物技术研究。并设有一个院级开放实验室——分子发育生物学开放实验室。

发育所拥有一批较先进的科学仪器和实验装置，其中包括透射电子显微镜、激光共焦显微镜、超速离心机、图像分析系统和高级显微操作系统等，具备从事分子生物学、分子胚胎学和细胞生物学的良好研究条件，还建立了较先进的实验动物基地。这些现代化的装备及设施，为科研工作的开展提供了重要的保证。

1996年，发育所继续深入进行结构性调整，进一步完善研究所研究与管理体系，狠抓研究所可持续性发展的支撑条件建设。工作的重点放在人才队伍建设上，从国外引进年轻学术带头人和科技管理人才各1名，并已进所工作。在行政机构上，集党、政、科、后勤管理于一体的联合办公室正向着精干、统一、高效的方向前进。

在课题申请方面，通过合理地组织所内科研人员，充分发挥年轻科研骨干的作用，1996年本所在经费争取上取得了建所以来最好成绩，共获经费450多万元。已承担及在研的课题30多个，其中包括国家自然科学基金委杰出青年基金项目1项、重点项目1项及面上项目10项；中国科学院“九五”重点项目5项，中国科学院院长特别支持基金项目1项；国际合作项目1项；并承担“863”任务4项。在科研管理方面，十分重视所内学术气氛，积极抓好研究所的学术活动。在1996年中，共邀请所外学者来所作学术报告20余次，其中包括外事学术报告8次。为了加强所内学术交流，曾于1996年底举办了为期两天的“发育所学术日”活动。促进了所内、外学术交流。

发育所同国际上开展学术合作和交流方面有着良好的基础。一年来根据科研工作的需要派遣出访欧美等国家的科学家达13人次，国外科学家来访24人次。1996年底，与香港大学签定了“建立转基因动物联合中心”的协议。

发育生物学会和全国转基因动物学会挂靠在发育生物学所。主办刊物有《发育与生殖生物学学报》和《转基因动物通讯》。

生态环境研究中心

主　　任：单孝全
地　　址：北京市海淀区双清路18号
邮政编码：100085
电　　话：010-62923549
图文传真：010-62923563

生态环境研究中心始建于1975年，其前身为中国科学院环境化学研究所。经国家科委和中国科学院批准，1986年与中国科学院生态中心合并，改为现名。1996年5月，经中国科学院和国家环境保护局协商决定，实行中国科学院和国家环境保护局双重领导，在沿用中国科学院生态环境研究中心原名的同时，启用中国科学院国家环境保护局生态环境研究中心。

生态环境研究中心现有职工430人，其中中国科学院院士1人，中国工程院院士1人，博士生导师17人，研究员39人，副研究员90人，中级研究人员131人，初级研究人员64人；在读博士生48人，硕士生49人，8名博士后在站工作。

中心主要研究领域包括环境化学、环境工程学和宏观生态学。研究内容涉及环境化学、环境工程、生态学、地学等学科的相互交叉和互相渗透。设有环境化学博士后流动站，有环境化学博士学位授予权和环境化学博士生指导教师自行审批权，有生态学、环境化学、大气化学、有机化学、分析化学5个学科专业的硕士学位授予权。现有环境化学博士生导师14人，生态学博士生导师3人。

生态环境研究中心现设有14个研究室。包括环境化学领域的环境水化学国家重点实验室、环境分析化学与生态毒理学开放实验室（自费）、大气环境研究室和离子色谱研究室；环境工程学领域的膜技术研究室、水污染控制研究室、有机合成研究室、生物技术研究室和仪器分析与研制研究室；宏观生态学领域的系统生态开放实验室（院开放）、国情分析研究室、区域生态研究室和生态工程研究室。此外，还设有情报编辑研究室。

环境水化学国家重点实验室的研究方向是发展环境水质的现代科学与高新技术，兼顾天然水体和水处理工艺两方面的水质问题。深入探索各种水质转化过程的基本规律，推进我国的环境水质科学，开发新型工业化的高效水处理单元和工艺，发展实用化的环境水质计算软件，综合研究水质资源合理利用的科学对策。主要研究内容包括水质分析鉴定、水质转化过程、水质生态毒理、水质模拟计算、水质控制技术和水质资源利用。系统生态开放实验室是以生态学、系统科学及计算机科学为基础，以人口、资源、环境问题的耦合关系为对象，开展自然科学与社会科学交叉的跨学科综合研究。理论上探讨社会、经济、自然复合生态系统的动力学机制及控制论方法，发展具有中国特色的人类系统生态学；应用上以可持续发展为纲，探讨城市及人类密集地区的生态评价、生态恢复、生态规划、生态管理的系统方法、集成技术及实现城乡环境经济持续发展的对策与决策支持手段。

中心拥有高分辨双晶X-射线荧光光谱仪、电感耦合等离子体发射光谱仪和质谱仪、傅里叶变换红外光谱仪、液相色谱-质谱联用仪、气相色谱-质谱联用仪、X-射线衍射仪和计算机工作站等大型仪器设备。有一个同德国联接的计算机终端和一台同院内两个研究所共用的VAX-787计算机；组成了37台微机的局域网与中国科学院主网连通，实现了E-mal、WWW、FTP等服务。

1996年10月，中心领导班子换届。新领导班子更加年轻化，坚持在面向经济建设和社会发展主战场，发展高新技术产业和加强应用基础研究三个层次上进行科技体制改革，目标是把生态环境研究中心建设成为先进的公益性研究所。对机关结构进行调整，精简人员，实行一人多岗，一专多能。对实验室进行了适当调整，由原17个室减到14个，以利于学科的发展和承担重大课题。

1996年，中心争取和承担的国家重点科技攻关任务9项，中科院重点项目4项，中科院特别支持项目4项，国家杰出青年科学基金项目2项，国家自然科学基金委重大项目2项，重点基金项目2项，面上基金项目16项。承担国家“九五”重点科技攻关任务比“八五”期间有较大的增长，专题主持人的年龄趋于年轻化。

1996年，中心取得了9项科技成果。其中，由彭安研究员主持的“八五”攻关专题《饮水中有机物在大骨节病中的作用》被卫生部申报，被评为国家“八五”科技攻关重大科技成果。本年度中心获中国科学院科技进步奖一等奖1项、二等奖1项；国家环保局科技进步奖三等奖1项。

1996年，中心加强了科技开发工作，突出几个重点；造纸黑液资源化技术、超滤膜技术、纯净水装置、生物农药及其系列产品、柠檬酸菌种和后提取技术、超临界技术的推广和深度开发。把技术开发与应用基础研究和应用研究放在了同等重要的位置，以促进中心的科技成果的产业化和技术转让。1996年，中心申报专利9项。

1996年中心有3项国际合作项目：与意大利合作的欧盟项目“工业初级产品生产过程中的生态持续能力研究”，与日本合作的“脱硫粉煤灰改良盐碱地”和“大气降下物对森林小流域影响”。1996年10月由中心主持在北京举办了“生态工程国际学术会议”，与会的科学家181名，其中有47人来自世界上23个国家和地区。与会者共提交了180篇论文。

国际科联环境问题委员会（SCOPE）中国委员会、中国生态学会、国际环境情报系统（INFOTERRA）中国联络点及中国-加拿大资源环境高技术中心挂靠在生态环境研究中心。中心负责编辑出版《环境科学学报》、《Jouranal of Environm ental Sciences》、《生态学报》、《环境科学》、《环境化学》和《环境科学进展》。

古脊椎动物与古人类研究所

所　　长：邱铸鼎
地　　址：北京市西直门外大街142号

邮政编码：100044
电　　话：010-68351363
图文传真：010-68337001

古脊椎动物与古人类研究所的前身是地质调查所新生代研究室，成立于1929年。1953年改为古脊椎动物研究室，直属中国科学院，1957年改为古脊椎动物研究所，1960年改为现名。全所现有职工195人。科技人员146人，其中中国科学院院士3人，研究员26人，副研究员、高级工程师39人，中级科技人员50人，博士生导师5人，硕士生导师25人，现有在学博士生5人，硕士生5人，另有博士后2人。

古脊椎所是中国古脊椎动物与古人类两门基础学科的权威性专门研究机构，在国际上享有很高的声誉。全所设有3个研究室及周口店国际古人类研究中心，主要研究古脊椎动物形态、分类、起源、进化及时空分布规律和古环境，同时在确定地层年代、寻找沉积矿藏方面起着重要作用。古人类学及今人类学主要研究人类起源、文化发展、人种特征以及人类与环境的关系。所里还建有中国古动物馆、化石标本馆并设置周口店猿人遗址管理处。化石标本馆藏有全国门类最多、数量最大的古脊椎动物化石和人类化石及古文化标本；猿人遗址被联合国教科文组织列入世界文化遗产之一。

1996年在研课题48项，获成果2项，其中由周明镇院士主持研究的《内蒙古高原早第三纪地层和哺乳类的研究》获中国科学院自然科学奖一等奖，由古脊椎所三峡考古工作队主持发掘的“四川丰都县烟墩堡遗址”被列为国家文物局评选的1996年中国考古十大发现之一。

1996年举行了以“人类起源及灵长类进化”为主题的香山科学会议第62次学术讨论会，来自中国科学院、中国社会科学院及北京大学等单位的42位专家学者出席了会议。会议围绕最早人类的起源、现代人的起源、高级灵长类的起源以及人类起源进化与环境演变之间的耦合关系等学科焦点、热点和前沿问题展开了热烈讨论。

1996年联合国教科文组织、中国科学院和法国人种学基金会联合在该所举办了保护、修复周口店遗址国际专家委员会第一次会议。会上，专家们听取了有关周口店遗址近年来工作的汇报和对将来的设想，现场讨论了有关保护周口店遗址的各种方案。

地质研究所

所　　长：刘嘉麒
地　　址：北京市德胜门外祁家豁子
邮政编码：100029
电　　话：010-62027766（总机）
图文传真：010-64919140

地质研究所1950年9月建于南京，其成员来自原中央研究院地质研究所（建于1928年1月）和工商部中央地质调查所（建于1913年6月）等，是我院历史最悠久的研究所之一，1954年迁至北京。先后分出部分人员扩展建立了兰州地质研究所（1955年）、贵阳地球化学研究所（1965年）和国家地震局地质研究所（1978年），以及上海硅酸盐研究所、青海盐湖研究所、南海海洋研究所的相关研究室。现有人员441人，其中有中国科学院院士5人，中国工程院院士1人、研究员63人，副研究员及高级工程师120人，中级科技人员128人，博士生导师37人。

地质研究所的研究方向是运用现代地质学理论和方法，在基础研究方面重点发展大陆动力学和环境地质学，承担国家和国际项目，参与区域和国际大科学竞争；在应用基础研究方面，面向国民经济建设，为寻找黄金、油气等国家紧缺资源和重大工程建设服务。结构性调整后，继续发展和壮大两个开放实验室，即岩石圈构造演化开放研究实验室和工程地质力学开放研究实验室。同时建立两个研究中心，即地质环境系统研究中心和矿产资源研究中心。

1996年度地质所在研国家自然科学基金项目61项。其中重大项目一项、重点项目三项；青年基金项目12项，面上基金项目45项。1996年新获得批准的青年基金项目2项，面上基金项目16项。

1996年地质所继续执行攀登计划“与寻找超大型矿床有关的基础理论研究”、“青藏高原隆起”及“寻找隐伏矿的新理论、新技术、新方法研究”，并获得2项院长基金，2项出国人员择优支持基金。继续执行院黄金重大项目中7个3级课题的研究。1996年开展的研究课题还有南极办、院重大项目“南极晚更新世以来气候与环境演变及现代环境背景”、国家攻关项目“紧缺矿产资源评估与勘查”。除上述课题外，在横向方面开题15项，其中“金厂峪金矿深部预测与找矿勘探”有良好的合作前景。

1996年“中国东南大陆及相邻海域岩石圈构造演化”获中国科学院自然科学奖一等奖、“生物矿物学”获中国科学院自然科学奖二等奖、“金川露天矿边坡稳定性工程地质研究”获中国科学院科技进步奖三等奖。

1996年，地质所与近20个国家和地区开展了学术交流或合作研究。

中国第四纪研究委员会、中国沉积学学会、中国工程地质学学会和中国科学院极地科学委员会挂靠在地质所。主办刊物有《地质科学》(中、英文版)、《第四纪研究》、《岩石学报》和《工程地质学报》。

自然资源综合考察委员会

主　　任：赵士洞
地　　址：北京市朝阳区大屯路3号
邮政编码：100101
电　　话：010-64917351（总机）
010-64917814（办）
图文传真：010-64914230
E-mail：zkb@cisnar.ac.cn

自然资源综合考察委员会(CISNAR)成立于1956年，受中国科学院和国家计划委员会双重领导，现有职工305人，其中科技人员233人，包括中国科学院院士2人，中国工程院院士1人，博士生导师16人；有研究员34人，副研究员和高级工程师73人，是生态学专业博士学位和自然地理学、人文地理学、生态学专业硕士学位授权单位，1996年在学研究生54人，在站博士后1人。

综考会是从事自然资源和区域经济发展的研究机构，也是中国科学院开展综合科学考察研究的组织和协调机构。研究方向任务是：以资源为主要研究对象，与自然和社会经济条件紧密结合，在区域、国家和全球尺度上，围绕国家经济发展需要，对资源配置、资源利用和区域持续发展过程中的各类资源之间及人口-资源-环境-经济之间的相互关系进行整体综合研究，为社会经济可持续发展提供科学依据。设有11个研究室，4个野外观测、研究试验站；中国生态系统研究网络(CERN)的综合研究中心、世界数据中心中国分中心(WDC-D)的再生资源与环境学科中心、中国科学院区域可持续发展研究中心和中国科学院与全国农业区划委员会共同领导的资源与农业发展综合研究中心也设在综考会内。目前建有中国自然资源数据库(含17个子库，共170多个数据相关关系，数据量约500万个，数据覆盖全国范围)、中国国情数据库、全球国家基本情况数据库(包括全球200多个国家和地区)、中国生态系统动态变化数据库(数据量150M，3148个数据集)等综合性数据库和图库9个，黄淮海地区估产背景数据库等专题数据库和图库14个；综考会信息室和CERN综合研究中心具有国内资源研究领域先进的计算机软硬件环境和图形(像)处理设备，完全具备国内外学者来综考会从事资源、环境和生态等领域研究工作的条件。综考会不断加强年轻人才培养力度，使人员结构趋于合理化。1996年报院特批研究员3人，一批卓有成就的年轻研究人员已成为“九五”科研工作的中坚力量，研究生招生情况亦达到历年的最好水平。综考会的目标是：经过5年或更长一段时间的努力，成为在国内具有权威性，在国际上具有重要影响的一个资源科学综合研究中心和数据采集、交换、分析中心以及国家、区域资源管理和宏观决策咨询中心。

1996年，综考会承担了国家攻关和攀登计划课题(专题)：中国农业资源综合生产能力与人口承载能力研究，不同类型区农业资源高效利用的优化模式与技术体系的集成研究，黄河流域灾害环境综合治理对策，青藏高原形成演化、环境变迁与生态系统研究，青藏高原隆起及其对资源、环境和人类活动影响综合研究，青藏高原人口、资源、环境与发展综合研究等共 9 项；承担院重大课题 2 项，专项研究 9 项；承担委托课题 14 项；国家自然科学基金课题 4 项；国际合作项目 5 项；

1996 年是综考会成立 40 周年。40 年来，综考会始终坚持面向国家经济建设，以为国家和地方合理开发利用资源与制定国民经济计划提供基础资料和科学决策依据为己任，取得了丰硕的科学考察与研究成果，已出版专著和论文集 440 多部。1978 年以来，由综考会主持完成或主要参加完成的科技成果 66 项，其中获国家级奖 14 项，院（部、省）级奖 52 项。1996 年，综考会发表论文 221 篇，其中在国外发表 11 篇；出版专著 19 部，上报院重要成果 7 项。重点产粮区主要农作物遥感估产研究成果获 1996 年中国科学院科技进步奖一等奖。该项研究利用遥感、地理信息系统及全球定位系统，解决了大面积小麦、玉米、水稻遥感估产中的关键技术，建立了大面积遥感估产系统，实现了提前 2～3 月可精确提取小麦、玉米、水稻的种植面积和收获前 1～2 周预报估产区各作物的单产和总产，其估产精度小麦达 95%～97%，玉米达 90%～95%，水稻达 85%～90%。该成果整体上达到国际先进水平，面积获取技术处于国际领先地位，已被国家和有关省、市所应用，取得了较大的社会效益和经济效益。

长期以来，综考会先后与 30 个国家和地区的科研机构、大学建立了广泛的学术交流与合作关系。与澳大利亚阿得莱德大学共同成立了中澳联合研究与培训中心，已在多方面开展合作研究。与瑞典皇家科学院建立了翻译、出版《AMBIO》杂志（瑞典皇家科学院主办发行的有关环境问题的杂志）中文版的协作关系。1996 年综考会接待了来自不同国家和地区的学者共 9 批 26 人次，同时派出 39 人次进修、参加会议和开展合作研究等。

中国自然资源学会、中国青藏高原研究会等学术组织挂靠在综考会。主办刊物有《自然资源学报》、《自然资源》、《AMBIO——人类环境杂志》。

地理研究所

名誉所长：黄秉维

所　　长：陆大道
地　　址：北京市朝阳区安定门外大屯路 3 号
邮政编码：100101
电　　话：010-64914841
图文传真：010-64911844

地理研究所于 1940 年建于重庆，1947 年迁至南京，1958 年迁至北京，是地理学科的综合性研究所。全所现有职工 479 人，其中中国科学院院士 5 人，高级科技人员 196 人，中级 176 人，初级 55 人，是国家确定的硕士、博士研究生培养及博士后流动站单位。自 1978 年以来，共培养硕士生 224 人，博士研究生 147 人，33 位博士后进站流动。

几十年来，地理所承担了大量国家、中国科学院和地方的科研任务，取得了一批重要的科学技术成果，共发表论文 4300 篇、出版专著 320 部，图集 40 多册，图件 400 余幅，至今已有 204 项科技成果获国家级、院级和部委级奖励。

目前，地理所有 3 个部（资源环境研究与应用部、区域持续发展部、地理信息系统科学部），20 个研究室、站、实验室以及技术开发系统。

地理所的主导研究理论支撑体系是陆地地球系统科学，研究的主导内容是解决区域可持续发展，即人-地关系（自然与社会的矛盾）的理论问题和实际问题，主要从事地理环境的结构、形成和演化，及其改造利用，地理环境中物质能量的迁移、积累、转化过程及人类活动对地理环境的影响，地理环境的物质流、能量流与信息流和地理过程分析。地理所的主导产出为地理信息产品和区域发展分析、咨询产品，为全球、国家和地区的可持续发展提供科学依据，寻找人类适应、利用、改造地理环境的途径。

地理所 1996 年度从事的主要研究课题有：国家攀登计划项目“青藏高原形成演变、环境变迁与生态系统的研究”，国家攻关项目“重大自然灾害评估系统研究”等 10 项。国家自然科学基金委重大和重点项目“沿海城镇密集地区经济人口集聚与扩散的机制和调控研究”。国家自然科学基金委面上基金项目 40 项。中国科学院重大和重点项目 3 项。国际合作和援外项目，如博茨瓦纳土地规划与测量，中美、中日、中英、中澳、中加等合作项目。另有省、部委托项目平均每年达十几项。1996 年地理所共有 3 项科技成果获院、部级奖励，其中“中国设市预测与规划”获民政部科技进步奖一等奖，“青藏高原地图集”获中国科学院自然科学奖二等奖，“黄河流域侵蚀环境及其资源开发研究”获中国科学院科技进步奖三等奖。

中国地理学会、中国科学院水问题联合研究中心、中国科学院乡村发展联合中心挂靠地理所。主办刊物有《地理学报》、《地理研究》、《中国地理（英文版）》、《地理科学进展》、《地理知识》等。

地球物理研究所

名誉所长：傅承义
所　　长：徐文耀
地　　址：北京市朝阳区大屯路甲 11 号
邮政编码：100101
电　　话：010-62012497（办）
010-62011118（总机）
图文传真：010-62031995

地球物理研究所 1950 年成立于南京，其前身是中央研究院气象研究所。1996 年底职工总数 325 人，从事科技活动人员 271 人，有中国科学院院士 2 人，研究员 28 人，副研究员、高级工程师等 68 人，中级科技人员 84 人。地球物理所是国家确定的硕士、博士研究生培养单位和博士后流动站单位。同时也是中国科学院现代地球科学研究中心的依托单位。现有在读博士生 25 人，硕士生 6 人，在站博士后 13 人。

地球物理所是以研究固体地球物理为主的基础和应用基础研究机构。它应用现代物理学原理和方法，采用先进的计算技术和实验设备，研究地球及其空间环境的物质组成、物理结构、动力学过程及其演化规律，跟踪和开拓地球物理科学的新领域，为预测、勘探和开发能源和资源、减轻地球自然灾害和解决环境保护等重大问题提供科学依据。

地球物理所设有 9 个研究室，分别从事岩石层物理、地球动力学、理论地球物理、综合地球物理、地磁与空间电磁环境、新技术应用、科技信息、应用地球物理、油储地球物理等方面的研究；根据地球科学发展和国家经济建设需要，还建有地球动力学高温高压开放实验室、古地磁联合实验室、地磁观测台链和资料情报中心。

地球物理所拥有科研仪器设备 1931 台套，价值 2120 万元。其中具有国际领先水平的有“800T 高温高压伺服三轴流变仪”、“3GPa 固体三轴流变仪”、“大地电磁测深装置”、“频谱激电仪”、“超导磁力仪”、“浅层地震仪”、“电阻率测试仪”、“重力仪”、“计算机网络系统等”。

1996 年地球物理所继续深化改革，加快结构性调整步伐，对学科结构，一二线人员的比例，研究、应用、开发、管理、服务几个方面的人力和资源配置作了较大的调整，下大力气抓科研队伍的建设，特别是跨世纪科技人才的培养，对科研工作、行政管理、激励与奖惩、后勤与福利保证等各方面的运行机制进行了配套的改革，严格“以法治所”，工作中不断探索改革的道路。依托该所的中国科学院现代地球科学研究中心和中国矿物资源探查研究中心的工作也取得显著进展。

1996 年，全所提出各类项目申请超过 60 项。其中已被批准立项的项目包括：国家自然科学基金“九五”重点项目 2 项，面上、青年项目 11 项，科委攻关项目（三级课题）1 项，中科院“百人计划”2 项，中科院“九五”重点项目 2 项。

地球物理所 1996 年在研课题总计 113 个。其中包括重大、重点项目 24 项，国家自然科学基金面上项目课题 30 个；横向、开发的课题 28 个等。

国家自然科学基金重点项目“复杂地质体精细速度分析及三维叠前深度偏移理论和方法”，经与胜利油田科技人员联合攻关，建立了用“地质块体”描述地质构造并实现地震解释的理论、方法和软件系统，并在桩西、埕岛油田的应用中获得成效。胜利油田向该项目组全体成员授予“地学开拓奖”，对项目取得的成果给以高度评价。

青藏高原“八五”攀登计划项目的专题：“青藏高原西部综合地球物理与岩石圈结构的研究”

已结题，在专家验收会上获得全优评价。

1996年度地球物理所取得科研成果16项，其中应用基础项目15项，应用研究项目1项。获中国科学院自然科学奖一等奖2项，中国科学院科技进步奖一等奖1项、三等奖1项。其中，获中国科学院自然科学奖一等奖项目《地球磁场时空结构与地球内部物理过程》，在深入系统开展极性转换期间地球磁场时空分布特征及地球内部过程相关性实验和理论研究时发现了一个完整的极性转换过程是由多次快速倒转构成，提出了地球磁场极性快速倒转在时间分布上随机性的新观点，建立了极性转换期间地磁场以偶极子分量为主的理论模型。该研究成果引起国内外同行的广泛关注和反响。

1996年研究所有20多人主要从事地球物理科技开发工作，对外签订技术合同20余项，获得经费200万元。地球物理所有所办公司三个，技术服务中心一个，招待所一个，人员共约50人，1996年向所上交各种款项80万元，其中创收55万元。

1996年地球物理所与美国、加拿大、俄罗斯、韩国等开展了地球物理方面的合作研究。并与美国、意大利、日本、德国、捷克等国科学家进行了学术交流。派出多名科学家参加"第三十届国际地质大会"等重大的国际会议，并有数名科学家在国际组织中任职。

地球物理研究所是中国地球物理学会、中国岩石力学与工程学会和世界资料中心中国中心(WDC-D)地球物理学科中心的挂靠单位，主办刊物有《地球物理学报》和《地球物理学进展》。

大气物理研究所

名誉所长：叶笃正
所　　长：洪钟祥
地　　址：北京市德胜门外祁家豁子
邮政编码：100029
电　　话：010-62028606
图文传真：010-62028604

大气物理研究所的前身是1928年成立的中央研究院气象研究所。大气物理所现有职工543人，其中科技人员443人。有中国科学院院士4人，研究员56人，副研究员和高级工程师99人，中级科技人员188人，大气物理所是国家第一批批准的博士、硕士授予单位和博士后流动站建站单位之一，并于1996年被批准为中科院首批十个博士生重点培养基地之一。现有在学博士生82人，硕士生37人，博士后10人。

大气物理所主要从事大气科学中的基础性研究工作，承担国民经济建设和国防建设中具有战略性、综合性和全局性的重大科学问题，同时也致力于高技术开发和其他横向任务。其研究方向为：研究大气中各种运动及其物理化学过程的基本规律，以及它与周围环境的相互作用，发展新的探测和试验手段，为天气、气候和环境的监测、预报和控制提供理论和方法。

大气物理所拥有3台用于科学计算的Convex机、一座用于研究城市大气污染和大气边界层物理的高达325米的气象铁塔及边界层遥感探测系统和用于中层大气探测的VHF晴空脉冲多普勒雷达及高空科学气球探测系统等设备，这些科研设备在观测、实验及理论研究中均发挥了重要的作用。

大气物理所的研究领域涉及气候、全球变化、大气环境、大气化学、中尺度动力学和灾害性天气预报、减灾、地球流体力学、边界层物理、中层大气、大气物理和大气探测等诸多大气科学的分支领域。其"九五"奋斗目标是：争取在五年或稍长一点时间内，建设成为上述领域世界大气科学综合性研究中心之一和我国高层次大气科学人才培养的重要基地。

1995年，大气物理所对原来按学科划分的研究室建制进行了调整，调整后的科研系统体制可简称为"三三四四"制，即三个开放实验室（其中两个为国家重点实验室）、三个研究中心（其中两个为国际中心）、四个研究部和四个科研支撑系统。调整后的科研结构突出了学科交叉和研究领域的相互渗透，同时又使科研力量相对集中，使之更具有团队作战和综合攻关能力。

大气物理所历来重视队伍建设和人才培养，并把此项工作纳入研究所的发展计划。近几年采取的主要措施有：选苗子、压担子，把年富力强的年轻人推到科研和管理领导岗位上去锤炼；在国家重点实验室设立青年流动站以及招收交叉学科和相关专业研究生等。实践证明这些措施对加速青年人才的培养起到了积极的作用。

1996 年，大气所承担的主要任务和项目有：国家攀登计划项目 1 项、国家攻关项目 2 项、重大基金项目 1 项、重点基金项目 2 项、国家杰出青年科学基金项目 2 项。大气所“八五”期间主持的“气候动力学和气候预测理论研究”和“我国未来（20 至 50 年）生存环境变化趋势预测研究”两个国家攀登计划项目已经取得若干具有国际水平的成果，并通过了专家的验收和“九五”期间延续的评审。

1996 年大气所正式登记的成果有四项，其中基础类一项，应用基础类三项。“八五”国家攻关“台风、暴雨预报、警报系统及减灾对策研究”等三个课题分别获中国科学院科技进步奖一等奖、中国科学院自然科学奖二等奖和三等奖。陶诗言院士因贡献突出荣获“何梁何利科学技术优秀奖”。

大气物理所现有各类科技开发公司或服务中心等共 6 个实体，60 多人从事科技开发和服务工作。其主要开发项目有激光气象雷达、能见度和云高激光探测仪、超声测风测温系统、各类异型充气制品、环境评价等，1996 年度科技开发工作创经济效益 120 多万元，同时也收到了很好的社会效益。

大气所历来重视国内外学术交流，与美国、德国、日本、法国、意大利等国建立了广泛持久的合作关系。1996 年大气所邀请来访和派出共 230 人次，开展了广泛的学术交流。承办的重要学术会议有：“国际气候和全球环境变化学术研讨会”、“全国青年大气科学研讨会”。

中国科学探险协会挂靠在大气所。主办刊物有《大气科学》（双月刊）、《大气科学》（英文版季刊）、《大气科学进展》（英文版季刊）、《气候与环境研究》（季刊）。

遥感应用研究所

名誉所长：陈述彭
所　　长：徐冠华
地　　址：北京市朝阳区大屯路
邮政编码：100101
电　　话：010-64919268
图文传真：010-64915035

遥感应用研究所于 1997 年经国务院批准建立，是一所研究遥感信息科学、遥感应用和遥感技术的社会公益型综合性研究机构。全所现有职工 247 人，其中中国科学院院士 2 人，研究员 18 人，副研究员、高级工程师 61 人，中级科技人员 107 人。遥感应用所是经国务院学位委员会批准的地图学与遥感专业博士、硕士学位授权单位，设有博士后科研流动站，现有博士后 6 人，在学博士研究生 27 人，硕士研究生 18 人。

遥感应用所主要研究方向有：遥感信息机理及传输模型，高光谱遥感科学，雷达对地观测科学，全球变化遥感，空间对地定位技术，遥感信息获取技术，遥感图像处理技术，地理信息系统技术，再生资源与生态环境遥感，非再生资源与工程环境遥感研究等。这些研究方向的设置，反映了本专业基础研究与技术应用相结合、多学科相互渗透的特点。所开展的成像光谱、成像雷达多角度遥感等科学研究，是 90 年代国际上重要的前沿研究领域。

该所设有遥感辐射特性等 10 个研究室与航空遥感、计算机应用两个中心以及科遥技术总公司。建有中国科学院遥感信息科学开放研究实验室，系我国遥感基础研究的稳固的基地之一。1996 年底，经国家科委批准，“国家遥感应用工程技术研究中心”以遥感所为依托开始组建，为遥感高技术发展及科研成果转化提供了重要保障。

1996 年度，遥感应用所主要承担了“国家基本资源环境遥感动态信息服务体系的建立”、“国土资源环境和地区经济信息系统及空间信息基础设施关键技术研究”、“地质矿产遥感”、“农业土地决策支持系统”和“X 射线机数字影象系统”等国家“九五”重点科技攻关项目；还承担了国家“863”高技术计划“先进信息获取技术”、“新一代对地观测系统”等专题课题；同时落实了有关的科研项目。

1996 年度，遥感应用所负责的国家自然科学基金项目“地表遥感信息、传输及其成象机理”研究等在研课题进展顺利。该所牵头的“八五”国家科技攻关项目“遥感技术应用研究”于2月通过国家验收。“863”项目“三维信息获取与实时(准实时)处理技术系统原理样机研制”等4个科研课题通过了鉴定验收。科研成果获中国科学院科技进步奖二等奖1项、三等奖1项；作为参加单位获中国科学院科技进步奖一等奖1项。全所全年发表论文105篇、出版论文集、专著4部。

1996年，遥感应用所主持召开了首届“多角度遥感国际研讨会”，积极参与了国际第47届宇航大会、第30届地质大会。1996年度来所访问外宾230人，选派出国留学及进行国际交流、合作，参加国际会议共48人次，在国际合作中涌现出李小文博士等一批高水平的具有国际知名度的优秀科学家。

中国地理学会环境遥感分会挂靠遥感应用所。主办学术刊物《环境遥感》已升级为《遥感学报》。由中国图象图形学会、中国科学院遥感应用研究所、北京应用物理与计算数学研究所联合创办的《中国图象图形学报》编辑部设在该所。

遥感卫星地面站

站　　长：潘习哲
地　　址：北京市北三环西路45号（北京2434信箱）
邮政编码：100086
电　　话：010-62559658
010-62554861（总机）
010-62587019
图文传真：010-62561215
010-62587872

中国科学院遥感卫星地面站（即中国遥感卫星地面站）前身系中国科学院空间科学技术中心地面部，创建于1979年2月。是1979年邓小平同志访问美国签订的中美科技合作项目之一，1986年12月建成并正式运行。当时，国务院副总理方毅，全国人大常委会副委员长严济慈，中国科学院院长卢嘉锡，以及美国驻华大使温斯顿。洛德，美国国防部部长助理布里艾恩出席了落成仪式。1987年，中国遥感卫星地面站经国家科委批准独立建制，是直属中国科学院领导的所级科研事业单位。

遥感卫星地面站主要设有数据接收站、数据处理研究室、照相技术研究室、遥感信息处理技术研究室、图像处理技术研究室、微波遥感数据处理研究室和图像公司。全站现有职工200余名，其中科技人员150人，研究员14人，副研究员及高级工程师26人，中级职称人员70余人，在学硕士研究生3人，博士生1人，地面站具有硕士学位授予权。

中国遥感卫星地面站是我国目前唯一的民用地球资源环境航天遥感数据源，拥有国内外先进水平的遥感数据接收系统、数据处理系统、光化学图片处理系统以及应用处理系统。截止1996年年底，地面站TM数据存档约20万景，SAR数据3.5万景，全国600家遥感用户使用地面站提供的遥感数据、图片，广泛用于环境资源调查、灾害监测、国土整治、城市规划、地质勘探，以及农业、林业、石油、海洋、水文、地质、测绘等众多领域，产生了巨大的社会效益和经济效益。

1996年5月全国第三届用户会议在北京召开，来自国家26个部委和28个省、市、自治区的领导及专家共计220名出席了会议，中国科学院副院长陈宜瑜以及中国科学院院士王大珩、陈芳允、陈述彭、国防科工委艾长春局长分别作了讲话。此次用户会还评出了应用地面站数据一、二、三等奖共22项。

1996年地面站在研课题16项，取得多项科研成果。如：新型大幅面光学放大设备的研制，通过由孙鸿烈院士主持的专家组评审认为，该课题“为解决制作大幅面光学图像普遍存在的技术难点作出了突出贡献”。“该项研究成果属国内外首创，特别是对进口同类放大设备的技术改造提供了成功的经验”。“多卫星遥感数据地面接收系统”在国内首次研制成功通过院级鉴定，性能达到国际先进水平，所接收的SAR数据在国际合作项目中起到重要作用，并广泛地应用于国内有关部门，其经济效益十分显著。

地面站广泛开展国际合作与交流。1996年4

月，地面站受中国科学院委托与加拿大太空署签定接收Radarsat数据协议，并开始了Radarsat系统升级项目。10月与法国SPOT公司签订共同开发SPOT卫星数据的谅解备忘录，同时还承办了在北京召开的中法遥感国际会议。

1996年是遥感卫星地面站建成并运行十周年暨邓小平同志题写站名十周年，在庆典之际，江泽民总书记、李鹏总理、乔石委员长、荣毅仁副主席、邹家华副总理、姜春云副总理、温家宝书记等31位中央和各部委领导以及著名专家题词祝贺、鼓励。江泽民的题词是："努力建好中国遥感卫星地面站为国家经济建设服务"，李鹏的题词是："运行十年、服务十年、发展遥感、成绩斐然"。中共中央政治局候补委员、书记处书记温家宝视察地面站并作重要讲话，也代表党中央、国务院，并转达江泽民总书记、李鹏总理对中国科学院及全国广大科技工作者衷心的问候。

空间科学与应用研究中心

名誉主任：王大珩
主　　任：张厚英
地　　址：北京市海淀区中关村南2条1号
邮政编码：100080
电　　话：010-62560947，010-62569944
图文传真：010-62542551

空间科学与应用研究中心成立于1987年，由空间物理所（即原应用地球物理所）和空间科学技术中心合并组建。1994年4月中国科学院党组决定将院直属机构"空间科学与应用总体部"和空间中心合并（合并后为便于对院内外进行工作协调，对外仍用两个名称，即"空间科学与应用总体部"和"空间科学与应用研究中心"）。这将有利于充分发挥我院空间科学与应用的综合优势，有利于继续加强空间科学与应用领域的研究，有利于提高承担国家重大攻关任务和工程任务的能力。

全中心现有职工616人，其中科技人员498人，有中国科学院院士1人，研究员29人，副研究员、高级工程师155人，中级科技人员195人。空间中心具有空间物理和空间飞行器设计、计算机应用专业的硕士学位授予权和空间物理专业的博士学位授予权，并设有空间物理专业博士后流动站。现有在学研究生40人，其中博士生10人，硕士生30人，博士后4人。

空间中心既是中国科学院空间科学与应用方面的一个总体单位，又是多学科综合性研究实体。其任务主要从事国家重大航天工程中科学和应用工程的组织、协调和空间飞行器有效载荷技术的总体研究，空间物理及探测研究，空间环境研究，微波遥感，航天测控技术以及工业控制、通信等高技术应用开发研究工作。

1996年在中国科学院关于努力拼搏，积极促进结构性调整和深化改革的"九五"奋斗目标指导下，空间中心在国家重大工程、科研和开发工作方面取得了较大进展。在1995年机关职能部门改革精简和部分研究室调整的基础上，又对原管理室进行了结构调整。按照工程任务和专业方向设立了20个研究室，主要分为基础研究、工程技术和应用开发三大部分，使相近学科、相近专业方向相对集中，为今后加强承担较大的研究和工程任务的能力打下基础。

作为中国科学院专门从事空间科学与应用研究、空间科技人才相对集中的研究实体，空间中心1996年继续承担了国家重大航天工程应用系统总体和四个分系统的任务，并按节点计划实施，取得了一系列重要的阶段结果。承担了国家"八五"攻关项目延续专题"航空遥感实时传输系统推广应用和加强"，"九五"项目"重大自然灾害监测系统研究"是国家科委攻关"重中之重"攻关项目中的专题。并按计划完成了"863"任务。中心与航天总公司五院合作完成了"实践5号"卫星任务的立项、有效载荷分系统方案论证、初样技术方案和分系统的技术协调等工作，发挥了空间应用技术的优势，直接服务于航天事业，促进了航天事业的发展。

空间中心是国内唯一的空间物理学科综合研究单位。理论研究活跃，在太阳活动区、行星际空间、磁暴、电离层、中高层大气各个领域取得了一批高水平的科研成果，某些课题的研究达到了世界先进水平。1996年共承担了37项国家自然科学基金课题，在学术刊物上发表文章85篇，其中在国外刊物发表25篇。作为主要参加者，由国家遥感中心牵头承担的“八五”攻关项目“全天候实时航空遥感系统”被国家计委、科委、财政部评为国家“八五”期间十大领先成果。“高中层大气湍流的研究”获中国科学院自然科学奖二等奖。另有获国家重大科技成果奖项目4项，获联合国科技信息促进系统中国国家分部“发明创新科技之星奖”2项。获世界无线电联盟25届全会青年科学家奖1项。我所院级“日球物理数值开放研究实验室”1996年取得了显著的研究成果。已建成的“地球空间环境物理开放研究实验室”正通过自己的工作，争取逐步建成国际开放型的、为空间科学和航天事业服务的国家开放实验室。

在空间应用技术研究成果的基础上，应用开发技术产业经历了起步、发展的历程。卫星导航定位、卫星数据接收、系统化通信设备、计算机应用开发、多种工业控制和气象探测仪器设备等的开发，取得了可喜的成绩。全年已得到授权专利3项（其中发明专利1项），申请待批专利10项。“野战16线程控用户交换机”获中国科学院科技进步奖三等奖。

空间中心与国际学术界的交流日趋扩大，1996年邀请6个国家和地区的来访人员17人次；出国考察12个国家72人次。空间中心成功地组织承办了三次国际会议。1993年与欧空局签订的Cluster科学数据系统（CCDS）的科学合作协议，是我国首次与欧空局签署的一项规模较大、层次较高的空间科学合作项目。空间中心的中国Cluster数据与研究中心（CCDRC）是欧空局Cluster项目正式确认的数据中心，这项合作在1996年度又取得了较好进展。

空间中心十分重视对青年人才的培养。不仅注意选拔优秀青年科技人员进入研究室的领导岗位，而且在政治上严格要求，生活上给予关心。特别是中心承担着跨世纪的国家重大航天工程，“863”任务，国家“八五”“九五”攻关项目及重大基金项目；具有一批学术上颇有造诣、作风严谨的研究生导师；有着实质性的国际科研合作与学术交流；有较完整的环境模拟和试验设施；有3个空间观测台站、一个火箭发射场。如此良好的科研环境，十分有利于青年人才的成长和发展。

国际空间研究委员会中国委员会（CNCOSPAR）秘书处、中国空间科学学会（主办刊物《空间科学学报》），国际地磁和高空大气物理协会中国委员会，世界数据中心中国中心空间科学学科中心和IUWDS北京日地区域警报中心空间环境警报中心等国际合作组织及国内学会组织都挂靠在空间中心。

半导体研究所

名誉所长：黄　昆
所　　长：郑厚植
地　　址：北京市海淀区清华东路肖庄
邮政编码：100083
电　　话：010-62339210（办）
图文传真：010-62562389

半导体研究所是集半导体物理、材料、器件及其应用研究于一体的综合性研究所，筹建于1956年，正式成立于1960年；1967年曾划归国防科工委第十四研究院；1975年重新回归中国科学院。现有职工827人，其中科技人员533人；有中国科学院院士7人；研究员61人；高级研究人员244人；中级科技人员169人。是国务院学位委员会批准的首选理学博士和工学博士授予单位，并建有博士后流动站。现有博士生57人、硕士生40人、博士后11人。

半导体所的主要研究方向是，以半导体超晶格低维量子结构物理为主导的基础和应用基础研究，信息光电子器件及其集成的研究与应用，化合物半导体材料与超薄层微结构生长，半导体神经网络及其应用研究，特种微电子器件及其集成应用的研究等。国家、中国科学院根据半导体所在半导体物理、材料及器件、半导体光电子学等方面的雄厚基础，相继在所内建立了半导体超晶格国家重点实验室、集成光电子学国家联合实验室（半导体所区）、半导体表面界面重点实验室（半导体所区）及半导体材料科学开放实验室（院级）；国家光电子工艺中心；光电子器件国家工程研究中心和半导体材料研究发展中心、半导体微电子研究发展中心(所级),以及从事高技术开发和其他经营性的公司等实体,所内具有先进的物理测试分析、超薄层材料生长和器件工艺制备等大型仪器设备,具有很强的综合研究能力。所区实验面积30000平方米,并具有国内最齐全的半导体专业图书馆,专业藏书近10万册。

1996年半导体所继续落实所长任期目标,审时度势,创造条件,抓住机遇,主动、适时地进行内部结构调整和体制改革,用适当的自我约束,自我发展的机制,实现科技优势和人才队伍的集成,进一步凝聚所的学科优势,组构成既具有很强的自我发展活力、彼此之间又具有很强的亲和势的、整体有序的学科结构,同时,注意将结构性调整的重点从结构框架的组建转向以优化每个结构基元的深层次改革上来,在全所范围内开展和完成了课题组清理调整工作,初步解决了从所的宏观管理角度如何推动课题组走向自我良性循环发展的问题。对所内各类公司进行了有计划的清理整顿,重新理清国有资产转移的资产关系,与公司签订经营目标责任书,理清所与开发实体的经济关系等,研究所努力向整体有序、布局合理、体制更新,具有可持续发展后劲的国家级研究与发展基地迈出新步伐。

1996年全所共落实各类科研项目共计122项,其中“863”高技术项目26项、攻关任务15项、国家自然科学基金项目49项、中国科学院级项目10项等。

1996年是“九五”计划的第一年,在全面完成“八五”计划各项任务的基础上,全所各项研究工作将向新的台阶迈进。为了加快科研成果的转化速度,更加注重实用化的研究,国家在这方面加大了投资的强度。在半导体材料方面,GaAs单晶片的实用化研究,化合物薄层材料等项目的投资强度是“八五”期间的2～3倍。在研究中更注重与应用的紧密结合。“神经网络硬件实现”项目在研制完成2000万/秒次神经联接的数模混合小型神经计算机电路与整机基础上,在“九五”期间将研制出具有更高的精度,更大的网络规模和更快的模拟速度的半导体神经网络处理机,并同时扩大其应用领域,逐步走向市场。1996年全所上报成果21项,获国家发明三等奖1项,国家科技进步奖三等奖1项;中国科学院科技进步奖一等奖2项,二等奖2项;中国科学院自然科学奖二等奖1项。著名半导体材料专家林兰英院士1996年度获何梁何利科学与技术进步奖。

半导体所在科技开发方面主要以国际、国内市场为导向,从事以光电子器件为主体的高技术成果转化和产业化工作,同时,开展了半导体致冷、半导体传感器和其他电子产品及系统集成等方面的开发工作。目前从事科技开发人员200多人。

半导体所与国际上相当数量的国家、地区的国际学术界建立了广泛而有成效的合作与交流关系,其中与法国、德国、香港就超晶格物理、半导体光谱及激光器的研究方面已进行了很好的科技合作。1996年选派出国留学及进行国际学术交流的科技人员78人次,邀请来华访问、讲学、合作98人次。

中国电子学会半导体与集成技术分会、中国物理学会半导体物理委员会挂靠在半导体所,主办的刊物《半导体学报》已成为我国1217种科技期刊中10种被世界四大检索系统收录的刊物之一。

计算技术研究所

所　　　长:柳传志
常务副所长:李树贻
地　　　址:北京市海淀区中关村科学院南路6号
邮 政 编 码:100080
电　　　话:010-62565533(总机)
010-62552207(所办)
图 文 传 真:010-62567724

计算技术研究所创建于1956年,是中国建立的第一个计算机科学技术研究所,现有职工1044人。在全所699名专业技术人员中,有中国科学院院士1人,中国工程院院士2人,高级专业技术人员280人(研究员66人),中级专业技术人员279人,初级专业技术人员131人。

计算所的科研工作主要是在并行处理技术和并行计算机系统，软件技术与大型软件工程，计算机网络技术和应用工程，信息处理技术和计算机应用工程，计算机辅助设计、测试技术及其应用，人工智能技术及其应用，多媒体技术及其应用等领域中进行研究开发。全所共设有7个职能处室，4个研究开发中心，2个开放实验室，6个研究室，3个工程开发部，9个独资公司和7个合资公司。国家智能计算机研究开发中心、国家并行计算机工程技术研究中心、中国科学院CAD开放实验室、中国科学院计算机与通信应用总体部依托在这里。

计算所的科研开发工作分为三个层次。第一层次是从事计算机科学技术基础性研究的核心队伍，第二层次是以承担国家和中科院重大项目、计算机大型工程横向任务为主体的高技术研究和应用开发队伍，第三层次是面向市场、组织产品开发、生产、销售和技术服务的高新技术企业队伍。

1996年，全所共组织科研项目近200项，“测试开发系统”等10个课题通过了鉴定验收。“曙光1000大规模并行计算机系统”获1996年度中国科学院科技进步奖一等奖。全所有23篇学术论文发表在国际学术会议或国际权威杂志上，有34篇学术论文发表在国内一级学术刊物上，有5部学术论著出版发行。

国际合作方面，1996年先后与Motorola、西门子、日立等公司建立了合作关系，全年外事接待60余人次，派出学者49批72人次，主办了两次国际学术会议。

计算所是具有博士学位和硕士学位授予权并建立了博士后流动站的单位，在计算机科学与技术一级学科领域里共有3个博士后流动站，2个博士专业和5个硕士专业。1996年自行审定博士指导老师5名，被中国科学院评为十个博士生重点培养基地之一，现有博士生指导教师15人，在学博士88名，硕士117名，在站博士后9人。

中国计算机学会及其下属的计算机电源、计算机辅助设计与图形学、容错计算等3个专业委员会挂靠在计算所。主办刊物有《计算机研究与发展》、《计算机学报》、《计算机科学与技术》(英文版)、《计算机辅助设计与图形学学报》。

软件研究所

所　　长：冯玉琳
地　　址：北京市海淀区中关村南4街4号
邮政编码：100080
电　　话：010-62561881（科技处）
010-62553967（所办）
图文传真：010-62562533

软件研究所创建于1985年4月，是一个以计算机科学理论和应用研究为基础，以计算机软件高新技术的研究开发和产业建设为主导的综合性研究所。现有职工600人，其中，研究员38人，副研究员及高级工程师94人，中级技术人员151人，初级技术人员171人。有中国科学院院士4人。软件研究所在计算机科学理论、计算机软件专业有博士学位授予权，并建有博士后流动站，现有博士生导师26人，硕士生导师58人。1996年在读博士后7人，博士生53人（其中2人获院长奖学金），硕士生99人。

软件所科学研究的学术方向和领域包括计算机科学理论、软件工程和环境、自动机理论和信息安全技术、并行计算、计算机图形学和科学计算可视化、中文信息处理、多媒体通信及技术、数理逻辑等。软件所由研究开发部门、产业部门和职能管理部门组成。研究开发部门包括计算机科学开放实验室、信息安全技术工程研究中心及从事基础和工程研究、开发及信息服务的六个专业部室。1996年2月软件所为适应和促进高性能并行计算的软件研究与开发，建立了“并行软件研究开发中心”。中国科学院于1996年8月在软件研究所成立了“中国科学院信息安全技术工程研究中心”，其目的是进一步组织队伍，把中国科学院在信息安全技术方面的科研成果进行工程化研究和系统集成，为我国信息化建设提供自主的、安全可靠的信息安全技术和产品。软件研究所十分注重科技队伍的建设，为青年人的培养选拔出台了特殊政策，使一批优秀青年科技人才走上了关键岗位。

1996年软件所承担的主要课题有143项，其中有国家自然科学基金项目19项（其中合作重点项目4项），国家“九五”重点科技攻关项目6项，国家高技术研究发展计划项目8项，攀登计划项目5项，中国科学院重大、重点、院长基金及择优支持项目，以及其他部委的科研项目十几项。在1996年中有“信息安全技术”，“形式规约的获取与复用技术”，“实用化的ISDN多功能终端TE1的研制和适配器TA的研制”，“国务院办公厅主计算机网络安全保密系统”，“综合业务多媒体通信终端与系统”，“多媒体系列软件”，“可扩展并行机群系统”“中国科学院科研活动信息管理系统”等十几项科研成果通过了主管部门的技术鉴定和验收。

近年来，为了适应改革开放和市场经济发展的形势，软件研究所加快了自身的改革进程，制订了“小研究、大产业”的发展战略，将主要力量投入国民经济建设主战场，以研究所强大的技术背景为依托，软件所的产业队伍正在不断壮大，1996年成立了北京中科软件信息系统有限公司。与原有的NEC-中国科学院软件研究所有限公司、北京科燕电脑系统工程公司、九州计算机网络公司等一批高新技术公司，在市场竞争中共同形成了较强的实力，其主要产品进入行业部门，占据了一定的市场份额。产业的建设和发展有力地促进了研究所科技成果的转化，为国民经济服务，并取得重大的经济和社会效益。1996年产业开发总收入3340万元。一个集软件研究开发、系统集成服务和信息服务为一体的软件产业基地正在形成。

1996年软件所获奖成果有“并发进程的代数理论及验证工具”获中国科学院自然科学奖一等奖，“编译系统COC、COC++和COF90”获中国科学院科技进步奖三等奖。唐稚松院士的“可执行时序逻辑语言”获得何梁何利科学与进步奖。“综合业务数字网中的终端适配器”获得发明专利权。1996年全所发表论文109篇，其中在国外刊物上发表30篇，发表专著4本。

1996年软件所主办了第六届亚洲逻辑会议，到会100多位代表中有来自近十个国家的30多位外宾，会议交流论文56篇。与国家科委、北京大学等单位共同主办了国际“软件开发北京演讲会”，有14位国际知名专家作了演讲。软件所作为中国唯一的普通会员，组团参加在北京举行的第十八届AIC（亚洲综合业务数字网研究会）会议，并在会议上发表了5篇论文。软件所与国际科技界和工业界建立了长期、广泛的合作关系，已同40多个国家和地区有科技交往，与十几个国家和地区的科技组织签署了合作协议，与众多国际著名的计算机公司有软件开发与合作的关系。1996年派出参加国际会议和接待国外专家学者来访，进行学术交流活动有54批104人次。

中国中文信息学会、中国UNIX用户协会、IBM协会挂靠在软件研究所。主办刊物有《软件学报》（中、英文版）和《计算机系统与应用》，其中《软件学报》在中国科学院1996年优秀期刊评比中获得二等奖。

计算机网络信息中心

主　　任：宁玉田
地　　址：北京市海淀区中关村南4街4号
邮政编码：100080
电　　话：010-62559377
图文传真：010-62560928

计算机网络信息中心成立于1995年3月，由原计算机中心、计算所部分人员组成。现有职工85人，科技人员77人，其中高级科技人员21人，中级科技人员38人，网络中心从事网络技术、数据库技术以及超级计算并行算法的研究开发及其应用服务，为全院提供公益型支撑性技术服务，具有硕士学位授予权：下设办公室、科技处、网络工程研究室、数据库工程研究室、系统运行室、承担世界银行贷款国家重点项目“中国国家计算与网络设施（NCFC）”及国家重点工程“科学数据库及其信息系统”的建设任务。

网络中心1996年7月安装了中国科技界运行速度最高的大型超级计算机SGI power Challenge XL，进入了全球500台大型计算机的行列，安装了丰富的应用软件包。此外还拥有VAX7620(2CPU)中型计算机、Power Challenge t(8CPU)中型计算机一台，视算工作站4台，SGI、SUN、IBM、Digital中高档工作站40余台以及各种网络服务器、路由器、ATM交换机、FDD1集中器等一批先进的网络设备。

NCFC1994年4月正式联入Internet，建立了CN最高域名服务器，网络中心成为国内最早正式与Internet联接的单位，目前有两个国际出口到美国（一条2Mbps，一条64Kbps），一个国际出口到法国（64Kbps）。建成的“中国科技网”已初步形成覆盖全国的骨干网，中国科学院京区、京外的123个研究所全部实现了网络互联，其他部委的30多个科技教育单位也纷纷加入中国科技网，现已拥有用户约3.5万人，成为全国四大互联网络之一。1997年6月3日国务院信息化工作领导小组正式授权中国科学院组建“中国互联网络信息中心”，为全国网络用户提供Internet域名注册服务和网络技术咨询服务，由网络中心承担运行管理和服务任务。

科学数据库的数据源，是我国科研生产领域近几十年甚至几百年的数据积累，数据的更新与扩充具有可靠的保证。目前已建成19个数值数据库和11个文献数据库，在网络上投入运行与服务。

网络中心坚持科研、工程和服务并举，同时大力发展中心下属的公司和培训中心，以市场机制运行，弥补科研经费的不足。科网公司和中迪培训中心取得了较好的经济效益，规模在不断扩大。

在国际合作与人才培养方面，网络中心与美国堪萨斯大学建立了双边合作关系，加强了与美国DEC公司、SGI公司及日本NEC公司等的合作，并定期组织科研人员到国外培训，参加有关的国际会议，以加强与国外的合作与交流，不断获取新的知识和信息。

计算机网络信息中心是CODATA中国秘书处的挂靠单位。

电子学研究所

所　　长：朱敏慧

邮政编码：100080

电　　话：010-62554608

图文传真：010-62567363

在江泽民总书记为电子学研究所成立四十周年题词“深化改革　勇于创新　努力攀登科技高峰”的鼓舞下，全所职工团结一心，已形成了一个既有坚实的理论基础，又能打硬仗攻克高技术难关的群体。

电子学所现设有10个研究室（其中两个开放实验室），两个高技术公司、科技服务中心和相应的支撑机构。现有职工781人，其中科技人员585人，包括中国科学院院士1人、正研级科技人员40人、副研级科技人员179人、中级科技人员210人。现有在读博士生29人、硕士生51人。

电子学所主要从事通信与电子系统、信号与信息处理、电磁场与微波技术、物理电子学与光电子学等四个领域的研究。1981年经国务院批准，电子学所为首批博士学位授予单位和硕士学位授予单位。经过科技体制改革和结构性调整，形成的学科发展方向是：探索电子科学重大基础前沿，发展雷达与信息处理、微波器件和技术等大型工程技术，开拓激光技术、通信与视频技术、传感技术、电光源和计算机技术等高科技应用研究。

1996年，电子学所承担的“863”重大项目“星载合成孔径雷达（SAR）模样机研制”，按计划园满地完成星上电子设备部分样机工作，受到308专家组1996年度工作检查的好评；“高分辨率机载SAR实时处理器”的关键技术攻关取得新进展；为配合行波管、速调管等的研制和小批量生产任务，工艺线上开展了近三十多项专题或专项设备的研制与改革工作，其中热子阴极组件等几项专题属国内领先水平。空间行波管、多注速调管、大功率速调回旋管等任务（项目）都有新的突破。

1996年，电子学所各项经费总收入比1995年递增8%。完成申报院科技成果3项、专利申请11项，获得批准专利5项，在国内刊物上发表论文105篇、国外刊物上发表论文65篇。“机载合成孔径雷达实时数字成像处理器”获国家科技进步奖二等奖；“航空机载实时传输系统”、“合成孔径雷达多极化同时成像和定标”、“非广播用高清晰度彩色电视系统”、“综合业务数据网(ISDN)实用化技术”均获得国家计委、国家科委、财政部颁发的国家“八五”科技攻关重大科技成果证书。

1996年，电子学所确定了“质量第一，科学管理，技术先进，争创一流”的质量方针。组织了处、室中层以上干部参加的《ISO9000系列质量管理和质量保证及质量体系问题》培训班，完成编写了《质量手册》初稿，向“新时代质量保证体系认证中心”提出了“军工产品研制单位质量保证体质认证”的申请。

1996年，所办企业继续健康发展。所属北京科电高技术公司被评为中国科学院优秀企业，经营收入总额7382万元，利润202万元，技工贸总收入比1995年增加11%。拳头产品IEAS微机取得电子部颁发的生产许可证，成为全国仅有的数十家电脑生产厂家之一；可移动式组合万能插座取得电工产品认证合格证书。所属北京微波电子公司技工贸总收入达1300多万元，税后纯利润53万元，完成了向伊朗转让氩离子激光技术的技术培训工作；明确以医疗仪器设备、影视工程、照明光源作重点发展的目标。

1996年，电子学所接待来访、讲学和短期工作的外国专家及代表团56批，163人次，出访欧、美、日等国家讲学和考察的有26个团、组，54人，加强了国际学术交流、技术转让和贸易来往。

中国电子学会电路与系统学会和广播电视技术分会应用电视专业委员会挂靠电子学所，主办刊物有《电子科学学刊》、《Journal of Electronics》和《中国无线电电子学文摘》。

自动化研究所

所　　长：马颂德
地　　址：北京市海淀区中关村南3街南1条1号
邮政编码：100080
电　　话：010-62551575
图文传真：010-62545229

自动化研究所成立于1956年10月，现有职工467人，其中科技人员399人，有中国科学院院士1人，研究员22人，副研究员、高级工程师102人，中级技术人员118人。自动化所的自控理论专业和模式识别专业具有博士、硕士学位授予权，工业自动化专业具有硕士学位授予权。现有在读博士生60人，硕士生175人；设有博士后流动站，现有博士后12人。

自动化所的研究领域为自动控制理论和信息处理，在模式识别、计算机视觉、复杂系统控制、机器人控制、人工智能与认知科学等方面取得了一些具有国际先进或国内领先水平的成果；专用集成电路设计、工业综合自动化系统、汉字识别、多媒体信息系统、计算机视频图像技术、智能化建筑、智能仪器仪表、机电一体化技术、气动液压等方面具有技术优势和工程实力。现有国家模式识别重点实验室、院复杂系统工程学开放实验室、所人工智能开放实验室等三个开放实验室，国家专用集成电路设计工程技术研究中心、综合自动化工程技术中心、汉字识别工程中心、智能建筑工程中心等四个工程中心和自控、信息、机电三个开发部。自动化所将逐步建设成为以模式识别计算机视觉、智能机器人、语音识别、人工智能、复杂系统控制理论为优势领域的基础研究和高技术创新基地；以专业集成电路设计、综合自动化、手写汉字识别、智能建筑等为优势的高技术开发、转化基地；形成研究、开发、产业化一条龙运行模式的高技术产业基地。

1996年，自动化所承担各类科研任务和项目近百个，其中国家攻关任务4项，“863”计划项目18项，国家攀登计划项目6项，国家自然科学基金课题21项，军工及院重大课题项目3项，地方政府部门等委托项目28项。

根据自动化所改革的总体方案，1996年全所的结构调整迈出了新的步伐，自动化所和所办公司中自集团分别以事业机制和企业机制运作，加强了所的领导，强化了领导班子的思想建设和组织建设，认真研究了发展重点和战略，明确了自动化所进一步改革和发展的框架和目标，不仅推动了各项任务的完成，也为今后的发展创造了条件。全年获科技成果24项，其中联机手写汉字识别系统已通过院级鉴定，其性能指标处于国际领先水平，已在国内外销售。

1996 年自动化所有 4 项成果获奖，其中获中国科学院自然科学奖二等奖 1 项，获中国科学院科技进步奖二等奖 1 项、三等奖 2 项。

自动化所积极开展国际合作研究和开发工作，已与美国、法国等 8 个国家及香港地区建立了合作关系。与法国就离散事件系统和医学图像处理进行了合作研究，并正式成立了中法自动化、信息与数学联合实验室；与日本、美国、韩国等就文字识别进行合作开发。

自动化所独资创办的中自技术集团，现有数千万元资产，拥有 9 个独资法人企业，5 个合资企业，6 个国内联营企业，16 个开发、经营部门，年技工贸总收入上亿元。现有职工 513 人，属该所编制的 324 人，科技开发人员 300 人。其中高级职称 86 人，中级职称 109 人。

中自集团以自动化所的技术力量为后盾，在工业自动化、机电一体化设备、智能仪表、计算机信息处理，汉字自动识别、通信工程、保安监控工程、灯光音响工程、电脑销售等方面不断开拓市场，取得了良好的经济效益和社会效益。中自集团有高新技术产品 30 多个，其中国家级新产品 4 项，北京新技术产业开发实验区拳头产品 4 项。中自集团被北京新技术产业开发实验区评为 1996 年度优秀新技术企业。

中国自动化学会挂靠在自动化所，主办刊物有“自动化学报”、“自动化博览”。

微电子中心

名誉主任：王守武
主　　任：吴德馨
地　　址：北京市朝阳区祁家豁子
邮政编码：100029
电　　话：010-62021133（总机）
010-62359009（直拨）
图文传真：010-62021601

微电子中心成立于 1986 年，由中国科学院半导体所微电子学部分和中国科学院一〇九工厂合并组建而成。是我国微电子技术领域研究、开发、生产三位一体的主要研究开发机构。

微电子中心有一支技术力量较强的科研开发队伍。在职职工 604 名，科研技术人员共计 330 名，其中高级科研人员 91 名，中级科技人员 153 名。

微电子中心拥有 1.8 万平方米的净化工作大楼，其中净化面积达 5500 平方米，装备有先进的实验仪器和设备。主要从事计算机辅助设计（CAD）、掩膜制备、四英寸大规模集成电路芯片制造工艺、封装和计算机辅助测试（CAT）等研究，重点是专用集成电路（ASIC）的设计和制造，目前微电子中心工艺线已自主开发成功双极型、CMOS、VDMOS 等工艺技术的产品。0.8 微米 CMOS 工艺可以对外加工。

微电子中心以微电子学、电力电子学为主要学术方向，并进行集成电路、功率器件以及电子产品的研究、开发、生产。1996 年度在研项目有“八五”科技攻关项目 3 项、中国科学院重大及重点科研项目 4 项、军工项目 4 项、国家自然科学基金项目 2 项（其中 1 项与清华大学合作）、国家基础性研究关键重大项目 8 项。

1996 年取得的成果有 0.8 微米集成电路芯片制造技术，0.5 微米基础工艺研究，ASIC 设计、测试技术研究和品种开发，VDMOSFET 用高阻厚外延片研制，大电流 VDMOS 器件研制开发，新结构器件及微细加工研究。其中，0.8 微米集成电路芯片制造技术；新结构器件及细微加工研究两项成果已通过初审被评为中国科学院 1995 年科技进步一等奖。VDMOSFET 用高阻厚外延片研制，已通过初审被评为中国科学院 1995 年科技进步三等奖。

1996 年微电子中心继续派科研人员参加国际会议，进行讲学、考察和培训，开展各种形式的合作研究，有目的地邀请国外的专家、教授来中心讲学、交流，为提高研究水平和经济效益促进合作与学术交流，1996 年与香港科技大学共同创立了“微电子联合实验室”。同时在加强与国外产业界交流的基础上，与美国 Siliconix 公司签定了芯片加工合作协议，在与产业界合作方面迈出了坚实的一步。

微电子中心主办刊物有《集成电路技术与开

发》刊物。

电工研究所

所　　长：严陆光
地　　址：北京市海淀区中关村北2条6号
邮政编码：100080
电　　话：010-62541617
图文传真：010-62560904

电工研究所是在原中国科学院长春机电研究所部分研究室的基础上，于1958年在北京筹建，1963年正式成立的。截止1996年12月底共有人员478，其中科技人员358人。有中国科学院院士1人，研究员(包括研究员级高级工程师)30人，副研究员、高级工程师90人，中级科技人员105人。经国务院学位委员会批准，该所设置超导技术和磁流体发电专业博士点，超导技术及磁流体发电、电机、高电压技术、电力传动自动化、电力电子技术六个专业的硕士点。现有在学研究生42人，其中博士生7人，硕士生35人。

电工所的主要研究方向是：电工电能的应用基础理论及其新技术。主要研究内容有：磁流体发电、超导电工技术、电机、新能源、特种加工控制与装备、永磁应用技术、电磁场理论、高压脉冲放电技术和微细电子束加工技术。

电工所有七个研究室、一个研究组和一个高科技公司——北京中科电气高技术公司。拥有我国唯一的磁流体发电研究室和我国最大的超导技术实验室。

1996年电工所承担的科研课题有55个，其中“863”高科技课题5个，国家“八五”重点科技攻关课题5个，中国科学院重大、重点和攻关课题1个，国家自然科学基金课题4个，院所基金7项，国际合作项目2项。

电工所在“八五”期间承担国家、院攻关项目18项。1996年6月前全部通过验收。其中3项国家攻关项目，3项中科院重大、重点项目同时通过鉴定，两项获1996年中国科学院科技进步奖二等奖，1项评为中国科学院重要成果。

电工所“九五”立项争取在1996年取得切实进展。已落实30项，有望落实10余项。“九五”期间全所人年均科技投入强度将大大高于“八五”水平。

1996年电工所参加美国著名物理学家丁肇中先生领导的“重大国际合作科研计划”研制的反物质控制器(AMS)的磁体，取得突破性进展，1996年6月完成了地面对照磁体的制造和安装，并于11月运抵瑞士苏黎世，在12月份AMS北京国际工作会议上电工所的工作得到丁肇中、NASA和AMS有关专家的一致好评和称赞。

电工所承担的“863”燃煤磁流体发电主题项目，1996年按照新确定的计划，四个研究课题进展顺利。发电试验及关键技术研究，1996年改进了燃烧室、发电通道和输煤系统，进行了三次试验，连续发电1小时13分钟，峰值功率达130.8千瓦。

电工所新能源研究室，面向21世纪新兴支柱产业的发展，“九五”开局形势看好。1996年开展了“西藏那曲英尔多光电示范村”等7个项目工作。电机研究室1996年在能源交通领域努力攻关开拓寻求新发展，已落实“电动汽车驱动控制系统”等重大项目。工程中心在科研、开发以及与企业结合道路上奋力进取，小批量生产的“GVF系列数字交流变频宽调速电源”获“国家级科技成果重点推广产品”证书。微细加工研究室，在探索新的发展道路上继续奋进。引进的光栅扫描电子束曝光机性能进一步改进提高，寿命达2700小时，束流密度超过250A/cm^2。

1996年“超导扫雷具工程实用技术”获国防专用国家发明奖二等奖；“30千瓦风/光互补电站系统工程技术和装备的研制”、“DY-5型微米电子束曝光机的研制”获中国科学院科技进步奖二等奖；“ZPR前列腺射频治疗仪”获中国科学院科技进步奖三等奖；“GVF系列全数字式交流变频调速电源”获国家内贸部科技进步奖一等奖。上报中国科学院重要成果4项。申请专利8项，新授权专利2项。在1996年举办的北京国际发明展览会上，参展的5项专利全部获奖，其中银牌3枚、铜牌2枚。到1996年12月底，该所共申请专利51项，授权专利41项。

电工所下属的北京中科电气高技术公司，现

有职工 219 人，下设五个子公司，并参股三个合资公司，截止到 1996 年底年经营额 5573 万元，实现利税 341.8 万元，上缴国家税金 210 万元。公司下属的科佳公司作为企业公司制改造试点，已取得好的经验。北京中科佳能办公设备有限责任公司已正式成立。

到目前为止，电工所和世界上 45 个国家和地区有外事往来，与美国、法国、德国、俄国、日本、韩国等国家有关单位建立了合作关系。曾先后举办过“国际磁流体发电联络组会议”、“国际电机会议”、“国际电磁场讨论会”、“国际磁流体发电会议”、“中国太阳能高级研讨会”，1996 年正在筹备第十五届国际磁体技术会议。该所所长严陆光先生被聘为乌克兰科学院外籍院士。

该所编辑出版《电工电能新技术》。

北京软件工程研制中心

主　　任：钟锡昌
地　　址：北京市海淀区中关村南 4 街 4 号
邮政编码：100080
电　　话：010-62560341
010-62587492（所办）
图文传真：010-62560341

北京软件工程研制中心（Sofeware Engineering Center，简称 SEC）的前身是 1986 年 9 月由国家计委主持建立的北京软件实验室，1991 年经国家人事部批准，更名为北京软件工程研制中心。现有职工 189 人，其中科技人员 178 人，占职工总数的 94%。目前具有高级专业技术职称的有 27 人，其中研究员 4 人，副研究员、高级工程师 23 人；具有中级专业技术职称的有 67 人。职工平均年龄不足 30 岁，现已形成一支年富力强、思维敏捷、锐意进取、稳定坚实的软件研究、开发队伍。

软件中心主要从事软件工程学科和系统软件、应用软件技术的研究与开发工作。其主要发展领域有处于国内领先地位的计算机辅助设计与制造（CAD/CAM）的研究与开发、计算机管理信息系统与系统集成的研究与开发、商业管理自动化研究与开发、多媒体技术的研究与开发、通讯产品、新型电子产品的研究与开发、以及新型、未来计算机的系统软件和硬件的研究与开发。在“九五”期间承揽了多项国家“九五”科技攻关项目、“863”项目、院重点项目、自然科学基金项目以及工业部门提出的应用项目，并在研究的基础上开发出有自己特色的实用化计算机软件产品。

1996 年中心在研课题共 13 项，其中国家重点项目 9 项，按课题类型分：应用研究 10 项，科技服务 2 项，试验、发展项各 1 项。

中文 PDA（个人数字助理）的研制是软件中心承接的国家“九五”科技攻关项目。PDA 是一个面向广大非专业用户的计算和通信设备，它具有体积小、携带方便，可通过有线或无线的方式发送和接收数据，人机界面良好等特点。PDA 不但囊括了电子记事本的所有功能，还具有一些台式微机才提供的软件，并可长时间地在无交流电源的场所使用。我国的 PDA 尚属起步阶段。该项目自实施以来，在操作系统、窗口系统、应用程序及配套的硬件系统等方面取得了一些重大的进展，并在国内的一些主要学术刊物上发表了若干篇具有较高水准的文章。

参数化、集成化工程设计系统 PICAD 是由我们自行研制、开发的 CAD 软件产品，于 1992 年进入市场，每年更新一个版本，目前是国内同类软件中销售量最大、覆盖面最广的产品，为我国 CAD 技术的普及和发展起到了极大的推动作用。在 1996 年“全国 CAD 应用工程工作会议”上，PICAD 系统及其系列软件受到了与会代表的一致好评，被推为“九五期间甩掉绘图板”的重要软件产品。其配套产品也已相继完成并投入市场，并获得良好的经济效益。在 1996 年，获中国科学院“高新技术产品奖”。

商业自动化系统集成技术是国家“九五”攻关项目，其目标是研制、开发一个包括软件复用技术、软件自动生成等技术的开放式的商业自动化系统开发平台。该平台在重庆市晨光百货公司等多家商场得到了具体的应用，大大提高了工作效率，取得了明显的经济效益和社会效益。

“浙江省卷烟调剂中心烟草智能化企业资源

管理系统"已于1996年6月起在浙江省卷烟调剂中心全面运行，极大地提高了其工作效率，取得了明显的经济效益和社会效益。该系统具有良好的通用性和可移植性，适用于整个烟草行业。

"国务院新闻办公室网络信息管理系统"到1996年底，一期工程（内部信息网）进入全面运行阶段，极大地提高了其办公效率，加速了信息传递，实现了内部信息共享。

"深圳市工商局信息管理系统"已进入试运行阶段，用户反映良好。

1996年，由我中心参与研制完成的"八五"攻关项目"COSA国产系统软件平台"获电子工业部特等奖，另一"八五"攻关项目"基于Motif的图形用户界面开发系统"获电子工业部"八五"攻关重大成果奖。

软件中心为实现计算机软件的工业化、规范化和商品化，并成为我国软件产业建设的示范点，建立了企业化运行的北京凯思软件集团（简称CASS)。目前已形成了以SEC为技术后盾、CASS为市场窗口，集软件开发、生产、培训、销售、维护、服务于一体，具有一定经济规模和股份化、产业化、国际化特征的综合性高科技集团。CASS在全国建立了完整的销售服务体系，形成了遍布国内二十九个省市的销售、培训和技术支持网点。

除承接国内项目外，软件中心还积极开拓国际市场，现与美国、日本、澳大利亚、新加坡、香港等国家和地区建立了广泛的合作关系。

软件中心的宗旨是从市场需求出发，运用先进的软件技术，开展规模式的软件生产及系统集成，实现计算机软件的工业化、规范化和商品化，以顺应社会主义市场经济的发展。同时积极建立和发展国际联系，拓展软件出口渠道，为振兴中国民族软件工业积累经验，闯出新路。

北京科学仪器研制中心

主　　任：金鹤鸣
地　　址：北京市海淀区中关村北2条13号
邮政编码：100080
电　　话：010-62560908
图文传真：010-62564613

北京科学仪器研制中心是科学仪器研制、开发、生产、经营为一体的综合性实体。现有职工596名，其中科技人员327人，高级科技人员70名，中级科技人员151人，在学研究生9人。中心下设九个职能部门、十个事业部、五个直属公司。

根据中国科学院结构调整的安排，1996年6月原属该中心的北京电子显微镜实验室、北京真空物理实验室纳入中国科学院凝聚态物理中心。

北京科仪中心的宗旨是：面向经济建设，发展我国科学仪器技术和建立高技术产业，充分发挥科学仪器研制与开发的力量，提高参与国际市场竞争能力，实现规模化、产业化、集团化、国际化目标。中心根据科技体制改革的精神，初步建立起适应社会主义市场经济体制，内部实行企业化管理，并逐步建立现代企业制度。中心的主要任务和工作范围是：承担国家科研项目、攻关、军工等任务；以市场为导向，开发、制造并销售电子光学、离子光学及真空物理等专业领域及其相关技术的科学仪器、医疗仪器。

北京科仪中心的扫描电子显微镜、质谱仪器、真空获得设备等精密仪器的设计制造技术居国内领先地位，产品在国内市场占有一定份额。1996年"高性能扫描电子显微镜研制"已列入"九五"国家重点科技攻关计划。该课题拟在全计算机控制，场发射电子枪、扫描电镜与X光能谱仪一体化，自动样品台系统等方面开展研究工作，目标是开发全计算机控制操作的高性能扫描电镜，并小批量生产。

1996年中心与上海硅酸盐研究所合作，研制出国内首台扫描电声显微镜，把光电子技术、电声技术、传感技术、数据存贮和图象处理技术等融为一体，可用于多种不同种类材料和器件的亚表面非破坏性分析，该台电镜已出口德国。

北京科仪中心针对不同用户的需要，已开发出便携式、多工位、半自动或全自动的，具有不同用途的各种氦质谱检漏仪以及110升单磁悬浮分子泵、5000升风冷分子泵，使其形成系列化。同时，利用真空检漏技术与真空获得技术的优势，为国民经济各行各业研制大量工程装备，提供技术服务。

1996 年科仪中心取得重要科技成果四项。

1996 年科仪中心获得了自营进出口权。一年来我们接待了来自美国、韩国、日本、乌克兰、澳大利亚、法国、朝鲜、香港等国家和地区的客户，并与其中一些公司签订了产品出口合同和合作协议，取得了一定的经济效益。

该中心挂靠学会有：中国电子显微镜学会、中国质谱学会、全国探针分析标准样品标准化技术委员会挂靠北京科仪中心。编辑出版刊物有《电子显微学报》、《质谱学报》等。

心理研究所

所　　长：张　侃
地　　址：北京朝阳区北沙滩
邮政编码：100012
电　　话：010-64919520
图文传真：010-62022070
E-mail：zhangk@psych.ac.cn

心理研究所建于 1951 年，是我国唯一的综合性心理学研究所。现有固定编制职工 152 人，其中专业技术人员 127 人，研究员（包括正研级高级工程师）23 人，副研究员和高级工程师 39 人，有中级职称者 36 人，有初级职称者 29 人。现聘请国外名誉教授 6 人，学术机构外聘专家 37 人。心理所是普通心理学、生理心理学、工业心理学、发展心理学等专业的博士和硕士学位授予单位，现共有 22 位博士生导师，41 位硕士生导师。目前有 38 名博士生和 20 名硕士生正在本所攻读学位，有 20 名博士生和 64 名硕士生已经毕业。心理所设有全国唯一的心理学博士后流动站，接收和支持近期获博士学位的青年学者从事研究工作。

心理所在侧重自然科学领域前沿基础理论课题研究的同时，兼顾自然科学和社会科学的跨学科研究，并面向国家经济建设主战场，大力开展心理学研究成果的推广和应用。主要研究领域有发展和教育心理学、认知心理学、生物心理学、工业心理学。

心理所经过结构性调整，设立了发展与教育心理学、知觉与认知心理学、生理心理学与医学心理学、工业与经济心理学等四个研究室，确定以“人类行为与发展”、“脑功能成像”和“脑-行为”研究为主要发展方向，并在此基础上成立了“人类行为与发展实验室”、“脑-行为研究中心”、“脑功能成像青年实验室”、“中国科学院心理研究所-美国密西根大学合作研究中心”。其中，“人类行为与发展实验室”是心理所建立的一个开放实验室，旨在创造良好的研究环境和实验条件，促进国内外的学术交流与合作，在儿童认知发展、特殊儿童的心理发展、独生子女研究、儿童学习和记忆、老年心理学、组织行为及发展等领域开展跨学科的实验研究。实验室装备有完善的实验用行为记录系统、单向观察室和多功能儿童实验室，接待国内外的来访者和博士生、硕士生、实施实验计划。“脑-行为研究中心”旨在建立一个跨学科发展的学术环境，开展脑与行为关系及相互作用机理的实验研究，促进国内外的交流与合作。中心设有电生理实验室、生化实验室、心理药物实验室和动物实验室，拥有 ERP 记录工作站系统、高效液相色谱仪、酶标仪、多导生理仪和荧光分光光度计等目前较先进的实验设备。“中国科学院心理研究所-密西根大学合作研究中心”支持和协调双方人员的合作研究计划和互访。一些跨文化合作研究项目正在进行中。1994 年起，密西根大学心理学系每年派遣研究员和少数民族大学生来所短期工作或进修。“脑功能成像青年实验室”配备有先进的多媒体计算机系统和以 SUN SPARK 1000 为服务器的工作站等先进仪器，在图像处理方面具有国内第一流水平，旨在发挥心理所青年博士的群体作用，赶超在脑功能成像领域中的国际前沿研究，1996 年就“汉字知觉信息加工及脑功能成像研究”，心理所同美国明尼苏达大学核磁共振成像中心进行了合作，完成了多项实验。

心理所为了适应信息化社会的需要，安装了一台服务器，并将局域网与中国科学院网联通。为心理所开辟了新的信息交流窗口。

1996 年度，心理所有 27 项国家自然科学基金资助项目，包括重点项目1项、青年项目3项、面上项目23项，还有若干中国科学院、国防科工委、国家教委和企业委托的重要项目，以及国际基金组织资助的合作项目。心理所的研究人员积极走向“社会主义经济建设主战场”，现分别承担了航天员心理选拔、飞行员心理素质评价、国有企业的CIS研究等横向课题，争取了一批研究经费。其中，与河南洛阳浮法玻璃厂合作的“企业形象战略系统工程”已经完成了企业视觉识别系统中基本要素的设计与优选试验，正进行其他子课题的研究工作；国家自然科学基金委重点项目“思维与智能的模拟”子课题“面向智能系统的记忆与思维”已经完成并通过了验收鉴定，项目组成员同诺贝尔奖金获得者H.SIMON教授合作，在国内外主要学术刊物上发表了“Learning Mathematics From Examples and by Doing”等12篇论文，取得了丰硕的成果。现正申请有关奖项。

1996年心理所全体职工在国内外重要学术刊物上发表论文80篇，出版专著和工具书18部，在国际学术会议上作大会报告或专题报告21人次。1996年申请国家自然科学基金，批准6项。其中5项的课题负责人是年龄在50岁以下的中青年科技人员。1996年完成课题15项，其中国家自然科学基金委面上项目10项。

心理所与世界许多国家的心理学研究机构保持着密切的合作与交流关系，所内20多名职工在国际、国内主要心理学学术组织中担任学术职务，发挥着积极作用。1996年心理所派出28人次出访，进行合作研究、讲学或参加国际学术会议，邀请和接待21名外国专家来访，组织外宾作学术报告9次，并有9名美国大学生在我所短期留学。1996年在加拿大蒙特利尔第26届国际心理学大会上，荆其诚、张侃等人代表中国心理学会争办2004年第28届国际心理学大会获得成功。

中国心理学会、中国人类工效学会挂靠在心理所。主办刊物有《心理学报》(中国心理学会与中国科学院心理所编)和《心理学动态》(中国科学院心理研究所编)。心理所下属单位有：心理学书店、心理学函授大学、科欣达商店等。

自然科学史研究所

所　　长：廖　克
地　　址：北京市东城区朝内大街137号
邮政编码：100010
电　　话：010-64043288（所长）
010-64043989（办）
图文传真：010-64017637

自然科学史研究所的前身是中国科学院自然科学史研究室，成立于1957年。1996年全所在职职工为110人，其中科技人员89人，有中国科学院院士1人，研究员20人，副研究员、高级工程师26人，中级科技人员36人，现有在学研究生12人，另有博士后1人。

研究所下设数学天文学史、物理学化学史、生物学地学史、技术科学史、中国科技通史和近现代科技史以及两个研究室级建制的重点项目办公室——中国科学院李约瑟著作翻译委员会办公室和中国科学技术史大书办公室。

1996年，自然科学史所抓紧进行两项跨“八五”院重点项目——《中国科学技术史》(30卷的大书）的编纂和李约瑟《中国科学技术史》翻译出版工作的完成。积极争取“九五”重大、重点科研项目的立项，经过努力《中国近现代科学技术发展综合研究》和《中国传统技术综合研究》已分别由中国科学院列为院重大项目。同时承担国家攻关项目《夏商周断代工程研究》。

1996年，自然科学史研究所出版学术著作17部，发表学术论文117篇。《简明中国科学技术史话》(中国青年出版社，1990年出版）荣获1996年全国第二届优秀科普作品一等奖，国家科学进步三等奖。

1996年自然科学史所积极开展国际合作与学术交流，先后与德国柏林技术大学、德国图宾根大学、英国李约瑟研究所、法国远东学院分别签订交流合作协议或年度计划。

1980年成立的中国科学技术史学会挂靠自然科学史所，1996年先后共同举办了第七届中国科学史国际会议、中国科技典籍国际会议以及第二届中国少数民族科技史国际会议。所内研究人员分别担任国际科学史学会理事，国际东亚科学史学会副主席，国际科学史研究院院士，通讯院士等。对团结国内科技史界力量，加强同国际科技史界的联合和合作发挥了重要作用。目前正申办2001年在北京举行第21届国际科学史大会。

自然科学史所创办的《自然科学史研究》、《中国科技史料》两种学术期刊在国内外科技史界产生了很大的影响，成为科技史学科的权威性刊物。所图书馆藏有专业图书12万余册，其中古代科技典籍，特别是中算善本书，藏量为国内之首。

科技政策与管理科学研究所

所　　长：徐伟宣
地　　址：北京市海淀区中关村南4街甲1号
邮政编码：100080
电　　话：010-62542623（办）
图文传真：010-62542619

科技政策与管理科学研究所成立于1985年6月，是自然科学与社会科学相结合的软科学研究所，为管理科学硕士学位授予单位，从事科技政策与管理科学理论、方法和应用问题的研究，为我国政府、国家有关部门与地区的科技、经济、社会发展的宏观决策和我国科研机构、企业单位的改革与发展提供咨询服务。

全所现有职工101人，其中专业技术人员87人，具有高级专业技术职称31人，中级41人。所内下设科技政策、管理科学、社会发展、决策与信息系统、环境与持续发展、院史、院情等研究室。

科技政策与管理科学所主要任务是：研究科学技术自身发展规律，研究科技进步与经济发展的相互关系，研究有关决策与管理的理论与方法，并围绕国家经济体制改革和科技体制改革的需要，向有关部门和企业提供决策与管理的咨询服务。

科技政策研究已完成的主要研究成果有："中国政府科技战略研究"、"基础研究的作用、规律和政策"、"863计划项目中评估指标的研究"、"博士后工作长期发展规划研究"、"市场经济中技术转移界面研究"、"国家自然科学基金资助项目立项和验收的评估方法"、"国际科技政策比较研究"等。

管理科学领域主要的研究成果有："攀钢雾化提矾工艺参数的系统优化"、"大庆油田开发与地面工程规划方案优选的研究"、"大城市综合交通体系规划模式研究"、"城市交通规划、建设、管理决策支持系统"、"城市交通计算机动态模拟"，"两淮煤炭开发方案论证"、"大庆油田三维地质模型DYDM系统的研制"、"大城市自来水生产系统的优化研究"、"大庆油田管理局局级计划与控制决策辅助系统"、"生产系统的整体优化管理"等。

环境与社会发展领域已完成的主要研究成果有："高技术开发区研究"、"高技术R&D管理体制研究"，"大庆区域发展战略研究"、资源环境与发展的政策研究"、"中国社会发展指标体系研究"、"中国90年代的生态环境趋势分析"等。

另外在为中国科学院管理与决策服务方面也取得了一批研究成果，如"中科院研究所评价指标体系研究"、"中科院科技奖励与成果鉴定制度的研究"、"中国科学院院史研究"、"中关村科学城的战略研究"、"研究生培养战略研究"等。

近年来利用所内的研究队伍在为政府和企业提供咨询服务方面做了大量的工作，如"对亚行技援项目'中国安庆石化总厂股份制研究'最终报告评估"、"对亚行技援项目'上海第三产业、经济改革政策及淮海路地区改造发展规划'最终报告评估"、"马鞍山钢铁公司H股国外上市可行性研究"、"广东省罗浮山风景名胜区总体规划"等。

建所以来，全所共获国家科技进步奖一等奖1项、二等奖3项、三等奖2项，获中国科学院科技进步奖一等奖1项、二等奖9项、三等奖8项、中国科学院自然科学奖三等奖1项。

科技政策与管理科学研究所是中国科学学与科技政策研究会、中国优选法、统筹法与经济数学研究会、中国高技术产业发展促进会和中国科学院科技政策与管理研究会挂靠科技政策与管理科学所。主办刊物有《中国科学院院刊》、《中国管理科学》、《科研管理》、《科学对社会的影响》、《科学学研究》等。

中国科学技术大学研究生院(北京)

院　　长：汤洪高
常务副院长：冯克勤
地　　址：北京市玉泉路19号(甲)
邮政编码：100039
电　　话：010-68211188
010-68217031(总机)
010-68218623(办公室)
图文传真：010-68210501

中国科学技术大学研究生院(北京)于1978年9月成立，是我国第一所研究生院。在中国科学院的领导和支持下，在全体教职员工的艰苦努力下，现已发展成为中国科学院高级科技人才培养的重要基地之一。

研究生院现有职工517人，其中科技人员331人，包括：教授61人(其中博士生导师27人)，副教授97人，中级科技人员156人。每年完成科学院近70个研究所千余名硕士生基础课和部分专业课的教学工作和院京区博士生的公共课教育。1996年在校研究生总数为1103人，其中，本院博士生15人，硕士生58人，博士后7人。

研究生院现设数学、物理、化学、计算机科学、无线电电子学、生物、地学、外国语言、自然辩证法、管理学十个教学部及体育教研室和计算中心。与中国科学院各研究所和各高校紧密合作，共开设研究生课程470余门。此外，研究生院设有信息安全国家重点实验室、认知科学开放实验室，以及中科院英语培训中心、理论物理研究室、管理决策与应用数学所、应用化学所。研究生院拥有17000多平方米新型教学楼一座、研究生公寓11000平方米、体育馆、图书馆等教学设施。并拥有多功能通讯网测试系统、电磁辐射测试系统、脑电记录与分析系统、动态场面记录系统等大型仪器24台。

研究生院在教学工作中重视调整课程结构，优化课程设置，不断满足高水平科技人才的培养需求。课程设置以二级学科为基准设置，加强基础课教学，不断充实教学内容，提高教学质量。在教师队伍建设中，有计划、有目的地大力补充年轻师资，吸收高水平的留学归国学者，同时充分发挥老教师的作用，形成一支教学水平高、年龄分布合理的教师队伍。

1996年，研究生院在完成教学任务的同时，大力促进科研工作的开展，争取和承担的主要科研项目和课题共计117项。其中，含重大基础攀登研究项目1项、攀登课题4项、“863”课题2项、国家自然科学基金课题28项、中科院课题13项、10万元以上委托研究项目4个。

1996年，研究生院裴定一、吕述望等九人在信息安全领域的研究成果获国家科技进步奖二等奖。另获得中国科学院自然科学奖二等奖1项；中国科学院教学成果奖一等奖2项、二等奖3项；贵州省科技进步奖二等奖1项。此外，青年教授吉敏获得首届中国科学院杰出青年称号。

研究生院不断加大科技开发工作力度，在生物工程、电子及计算机工程、应用化学、应用数学、软科学等领域具备较强的技术实力和研究经验，并且取得明显的社会效益和经济效益。例如，用于水产养殖增肥、农作物增产的FW特种生物制剂已在河南、海南等省推广使用，增产效果显著。办公自动化系统和电话保密技术等也已比较成熟。

研究生院重视开放办学，开展广泛的国际交流与合作，1996年接待国外学术组织和个人15人次；同时，派出31人次分赴11个国家和地区进行学术交流和访问。

研究生院主办刊物有《中国科学院研究生院学报》、《自然辩证法通讯》。

中国科学院管理干部学院

院　　长：姜　丹

地　　址：北京市怀柔县怀北镇（北京市3353信箱）
邮政编码：101408
电　　话：010-69661361
图文传真：010-69661710

管理干部学院成立于1983年9月，是中国科学院创建的一所独立设置的正规化成人高等学校。1988年6月学院与中国科学技术大学联合在京组建了中国科学技术大学管理学院，并从科大引入一支专业水平高、教学经验丰富的教师队伍，大大提高了学院的办学实力和水平。学院不仅是中科院培训各类科技管理干部的基地，而且担负着成人学历教育和管理、计算机学科高等教育的任务，具备了多层次、多渠道、多功能的办学能力，现已形成中专—大专—大专续本—研究生课程进修班相辅相成、互相促进的比较完备的教学体系。1991年在北京地区成人高校评估中被确认为A级成人高等学校。

学院座落在北京风景宜人的怀柔县，北望蜿蜒曲折的古长城，南映碧波汤漾的雁栖湖，依山傍水，清新幽静，是较理想的学习环境。在科研院所林立、高技术企业比较集中的中关村设有分部。

1996年学院在职教职工242人，专职教师75人，其中教授、副教授34人。同时还拥有一支实力雄厚，高级职称占多数的兼职教师队伍。学院现设三个系（经济管理系、计算机应用系、行政管理系）、两个教学部和两个教育中心（基础部，培训部及计算中心、培训中心）。

1996年，学院在院长姜丹教授的带领下开拓前进，取得了较大成绩。学院继续坚持“立足科学院、面向全社会，以干部培训为重点，以学历教育为基础”的办学方针，突出以提高干部培训的层次和水平为工作着力点，把干部培训放在全校工作的首位，牢固树立“为科学院培训干部服务”的思想，找准学院在中科院的位置，充分发挥培训基地的作用。为加强对培训工作的领导，每期培训班都明确一位校领导主管并参与其重要活动；从财力、物力等方面给予充分保证。每期培训班开学前学院都认真准备，与主办部门一起共同制定教学计划，从课程设置、教学研讨、食宿以至业余活动都做出精心安排。每期培训班结束时，学院都以问卷调查或其他方式主动征求学员意见，以利改进工作。1996年学院共承办中科院各级各类管理干部培训班16期，参训人员731人次。其中一期所级领导上岗培训班、两期所级领导干部研讨班，都取得了令人满意的效果，受到院领导和学员们的普遍好评。

1996年是学院学历教育具有历史性突破的一年。共招收各类学生1170人，在校学生达1932人，是办学以来规模空前的一年。学院始终把提高教学质量视为学校的生命，不断强化教师队伍建设。年底前特别组织45岁以下教师开展了“青年教师教学基本功大赛”，鼓励和敦促教师努力提高课堂教学效果，提高教学质量。1996年学院提升了一批年龄在35岁左右的年轻副教授，基本形成一支年龄结构、职称结构、学科结构比较合理的老中青相结合的师资队伍。在提高教师队伍水平的同时，学院提出学历教育要“以管理科学为龙头，以计算机为主要手段，外语为辅助工具，培养复合型、管理人才”的办学指导思想，在保证足够的基础理论学习的同时，注重学生的实用技能训练，不断拓宽办学渠道，提高办学层次。1996年学院招收首批大专续本科学生39名，研究生课程进修班又招收了41名，有20名研究生在1996年被中国科技大学授予硕士学位。

1996年，学院采取组织考核和群众推荐相结合的办法，选拔了一批35岁左右博士、硕士毕业的优秀青年教师和管理干部充实到中层领导岗位，给他们提供和创造了充分施展自己才干的机会，为学院培养跨世纪的领导骨干作好准备。

1996年，学院在抓好学历教育、保证教学质量的基础上，积极筹措资金改善干部培训设施。在综合厅配备了音响设备，计算机房购置了25台586多媒体微机并实现了与科学院的联网。

1996年，学院取得科研成果18项，其中属国家“八五”科技攻关项目的“同位素与辐射技术”85-03课题“高分子辐射改性研究”子课题“热塑弹性体辐射交联研究”通过科学院课题验收、国家科委项目总体验收；属于中国科学院“八五”重点项目的“辐照技术与辐照新材料研究”子课题“高开关温度PTC材料及器件研究”和“热塑弹性体辐射交联的应用”通过中科院应用发展局、基础局的联合验收。

1996年，学院与美国加利福尼亚州州立大学(圣玛可)签订合作意向协议，共同举办高技术企业经营管理培训班，培训内容主要有信息技术利用、财务管理、中国高技术公司经理的销售战略等。

科学出版社(副牌龙门书局)

常务副社长：汪继祥
地　　址：北京市东黄城根北街16号
邮政编码：100717
电　　话：010-64018833(总机)
010-64019323(办公室)
图文传真：010-64020094

科学出版社成立于1954年8月1日，其前身为中国科学院编译局和成立于30年代的龙门书局(后改为龙门联合书局)，1993年9月经新闻出版署批准恢复使用龙门书局副牌。

科学出版社现有职工405人，其中编审18人，副编审80人，中级职称的专业技术人员137人。

1996年全社共出版图书789种，1.5亿字，其中初版书494种，重版书295种，重版率达37%；出版期刊137种758期，1.3亿字；出版电子出版物21种。总产值10300万元，销售总码洋8000万元，生产用纸10万令。

科学出版社现有13个图书编辑室(含龙门书局2个图书编辑室)及百科全书和考古2个编辑组，另有电子音像室、美编室，分别负责A类(学术专著、基础理论、基本资料和社会公益性图书)、B类(应用技术类图书和工具书)及C类(科普、文教和综合类图书)等中外文版图书的编辑、出版工作。期刊中心主要承担在我社出版的百余种科技期刊的出版管理工作。1996年在保持科学出版社“三高”特色、“三严”作风的同时，加大了面向市场、面向国民经济主战场的力量，形成了强化制高点(指A类图书)、发展生长点(指B类图书)、巩固利润增长点(指C类图书)的“三点战略”，以及“A类图书上精品、B类图书上规模、C类图书上效益”的工作指导思想，力争将科学出版社办成我国最大的、学术水平最高的、综合性最强的国际化出版社，以中国科学院为依托为“三个基地”服务。

1996年科学出版社有12种图书、4人获省部级以上的奖励；《中国科学》等49种期刊在中国科学院优秀科技期刊评奖中获奖，33种期刊在全国第二届优秀科技期刊评奖中获奖，《中国科学院自然科学期刊合理布局》论文获中国科学院科技进步奖三等奖。

同时，出版了一批如15本一套的英文版《中国固体地球科学研究丛书》、《21世纪科学发展趋势》、《国情丛书》等有较大社会影响和较好经济效益的优秀图书。为中小学生出版的《三点一测丛书》，印数已达8万套。

1996年国家公布的十大科技成果中的两项的出版物——《中国中药资源丛书》和《早期食管癌和胃贲门癌内镜检查图谱》亦由科学出版社出版。同年，《中国科学》由原来的A、B两级中英文版改为A、B、C、D、E五级中英文版后，加快了科技文章的发表速度，减少了稿件积压，使刊物更加专业化，更便于读者订阅和作者投稿，大大提高了刊物的质量。此外，全国自然科学名词审定委员会办公室亦经中国科学院和中央机构编制委员会办公室批准更名为全国科学技术名词审定委员会事务中心，负责全国科学技术名词术语的审定和出版工作。

1996年科学出版社进行了干部聘任、高级专业技术职务“按需设岗、按岗聘任”等人事制度和对分配、奖励实行与总体效益挂钩、综合指标考核的改革尝试，增加了凝聚力，使运行机制及干部职工的观念、精神面貌发生了较大的变化。

1996年共派出4批10人参加了在日本等地举办的国际书展。派出24人次出国进修和参加国际会议。进一步加强了与德国Springer出版公司、美国S&S出版公司和日本欧姆社等国际出版企业的合作。

文献情报中心

常务副主任：徐引篪

地　　址：北京市海淀区科学院南路8号
邮政编码：100080
电　　话：010-62553190（总机）
010-62566847（办公室）
图文传真：010-62566846

文献情报中心（中国科学院图书馆）成立于1950年4月，是中国科学院直属的综合性文献情报机构，现已成为具有多种服务功能的、全国最大的综合性科技图书馆和自然科学情报中心。现有人员346人，专业人员263人，其中研究员（研究馆员）15人，副研究员（副研究馆员）48人，具有中级专业职称的100人。中心是图书馆学、情报学硕士学位和图书馆学博士学位授予单位，1996年在学硕士研究生14人，博士研究生7人。

本中心收藏各类文献600余万册（件），其中期刊3万余种340万册，普通图书98万册，线装古籍46万册，各种科技报告80万册（件）。在本中心的藏书中，自然科学基础学科和高新技术领域的期刊、图书、会议文献、科技报告等收藏比较系统、丰富，形成一定特色；地方志、明清文集收藏也有一定的基础。目前已经与60个国家和地区的709个科研机构建立了书刊交换关系。

1996年，中心完成了“中关村地区书目文献信息系统”（与北京大学、清华大学联合），在此基础上形成中科院图书馆信息局域网，建立了网上3W服务站。通过中国科学院院网与Internet网连通，向全院、全国及全世界开放，提供联机公共书目，期刊联合目录查询（OPAC），网上联机馆际互借，新书预订、续借，网上文献信息检索，资料代查、代借、代复印，全文传真等服务。另外，中心网络系统还建立了联网通讯、学术交流和国内外网上资源查询、获取的渠道（中心局域网址：http：//www.las.ac.cn）。

1996年，中心进一步提高网络环境下业务工作的自动化管理水平，9月份，TOTALS采访子系统和编目子系统开始运行。中心还建立了一大批电子数据库：中文、西文、俄文、日文连续出版物联合目录以及中国科学院文献情报中心藏中文、西文图书、学位论文等书目数据库。此外，中心创建的“中国科学院实用科技成果数据库”、“中国数学文献数据库”、“中国物理文献数据库”、“中国科学文献数据库”、“院士一览”等数据库也已经在网上供外界查询。

本中心与STN、DIALOG、DATA-STAR等国际联机检索系统联接，1996年完成了各分院文献情报中心和主要研究所检索分终端的设置；在国内与中国科技信息所的ISTICORS系统、化工部科技信息所的CHOICE系统等连接，为用户提供方便快捷的文献联机检索服务以及光盘检索服务。

在情报调研方面，1996年，中心完成了《中国科学院“九五”科技发展重点与国民经济及社会发展需求的比较分析》与《国际上有代表性国家科技体制及其科技投人模式的比较分析》等重点课题，为我院“九五”科技发展规划、调整学科布局、确定科学合理的宏观结构体系提供了科学依据。信息咨询工作遵循“面向企业、进入市场、服务于经济”的方针，努力开拓信息咨询服务的广度和深度。1996年与有关所合作举办了化工、中国专利、新技术新产品等各种信息发布会、博览会。

1996年8月，中心成功地接待了国际图书馆协会联合会（IFLA）第62届代表大会百余名代表的参观，进一步扩大了国际交流的渠道。在国际交流合作方面，中心还组织了两个代表团应邀访问了韩国和朝鲜民主主义人民共和国，接受韩国延世大学李炳穆教授的损赠建立了李炳穆教育基金。

根据全院文献情报系统建设的要求，1996年院系统成立院网上文献信息共享系统工程部、数据库专家委员会、继续教育委员会等。中心积极做好这些机构设在本中心的办公室工作，促进全院系统的建设。

目前，本中心编辑出版的连续出版物有：《图书情报工作》（月刊）、《现代图书情报技术》（双月刊）、《化学进展》（季刊）、《生物工程进展》（双月刊）、《科技开发动态》（双月刊）、《中国数学文摘》（双月刊）、《中国物理文摘》（双月刊）、《中外科技政策与管理》（月刊）、《高科技与产业化》（双月刊）。主要光盘产品有：《中国科学文献数据库》和《中国科学引文索引》。

中国科学院印刷厂

厂　　长：周　勋
地　　址：北京市通县北苑杨庄1号
邮政编码：101149
电　　话：010-60533798（总机）
图文传真：010-60533798

中国科学院印刷厂成立于1957年。建厂以来，中国科学院印刷厂一直是国家科技书刊的重点骨干印制基地，国家级书刊印刷定点企业。

1996年末职工总人数849人，其中管理人员108人，工程技术人员36人，技术工人702人。

1996年，工厂在摆脱国企困境、抖落沉重的社会及历史包袱过程中迈出了坚实的一步，取得了来之不易的成绩：全年共创产值2094万元，扭转了自1994年以来的连续亏损局面，实现盈利152万元。

为适应市场，工厂大力开展了有针对性的产品生产结构调整，利用自己的力量新增了两台书刊胶印轮转机，改造完成了两台铅印轮转机为胶印轮转机，购进了一台胶订联动机等设备。为铅胶过渡的顺利完成，为书刊印制能力的恢复、扩大奠定了基础。并且在开拓新的市场，发展包装装璜事业上有了可喜的进步。

几十年来，中科院印刷厂在印刷行业中享有盛誉的是一贯持有的产品质量优势。1996年工厂再次荣获北京质协的最高奖励——质量管理十佳企业奖；并且还荣获了全国书刊印刷优秀质量企业铜奖；全年市优产品达244个品种，2218个印张，市季优评比产品达178个，2064个印张，在北京市名列前茅。完成科学出版社的期刊印制准期率达100%。

北京建筑设计研究院

院　　长：徐茂禄
地　　址：北京市中关村北1街4号
邮政编码：100080
电　　话：010-62551244（生产室）
　　　　　010-62552059（办公室）
图文传真：010-62552059（生产室）
　　　　　010-62561036

北京建筑设计研究院成立于1962年11月，其前身为中国科学院新技术局设计室，1979年11月改为中国科学院北京建筑设计院，1983年7月更名为中国科学院建筑设计院，1991年10月再次更名为中国科学院北京建筑设计研究院。自1993年起在海南及广东东莞市设立分院。由于市场情况的变化，海南分院于1996年迁至上海工作，但仍保留有海南分院。1996年全院在职职工150人，其中正研级高级工程师11人，高级工程师43人，中级技术人员50人。随着建筑市场的需要，建筑师实行注册制，设计院正式注册的一级建筑师13人，二级注册建筑师10人。

建筑设计院为中国科学院内唯一具有国家甲级设计资质的单位，除拥有国家民用建筑设计甲级资质证书外，尚具有工程总承包甲级，热力设计甲级及城市下水设计乙级（有临时甲级证）资质，可从事民用建筑、科研建筑，热力工程（包括供热场、电厂）、城市下水工程，环保工程的设计。科研建筑设计是本院的特长，具有几十年的丰富实践经验。

1996年度，环绕生产发展，进行了如下的政策调整。

● 奖金发放比例的调整，根据1995年的实践表明，尽管产值比前一年有所增长，但由于奖金发放比例过高，院的积累增加不多。另一方面由于奖金发放比例级差过大造成职工之间奖金差额过分悬殊。为此，在充分做好群众思想工作的基础上，采取削峰填谷的办法，奖金平均下调6个百分点，增加了院的积累；降低奖金发放比例的级差，缩小了职工奖金额的差距。

● 在下调奖金发放比例的同时，对工程直接成本费和文具费也实行下调并改变工程成本费的包干形式，增加了院的积累。

● 利用1996年度政策调整后节约的成本费进行调研考察，组织科技人员到俄罗斯、香港等地考察。此项工作不仅有利于设计人员对世界建筑的了解，也有利于增强职工的凝聚力。

● 加大技术改造力度。至1997年初，全体工程技术人员达到人手一台计算机，计算机出图率达70%以上，提前达到建设部对设计院计算机化的要求，达到国内先进水平。

● 为了充分发挥离退休职工的余热，成立了第五设计室。离退休职工可以利用设计院的名义承接任务，完成任务。此法有利于规范市场，增加院的收入，也给离退休职工创收开辟了好的途径。

● 针对建设部三令五申不准进行业余设计的政策，根据小工程设计收费低的特点，实施了不同于大工程的经济管理办法，把小工程纳入院的总体工作中，不仅有利于市场的净化，同时为院增加产值近百万元。

● 为适应市场竞争的需要，成立了方案组。储备了技术力量，增加了竞争力。

1996年度，尽管降低了职工的奖金发放比例和成本包干费及文具费，使职工的总体收入有所下降，但全院职工从大局出发，生产积极性高涨，创造了比1995年度更高的效益，生产人员年人均产值超过13万元，全员人均产值达9万多元。

1996年，在继续完成大钟寺轻工市场（建筑面积92000平方米），志新商业中心（建筑面积95000平方米）工程以外，完成了中科院北郊北6区住宅楼（约60000平方米），门头沟财政局培训中心（仿古建筑），大庆第二供水厂，北京中西医结合医院，北京大学锅炉房，海口大学图书馆等工程的设计，还完成了中关村中心区的改造方案设计。

在国际合作方面，1996年度较为活跃，与原罗马第二大学签订了三年的合作协议，互派学者进行访问；在国际学术交流中心的支持下，派出了10人访问俄罗斯，并与俄罗斯圣彼得堡第一设计院、莫斯科第三设计院签订了合作意向书；在中国科学院国际合作局的帮助下，与日本国日本设计公司在中关村改造问题上进行了初步的合作；与美国彩恩公司开展了合作设计；与美国HOK设计事务所也有初步接触；东莞分院与香港何显一设计事务所在紫荆花园工程中进行了长期合作设计；设计院海南分院在上海与台湾李祖元事务所进行了合作设计；这些合作既有利于相互学习、创造效益、增加友谊，又为设计院逐步走向世界创造了条件。

中国科学报社

社　　长：郭传杰

代 总 编：李　士

地　　址：北京市三里河路52号

邮政编码：100864

电　　话：010-68597953

图文传真：010-68597902

《中国科学报》创刊于1959年，由中国科学院首任院长郭沫若亲题报名，周三刊，每周一、三、五出版、对开四版，国内外公开发行。每周除正报外还有“经济周刊”、“科普周刊”和《科技新闻》杂志。

1996年是国家“九五”计划开局的第一年。在这一年中报社开始对报纸进行了改革与调整，进一步适应社会主义市场经济的要求和新闻规律。正报办的一些栏目受到读者的好评，如一版的“维护科学尊严”；二版的“香山会议综述”；三版的“科学快讯”；四版的“中国为什么与诺贝尔奖无缘”等。1996年报社采用新体制、新工作模式和运行机制，创办了《经济周刊》，此外，还将《科苑新月》更名为《科普周刊》，这两个专刊受到了读者的普遍欢迎。此外，1996年还完成了《科技新闻》杂志的改版工作，社会影响和知名度逐步扩大。

1996年，《中国科学报》还与世界最具权威的两家科技期刊之一——美国出版的《科学》周刊建立了联系，并开辟了“科学快讯”，受到科研人员的普遍欢迎，认为《中国科学报》为科研一线人员办了一件大实事。《科学》周刊主编鲁宾斯坦先生也认为《中国科学报》办的“科学快讯”很好，对《中国科学报》超前的宣传报道非常感兴趣，决定派记者采访《中国科学报》，去年5月10日出版的《科学》周刊发表了一篇题为：“科学家在与伪科学斗争中寻求同盟军”的文章，文章较详细的介绍了《中国科学报》刊登的“邱氏鼠药”、“水变油”、“伪气功”等典型伪科学案例，并多次提到《中国科学报》为维护科学尊严仗义执言，坚持科学的舆论导向，在反对伪科学的斗争中起到了关键作用。去年该周刊还刊登了一篇有关中国维护科学道德方面的文章，列举了《中国科学报》最早披露的“湖南师大查处剽窃论文事件”等。中央电视台“焦点访谈”根据《中国科学报》的报道，从电视新闻的角度进行了追踪报道。由于《中国科学报》与《科学》杂志合作及产生的影响，最近，另一家权威科学杂志——英国《自然》杂志也希望参照《科学》周刊的模式与《中国科学报》进行合作。

《中国科学报》在我国科教界有一定的影响。在湖南，陈国达等6位在湘院士称《中国科学报》办得越来越好；在贵州，省政府、人大、政协几大班子会议中，提到中国科学报的机会明显增多；在广西，由企业赞助，为广西优秀专家每人订一份《中国科学报》；在黑龙江，分管科技的副省长认为“《中国科学报》是唯一一张没有铜臭的报纸”；在山东，泰山医学院和山东大学为全校博士生和研究生导师每人订一份本报；在甘肃，科技兴市办公室领导打电话转达市领导的意见，对《中国科学报》的报道很高兴，很满意，表示感谢；在广东，科研人员拿着《中国科学报》刊登的“走出困境”一文参加项目招标，招标单位认为《中国科学报》是一份在科技界很有权威的报纸，其报道值得信任。他们凭着自己的实力和《中国科学报》报道，击败了几个很有实力的对手，承担了704万元的项目；在北京，建设部规划院的一位领导在工作总结会上发言说，在北京的多家新闻媒体中，对城市交通报道最深入、最好的要数《中国科学报》，它文风严谨，报道事实准确。去年，中央电视台“科技之光”节目，以“为了科学的神圣——记中国科学报”为题，介绍了《中国科学报》的情况。

在中国科学院党组的正确领导下，在全国科技界、教育界和社会各界的大力支持下，经全社同志的共同努力，1996年衡量考核报社的三项指标都有了一定的进步和提高，报社事业也有了一定发展。

行政管理局

局　　长：高　逊
地　　址：北京市海淀区中关村南2街12号
邮政编码：100080
电　　话：010-62571850（办）
图文传真：010-62560929

行政管理局成立于1955年12月，1991年12月由院机关职能部门划为院直属事业单位，承担院京区行政事务管理和后勤服务工作。全局现有职工1063人，其中职员170人，专业技术人员281人（高级职称38人，中级职称91人）。

1996年行政管理局为深化改革进行了结构性调整，实行“小机关大实体”的分层管理模式，为后勤服务向物业管理过渡，公司进行股份制改造创造条件。调整后的局机关设置五个处室（党政办公室、人事保卫处、计划财务审计处、综合管理处、房地产管理处），离退休人员服务中心为局直属机构，建立了物业管理中心、产业总公司、筑科房地产开发有限公司三大实体。

在年度工作中，全局紧紧围绕经济建设，坚持“两服务”宗旨，通过加强服务和努力开发创收，实现了年度工作计划和工作目标，取得了显著的经济效益和社会效益。在管理方面，圆满完成了代院对京区各单位的有关管理，为院赢得了多项荣誉；在内部管理中，我局分获北京市和全国城市市政公用设施普查工作先进单位。在服务方面，克服了经费困难、设备老化等困难，较好地完成了各项工作。在开发方面，以三产服务为基础，以质量求发展，以信誉开拓市场，较好地完成了经营计划和经济指标，弥补了部分服务经费的缺口。完成的主要工作有：完成电梯和危电改造工程；建成乙5号住宅楼，建筑面积3114平方米；继续推进房改工作，向京区职工出售公房1005户；经过全局职工的开发创收，完成了全年的经济指标。

科技物资中心

主　　任：李玉海
地　　址：中关村南1条甲3号
邮政编码：100080
电　　话：010-62545879（办）
图文传真：010-62545879

1996年底科技物资中心在职职工99人，其中专业技术人员35人，高级职称4人，中级职称22人，初级职称9人。

中心设综合处、人事监察处、财务审计处、行政保卫处、网络办公室等五个处室，并下属一个业务部（物资供应处）以及北京中科物资装备总公司、中科技贸中心等经济实体。

1996年是科技物资中心实行自收自支的第一年，又恰逢领导班子换届。中心在新一届领导班子的领导下，继续坚持“服务、管理、经营三位一体”的方针，立足院内，面向社会，坚持为科研服务的方向，在抓好计划内物资订货的同时，积极争取计划外货源，为院内科研、生产、维修、开发等任务提供物资供应；在经营开发工作中，积极参与市场竞争，努力克服了自身和环境带来的困难，在全国物资行业继续滑坡的情况下，取得了较好的经济效益。院科技产品销售网络的工作逐步向前推进，做了大量基础性和经理人员培训等工作，部分网络产品通过网络推向了市场；进一步完善了制度建设和规范化管理。

通过几年来的不断深化改革，科技物资中心已初步定位成以科技物资供应、经营及仓储服务为主，为全院科研、生产、开发以及高新技术产业服务的支撑性机构。

沈阳分院

院　　长：张振武

地　　址：沈阳市东陵区文萃路88号

邮政编码：110015

电　　话：024-3892758　024-3892745

图文传真：024-3893632

中国科学院沈阳分院是中国科学院的派出机构，协助院管理中科院在辽宁地区的大连化学物理研究所、金属研究所、沈阳应用生态研究所、沈阳自动化研究所、沈阳计算技术研究所、金属腐蚀与防护研究所、沈阳科学仪器研制中心。

沈阳分院从1978年建立后，先后由李薰、郭可信、骆继勋、张振武同志任院长。

沈阳分院系统现有在职职工4 732人，其中科技人员3 506人，占职工总人数74.09%；高级科技人员1 153人（含正研级292人），占科技人员总数32.9%；中级科技人员1 699人，初级科技人员654人；有中科院院士12人，中国工程院院士2人，有博士学位的162人，硕士学位的543人。

沈阳分院机关现有在职职工113人，科技干部77人，其中高级科技干部31人，中级37人，初级9人。

沈阳分院系统的研究领域以技术科学为主，基础研究、应用研究和开发工作兼有。现有5个国家重点实验室：国家分子反应动力学实验室、国家催化基础研究实验室、国家疲劳与断裂实验室、国家快速凝固非平衡合金实验室、国家腐蚀科学实验室。4个中科院开放实验室：固体原子像实验室、机器人学实验室、现代制造的CAD/CAM技术实验室、陆地生态系统痕量物质生态过程研究实验室。3个野外试验台（站）：长白山森林生态系统定位站、沈阳生态实验站、湖南会同森林生态实验站。5个国家工程研究中心：高性能均质合金国家工程研究中心、高档数控国家工程研究中心、机器人技术国家工程研究中心、催化国家工程研究中心、国家腐蚀控制工程技术中心。

科技体制改革以来，沈阳分院坚持面向研究所、面向地方的方针，把组织协调分院系统研究所发挥整体优势，加强与企业的技术合作，为地方经济建设服务，作为自己的重要工作职责，进行了不懈的努力，取得了显著的成绩，受到辽宁省和沈阳市的赞誉。与此同时，也积极争取到地方对研究所事业发展的支持，增强了研究所的竞争实力，促进了研究所的改革与发展。

加强同企业的技术合作，服务企业的技术进步。“八五”以来，沈阳分院积极承担横向科研课题和技术合同3 510项；共获得研究开发经费总额38 739万元。在积极参与企业引进项目的消化、创新和国产化、重大的技术改造，向企业转移推广科技成果，与企业联合技术创新及高技术的联合开发中，与企业建立了良好的合作关系，发挥了积极的作用。经分院与各所的共同努力，为辽宁企业完成合作项目833项，总成交额13 491.3万元。在省、市科技立项267项，获得科研经费1 214万元。

1996年，沈阳分院积极组织各所申报省、市地方科委的科技立项56项，获得经费940万元，与省经贸委共同组织辽宁省产学研合作洽谈会，推进产学研合作，成交额达1 180万元。建立了与辽宁省计委联席会议制度。在1996年省计委确定的10项产业化项目中，沈阳分院系统有7项。

1996年，沈阳分院积极组织各所参与地方的高技术产业化建设，争取地方支持已初步建成新型材料、工业机器人、生物制药、农药化工等4个产业化基地，实现科技产品年销售收入超亿元。

1996 年，沈阳分院积极开展与省、市地方共建工程中心、中试基地等，已建成北方新材料研究与发展中心、先进制造技术工程中心、表面工程中试基地、生物药中试基地、特殊钢工业化试验基地。

认真做好科技扶贫工作，为农业和农林经济发展服务。沈阳分院组织的由沈阳应用生态所、长春地理所、黑龙江农业现代化所和长沙农业现代化所参加的中国科学院朝阳科技扶贫，历时 8 年，先后派出的 60 多名科技专家到朝阳进行科技扶贫，使朝阳实现了由贫困到温饱的第一步历史性跨越，1996 年通过了中科院验收。在扶贫中还先后选派 12 名科技人员到朝阳市政府及其县（区）任科技副职，14 名专家被聘为科技顾问，一批科技人员被聘为朝阳市有关局、所的兼职领导。在 1996 年 9 月中央召开的扶贫开发工作会议上，朝阳市政府高度赞扬并衷心感谢中科院、沈阳分院在朝阳的科技扶贫。朝阳市实现整体脱贫，中科院做出了重要贡献。

近年来，沈阳分院系统的对外科技交流活动日益活跃，已同世界 40 多个国家和地区建立了长期稳定的国际合作与学术交流关系。“八五”以来，共接待各国来访的科学家2 295人次，派往国外的访问学者1 148人次，各学科在国际同行界的影响与交往不断扩大，在学术交流、国际合作、培养人才诸多方面展示出喜人的前景。

沈阳分院机关遵循中央与科学院的改革方针，结合辽宁地区和自身的实际情况，在转变职能、精简机构、转换机制、探索模式等方面深化改革，进行了不懈的努力和探索，1996 年取得了新的进展。

大连化学物理研究所

所　　长：杨柏龄
地　　址：大连市中山路 457 号
邮政编码：116023
电　　话：0411-4686617
图文传真：0411-4691570

中国科学院大连化学物理研究所创建于 1949 年 3 月，当时定名为大连科学研究所，几经更名，1962 年定名为中国科学院大连化学物理研究所。全所现有职工1 260人，其中科技人员 1000 余人，研究员 78 人，副研究员和高级工程师 191 人，中级科技人员 505 人；中科院院士 7 人，他们是张存浩、卢佩章、郭燮贤、楼南泉、袁权、何国钟、林励吾；现有在学博士生 82 人，硕士生 116 人。另有博士后 12 人。1987 年设立化学博士后流动站。

近半个世纪以来，大连化物所紧密结合国家经济建设的需要，开展多方面的研究工作，逐渐在催化化学、工程化学、化学激光和分子反应动力学、以色谱为主的近代分析化学 4 个学科领域形成了自己的特长。目前，大连化物所已有催化基础、分子反应动力学和国家高技术短波长化学激光 3 个国家级重点实验室对外开放；已建成国家催化工程技术研究中心和膜工程研究发展中心，以实现实验室成果到工业化生产的转化；还有国家色谱研究分析中心和国家进出口商品检验理化实验室及 6 个承担国家“863”高技术项目、科技攻关计划重大任务及横向技术开发项目的应用研究室，以这些国家级研究室、中心和应用研究室为依托，正在从事世界前沿学科的基础研究和重大应用研究。

1996 年基础研究工作正在稳步地向国际水平迈进，由大连化物所牵头的国家“攀登计划”态-态反应动力学和原子分子激发态项目通过了以唐敖庆、徐光宪院士为首的著名学者的结题验收，专家们一致认为“在激发态分子碰撞传能和分子内能量转移研究中取得了突破性进展”，“处于国际领先地位”。在应用研究方面，催化裂化干气制乙苯项目继抚顺之后又在大庆获得了 3 万吨规模工业试机成功，该套装置的运行，可达年产值 1 亿元，利税3 000万元，该技术将成为我所历史上对国家经济建设有重大影响的项目之一；合成气经二甲醚制低碳烯烃和合成气制乙醇联产醋酸项目均通过了专家验收，无论在铑含量还是试验规模上都达到了国际领先水平；“甲烷低碳烷烃及合成气转化的催化技术”攀登计划项目在 1996 年也通过了知名专家的严格评审，名列前茅。1996 年“九五”项目争取成效显著，已落实的项目有

“863”高技术项目3项，国家计委攻关项目3项，国家科委攻关项目4项，军工项目7项，向企业争取“九五”项目亦有成效，与10余家大中型企业签订数十个研究开发课题合同，省市课题23项，国家自然科学基金12项。与大连石化公司建立了产学研联合体，承担了3项其委托的课题。大连化物所拥有一批具有国际国内领先水平的科研仪器设备，如光电子发射显微镜，在美国和日本也刚刚出现，还有飞秒激光装置、能量损失谱仪、超导核磁共振波谱仪等，这些大型仪器设备在完成国家重大科研任务中发挥了巨大作用。国际合作委托研究进一步发展，与美国EXXON公司、美国UOP公司、日本PMC纸浆化学公司的合作进展顺利；1996年又开始了与德国BASF公司、捷克科学院物理研究所开展了合作研究，美国EXXON公司首次在大连化物所设立了EXXON化工奖学金。

1996年有7项成果获奖，“常压水煤气甲烷化新型催化剂制造方法及工艺技术”获国家发明三等奖，“合成气经由二甲醚制取低碳烯烃新工艺方法”和“超音速氧碘化学激光器”2个项目都获得中科院科技进步特等奖，还有院科技进步三等奖1项，院自然科学三等奖1项；石化公司科技进步一等奖1项，二等奖1项。在’96北京国际发明博览会上获2项金奖，1项铜奖，1项世界知识产权组织设立的特别奖(WIPO奖)。1996年在国内国际期刊发表文章数及国际发表文章引用率分别居全国科研院所的第四名、第十二名和第七名。催化工程中心通过了国家科委组织的验收，排在12个国家工程中心第三位，被评为优秀工程中心。

为了实现我所研究工作上国际水平，开发工作上效益规模，继续进行结构调整，使研究、开发工作布局日趋完善，1996年大连化物所确定了5个争取国家“九五”重大项目的负责人，为全所“九五”项目的争取打下了良好的基础；为了更好地完成“九五”任务，所里成立了“9810”领导小组和“应用催化研究开发顾问委员会”，对重大国家级攻关任务加强咨询和协调，充分体现所内各学科配套、协同作战，完成国家重大任务的实力和决心。为了解决所内重复生产、自相竞争而产生的分散、内耗现象，使我所的开发力量形成拳头，形成规模，以增强市场的竞争能力和所的整体实力，对所内现有的开发力量进行了重新调整组合，成立了凯飞高技术发展中心，下设五个非法人性质的实业部门即膜工程部、催化材料部、精细化工部、色谱仪器部和化工技术部，并设立了经营部、管理部、财务部三个职能部门，开发工作从各自为战到团结协作，集中了力量，形成了拳头，从而走上了“上效益规模”的道路，1996年全所总销售额达7 600万元，比1995年增长50%。

科学事业的发展离不开人才，大连化物所通过多种措施为我国培养了大批具有较高水平的人才，其中以研究生的培养为主要途径。为吸收优秀生源，采取如硕博连读和提前攻博等国家规定的多种入学形式，取得良好效果。所里还举办了青年业务骨干培训班，所领导和有关专家亲自授课，有50多名活跃在科研、开发乃至高技术产业第一线的青年骨干参加了培训，强化了德才两方面的教育。除了自己培养人才以外，大连化物所还采取各种措施吸引优秀留学人员来所工作，他们中许多人已成为业务骨干和学科带头人。现在大连化物所的中青年科研人员中，有2人获香港求是基金会“杰出青年学者奖”，3人获杰出青年自然科学基金，3人获“中国青年科技奖”，3人获中国科学院“青年科学家奖”，3人进入国家“百千人才工程”，2人入选中科院百人计划，1人获中国科学院首届十大杰出青年。大连化物所被评为1996年全国留学工作先进单位。

大连化物所编辑出版《催化学报》和《色谱》两种核心学术期刊，并有多人在国际科技机构中任职：

张存浩任“International Union of Pure & Applied Chemistry”执行局委员(1994—1998)；

卢佩章任“Deutsch — Ostasiatisohes Wissen Schaffforumin Tubingen”董事(1988—)；

郭燮贤任(1)“International Catalysis Conference”理事(1984—)；

(2)“International Symposium on Olefin Metathesis and poly merisation”顾问委员(1987—)；

(3)“International Zeolite Conference”顾问委员

(1987—)；

(4)“Catalysis Letters”编委(1993—)；

(5)“China — Japan — U.S. Symposium on Catalysis”中方负责人；

楼南泉任“International Advisory Committee of Molecular”委员(1979—)；

李文钊任(1)“Reaction Kinetics & Catalysis Letters”编委(1994—)；

(2)“International Advanced Catalytic Science and Technology Conference”顾问委员会委员(1990—)；

(3)“International Natural Gas Conversion Symposium”顾问委员会委员(1993—)；

谭志诚任“Fditorial Board of Thermochimical Acta”委员(1993—1997)。

金属研究所

名誉所长：师昌绪

所　　长：李依依

地　　址：沈阳市沈河区文化路 72 号

邮政编码：110015

电　　话：024-3843531（总机）

024-3843605（办）

图文传真：024-3843605

中国科学院金属研究所，创建于 1953 年 1 月。第一任所长是已故学部委员、原中国科学院副院长、技术科学部主任李薰研究员。1967～1970 年金属研究所曾属国防科工委十六院，1970～1977 年转归冶金工业部，1978 年又回到中国科学院。

至 1996 年底有职工1 010人，在 718 名科技人员中，中国科学院院士 3 人，中国工程院院士 1 人，研究员 78 人，副研究员、高级工程师 154 人。中级科技人员 390 人。其余为初级科技人员。经国家批准金属物理、金属材料及热处理、腐蚀与防护和焊接 4 个专业有博士学位授予权，无机金属材料、金属塑性加工等 6 个专业有硕士学位授予权，还设有博士后流动站，1996 年在学硕士研究生 99 人，博士研究生 104 人，在站的博士后 12 人。

金属所以新型金属材料、新型无机非金属材料、先进复合材料为主要研究对象，研究这些材料的组织结构、制备和加工工艺及其与性能之间的关系。金属所坚持材料科学与材料工程相结合，常规材料的改进提高与新型材料的研制开发兼顾，金属与非金属材料相结合，功能材料与结构材料研究并重，加强材料设计与材料合成的工艺技术研究以及实验新方法的创新与开发并举的方针。面向国际前沿，通过完善国家、省、市重点开放实验室的运行机制来稳定和发展基础研究，培养一支精干、高水平的学术队伍，从重大项目方向上选择基础研究的目标不断为科技创新提供源泉。把应用研究工作转移到以市场经济为导向的轨道上来，发挥研究所的综合竞争优势，积极组织力量争取难度较大的攻关课题，在不断提高我国应用研究水平的同时，通过建立高性能均质合金国家工程研究中心和北方新材料研究与发展中心来解决科研成果不断熟化和进行工程验证，解决科研与企业相结合的问题。同时，积极建立科技先导型高新技术产业基地，按照企业机制运行，生产一些地方产业不能生产的高技术产品，并发挥示范带动作用，带动地区的高技术产业发展。

金属所设有金属物理、晶体结构与缺陷等 15 个研究室。无损检测、结构分析、金属材料检验室等 5 个实验室和一个实验机械工厂的技术系统。还设有快速凝固非平衡合金、材料疲劳与断裂 2 个国家重点实验室、中国科学院固体原子像开放研究实验室、中国科学院国际材料物理研究中心、辽宁省材料与氢重点实验室、沈阳市磁性与磁性材料青年实验室、国家金属材料进出口商品认证实验室。

在中国科学院和财政部的支持下，金属所引进的 HF-2000 冷发射枪透射电镜及场发射枪扫描电镜完成安装。

1996 年全所共承担科研课题 211 项，其中国家基金项目、“八五”攻关项目、“863”项目、院重大（重点）项目、部委委托横向项目等课题共 161 项。1996 年获得国家和部级奖励 17 项，其中国家科技进步二等奖1项、三等奖2项,国家发明奖三等奖1项,院科技进步一等奖1项,院自然科学奖二等奖3项,辽宁省科技进步一等奖1项。作为第一合作单位的成果登记14项,其中已应用8项。1996年全所发表论文415篇,其中在国外发表的有201篇。另据国家科委情报中心的统计,金属所1995年在国际刊物发表论文数、引用数均居于全国科研院所的第四位。国内论文数居第四位。32岁的研究员卢柯应邀在材料方面重要的《材料科学与工程评论》杂志上发表了专辑综述论文。申请受理专利43项,获授权专利17项。全所申报专利与授权数在中科院名列前茅。

1996年初成立了以青年人为主体的“高性能均质合金国家工程研究中心”筹备小组,负责“工程中心”的建设和运行工作,到年底“工程中心”设备采购的招标工作已基本结束。

1996年5月成立了以金属所为依托,由中科院和辽宁省政府共同领导的“北方新材料研究与发展中心”,目前“中心”按照发挥综合优势,促进产学研的有机结合的发展方向,开始运行。

在科技开发方面,1988年成立科金新材料开发总公司,统管全所5个发展部、11个开发实体和6家合资企业。1992年在沈阳市政府的支持下,利用贴息贷款近5 000万元,在张士及南湖两个开发区征地71亩,建立新材料中试和工业实验基地。目前有特种高压气瓶、高精度、高性能合金管材、特种合金及制品、高性能粉末冶金制品、晶须与复合材料、PTC热敏元件及电器产品6条生产线已全部建成并投入生产。1996年科金新材料开发总公司建设的“沈阳市新材料中试基地”被沈阳市政府评为高新技术企业先进单位。

金属所与美、英、德、日、意等30多个国家的研究机构、学术团体及著名科学家、企业家建立了广泛的合作交流关系。1996年共有70余批154名外国专家、学者来所合作研究、参观讲学等,同时派出长期合作和留学人员19人,短期合作研究、考察、参加国际会议等75人次。同年5月受国家科委和中科院委托在大连主持召开了“材料与环境的交互作用”国际研讨会。受中国金属学会、中国材料研究学会、国际材料物理中心及国家自然科学基金委员会的委托,编辑出版《金属学报》(中、英文版)、《材料科学与技术》(英文版)、《材料研究学报》(中文版)等4种学术刊物。其中《金属学报》被评为第二届全国优秀科技期刊及中国科学院优秀期刊一等奖,《材料科学与技术》(英文版)被评为第二届全国优秀科技期刊及中国科学院优秀学术期刊三等奖。

沈阳自动化研究所

所　　长:王天然
地　　址:辽宁省沈阳市和平区三好街90号
邮政编码:110003
电　　话:024-3891979
图文传真:024-3890557

中国科学院沈阳自动化研究所成立于1958年,其前身为中国科学院东北工业自动化研究所。全所现有人员702人,科技人员515人,中国工程院院士1人,研究员(包括正研级高级工程师)37人,副研究员、高级工程师161人,中级科技人员225人。现有在学硕士研究生48人。

沈阳自动化所主要学科方向及研究领域为工业机器人、水下机器人、特种机器人、CIMS及综合自动化、新一代全分布式控制系统研究与开发等。是机电控制及自动化专业博士点和硕士点,模式识别与智能控制专业硕士点。先进制造技术的研究与应用是近期的发展方向。

主要科研机构设置有机器人、水下机器人、CIMS及综合自动化等8个研究开发工程部。

所内有机构学、机器人控制、机器视觉、机器智能、计算机网络与管理信息系统等研究实验室和计算中心,并有为工程试验所需的水下条件、流体驱动、整机性能及单元部件测试实验室和实验工厂。

机器人技术国家工程研究中心、中国科学院智能机器人研究中心、中国科学院机器人学开放实验室、中国科学院综合自动化工程总体部、沈阳市机器人技术工程中心、沈阳先进制造技术工程中心设在沈阳自动化所。

1996年新签合同94项,其中横向合同78项。纵向合同16项,完成课题74项,“冲压自动线”被国家列为“九五”攻关的先期启动项目后，国家“九五”攻关的重点项目“新一代全分布式控制系统研究与开发”通过专家论证，落实我所，这是国家攻关中的一级任务。该项目的完成将取代现行集散式系统，这一新技术将使仪表行业面临革命化变革。

1996年获国家、院及省部级科技进步奖11项。与兄弟单位合作完成的“高速线材生产线开发与创新”项目获国家科技进步一等奖；在协作单位的配合下，国家“八五”攻关重点项目“大型工业自动化总体技术开发研究”被国家计委、国家科委、财政部在京联合召开的“八五”攻关任务表彰会评为一等奖。

沈阳自动化所的突出优势：

1. 综合自动化

(1) 计算机集成制造系统：CIMS工程设计方法研究、CIMS体系结构研究。

(2) 过程工业总体技术研究：总体设计技术、总体集成技术、总体支撑技术。

(3) 工业过程控制。

2. 机器人技术

(1) 水下机器人系统；

(2) 工业机器人系统；

(3) 特种机器人系统。

在机器人系统研制与生产过程中曾与美国、俄罗斯、日本等国家进行了技术交流和合作，产生了积极的效果。

中国自动化学会机器人专业委员会、中国国家图形学会东北地区分会、辽宁省自动化学会、辽宁省计算机用户协会挂靠在沈阳自动化所。编辑出版《机器人》和《信息与控制》期刊。

沈阳计算技术研究所

常务副所长：林浒（主持工作）
地　　址：沈阳市和平区三好街100号
邮政编码：110003
电　　话：024-3894766
图文传真：024-3894766

中国科学院沈阳计算技术研究所创建于1958年8月30日，其前身是辽宁电子技术研究所。1960年7月，在原计算机专业的基础上，成立了中国科学院辽宁分院计算技术研究所。1962年12月，同辽宁物理研究所和吉林数学计算数学研究所主要部分合并为中国科学院东北计算中心。1967年10月，“中心”划归国防科委第十五研究院领导。1970年7月，回归中国科学院；1972年8月，改称现名。

在职职工493人，其中科技人员378人，有研究员25人，副高级科技人员130人，中级科技人员157人。现有在学研究生47人，其中博士生7人，硕士生40人。

沈阳计算技术研究所主要从事计算机技术、现代制造及数控技术、通信技术、工业过程自动控制技术的应用研究和开发。具有计算机组织与结构、计算机系统软件、计算机应用3个专业硕士学位授予权，并与东北大学、大连理工大学合作培养博士生。

沈阳计算技术研究所设有4个部，包括9个研究室，其名称分别为：计算机与通信部（含计算机系统研究室和计算机通信研究室）、工业控制与自动化部（含计算机自动控制研究室和工业控制系统研究室）、软件发展部（含计算机软件研究室和计算机系统集成研究室）、专用系统部（含RISC技术研究室、专用计算机研究室和专用软件研究室）。

还设有实验厂、沈阳计算所蓝天技术开发总公司、《小型微型计算机系统》编辑部和科学出版社沈阳编辑室、图书资料室。

高档数控国家工程研究中心和中国科学院现代化制造CAD/CAM技术开放实验室设在沈阳计算技术研究所。

高档数控国家工程研究中心是由国家计委批准于1993年开始建设的。3年多来，先后承担并完成了5项国家“八五”重点科技攻关项目和2项中科院重大项目。这7个项目均通过了中科院、电子工业部等部门主持的成果鉴定，其中获中科院和辽宁省科技进步一、二、三等奖各1项；“SS-8530高档数控系统”项目获国家“八五”科技攻关重大科技成果奖，并被列入国家级科技成果重点推广计划项目；获国家专利授权5项，取得我国第一个高档数控软件版权。在取得上述重大成果的同时，为产业部门提供了一批高水平的数控产品和技术。1996年12月20日，高档数控国家工程研究工程中心通过了国家验收，已正式挂牌运行。

1996年沈阳计算技术研究所圆满地完成了国家“八五”科技攻关项目和院重大项目7项，全部通过了鉴定或验收，受到国家有关部门的表彰和奖励。承担横向项目61项，为国民经济建设做出了重要贡献。为鞍山高压容器厂完成的旋压收口机项目，取得了明显的经济效益和社会效益。鞍山高压容器厂于1986年引进一条旋压收口机自动生产线，一直未能正常运行，成为该厂5任厂长、鞍山市4任市长想解决而未能解决的老大难问题。高档数控国家工程研究中心组成攻关组，承担了此项攻关任务，利用“八五”科技攻关成果高档数控系统替代该进口设备的控制系统，经过半年的辛勤工作，使瘫痪10年的旋压收口机恢复了正常运行，生产出了合格产品高压贮气瓶。该产品市场前景好，预计年销售收入8 000万元。鞍山高压容器厂有望从此走出困境，重现生机。省、市领导对此项攻关成果给予了高度评价和赞扬，鞍山市政府还给了重奖。

1996年沈阳计算技术研究所上报中科院科技成果14项，其中国家“八五”科技攻关成果5项，面向国民经济建设的成果9项。获国家科技进步三等奖1项，中国人民解放军科技进步二等奖1项，国家“八五”科技攻关重大科技成果奖2项，电子部“八五”国家科技攻关重大科技成果奖2项，辽宁省科技进步三等奖1项。2项国家“八五”科技攻关重大科技成果的两名主要负责人被评为国家“八五”科技攻关先进个人；还有8人被电子工业部评为“八五”国家科技攻关先进个人。辽宁省电子计算机学会挂靠在沈阳计算技术研究所。编辑出版《小型微型计算机系统》期刊。

金属腐蚀与防护研究所

所　　长：吴　维
地　　址：沈阳市文萃路62号
邮政编码：110015
电　　话：024-3893116（所办）
024-3893115
024-3915870（科技处）
传　　真：024-3894149

中国科学院金属腐蚀与防护研究所（简称腐蚀所）于1982年10月以金属所和长春应化所有关腐蚀和防护专业的研究室为基础组成，是一个腐蚀与防护专业的综合研究、人才培养与发展基地。全所有固定编制职工213人，其中科技人员171人，有中国科学院院士1人，研究员19人，副研究员、高级工程师41人，中级科技人员86人。现有在学博士研究生28人，硕士生23人。另有博士后2人。

腐蚀所主要学科方向及研究领域包括：研究各种腐蚀过程的规律，破坏特征以及各种材料的腐蚀行为及其与环境条件之间的相互关系，发展腐蚀科学基础理论；测定和积累材料在我国自然或工业环境中的腐蚀数据，研究自然环境介质的腐蚀特征和规律，解决生产和建设中的腐蚀控制问题；发展防蚀技术及其理论，寻求经济而有效的防护措施；承接腐蚀控制工程与腐蚀事故对策和咨询服务。腐蚀所为腐蚀与防护专业博士、硕士授予权单位，并设博士后流动站。腐蚀所的发展目标是：通过两三代人的努力把研究所建成一流和国际上有一定声誉的腐蚀科学和防护技术研究/发展及人才培养的综合基地。所内设有环境腐蚀、腐蚀电化学、高温腐蚀与防护和耐蚀合金与环境敏感断裂等6个研究室；金属腐蚀与防护国家重点实验室也设在腐蚀所。

在上年的基础上，1996年争取到在国家、中科院和地方上有显示度的大项目，尤其在国防军工项目方面，有若干项目已经或即将在国家计委、国防科工委和国家科委获得立项支持。

1996年度获鉴定成果5项。“涡喷七发动机压气机叶片防腐涂层研究”和“激光表面稀土改性及在航空叶片上应用”两项成果分别获中科院和辽宁省科技进步二等奖。腐蚀所承担的国家和地方“八五”项目都在年内结题并获有关方面好评。其中有的项目获得很高的评价。1996年申报专利16项，获批准授权专利5项。

科技开发工作在上年大发展的基础上创造了新的业绩。实现产值4 250万元，销售收入达3 189

万元，进一步增强了研究所的综合实力。1996年，依托于腐蚀所发展中的"发泡镍制造"项目组建了有限责任公司，运行良好，年产值创2 100万元，营业收入达1 640万元，新增固定资产130万元，可供股东分配的利润300万元；对所内工程中心项目组仍实行效益工资，工效挂钩，调动项目组科技开发人员开拓市场的积极性。在所办工程中心的基础上，1996年11月经国家科委批准，开始建设国家腐蚀控制工程技术研究中心。

1996年在国际交流与合作方面，有14人次到英、法、日、美、德等8个国家进行合作研究和参加国际会议；接待了瑞士、意大利等5个国家8位专家、学者来所访问或从事合作研究。

中国腐蚀与防护学会高温腐蚀与防护专业委员会和中国石化总公司沈阳设备失效分析及预防研究中心挂靠在腐蚀所。编辑出版《腐蚀科学与防护技术》学术期刊。

沈阳应用生态研究所

所　　长：孙铁珩
地　　址：沈阳市沈河区文化路72号
邮政编码：110015
电　　话：024-3902096
传　　真：024-3843313

中国科学院沈阳应用生态研究所成立于1954年，原名中国科学院林业土壤研究所，是以森林、土壤、植物、微生物与环境科学为基础的生物地学研究所；1987年改为现名，现已发展成为一个东北资源、环境与农业持续发展的研究基地。现有职工501人，其中科技人员384人（研究员35人，副研究员和高级工程师98人，中级人员186人）。

沈阳应用生态所以应用生态学为主攻学科，以实验生态学为手段，主要围绕东北地区持续发展中的可再生资源开发利用、环境保护和区域经济生态建设等问题，开展农业生态与农业生态工程、森林生态与林业生态工程、污染生态与环境生态工程、生物资源与生物技术等领域的研究，重点发展农业生态学、森林生态学和环境生态学。努力把研究所办成东北地区资源环境与农业持续发展研究基地，成为全国应用生态学研究中心。

全所设有6个研究中心：生物工程研究中心、荒漠化研究中心、生态环境工程研究中心、区域开发与持续发展研究中心、绿色食品发展中心、新型肥料研制与开发中心。设有10个研究室：森林生态研究室、林业生态工程研究室、生态气候研究室、植物资源研究室、农业生态研究室、污染生态研究室、景观生态研究室、土壤生态研究室、微生物生态研究室、微生物工程与固氮研究室。1个院级开放实验室：陆地生态系统痕量物质生态过程研究实验室，6个野外实验站：长白山森林生态系统定位研究站、沈阳生态实验站、湖南会同森林生态实验站、乌兰敖都草原生态实验站、甘旗卡实验站和新民实验站，其中长白山站为院开放站。

具有博士导师资格的自行审批权，生态学、微生物学、土壤学的博士学位及生态学、微生物学、土壤学、植物学的硕士学位授予权，并设有生态学、微生物学博士后流动站。现有在学研究生108人（博士生68人，硕士生40人）。另有博士后6人。

拥有进行有机、无机、生化、环化和生物显微分析的气质联用仪、多通道电感耦合等离子体发射光谱等仪器设备4 000余台件；设有我国东北最大的植物标本馆、微生物菌种保藏室、土壤标本室和树木园，藏有植物标本40 000余份、昆虫标本40 000份、微生物菌种3 000余株、土壤标本20 000份、木材标本1 000份。

1996年承担各类课题134项，其中国家攻关项目18项，国家自然科学基金22项，国家攀登计划3项，国际合作项目5项，中国科学院重大项目1项、重点项目1项，省市项目34项，院留学经费择优支持项目3项，院特别支持项目9项，辽宁省博士基金项目6项，横向课题15项。全年有8项科研成果获奖，其中国家级奖励3项，部（院）级奖励4项；申请专利12项，发表论文123篇，其中国外发表17篇，被SCI收录14篇。出版专著3部，申报专利12项。1996年有4项专利成果分别获国际发明博览会金奖2项，银奖1项，铜奖1项。

近年来与德国、日本、丹麦、比利时等国开展了20余项合作研究，其中生态学计划(CERP)、污泥处理、施肥技术与温室气体、流动注射分析等合作研究项目均取得良好进展；目前在国际科技团体中任职的有：肖笃宁研究员任国际景观生态协会第一副主席、曹同研究员为国际苔藓学会理事、方肇伦研究员任《Anal. Chim. Acta》(分析化学学报)、《J. Anal. Atomic Spec.》(原子光谱分析学报)和《Talanta》的顾问编委。王庆礼研究员任国际林联理事。1996年，沈阳应用生态所与沈阳市科协、俄罗斯太平洋地理所共同组织并承办了“东北亚及毗邻地区资源环境与持续发展国际学术研讨会”，有中国、俄罗斯、美国、日本、朝鲜、韩国、比利时等国的80余位科学家参加了会议；出国考察、讲学和参加国际会议45人次，接待外宾来访113人次。

沈阳应用生态所为促进科研成果转化，不断加大开发力度，并取得良好绩效。研制的新型肥料“长效碳酸氢铵”被国家科委列为“九五”重中之重推广项目，1996年转让费超过100万元，国家科委、财政部、化工部、农业部和科学院3次联合组织推广示范现场会，国务院副总理姜春云、国家科委主任宋健等都对此作了重要批示；“VC9418工程菌发酵新工艺”与北大四通药业有限公司鉴定了2 000万元合同；沈阳应用生态所的科技开发公司以生物工程为手段，以生物资源产品为对象，进行生物药、保健食品和新型肥料的研制与开发，产品已进入国内外市场。1994～1996年产值达1 400万元。国家一类新药——遗尿停完成二期临床试验，已经卫生部新药中心评审，为规模化生产奠定了基础。

绿色食品中国科学院沈阳环境监测中心和沈阳食品监测中心建在沈阳应用生态所，并是辽宁省生态学会、土壤学会、植物学会、沈阳生物工程中心的挂靠单位。编辑出版《应用生态学报》、《生态学杂志》、《森林生态系统研究》等科技期刊。

沈阳科学仪器研制中心

主　　任：孙宇凌
地　　址：沈阳市和平区三好街96号
邮政编码：110003
电　　话：024-3921191（办）
传　　真：024-3890572

中国科学院沈阳科学仪器研制中心的前身是1958年11月成立的中国科学院辽宁分院512厂，几经变化，于1991年10月改为现名。

现有职工总人数440人，其中科技人员195人，占总人数的44.3%；研究员9人，占科技人员的4.6%；高工42人，占科技人员的21.5%；中级科技人员99人，占科技人员的50.8%。在学博士生2人，硕士生1人。

沈阳科学仪器研制中心主要以超高真空技术为基础，研制生产现代化实验室仪器设备。先后研制出了达到世界先进水平的X光电子能谱仪及分子束外延设备，并使X光电子能谱仪由开始的单功能发展为多功能，分子束外延设备由Ⅰ型发展到Ⅴ型，还派生出化学束外延设备及激光束外延设备。还利用这些技术开发出了量大面广的有广泛使用价值的相关产品。

在“七五”和“八五”期间为国家的重点学科和“863计划”研制了用于制备非晶硅太阳能电池的增强等离子体化学气相沉积设备，用于制备金刚石薄膜的微波等离子体化学气相沉积设备，用于半导体材料及高温超导薄膜制备用的磁控溅射设备，用于光学多层膜研究的离子束镀膜设备，为国家三束开发放实验室研制的飞行时间质谱仪等，还为国家重大工程的北京正负电子对撞机、合肥同步辐射加速器及兰州重离子加速器研制了国内目前真空度(10^{-10}托)最好的前端区和光束线，以及达到国际先进水平国内独家生产的插板式快阀及翻板式快阀等。在现有的9个研究室中有6个研究室是从事真空仪器设备的研制和开发工作的。在真空仪器设备领域中，沈阳科仪研制中心在国内一直处于领先地位。先后有32项获国家级新产品的证书，44项获国家级、院省部级科技成果奖励。

1996年向韩国和我国香港地区出售了三台设备。完成了国内第一个超微粉研制基地，SN101工程主体成套设备的研制。JWC-1型卷烟/滤棒物检综合测试台，通过国家烟草专卖局鉴定，该产品主要技术指标具有国际同类产品的水平，填补了国内空白，可替代进口。多功能激光淀积设备暨激光法制备YBCO高温超导薄膜获中科院科技进步一等奖。

长 春 分 院

院　　长：黄长泉
地　　址：长春市人民大街168号
邮政编码：130022
联系电话：0431-5384068（办）
图文传真：0431-5384068

中国科学院长春分院作为中国科学院的派出机构，代院管理中国科学院在吉林和黑龙江两省的6个研究所、站，即长春物理研究所、长春应用化学研究所、长春地理研究所、黑龙江农业现代化研究所、长春光学精密机械研究所、长春人造卫星观测站，共有职工5 035人，其中科技人员3 744人（高、中、初级科技人员分别为968、1 667、718人）。分院设有“中国科学院学部联合办公室长春联络处”，负责联络吉林、黑龙江两省的18名中国科学院院士。分院各所、站现在学研究生461人（其中博士生、硕士生分别为206、255人）。另有博士后24人。设有博士点8个，硕士点17个，博士后流动站3个。长春分院各研究所、站学科领域包含理、化、天、地、生和技术科学，其中以高科技和农业科技的应用研究和发展为主，基础性研究和科技开发也有相当实力，具有综合科技优势和系统集成能力。

1996年是“九五”实施的第一年，长春分院开局良好，各研究所、站作为项目第一主持单位承担国家级重大计划项目32项（其中“863”项目16项、国家攻关项目8项，“火炬计划”项目7项，重大成果推广项目1项）。全年承担课题总数519个（其中国家级课题225个、地方级课题102个、企业委托课题28个、自选课题72个、其他课题7个）。全年鉴定科技成果80项，获国家级和院、省、部级奖励的科技成果25项，申报专利101项，获准授权专利30项。32个较大的公司及企业1996年总产值1.81亿元，实现总收入1.60亿元，创利税3 421万元。

分院发挥中国科学院派出机构的宏观调控作用，积极推动研究所、站的深化改革和结构调整。1996年通过以优化结构提高整体实力为中心，促使研究所、站的学科布局趋于合理；通过“九五”任务的组织，突出优势领域，加强系统集成；通过“两个面向”、“三个共建”的实施，推动研究所、站利用社会生产要素实现科技与经济的结合。所、站领导集体基本实现了新老交替，换届当年平均年龄所长45岁，所级干部47岁；新的领导集体目光比较远大，富有开拓精神，增强了研究所、站的活力和凝聚力。

1996年3月上旬中国科学院常务副院长路甬祥与吉林省常务副省长王国发签署了《吉林省政府与中国科学院在区域农业综合开发科技攻关方面的合作协议》，拉开了我院“九五”东北区域农业科技攻关与开发的序幕。随后，院领导和协调局相继到长春分院检查指导农业科技工作，院农办组织我院农业专家组先后6次到吉林、黑龙江和辽宁调研，确定以吉林大安、德惠、柳河、黑龙江海伦、辽宁昌图等代表5个不同农业生态类型，能集成我院综合优势和组装我院农业高新技术的农业试验示范基地，并在国家和地方的支持下，形成东北农业的“十字型”布局；由长春地理所作为主持单位，沈阳生态所、黑龙江农业现代化所、长春应化所、长春物理所以及我院其他兄弟单位协同作战，谋求形成我院继黄淮海平原之后新的战略重点。同时，由黑龙江省政府、农业部、中科院、吉林省政府共同主持的松嫩——三江平原“九五”国家攻关已成定局；国家五大作物“九五”重中之重项目，长春地理所和黑龙江农业现代化所分别就玉米及大豆大面积高产综合配套技术立项中标；长春地理所牵头的吉林大安试区，被国家农业开发办列入“九五”农业综合开发示范区；实施省院合作协议已有3类6项纳入吉林省农业科技攻关及综合开发计划，等等。1996年，长春分院继续以综合的科技优势，密集的技术及人才，把重点示范和区域辐射结合起来。在大安试区，解决盐碱地水稻大面积种植的技术关键，已建成水稻田21 000亩①，平均单产413.3公斤/亩。在此基础上，又在古河道区泡沼滩地开发水田5 000亩、旱田2 000亩，在东大泡洼地开发水田6 000亩、旱田3 000亩、鱼塘2 000亩。试区的人均收入1 720元，为进点时的6.5倍；德惠试区在玉米大面积高产综合配套技术国家“九五”任务实现第一年的开门红，将2万亩试验田，15万亩示范田和100万亩辐射田分别落实到17个乡镇的196个村80 037户，平均产量比去年提高22.2%；柳河试区立足于发展“三高一优”农业，1996年粮食总产量跃上新台阶。同时，通过建立鸡、猪、牛试验示范基地，发展专业户，试区所在的圣水镇社会总产值比去年提高约20%，人均收入增长30%；海伦试区围绕黑土区玉米、大豆均衡生产，甜菜高产高糖、肉牛品种改良进行攻关，成为本区域样板，为省、市提供农业田间现场会8次，起到先导示范作用。1996年吉林省再次授予长春分院科教兴农先进单位，至此，长春分院已连续6年获此殊荣。

在高新技术产业化方面，分院1996年工作着重点继续放在系列产品及综合性大项目上，推进院地共建高新技术产业。全面实施与长春市的“市院合作工程”，首批联合开发的热缩材料、特种工程塑料、IIIPS、ABS、PP工程塑料改性专用料等5个项目，1996年创产值9 160万元，利润1 605万元，税金941万元。市院合作工程第二批3个项目已经展开，其中新型保温防腐材料1996年创历史最好水平，产值926万元，利润110万元。湿法生产安全报警防爆玻璃实现产值500万元，利润150万元。长春市科委分别与光机所、物理所和地理所共建“长春光机电科技开发基地”，“长春发光材料及器件工程研究开发中心”和“长春特种蔬菜研究开发基地”，市科委1996年投入三个基地分别为100万元、50万元和20万元。分院与吉林市的科技合作1996年首批启动4个，投入启动经费50万元；此外与敦化市在资源开发利用方面、通化市医药城建设方面、松原市激光加工技术的应用方面均有实质性的合作及进展。

分院在1996年加大力度推进院地共建工作研究发展中心，并把这些基地建设作为优化研究所结构，提高研究所实力的重要内容之一。院省共建的“北方液晶显示工程研究发展中心”已建立了STN液晶显示先导性工程，即将投入运转，规模为年产15万块（按4英寸显示板面积计），产值1 000万元以上；该中心作为上游面向全国液晶显示产业，与深圳、石家庄均有合作，并牵动吉林省液晶技术及其产业的建立；由长春应化所、吉林大学和吉化公司共建的“应用化学科学研究中心”自成立以来，努力在产、学、研结合上下功夫，针对吉化30万吨乙烯工程和老产品技术改造的需要确定了一批项目，已从吉化公司获科研经费200多万元，其中IIIPS和ABC二次加工技术嫁接到吉化万吨级生产线上，已列入国家“九五”攻关计划。上述两个院、省共建的工程研究中心，每年省科委还分别支持50万元科研经费。

此外，分院各所列入“吉林省高新技术百亿工程”的项目中，热缩材料、液晶显示技术、尼龙-11工程塑料、光及生物降解农用薄膜等项目受到省政府的表彰。1996年分院各所申报吉林省“九五”重点科技项目18项，省科委科技立项37项，获得“三项科技费用”357万元。长春分院还牵头主办1996年东北亚环境与遥感国际学术研讨会，与会的112位国内外代表提交论文92篇。1996年长春分评定和颁发科技进步奖19项，评定及表彰第二批跨世纪优秀青年科技人才10人。

长春分院直属单位有：长春分院分析测试中心（与地方共建）、长春分院计量站、长春分院干部进修学院、中国科学院长春专利事务所、《中国科学报》吉林记者站、吉林广播电视大学长春分院工作站。长春净月潭遥感实验站隶属分院，依托长春地理所和光机所。吉林省遥感协会挂靠分院。

① 1亩=1/15公顷，下同。

长春应用化学研究所

所　　长：李滨耀
地　　址：长春市人民大街159号
邮政编码：130022
电　　话：0431-5687300
图文传真：0431-5685653

中国科学院长春应用化学研究所是1948年长春解放后，在伪满大陆科学院的废墟上建立起来的。当时隶属于东北行政委员会工业部，称“东北工业研究所”。1949年更名为“东北科学研究所”。1952年8月归属中国科学院，改称“中国科学院长春综合研究所”。1952年12月，与迁至长春的中国科学院物理化学研究所合并，经过学科调整，于1954年6月组成“中国科学院长春应用化学研究所”，历任所长有武衡、吴学周、王佛松、倪嘉缵、汪尔康。

全所现有职工1 192人，科技人员921人，中国科学院院士5人（倪嘉缵、王佛松、黄葆同、汪尔康、苏锵），第三世界科学院院士1人（汪尔康），研究员96人，副研、高级工程师等232人，中级科技人员413人；现有在学研究生249人，博士生37人，硕士生46人。另有博士后8人。

1. 学科方向及研究领域

经过40多年的改革和发展，长春应化所现已成为以基础性工作和高技术创新为主的综合性化学研究所。主要在高分子化学与物理、无机化学、分析化学、物理化学、有机化学5个学科领域开展工作。

从学科布局和优势分析来看，长春应化所在国家教委化学类一级学科评比中居全国第三名，研究所中第一名；国家科委综合评价，列全国研究所第九名；中国科学院将长春应化所电分析化学、稀土化学与物理、高分子物理、导电高分子列为优势领域，将高分子化学和电化学列为次优势领域。

2. 博士、硕士点情况

长春应化所是国务院学位委员会首批授权培养博士、硕士和博士后流动站的单位之一，截至1996年底，共有高分子化学与物理、无机化学、分析化学、物理化学、有机化学5个博士点，并有自行审批博士生导师的权力。1996年获得全国化学口学位研究生教育质量评估第四名，研究所中第一名。下半年被中国科学院批准为博士研究生重点培养基地。我所研究生部被评为1996年中科院先进集体。

3. 今后发展方向

1996年，根据中国科学院实行研究所定位和加快结构调整的指示，长春应化所在认真进行所情分析的基础上，确定应化所的发展目标是“发挥两大优势，抓住两个重点，建立三功能基地”。即充分发挥5个博士点学科的基础和综合优势，发挥基础性研究、高技术创新、应用性研究与产业化紧密结合和贯通的优势，以发展高分子新材料和稀土新材料为重点，建设科学研究、孕育高新技术和培养高级人才的国家级科学研究基地。

4. 科研机构设置

共有14个研究室，其中基础性研究室6.5个，占46%，即电分析化学、稀土化学与物理、高分子物理、应用谱学、超纯和痕量分析、定向聚合、催化氧化（1/2）研究室；高技术研究室6.5个，占46%，即功能高分子、芳杂环高分子、高分子辐射化学、稀土新材料（合金、功能）、电池和传感器、工程塑料（1/2）研究室；应用与开发研究室1个，占8%，即工程塑料（1/2）、催化（1/2）研究室。

5. 开放实验室、中心情况

（1）中科院开放实验室：高分子物理联合开放实验室，电分析化学开放实验室，稀土化学与物理开放实验室，高分子化学联合开放实验室（由中科院和石化总公司共建，应化所和化学所合办）。

（2）国家研究分析中心：国家电化学和光谱分析研究中心1996年9月通过了国家分析测试中心的复查换证、计量认证。

（3）长春应用化学科学研究中心：1994年7月经吉林省政府批准成立，由长春应化所、吉林大学和吉化公司为挂靠单位，具有产学研结合的特点，根据发展规划组织科研项目，已投入科研经费200万元，运行情况良好，正在争取早日成为国家级科学研究中心。

（4）长春分析仪器研究技术开发中心：1996年7月由吉林省科委批准成立，由长春应化所和吉林大学共建。现已承担国家科委重点攻关项目，经费 310 万元，运行情况良好，争取 1997 年级升级为国家级分析仪器研究开发中心。

(5)工程研究中心：高分子辐射加工工程研究中心，现已完成筹建工作，正在报批国家验收，争取成为国家级工程研究中心。

特种工程塑料工程研究中心与吉林大学共建，1993 年由吉林省科委批准成立，现正常运行。

6. 重要的科研设施和装置

近年新购人 400M 核磁波谱仪、四级串联质谱仪、JCM2010 透射电子显微镜等先进仪器设备。

1996 年主要采取的改革措施及其效果简述如下：

1. 坚持以法治所，坚持民主决策和群众监督

(1) 成立了以专业学术委员会为主要活动单元的所学术委员会，苏锵院士任主任，研究和提出研究所重点学科方向及重点项目的建议，以及与其相关的科技工作岗位和条件的建议；成立了倪嘉缵院士任主任的所咨询委员会，对研究所的重要发展方向和改革措施进行研究和咨询。

(2)由职代会和工会选举和指派人员为主，成立了房改和分房小组，提高房改和分房工作的透明度，加大群众监督力度。

(3)成立所开发投资管理委员会，对应化所在开发工作投入的有形和无形资产的增值和效益进行监督和管理。

(4) 制定应化所党政领导班子约法三章和对中层干部实行绩效考核标准，并置于群众监督之下；通过“所长信箱”和“回音壁”，增强与职工的思想沟通。

2. 强化了对重大项目、重点方向的支持

(1) 对 FCIC 提金新技术等项目从政策、人员(包括研究生)和经费等方面倾斜，实行首席专家和所长分工负责制度，促使一批较成熟的项目尽快出成果、出效益。

(2)在中科院和地方的支持下，加速研究发展中心的基地建设；全力抓好 4 个中科院开放实验室和若干基础研究点。我所在国内论文发表已经连续第八年居全国科研单位之首，在国外发表论文(SCI 登录)和引用论文数在全国科研单位中一直名列前茅。

(3) 将基础研究基金对人头的支持改为对重点学术方向和项目的支持，并对国家基金项目和创新项目匹配支持和扶植经费。

3. 加强对开发工作的资产和效益管理

积极争取热缩公司股票上市，加强投资管理委员会和企业管理处的作用，对成熟企业如保温、金元、天风等公司进行股份制、有限责任制或股份合作制的调整和改革，充分利用社会资源，健全和明晰企业的责、权、利，实施效益管理，使企业扭亏为盈，长足发展。

4. 加强人才基地建设，发展研究生教育

加速对年轻学术带头人、项目负责人和科技管理骨干的培养和使用，避免因大批退休造成的科研骨干断档。

5. 科研、管理体制相关政策的改革和调整

(1)研究并制订对科研、开发和管理实行全面全成本核算的制度及实施方案，利用经济手段实行对科研工作的项目管理，对开发工作的效益管理，对机关工作的成本管理。

(2)完善各类奖励措施，制定了项目经纪人等政策，鼓励增加项目和经费；鼓励高水平论文和在高档次刊物上发表文章；鼓励科研成果获高奖，获大的经济效益；鼓励为应化所增加收入，节约开支。

(3)根据人事制度改革试点要求，试行对研究员级人员进行按需设岗和按岗择优聘任制度以及逐渐推行全员合同制。

(4) 研究对子弟校、幼儿园、卫生所及后勤服务等工作实行社会化服务的管理方案及措施。

(5)探讨为应化所发展进行社会融资的方案，探索像应化所一类重要研究所进行体制改革的新途径。

1996 年争取和承担的主要科研任务和项目如下：

1996 年应化所承担主要科研任务 39 项，其中国家基金项目 16 项，国家计委攻关项目 2 项，国家科委攻关项目 3 项，“863”项目 1 项，军工项目 3 项，机械部攻关项目 1 项，中科院重大项目 2 项，重点项目 1 项，轻工总会攻关项目 2 项，地方重点攻关项目 8 项。

其中国家计委第一批攻关任务之一的 HIPS、ABS 工程塑料工业化，总经费 750 万元，是将应

化所“八五”攻关成果，将工程塑料的二次加工技术嫁接到吉化公司的万吨级生产线上，由吉化公司直接生产专用料，项目进展情况良好，预计1998年将在5千吨规模上形成HIPS专用料生产能力，1999～2000年将在2.5万吨规模上形成ABS专用料生产能力，届时，吉化公司将直接供应国内电冰箱、电视机及汽车用的HIPS和ABS专用料，将产生巨大的经济和社会效益。

1996年取得的成果和获奖情况如下：

1996年鉴定成果26项，其中院部级鉴定4项，省市12项，分院级7项，基层组织鉴定3项。获各类奖励17项，其中国家级1项，院部级8项，省级1项，分院级7项。

其中“动态交联乙丙橡胶改性聚丙烯汽车保险杠专用料”项目由我所殷敬华研究员等同志研制，并推广到国内多家汽车保险杠专用厂，取得了较好的推广效益，获得中科院1996年度科技进步一等奖。

科技开发方面的工作情况和效益：

应化所目前办有长春热缩材料股份有限公司、科鹰防腐保温公司、赛普工程塑料有限公司、新好得化学有限公司、特种工程塑料有限公司等10家企业。在企业中工作的正式职工有288人，1996年总产值1.089亿元，利润总额2 052万元，利税总额3 029万元。

其中长春热缩材料股份有限公司已发展成为具有1.5亿资产的股份制公司，以热缩材料为主导产品，其中电力电缆附件在国内市场占有较大份额。1996年实现产值8 000万元，销售额6 000万元，利税总额2 800万元。其股票已获准上市，以此为契机，长春热缩将向更高的“10亿元”目标前进。

国际合作与人才培养：

1. 国际合作

长春应化所已与美国、日本、韩国、俄罗斯、法国、德国、意大利、香港、台湾等国家和地区建立了合作关系，接受了美国、日本、荷兰、韩国等国的委托研究，并通过委托研究补充科研经费几十万元，聘请3名美籍华人为客座教授。

2. 人才培养

(1) 14个研究室主任（或主持工作的副主任）均已由跨世纪的研究员或副研究员担任，其中部分同志已表现出较高的学术水平和组织能力。对优秀青年实行破格晋升，申报特批的3名研究员已获批准。

(2) 1996年9月我所进行了中科院“百人工程”答辩，王利祥研究员在1997年被院批准进入“百人工程”。

(3)根据国家政策对主要学科学术带头人、大项目负责人实行延聘制度，以保证科技骨干顺利实现代际转移。

(4) 对重点学科方向和技术骨干坚持向国内外实行择优招聘制度。在按需设岗，按岗择优聘任的前提下，与不同人员分别签订长期或短期合同，并准备必要的条件，增加博士后和短期工作人员的比例。

(5)对机关处室负责人采取逐步过渡的方式，以充分利用人才资源及利于将进行的机关改革。

(6)重视研究生教育和培养，继续用好“应化所研究室教育基金”，实行“研究生助研制度”和“在职申请学位制度”，逐步提高研究生待遇。

长春市化学会、中国化学会应用化学委员会和分析化学委员会挂靠在长春应化所。编辑出版中国化学会学术刊物《分析化学》和《应用化学》。

长春光学精密机械研究所

名誉所长：王大珩
所　　长：王家骐
常务副所长：曹健林（法人代表）
地　　址：长春市人民大街140号
邮政编码：130022
电　　话：0431-5687215（总）
0431-5686367（办）
图文传真：0431-5682346

长春光学精密机械研究所（简称长春光机所），于1960年由中国科学院长春光学精密机械仪器研究所（前身中国科学院仪器馆，建于1952年）和中国科学院机械研究所（原中国科学院机械电机研究所，建于1953年）合并成立。

1996年长春光机所共有职工2 709人，其中科技人员1858人。有中科院院士3人，研究员（包括正研级高级工程师等）78人，副研究员（包括高级工程师等）281人，中级科技人员794人；现有在读博士研究生54人，硕士研究生72人。另有博士后6人。

长春光机所是一个多学科并集研究、试制、开发、生产为一体的综合性技术科学研究所，是我国光学、精密机械学和应用电子学领域的主要研究开发基地之一。

长春光机所的主要学科方向及研究领域有：光电工程技术，主要研究开发靶场光电测量设备（即光电精密跟踪与测量技术）和激光、红外预警与电子对抗技术；空间光学与遥感技术，主要研究航空航天用的高级光学遥感器，空间环境监测与空间环境模拟技术，不同用途的遥感仪器和遥感信息的存储压缩技术；激光技术与应用，主要包括激光器、激光加工工艺及设备和激光医疗设备的研究、试制、生产和开发；电子轻印刷技术，主要是研究和生产不同规格、性能的激光照排机和与其配套的输入、输出及冲洗设备；精密机械技术，主要是对高精度二维、三维工作台、单轴和多轴转台、不同用途不同精度的机械传动元部件的研制和气体润滑技术、微机械技术的研究；光谱技术研究，主要是光谱技术的应用、光谱仪器研制和同步辐射光束线工程的研究与开发；应用光学技术，主要有光学玻璃熔炼技术，光学设计和现代光学工程设计，光学镀膜技术，视频处理技术，精密刻画与刻蚀技术，精密测量技术，光学元件超精细加工、检测技术和现代应用光学中的前沿技术，如软X射线及真空紫外光学等。

长春光机所从总体上可分为研究、开发、产业、贸易（三产）、公共事业、管理等6大部分。今后的发展方向是：走企业化道路，建设现代化产、研、贸联合的长光集团。主要从事高新技术产品的生产和研究开发。

长春光机所设有应用光学国家重点实验室和国家光学机械产品监督检验测试中心。根据学科方向设有12个研究室及光电工程部、机电工程部、光谱技术部，并设有计算中心、科技信息中心、电子轻印刷工程技术中心、激光中心、光学元件工程中心、数显工程中心。

长春光机所拥有国内领先并达到国际先进水平的仪器装置50多台套，具有较强的研制加工能力。

1996年，以光机工厂改革为标志的全所大范围结构调整取得突破性进展。

1. 所科研处和所部车队试行了所内招聘制。增大了工作压力和由此产生的动力，服务态度和工作效率明显提高，为一系列优化组合提供了经验。

2. 将原第九研究室、机电工程部一部分和原光学元件厂合并成立了光学元件工程中心，为引入企业机制、加强管理、为技术开发更紧密的与批量生产相结合探索了一条新路。

3. 大部分所属公司1996年中单列了工资帐户，向现代化企业“四自”的方向迈进一步。

4. 由于内因和外部环境的变化，尤其是近3年来工资的大幅度刚性上调使所属工厂面临着巨大的经济压力，为从根本上摆脱困境，经过长时间的酝酿准备，决定对光机工厂进行彻底改造。首先从舆论准备和思想动员着手，在1996年工作会议报告中着重讨论了改革和与结构调整直接相关的重大问题。8月份向院里提交了《加快改革与发展工作的报告》，提出了工厂改革实施设想，同时组织调查小组，提出对工厂改造的实施方案，得到院领导和分院领导的认可和支持。工厂亦组成了“绩效挂钩”小组，建立健全以绩效挂钩为核心内容的内部管理制度。10月初调整了工厂领导班子，12月初组成工厂结构调整领导小组。光机工厂的改革正按实施方案的实施步骤在顺利进行。

1996年，长光所争取和承担的主要科研任务和项目共计251个，其中空间技术方面38个，军工任务方面52个，“863”任务方向7个，各类基金方面50个，院下达任务方面16个，其他任务方面88个。

上述课题中的部分项目是国家“八五”期间的重点工程。长春光机所承担研制的高级航天光学遥感器进展顺利，已进入初样的研制阶段。

1996年，全所共取得科研成果34项，其中应用基础研究5项，应用研究28项，发展研究1项。

1996年全所共获中科院科技进步奖7项，其中二等奖3项，三等奖4项。

1996年，长春光机所在科技开发工作方面做了大量工作，取得了新的进展和较好的效益。长春光机所与长春市科委共建了光机电产品开发基地，市科委连续3年每年出资100万元支持一批有希望产业化、能够形成商品的研究开发项目；长春光机所与省计委共建了“激光医用中心”，先期投资已到位；长春光机所研究开发的“活体指纹采集仪”现已小批量生产，并已签定了500套生产合同，合同额达115万元；“人工晶体”和“生化分析仪”2个项目分别与深圳华侨城、北京峰森投资公司洽谈投资上产业；“消失膜铸造”与长春一汽合作，试生产红旗轿车精密铸件，建立国内用户；同时与南德集团合作成立了长春九龙铸造有限公司，为大规模发展打下了比较坚实的基础；以该所科技成果“全固态绿光激光器”为基础，与深圳新产业投资公司和吉林省外贸投资公司合作，成立了“长春新产业光电技术责任有限公司”。该公司1996年3月份成立，5月份搬出实验室，8月份按照美国市场需求拿出样品，10月份形成月产300支的能力，到年底已累计出口美国1 000支，创造了当年成立公司、当年打开国际市场、当所赢利的新局面。可望1997年有更大的发展和效益。

所现有公司13个，公司中从事科技开发人员近500人，年产值达5 600万元。

1996年，长春光机所加强了国际合作和交流，全年接待了11个国家和地区的105位外宾来所交流与合作；派出37人次到11个国家和地区参加国际会议、技术考察、技术培训和短期工作；参与组织了“东北亚环境遥感国际学术研讨会”收到了很好的效果。

在1996年中长光所继续加强了人才培养工作。在中科院教育局的大力支持下，长春光机所博士生导师达32人；招收硕士研究生24人，博士研究生24人，其中10人留所，有6人继续攻读博士学位；制定和完善了研究生教育发展计划和有关的规章制度，使人才培养工作更加正规化、制度化，获中科院教育成果二等奖1项。

中国空间学会机械分部、吉林省光学学会、吉林省机械工程学会传动分会、吉林省机械工程学会设计分会、长春市仪器仪表学会等挂靠在长春光机所。编辑出版《光学精密工程》、《光机电信息》、《中国光学与应用光学文摘》、《国外科技资料目录》等学术刊物。

长春物理研究所

名誉所长：徐叙容
所　　长：金亿鑫
地　　址：长春市延安大路1号
邮政编码：130021
电　　话：0431-5953343
传　　真：0431-5955378
电子邮件：(E-mail)：gaokp@sun. ihep. ac. cn

中国科学院长春物理研究所始建于1958年，原名吉林技术物理研究所，隶属于中国科学院吉林分院。1965年经调整更名为中国科学院吉林物理研究所，1978年定名为中国科学院长春物理研究所。研究所座落在吉林省长春市风景优美的南湖之畔，占地面积13万平方米。

全所共有职工572人，其中研究员（包括正研级高级工程师）30人，副研究员、高级工程师等94人，中级科技人员215人。现有在读研究生73人，其中博士生35人，硕士生38人。另有博士后3人。

长春物理所主要从事光子学及其应用研究工作。其研究领域已从60年代的发光学拓宽到集成光学、电子学等方面。基础研究以中科院激发态物理开放实验室为主体，以时间和能量高分辨激光光谱和导波光学为主要研究手段，以凝聚态物质中的产生、传递和转换为主要研究方向，研究光和物质的相互作用、激发态的性质、运动和相互作用以及光子材料和光子器件中的物理问题。高技术研究以信息技术与新材料技术为主，重点开展光电功能材料、光电子器件、集成光学器件、平板显示器件等领域的研究工作。应用发展研究面向国民经济建设主战场，围绕科技成果转化为生产力这一中心任务，以多种形式，多层次，多途径广泛组织开展，其应用涉及到工业、农业、国防、环保等各个领域。内容包括平板显示、发光材料、电子仪器与部件、工艺与测试设备等多方面。

全所设有激发态物理、发光物理、宽禁带化合物半导体、稀土发光材料、交流粉末电致发光应用，液晶显示、集成光学、发光二极管应用、有机与生物发光材料、光电功能材料、薄膜与直流粉末电致发光及其应用和电子学等12个研究室以及分析测试及图书出版两个辅助系统。其中激发态物理实验室为中国科学院开放实验室。设有科技开发总公司和科技发展中心负责科技开发的管理工作。

长春物理所具有凝聚态物理专业博士、硕士学位授予权、光学、无线电电子学专业硕士学位授予权。

重要的科研设施及装置有：快速条纹相机、Raman光谱仪、Spex1430光谱仪、AG-PS锁模脉冲激光器、分子束外延设备、常压和低压金属有机化合物气相沉积系统、L-B膜制备系统、大面积曝光机、高精度丝网印刷机、磁控溅射镀膜机、转靶X光机和扫描电子显微镜等。

1996年，是长春物理所各项工作稳步前进的一年。研究所从实际出发，遵循经济的发展规律，积极主动地、有组织有计划地进行了科研的结构性调整工作，实施了一些必要的改革措施和办法：

第一，从当前和长远科技事业的发展及今后的生存与发展的需要出发，逐步明确长春物理所的定位。

长春物理所的学术方向早已明确，即立足凝聚态物理，发扬发光学与集成光学的优势，面向光子时代，开展包括光子材料、光子物理与光子器件的光子学及其应用的研究、随着科学事业的发展，研究所的定位，不仅要有明确方向，而且要有特色。为此，长物所一方面十分注意积极向光子学方向努力，用脚踏实地的研究工作使研究所的方向获得社会的承认。另一方面，积极宣传长物所平板显示的优势和特色，重点做好液晶显示、电致发光显示、等离子显示材料等方面的工作。同时，还注意重点地、高水平地开展应用基础和高技术创新研究工作，逐步使长物所成为即有明确方向，又有明显特色的研究所。

第二，为促进研究所的进一步发展，加速与地方经济相结合。

1996年，长物所把加速与地方经济相结合，作为深化改革，进行结构性调整的重要内容，从思想上转变观念，明确与地方经济相结合，加快技术向地方企业转移是研究所为经济建设服务的主战场之一，树立全方位、多渠道加强与地方结合的思想；从行动上，结合本所科研工作特点，广泛开辟与地方政府及企业合作的途径。先后与吉林省、长春市政府、吉林市政府和广州、西安、大连等有关公司建立了合作关系。

第三，为建立一支适应研究所发展需要的科研队伍，加强人员与组织机构调整。

研究所从加强科研队伍建设出发，大力加强了人员与组织机构调整工作，减少机关管理人员在研究所人员中所占的比例，精干从事基础研究与高技术创新的研究人员队伍，扩大从事发展研究与开发工作队伍，扩大研究生队伍。同时，对研究室的调整也做了一些基础性工作。

1996年全所争取和承担课题94项，在研课题90项，其中“863”课题11项，中科院课题15项，国家自然科学基金课题23项，国家攻关项目子课题1项，军工课题5项，吉林省科委课题19项，其他课题16项。1996年争取到的“九五”课题40项（含36项当年在研），获得合同总经费827.10万元。ZnSe PIN结构蓝绿发光二极管及激光器研究是国际上的研究热点，继“八五”之后。在“九五”一开始再次获得国家“863”高技术的支持，同时也得到了吉林省科委的资助。该研究工作取得了较大进展，首次成功制备出了ZnSe-ZnS超晶格垂直腔面结构，并且在该器件上实现了77K光泵蓝光激射。这对实现ZnSe PIM结构蓝绿激光发射的应用化有重要意义。

大功率无铝半导体量子阱激光器是有重要应用前景的课，经与北京国家光电子工艺中心合作，在国内首次研制出室温连续输出1瓦的大功率量子阱激光器，其阈值电流密度小于450安培/厘米^2，外量子效率达到70%，特征温度高于100K。该项研究被国家“863”办公室选中参加“863”10周年成果展。

长春物理所十分重视工程研究中心的建立。1995年底建立的“北方液晶工程研究开发中心”，1996年得到进一步的发展壮大。吉林省科委1996年又资助3项课题，获得65万元科研经费、300万元“火炬计划”贷款。发光二极管（LED）和发光材料已有多年的技术积累和人员储备，是研究所的优势领域。根据这一特点，1996年2月份成立了LED工程研究中心，经多方努力，得到吉林省、长春市科委30万元经费资助。1996年8月研究所与长春市科委鉴定了市、院共建“发光材料与器件工程研究开发中心”的协议，得到市科委50万元资助。根据地方经济发展需要和研究所的技术积累，与地方共建的工程中心，是现阶段研究所完成技术开发、定向地为地方经济服务，对院、地双方都十分有利的一种科技开发组织形式。它有利于研究所有序地组织科技人员围绕地方经济发展所需解决的重大科技问题进行攻关，集中力量为地方经济发展做出贡献。

在科技开发工作方面，1996年全所利用多年的科研成果和具有开发前景的预研成果，从不同角度，采取不同方式，积极扩大开发工作规模。除对原有的开发项目进一步进行规范化管理外，还积极注意培育新的科技开发生长点，促使原有的科技开发实体效益有所增长，如希达公司全年实现产值274万元，利润53.9万元，LED应用部仅几名成员，实现产值42.5万元，利润9.66万元。升辉电器厂和灯厂也都出现了较好的发展势头。在不断地开发新产品、培育新的经济增长点过程中，抓住电致发光应急灯，LED光导显示器、光纤传感器、LED大屏幕显示器等项目，做了大量工作，为促进其近一步发展打下了坚实的基础。

1996年，全所各类科技开发实体发展到6个，从事科技开发工作的人员达221名(含部分大集体职工)，全年实现产值1 100万元，利润98万元。

长春物理所大力加强国际合作与人才培养工作，全年有16人次，前往8个国家进行国际学术交流或进行国际合作研究，接待国外专家、学者来访12人次。这些活动对全所的科研工作起到了较好的推动作用。为了加速培养跨世纪的科技人才，所里采取了一些措施和办法，也收到了一定的效果。1996年，经院特批2名年轻的副研究员破格晋升为研究员，并被提拔任用，分别担任开放室研究副主任和液晶工程中心副主任。为改变研究室主任一级骨干队伍的年龄结构，任命了4名45岁以下科技人员担任研究室第一负责人。在研究生培养方面，与1995年相比，增招了4名博士研究生，使硕士生、博士生比例基本上达到1∶1。全年共派出11名高中级科技人员赴美国、日本、西欧国家进修进行短期或长期工作访问；有3名博士在国外完成博士后工作后回所，其中2人担当国家“863”高技术研究项目的主持人。

由于全所上下的共同努力，1996年取得10项科研成果，获奖成果6项，其中机载光电跟踪激光电视动态校靶系统获国家发明三等奖（参加单位），超扭曲液晶显示器及其相关技术获吉林省科技进步一等奖。全所申请专利23项，授权专利7项，其中发明专利2项。发表学术论文290篇，其中国际会议特邀报告3篇，国际刊物53篇，国际会议63篇。

中国物理学会发光分科学会挂靠在长春物理所。编辑出版《发光学报》和《液晶与显示》两种季刊。

长春地理研究所

所　　长：何　岩
地　　址：长春市工农大路16号
邮政编码：130021
电　　话：0431-5653052
图文传真：0431-5652931

长春地理研究所是中国科学院在东北地区的综合性地理研究机构。始建于1958年11月，定名为中国科学院吉林分院地理研究所，隶属中国科学院领导。1961年9月易名中国科学院吉林分院地质地理研究所。1962年10月改名为中国科学院东北地理研究所。1970年7月改为吉林省地理研究所，隶属于吉林省科委领导；1978年7月改为中国科学院长春地理研究所，重新划归中国科学院领导。

1996年底在职职工278人，其中科技人员197人，包括研究员23人，副高级专业技术人员56人，中级科技人员87人。在学研究生43人，其中博士研究生13人，硕士研究生30人。

学科方向及研究领域：中国湿地生态系统及其保护与合理开发利用；中国湿地生物多样性；湿地生态工程；泥炭综合利用；东北地区区域治理与农业持续发展，东北地区自然资源、生产力布局及区域自然与社会协调发展，东北地区自然灾害及减灾对策的研究，环境地理、环境质量评价与环境保护；全球变化的区域响应；遥感技术应用；地理信息系统和专题制图；有源、无源微波遥感的研制应用。

长春地理所是国家学位委员会批准的首批硕士研究生招生单位之一。授予硕士学位专业有自然地理学、人文地理学、地图学与遥感、环境地理学。1996年经国家学位委员会批准，又设立了环境地理学博士点。

今后发展方向和重点领域：中国湿地研究，东北区资源、环境和区域持续发展为主要方向。围绕这个方向，把湿地与环境地理学确定为优势学科，把遥感、遥感微波高技术应用、区域自然环境与社会协调发展综合研究作为重点领域。提出了总体发展目标；即发展优势、跻身前沿，把长春地理研究所建成在湿地研究领域内具有国际水平的研究机构和东北亚一流的区域资源、环境及持续发展研究中心。

长春地理所主要分为科研、管理、支撑系统和开发创收四大部分。科研机构设置有：沼泽湿地、经济地理、微波遥感3个研究室；区域资源与农业持续发展、环境研究与评价、遥感技术应用与地理制图3个研究中心；并拥有中国科学院生态网络系统的三江平原沼泽生态实验站；院级开放野外台站的长春净月潭遥感实验站；另外，中国科学院湿地研究中心设在长春地理所。

重要的科研设施及装置：遥感信息处理设备，主要有：以VAX机为主机的遥感图像处理系统，包括磁带机、磁盘机、摄像机、绘图仪、数字化仪、彩色图像分析仪、软件S600等；以SUN工作站(二台)为主机的遥感图像处理和GIS系统；专做GIS及气象卫星数据处理的微机6台；SE593便携式光谱仪、红外光谱仪、微气候观测系统等野外测试设备；GPS定位仪、图形展点定位仪等用于卫片镶嵌定位；自动冲洗设备，含DEVERE自动放大，HOPE冲洗设备。

从低频到微波的电子检测设备，主要有：美国惠普公司的矢量网络分析仪、频谱分析仪、数字示波器等，及本所研制成功的多频段(8mm、13mm、3cm、5cm、10cm、21cm)机载微波辐射计，机载微波雷达高度计接收机，地下穿透雷达，野外环境生态参数自动监测系统等。

长春地理所还具有良好的技术支撑系统。分析测试部成为国家技术监督局计量认可合格单位。有GBC906原子吸收光谱仪等先进仪器设备。三江平原沼泽生态试验站，已成为院生态研究网络的基本站并获得世界银行资助，1996年通过了院生态网络系统工程竣工核算评议小组的检查评议。地图制印工厂承担各种图件和地图集的印刷。

1996年主要采取的改革措施及其效果：结构性调整再上一个台阶。根据科学院研究所结构性调整的要求，结合本所发展历史、现有基础、人员队伍、科研积累等实际情况，从市场经济和市场竞争的角度出发完成了研究所定位，确定了总体研究方向，优势学科和重点研究领域。根据这个目标在争取研究项目、实施科研计划和科研管理等方面集中优势科研力量，合理安排人员，发挥老、中、青三个层次科技人员的积极性，使“九五”期间的科研项目优于“八五”项目。

在管理人员和二线人员中树立服务意识和竞争意识。通过建立健全监督机制、严格考勤制度、基本实现以法治所、以章管所。为实现管理现代化，在经费紧张的情况下为每个职能部门配备了计算机。推动了办公自动化。1996年管理部门实行了开放式集中办公，提高了管理部门的办公效率和机关人员的出勤率，增加了透明度，促进了各部门之间的相互协作，也方便了科研人员来机关办事。如今管理部门任务明确，职责清楚、热情服务。

人事制度改革取得突破性进展。本着院人事制度改革精神，以“按需设岗，按岗聘任”为原则，对专业技术人员进行重新聘任，调整了各类人员津贴发放方案，出台了各类人员定量考核办法，这些人事制度改革，彻底地打破了长期形成的聘任终身制和大锅饭的作法，使专业技术人员和二线服务人员增加了竞争意识、市场意识和紧迫感，有力地推动了该所深化改革的深入。

1995年争取和承担的主要科研项目：全所列入科研计划的项目共48项，其中国家“九五”攻关11项，院重大、重点3项，院特别支持项目5项，国家自然科学基金5项。省部委和其他横向课题等24项，长春地理所作为第二主持单位的《第二松花江水系污染与水资源保护研究》获国家科技进步二等奖，王稔华研究员是第二获得者；长春地理所参加主持的“三江平原区域综合治理研究”获国家科技进步二等奖；刘兴土研究员为第三获得者。在湿地研究方面重点开展了全国沼泽资源开发利用与社会经济可持续发展的优化调控模式与对策的研究，继续开展全国沼泽志的编写、沼泽综合分类系统研究和全国沼泽类型图的编制工作，组织有关专家参加编制《中国湿地保护行动计划》，受林业部委托，派专家承担修改《中国湿地保护行动计划》任务的。

1996年区域农业综合开发和农业立项成绩显著。农业攻关与开发，在上年的基础上又有新的发展，完善了农业综合开发基地在吉林省内的布局，继大安、柳河基地之后，又开辟了德惠基地，形成了代表西、中、东三个不同生态类型区的农业综合开发示范基地，这些基地在承担国家，省农业项目的同时，又列为院“九五”农业开发试验示范基地。几年来长春地理所通过建立试验示范基地开展农业综合开发研究与推广工作取得了十分显著的效果，在科技与经济结合方面显示了特色，具备了在东北各种类型区承担更大范围和规模的农业综合开发的区域优势。

大安试区作为国家攻关项目和国家农业综合开发项目区，“九五”期间将继续滚动。德惠市玉米大面积高产综合配套技术项目，是国家“九五”科技攻关重中之重项目五大作物高产攻关中的玉米课题部分。此外，又立项承担了“九五”攻关专题：“松嫩——三江平原区域农业可持续发展研究”。

在区域资源环境研究方面，完成了区域开发前期研究项目“图们江地区资源开发、建设布局与环境整治研究；巫溪县综合发展规划和洮儿河下游右岸30万亩农业综合开发规划；承担了承德、赤峰“九五”科技扶贫；滦平县、翁牛特旗矿产资源深度开发与矿业发展研究；东北地区北水南调工程前期风沙环境初步观测研究等。

长春地理所是国家环保局颁发的环境影响评价甲级证单位。1996年承担并完成了20多项省内外建设项目环境评价任务，已完成的“长白山国家级自然保护区北坡区域环境影响评价”项目，获有关专家高度评价。所提出的区域环境整治对策、措施与方案，具有可操作性好，实用性强的特点，为长白山自然保护区的旅游资源开发与生态环境保护提供了重要科学依据。

在遥感技术应用方面，顺利完成了“八五”玉米遥感估产的国家攻关课题，取得了多方面的创新和突破，在遥感估产理论及模型的研究上有新的认识，玉米估产精度超过了设计指标。

在微波遥感高技术研究方面，完成了“八五”攻关项目“微波高度计接收机的研制项目，研制成我国第一台海洋雷达高度计，填补了国内空白，同时完成5项专利申报工作。

1996年，全所共有24项课题顺利通过验收和鉴定，有5项成果获奖。共发表论文150篇。出版专著、论文集6部。

在学术交流方面，与20多个国家的有关科研单位、高等院校建立了密切的学术联系，并与日本、俄罗斯开展了有关领域的合作研究。1996年主办了“吉林省测绘学会地图与地理信息系统学术讨论会”和“院湿地保护与合理利用高级研讨班”，参与主办了“东北亚环境与遥感国际学术研讨会”，举办了“所首届学术活动周”，还实施了聘请国内外知名学者为客座研究员工作。并与俄罗斯科学院太平洋研究所结成“姊妹研究所”。1996年接待外国专家12人，出国进行学术交流10人次。

吉林省地理学会挂靠在长春地理所，年内完成了换届工作。

编辑出版学报级专业期刊《地理科学》16卷，《中国地理科学》英文版6卷。

长春人造卫星观测站

站　　长：崔斗星
地　　址：长春市净月潭西山
邮政编码：130117
电　　话：0431-4513834
传　　真：0431-4513550
电　　传：0431-83138

中国科学院长春人造卫星观测站（以下简称长春人卫站）于1958年成立，当时隶属紫金山天文台。主要任务是跟踪观测前苏联发射的世界上第一颗人造卫星。随着航天技术的飞速发展,我们明显看到,卫星应用技术在高科技领域内发挥了前所未有的巨大作用。我国人造卫星观测系统伴随着这项技术的发展而逐步壮大起来。现长春人卫站已建成一个独立的、具有较高观测能力和研究水平的重要观测站。

长春人卫站现有59人,科技人员45人,研究员1人,副研、高级工程师8人,中级30人,在学研究生2人,博士生1人,硕士1人。其主要学科方向是以观测为主,适当开展天体力学和天文地球动力学基础理论研究工作。长春人卫站激光测距系统是我国当前高精度精密设备,几年来,该设备在"中国地壳运动监测网和GPS测轨网的研究"课题中发挥很大作用。1996年取得1 100圈资料,不仅在国内领先,在国际上引起同行业的瞩目。澳大利亚堪培拉卫星跟踪站站长主动提出到我站交流访问,并邀请我站科技人员赴澳访问,为今后两站长期技术合作奠定了基础。

中国地震监测工程是我国"九五"期间四大重点工程项目之一,而我站激光测距和GPS观测都是地震监测的重要手段。地处高纬度的长春人卫站,首次参加了由国家地震局主持的全国GPS联测工作,取得了完整的观测资料,有望成为国内大地测量网的一个基准站。长春人卫站光学观测组一直在我国人卫观测系统中处于领先地位。1996年该组观测占全系统的37%左右,超额完成任务。

基础理论研究工作有新进展。长春人卫站研究员崔斗星同志经10多年努力完成的《相对论力学的引力理论》论文在国际理论物理刊物上发表,该文引进一种度量空间的基础上提出了一种引力理论。该理论的结果是力学的基本方程即场方程和运动方程与电动力学相应方程在形式上没有区别。该文揭示了引力场和电磁场之间的内在关系。

长春人卫站为落实中共中央国务院《关于加强科学技术普及工作的若干意见》,结合本站工作特点,于1996年正式成立了吉林省天文科技普及协会,协会常设机构秘书处设在站内。科学普及工作是科技工作重要组成部分,对提高全民族科学文化素质具有推动作用。尤其在青少年中开展天文科普教育,用科学战胜愚昧,破除封建迷信,树立正确学风,培养"四化"人才具有重要现实意义。长春人卫站开展天文科普活动收到极大社会效益,得到省、市科委、教委、中科院长春分院等领导部门大力支持。长期开展天文科普活动是长春人卫站重点科技开发项目。

黑龙江农业现代化研究所

所　　长:胡湘韩
地　　址:黑龙江哈尔滨市南岗区哈平路138号
邮政编码:150040
联系电话:0451-6663742
图文传真:0451-6663736

中国科学院黑龙江农业现代化研究所成立于1978年6月19日。1996年底人员总数147人,科技人员总数116人,其中研究员7人,副研究员33人,中级科技人员61人,现有在学博士研究生1人。

黑龙江农业现代化所研究方向是围绕我国农业现代化进程中的重大关键性科学技术课题,进行综合配套技术研究和重点攻关,属于以应用开发研究为主的多学科综合性社会公益型农艺研究所。其优势学科研究领域为:

1. 农业生态研究。主要研究农业生态系统结构功能,系统能流物流循环以及土壤养分、水分、环境等应用基础理论及各种应用技术研究。

2. 农业资源及农业综合研究。主要包括农业资源环境评价、资源综合利用等方面的研究和开发。

3. 农作物科学研究。利用本所主体专业——农学专业,研究以大豆的种、肥、管为重点的小麦玉米等农作物高产高效栽培技术及本学科中的重大理论问题。

4. 园艺科学研究。主要开展名、优、特、新品种的蔬菜繁育,保护地和田间栽培技术,浆果培育技术等。

5. 动物科学研究。主要从事牛、羊、猪、禽及野生动物的优化繁育、良种优选及机理等领域的研究及开发。

6. 农业软科学研究。利用系统科学的方法，对农、林、牧、副、渔各业和区域性农业进行规划、设计、评价、预测等研究。

遵照国家提出的“稳住一头，放开一片”和科学院“一院两种运行机制”的方针，结合研究所的实际情况，为适应市场经济的需要，黑龙江农业现代化所立足于得天独厚的黑土区自然环境和资源，充分发挥多学科综合技术人优势由一般的应用性农学、畜牧学等学科研究，向农业综合集成组装应用研究与开发研究转变；由传统的粗放型向集约型转变，围绕区域农业综合发展的人口资源、环境、生态、产量等问题进行研究与探索及社会公益性工作。在保持一支精干力量从事应用基础研究和高技术创新的基础上，把主要力量组织到为经济建设和社会发展服务的主战场。面向黑龙江，辐射东北地区。

科研机构的设置：黑龙江农业现代化所现设5室1站，即大豆综合研究室、北方寒区持续农业研究室、动物研究室、园艺研究室、农业工程研究室和海伦农业生态站。

1996年5月研究所领导班子充实调整后，注重加强内部管理和整体建设，并根据院加速结构性调整的要求和所内实际，在广泛征求群众意见的基础上，几经反复，提出了《黑龙江农业现代化研究所的结构调整实施意见》，同时征得长春分院的批复。还为实施方案做了必要的思想准备和组织准备，为研究所在新的一年全方位的深化改革和结构调整奠定了坚实基础。通过一年的艰苦努力和成功的工作，调动了全所职工的积极性，增加了凝聚力和向心力。

1996年加强了内部管理，在人事、科研、行政、后勤管理上也相应地制定了配套政策和规定，使研究所在职称评定，职工年度考核，出国人员管理，无岗待业人员管理，行政、科研管理方面做到有章可循，并走上一条制度化、规范化的良性循环轨道。

1996年共完成科研课题4项，其中“九五”国家攻关项目“松嫩平原黑土区农业综合发展研究”(海伦区)已顺利启动，并争取世行贷款100万；与日本东丽公司合作的ABA课题完成试验方案并取得准确的试验数据；“同江外向型农业试验基地”项目经过三年的努力，取得了国内领先的科研成果，受到了省科委的赞扬和好评。此外，还有一大批“九五”项目也在实施当中。

1996年获科技成果4项，(省级三个院验收1个)成果获奖4项(长春分院三项、省级一项)在国内外发表论文85篇。争取“九五”课题23项，争取科研经费达到330万元，可望达到500万元。

所设公司3个：技术开发公司、科智公司、绿海公司。从事科技开发共30人。1996年赴俄罗斯劳务输出，在俄经济严重滑坡、遭受严重自然灾害的情况下，经全体赴俄同志的共同努力，创毛收入13亿卢布，由于受俄经济环境不好影响，回款回货很少，经研究采取新的合作方式，建立新的管理体制，积极扭转回款难的局面。绿海公司积极进行横向联系，开拓国内外市场，参加院产品销售网络，1996年在哈尔滨市新建80多个科技产品销售网点，与中科院16家单位建立了业务联系，引进科技产品20余种，销售额达20多万元。由于流动资金缺乏，仅能靠小商品、小本经营逐渐发展。

编辑出版刊物有《农业系统科学与综合研究》。

上 海 分 院

院　　长：汤章城
地　　址：上海市岳阳路 319 号
邮政编码：200031
电　　话：021-64310242（总）
　　　　　021-64376357（办）
图文传真：021-64374915

中国科学院上海分院是中国科学院的派出机构。上海分院现有 15 个院属研究单位，1 个文献情报中心，4 个与上海市共建单位。有职工9 219人，其中科技人员6 149人，中国科学院院士 41 人，中国工程院院士 6 人，高级科技人员1 974人，中级科技人员2 391人，在学博士生、硕士生1 309人。另有博士后 64 人。

上海分院的主要研究领域为：生命科学和生物技术，如分子生物学、细胞生物学、神经生物学、分子遗传学及生物技术；化学和新材料，如有机化学、有机材料、无机非金属材料和金属材料；新兴技术科学，如微电子、激光、红外、核技术等。此外，在天文学方面，以天体测量为主，相应进行天体物理学和天体力学的研究。

1996 年上海分院各所共承担国家和上海市科研项目1 020多项，其中“八五”续研项目 670 多项，1996 年签合同项目 350 项。在研的项目中，国家项目 650 项，包括国家自然科学基金 310 多项，“863 计划”78 项，国家军工项目 70 多项，这些项目绝大部分完成了预期的进度要求，并取得了一批重要成果。

1996 年，上海分院各所共获科技成果奖 46 项，其中国家科技进步奖 3 项，国家发明奖 3 项；中科院自然科学奖 8 项，中科院科技进步奖 12 项；上海市科技进步奖 16 项，上海市自然科学牡丹奖 1 项，上海市新产品奖 3 项。成果登记共 101 项，共申请专利 78 项。

1996 年上海分院各单位有各种企业，主要是科技企业 145 个，注册资金额 10.5 亿元（院占资金额 36%），全年“四技”合同额接近 1.2 亿元，企业等销售收入达到 6.9 亿元，1996 年单项产品产值大于 1 亿元/年有 2 项，大于5 000万元/年有 1 项，大于1 000万元/年有 10 项。为了使高科技产业上层次、上规模、高效益，各所不但重视产业基地的建设和规模产业的建立，而且还注意发挥自己的特色，大力推动信息和现代生物与医药产业的发展。目前上海分院各所在生物和医药产业方面，联合中外投资者已投入资金超过 3.2 亿人民币。

1996 年上海分院各所经费总额 3.28 亿元，其中院拨经费 0.83 亿元，纵向经费 0.97 亿元，横向经费 1.48 亿元。国有资产（设备和房屋）11.57 亿元。

去年中科院与上海市签定全面合作协议后，双方成立了以路甬祥常务副院长和华建敏副市长为组长的合作协调委员会，上海分院参与该委员会的工作，并受院的委托承担日常的联络协调和合作项目的准备工作。分院与上海市科委共同起草委员会工作条例，今年 3 月组织了第一次委员会工作会议，有力地推动了合作项目的实质性进展，如上海新材料中心的挂牌成立和上海生命科学研究中心各项工作的推进；国家基因研究中心在水稻基因组研究中取得国际领先的突破性进展；大科学工程项目“新一代同步辐射光源”概念设计通过了国际著名科学家的评审；上海分院和上海大学签定了联合筹建研究生院协议，并起草了联合筹建研究生院的规划，报上级有关部门。

去年在许智宏副院长和院“上海岳阳路生命科学研究基地改革指导组”的指导下，对上海生命科学研究基地的建设从学科方向、队伍结构和支撑服务等方面进行了初步规划，客座公寓建设和供电系统改造正在逐步落实。同时，正在建设的基地还有：无机材料和有机材料两个中试基地、光盘及应用工程中心及拟建国家新药筛选中心等。

1996年分院还同上海邮电部门、上海交通大学等单位签定了合作协议，已开始合作项目有网络互联、情报资料和图书等资源共享，仪器设备及基金共用，研究生多媒体免费培训等，目前正在筹建共建交通大学生命科学技术学院。

由院士提议，得到国家计委支持和委托的“长江三角洲经济与社会可持续发展咨询活动”在上海分院和南京分院的具体承办下，以严东生院士为组长的数十位院士和有关专家分成4个小组进行了大量考察和调研。同时完成了中国科协和中科院关于“百名院士”作“百场”科普报告的组织宣传工作。

1996年上海分院有上海冶金所、上海药物所、上海生化所、上海有机所、上海光机所被评为上海市精神文明先进单位，上海植生所被评为上海科技系统精神文明先进单位，上海天文台佘山观察站、上海学术活动中心、后勤服务中心被评为上海科技系统精神文明窗口。

1996年上海分院有1人评为上海市科技功臣，5人获上海市劳动模范称号，4人为上海十佳启明星，4人获全国青年科学家奖，7人为上海优秀科技工作者，11人入选国家百千万工程人选。

上海分院代管的机构有：中科院声学所东海研究站、科学出版社上海办事处、东方科学仪器上海进出口公司、中科集团上海中科股份有限公司。分院直属单位和所属公司有：测试计算中心、实验动物中心、干部进修学院、学术活动中心、后勤服务中心、专利事务所、设计事务所、基建住宅管理所、科苑房产经营开发公司、双向科技发展总公司、希科新技术公司、嘉莱斯通电子有限公司、04单位华东办事处、上海分院印刷所。

上海有机化学研究所

名誉所长：汪　猷
所　　长：林国强
地　　址：上海市枫林路354号
邮政编码：200032
电　　话：021-64163300（总机）
021-64169166（所办）
传　　真：021-64166128

中国科学院上海有机化学研究所成立于1950年5月，由原中央研究院化学研究所和原北平研究院化学研究所和药物研究所合并组成，1970年改名为现名。

现有职工989人，其中科技人员560人。中国科学院院士8人。拥有高级科研人员170人（其中正高46人），中级科技人员214人。在学研究生195人，其中硕士生119人，博士生76人。在站博士后18人。

上海有机化学研究所主要从事天然有机化学、生命有机化学、金属有机化学、元素有机化学、物理有机化学、材料科学和计算机化学以及有机分析化学的研究。设有12个研究室，并建立国家级生命有机化学开放实验室，科学院级金属有机化学开放实验室和计算机化学开放实验室。与上海三维公司合作组建了“三维药物研究中心”，与英国联合利华公司合作建立了“上海有机所利华研究室”。经科学院批准，建立了“（有机）新材料中试基地”。经国家技术监督局批准，建立“分析测试中心”。下属企业有万凯公司和高科技发展公司等。

1996年在研科学基金课题54个，其中优秀中青年基金和杰出青年基金项目3项，主持和参加的重点课题5个，主持和承担了2项重大项目的6个课题。不对称氮杂环丙烷化反应取得了全新的结果，成功地利用炔丙基型硫叶立德的高度立体选择性进行氮杂环丙烷化反应，受到了学术界同行的关注。“过渡金属卡宾和卡拜络合物”及其在有机合成中的应用研究，获得了新奇的双金属桥卡宾和桥卡拜络合物，并发现了合成这些化合物的新方法新路线。自由基的波谱研究取得新进展，在荧光发射光谱基础上进行的相关分析，发现取代基自旋离域参数 σ_{JJ} 与 σ_{mb} 或 σ^+ 配套相关性很好，并首次采取双参数相关分析，引起国内外同行的重视。不对称硼氢化反应，首次发现了C2对称手性催化剂诱导硼氢化反应首创性用含氟手性合成砌块的方法进行抗艾滋病新药硫代碳化糖的合成。

在“863”项目和其他重大项目方面以及“九五”立项的科研工作都取得了良好进展。氟氯烃替代物 F-134a 在“八五”攻关基础上，再次获得国家支持，成为“九五”攻关项目。生物表面活性剂用于3次采油通过了国家验收，为1997年下井试验作好准备。燃速催化剂固体推进剂工作得到国防科工委的表彰。

1996年共获得6项科技成果奖，完成13个科研项目的鉴定。申请专利7项，获授权专利6项。共发表学术论文197篇，其中在国外杂志发表的114篇。据中国科技信息研究所《中国科技论文统计与分析》报道，被SCI收录论文列为中国科学院第三位，被引证数列为第二位。但在平均被引证情况方面，仍居全国之首位。此外，周维善院士领导的菁蒿素研究项目获得了“求是”基金奖，姜标研究员获“求是”基金青年奖。

1996年授予硕士学位21人，授予博士学位18人，有11位博士后进站。目前在学研究生达195人，并首次为一些企业培养高层次人才。经中国科学院批准，成为首批博士生培养基地。

1996年先后接待了来自世界各国和港澳台的专家学者、企业管理、科技人员累计130批，350人次。

受中国化学会委托，负责编辑出版“Chin. J. Chem”、《化学学报》和《有机化学》。

上海生物化学研究所

名誉所长：王应睐
常务副所长：李伯良
地　　址：上海市岳阳路320号
邮政编码：200031
联系电话：021-64374430
传　　真：021-64338357

中国科学院上海生物化学研究所成立于1958年，前身是中国科学院上海生理生化所的生物化学部分。全所编制518人，其中科技人员355人，中国科学院院士5人，工程院院士1人，研究员44人，副研究员、高级工程师70人，中级科技人员151人。现有在学博士生62人，硕士生23人，硕博连读生80人。另有博士后7人。

上海生化所主要研究方向是生物化学和分子生物学。研究领域涉及生物大分子的结构与功能的关系、基因的表达调控、生物膜、神经发育生物学、基因工程及酶工程等。

全所共设有科研课题组33个。分子生物学国家重点实验室设立在上海生化所内，主要从事分子生物的基础研究和部分应用研究，研究方向包括三个方面：生物大分子（蛋白质、核酸、酶）的结构与功能、分子遗传学和生物膜。

上海生化所是生物化学和分子生物学两个专业硕士和博士学位授予单位，并在所内设立国务院首批批准的博士后流动站，具有生物化学和分子生物学二级学科增列博士生导师的自行审批权。

上海生化所拥有一批先进的仪器设备，其中“毫微秒影光度计”，“XL-90”离心机（超速）在国内具有领先水平，“C端蛋白顺序仪”在国内是独一无二的。

1996年承担“863”项目17项；“攀登计划”项目3项；国家自然科学基金项目24项，其中重点项目3项，重大项目1项；国家新药开发基金项目1项；上海新药开发基金项目2项，国家杰出青年基金项目2项，国家攻关项目3项，市科委基金项目6项；中科院院长择优基金项目1项，上海分院院长择优基金项目1项；军工“921”项目1项，洛氏基金项目1项。

1996年共完成论文304篇。成果获奖项目2项：“人γ-型干扰素基因工程的研制及中试生产”获国家科技进步二等奖；“上海河口地区对虾病毒病原鉴定及PCR鉴定方法的建立”获上海市科技进步二等奖。另外，“记忆增强肽”获授权专利。

1996 年，上海生化所赴国外短期工作和参加会议 51 批 76 人次，其中科学院级项目 10 批 26 人次。外宾来访 82 批 125 人次，其中院级项目 8 批 17 人次，所级 74 批 108 人次，并与美国、澳大利亚、德国、法国等国家进行了 18 项科技合作项目。

1996 年为纪念著名科学家曹天钦研究员逝世一周年生化所承办了由曹天钦基金会主办的“国际蛋白质学术讨论会”，来自英国的诺贝尔奖金获得者 Kendrew 教授、前国际生物物理学会会长，日本东京大学名誉教授江桥节郎教授以及美国、德国、法国、瑞典等数十名学者参加了会议。

上海生化所下属单位有“西巴斯生物高技术有限公司”，“科星综合科技服务公司”。还有中外合资的“华新高新技术有限公司”、“丽珠-东风生物技术有限公司”和以临床诊断试剂合为主的“阿尔法生物技术有限公司”。

在 4 月 7 日上海市召开的精神文明工作会议上，中科院上海生化所被上海市委、上海市府批准命名为“上海市第八届（1995～1996 年度）文明单位。这是上海生化所继 1993～1994 年度被命名为上海市文明单位后再次获此殊荣。也是上海生化所根据国家、中科院的要求，紧密结合本所实际，积极推进两个文明建设的结果。

编辑出版《生物化学与生物物理学报》。

上海技术物理研究所

所　　长：乐秀海
地　　址：上海市中山北一路 420 号
邮政编码：200083
联系电话：021-65420850（总机）
电报挂号：8241
图文传真：021-63248028

中国科学院上海技术物理研究所是 1958 年由中国科学院与复旦大学共同创建。1962 年归属中国科学院。现有职工总数 900 人，其中科技人员 617 人，中国科学院院士 3 人，中国工程院院士 1 人，研究员 52 人，副研究员、高级工程师等 178 人，中级科技人员 292 人。在读研究生 117 人，其中博士生 51 人，硕士生 66 人。另有博士后 4 人。

上海技术物理研究所以红外物理与红外光电技术为主要研究方向。主要研究领域有：红外光电子物理、红外与光电材料器件、薄膜光学，微型致冷技术，热成像技术，多光谱遥感技术，光电技术的工业应用等。

上海技术物理研究所研究机构按红外光电基础研究、红外与光电材料器件、红外光电工程应用三大部分。分设有：红外物理国家重点实验室；半导体薄膜材料研究室、热敏红外器件研究室、光子红外器件研究室、硅光电器件研究室、光学薄膜技术研究室、微型制冷技术研究室；光电信息处理研究室、热成像技术研究室、航空遥感技术研究室、航天遥感技术与空间科学仪器研究室。在窄禁带半导体物理、红外探测器件、气象及资源环境遥感技术方面具有强的研究实力。

上海技术物理研究所以红外与光电高科技研究及其产业化为定位。将逐步调整形成精干的有特色的研究所、具有现代企业制度的科技企业群、走向社会化的支撑服务体系的结构，并相应推进人事制度与激励机制的综合配套改革。

上海技术物理研究所 1996 年承担国家气象与资源环境监测，空间科学实验仪器，“863 计划”信息领域等 72 项科研项目。其中用于我国风云二号静止气象卫星的探测仪器具有可见、红外、水汽三个通道观察能力，将于 1997 年发射提供气象部门使用；用于我国空间生命科学研究和空间材料生长的多种科学仪器，成功地进行了卫星搭载试验；在红外器件及材料方面，开展向焦平面发展的研究。

1996 年完成成果鉴定 23 项；获奖成果 12 项，含国家科技进步二、三等奖各 1 项，中科院、省市级科技进步奖 10 项；申请专利 12 项、授予专利权 6 项；发表论文 309 篇、专著 1 部。其中“线列长波红外探测器”达到背景限性能的成果，是我国在红外器件方面的一项重大突破；空间晶体生长观察装置取得卫星搭载试验的成功，是我国在空间科学实验方面的重大进展之一。

上海技术物理研究所创办或合资办科技企业 12 个，其中中外合资企业 6 个。研究所投入科技企业的资金（含无形资产）至 1996 年底为6 281万元。按控股的作全额、参股的按股份计，1996 年全所科技企业的总销售额为 2.02 亿元，利税总额为5 896万元。从研究所转向科技企业的人数为116 人。所属企业上海尼赛拉传感器公司的 PZT 红外传感器已占有国际市场 50%的份额，年创汇超过1 000万美元。

上海技术物理研究所是国家批准的博士授予单位，并设有博士后流动站。目前与国外合作培养的在读博士生 5 名。上海技术物理研究所红外物理国家重点实验室与美国、德国等国家开展联合研究；第八届国际窄禁带半导体物理会议由该室主持组织于 1997 年 4 月在上海召开。1996 年上海技术物理研究所受中国光学学会委托举办了中国第十二届红外科学技术交流会。

中国光学学会红外专业委员会、中国宇航学会和空间学会遥感专业委员会挂靠在上海技术物理研究所。编辑出版《红外与毫米波学报》，该学报 1996 年获国家优秀科技期刊一等奖。

上海冶金研究所

所　　长：邹世昌
地　　址：上海市长宁路 865 号
邮政编码：200050
联系电话：021-62511070（总机）
传真号码：021-62513510

中国科学院上海冶金研究所的前身是成立于1928 年的中央研究院工程研究所。1949 年中国科学院成立后，改名为中国科学院工学实验馆。1953年又定名为中国科学院冶金陶瓷研究所。在先后分出组建了长沙矿冶研究院（1959 年）、昆明贵金属研究所（1959 年）、中国科学院上海硅酸盐研究所（1960 年）后，改名为中国科学院冶金研究所。1970 年定为现名。

全所现有职工 922 人，其中中国科学院院士2 人，中国工程院院士 1 人，研究员 54 人，副研究员、高级工程师等 140 人，中级科技人员 320人。现有在学博士生 48 人，硕士生 47 人。另有博士后 4 人。现有半导体物理与半导体器件物理、材料物理等 4 个专业博士学位授予权与 9 个专业硕士学位授予权，还设有博士后流动站。

上海冶金所是以应用研究为主的技术科学综合性研究所。50 年代主要从事钢铁冶炼与合金钢等传统冶金的研究。60 年代初转向新材料的研究，先后开辟了超纯金属、半导体材料及器件、半导体集成电路、磁性和超导材料、敏感材料和器件、金属腐蚀和防护、离子束技术及其应用等研究领域。目前上海冶金研究所的三个科研领域为：功能材料与器件、微电子学、金属腐蚀与防护。

经过近 2 年的准备，1996 年初向全所布置了稳定和加强基础研究，加速科技成果商品化，积极发展高科技产业，优化组织结构，合理分流人才，积极稳妥地推进结构调整的方案。提出由以国家重点实验室及开放实验室为主的基础及应用基础研究部分，以国家工程研究中心及工程技术中心为主的新技术及产品开发基地；以现代企业制度运行的高技术产业公司群三块构筑冶金所的新结构。以两个新技术产业园区（漕河泾前道工艺、嘉定后道工艺）、一个研究中心组成冶金所新的布局。逐步形成以市场和产业引导科研开发。以科技进步推动产业发展，以企业收益创立科研基金，支持科学研究的新局面。

经过结构调整，全所将由研究、开发、产业三大部分组成：

1. 研究部分设有下列 10 个研究实验室：

信息功能材料国家重点实验室、传感技术联合国家重点实验室、院离子束开放研究实验室、冶金所/戴姆勒-奔驰联合研究实验室、半导体材料与器件研究实验室、材料物理研究实验室、材料化学研究实验室、特种金属材料研究实验室、计算机辅助设计及制版实验室、理化测试实验室。

2. 开发部分设有下列 4 个中心、2 个部：

4 个中心：上海微电子国家工程研究中心、光盘及其应用国家工程研究中心、国家金属薄膜功能材料工程技术研究中心、上海金属腐蚀与防护技术中心。

2 个部：中试部、机电部。

3. 产业部分设有下列 2 个产业基地：

漕河泾分部：以集成电路芯片制作、精密制版、光电子器件等经济实体组成的以微电子前道工艺技术为主的新技术产业基地。现已有：上海新微电子有限公司、上海博克光电子器件公司(中外合资)、上海杜邦光掩模有限公司(中外合资)。

嘉定分部:以器件封装、软件复制等经济实体组成的以后道工艺技术为主的新技术产业基地。现已有以下中外合资公司:上海新康电子有限公司、上海新迪磁电有限公司、上海爱立信-新泰电子有限公司。

全所拥有门类齐全的薄膜材料合成及生长设备:VGV80H气态源分子束外延系统、金属有机化学气相沉积(MOCVD)设备、CMS500P双束超高真空薄膜蒸发系统、激光诱导薄膜生长设备、不同能量离子束辅助沉积设备等;拥有器件制备的超净(10级)室及整套工艺线:电子束曝光机、分步重复光刻机、干法刻蚀设备、中束流离子注入机、外延炉、溅射仪等;拥有不同功能的分析测试仪器:S-4100扫描电镜、高电压透射电子显微镜、QS-408M光谱测厚仪、RI-80参数测试系统、ITS 9000MX大规模IC测试仪、2MeV串列加速器、X'Pert-MRD材料研究多功能衍射仪等。

1996年争取和承担的主要科研任务和项目共73项,其中"八五"延续的课题50项,新立项课题19项,中德联合实验室4项。通过验收、鉴定的项目有21项。有7项成果获奖,其中"MBE生长HBT用超薄多层异质结构材料"获中科院科技进步二等奖。

在抓紧按计划完成研究课题的同时,做了重点开放实验室迎接1997年检查评估的准备工作。传感技术国家重点实验室完成了领导班子换届工作,在所的支持下,该室搬迁到新大楼六楼新建的净化室。离子束开放实验室加强了实验室管理。

1996年9月,以上海冶金研究所为依托单位的光盘及其应用国家工程研究中心已由国家计委下文正式批准,决定建立有限责任公司,实现公司-中心一套班子、二块牌子,11月已成立了董事会。

申请专利2项,获专利权4项。1995年SCI收录文章45篇,居全国科研机构第十一位,文章被引用数也为全国科研机构第十一位。

1996年上海冶金研究所完成销售额1.6亿元,利润2 975万元,其中创汇1 442万美元。主要的产品为:SOIC表面封装功率器件、电子显示屏、还有NdFeB永磁材料及真空钎焊散热器等。新康电子有限公司完成销售额1.1亿美元。新迪公司与微软公司合作生产了"视窗95"等软件83个品种。上海冶金研究所独资的信茂新技术公司生产的电子显示屏占上海证券行业电子显示屏市场的60%。

上海冶金研究所与20多个国家的学术界进行了科研合作与学术交流,并有一部分科技人员在一些国际学术机构中任职。

编辑出版《功能材料与器件学报》、《中国腐蚀与防护学报》和《上海微电子技术和应用》三种学术刊物。

上海光学精密机械研究所

所　　长:徐至展

地　　址:上海市嘉定区嘉定镇清河路390号

邮政编码:201800

电　　话:021-59534890(总机)

021-59528896(办)

图文传真:021-59528812

上海光学精密机械研究所(简称上海光机所)是我国建立最早、规模最大的激光科学技术专业研究所,成立于1964年,是以探索激光科学的基本理论、发展激光技术并开拓它的应用为目的的多学科、综合型研究所。

1996年底职工总数1 138人,科技人员683人,其中中国科学院院士4人,中国工程院院士1人;研究员(包括正研级高级工程师)49人,副研究员和高级工程师等224人,中级科技人员322人。现有在学研究生135名,其中博士生83名,硕士生52人。另有博士后7人。

上海光机所是以应用基础研究为主的综合型研究所(含基础与应用基础研究、高技术应用与创新研究、高技术产业三个部分),主要学科方向为光学(现代光学、激光和光电子学)。在基础与应用基础研究方面优先发展强光光学、信息光学和量子光学三大领域,重点研究高功率激光、强场激光物理、X光激光、激光等离子体和核聚变物理、自由电子激光、光计算、光存储、光信息处理；非经典光场、原子光学、激光光谱学、激光与非线性光学材料、新型激光器物理与技术等。高技术应用与创新研究以激光与光电子应用工程研究为主体，着重发展高性能激光总体与单元技术、光电子材料与器件、技术光学、薄膜光学、光盘技术、现代光学仪器、激光分离同位素、激光加工和激光医疗等。全所设有14个研究室，2个开放实验室，1个光学薄膜中心和1个试制工厂。

上海光机所是我国最早获得硕士、博士学位授予权与设立博士后科研流动站的单位之一，具有物理学(包括光学和光学仪器)一级学科增列博士生指导教师的自行审批权。并被评选为首批中国科学院博士生重点培养基地。现有博士生导师25名，硕士生导师近百名。

1996年上海光机所进一步加大改革力度，把研究所定位和结构性调整工作深入到各学科领域和研究室课题组，并全力组织和促进科技人员为“九五”立项和多渠道争取经费而努力。

1996年全所共承担科研项目168项，完成情况良好。强光光学开放实验室建成具有国际先进水平的台式飞秒(10^{-15}秒)钛瓦(10^{12}瓦)级超短超强激光实验装置，为强光光学领域国际前沿课题的实验研究提供了实验条件和手段。项目争取工作也取得较好成绩，已落实的“九五”项目经费超过“八五”同期，尚有一些重大项目正在争取和落实之中。

1996年上海光机所取得科研成果奖8项，其中国家发明奖2项，国家科技进步奖2项，国家“八五”科技攻关重大科技成果奖1项，中科院自然科学奖2项，上海市科技进步奖1项。上海光机所1995年国家自然科学奖二等奖项目“线聚焦激光与等离子体相互作用研究”以“我国强光物理获国际首创成果”为标题被科技日报与首都新闻界、两院院士等评为“1996年中国十大科技新闻之一”。全所1996年申请专利27项，获授权专利11项。1996年公布的科技人员国外SCI收录论文、国内期刊论文、论文被国外引用3项指标继续保持全国科研机构前10名。

1996年上海光机所高技术产业也有持续发展，已有所办企业12家并正在酝酿成立新的开发企业，1996年所经营实体产值8 391万元，利润1 148万元，均较1995年有一定幅度增长。

上海光机所积极促进和支持国际合作交流，吸引国外优秀学者来所工作和派出科技人员进行科技合作和学术交流。1996年上海光机所邀请国外和港台学者来所访问讲学和工作共46批101人次，科技人员出国及赴港澳台参加国际学术会议、考察和短期工作共78人次。与美、德、意、日韩等国家建立了各种形式的科学技术合作关系。

上海光机所科技队伍结构渐趋优化，目前45岁以下科研人员已占整个科技队伍的47%，许多青年科技人员在所室等科研领导岗位上担任职务。研究生培养工作也有较大发展，1978年以来已培养研究生600余名，接收博士后人员20名。博士生导师队伍不断壮大，而且年龄结构也向年轻化转化。

上海激光学会挂靠在上海光机所。受中国光学学会委托，负责编辑出版《光学学报》、《中国激光》、《激光和光电子学进展》等学术刊物，向国内外发行。还负责编辑《强激光技术进展》(内部刊物)。

上海原子核研究所

名誉所长：张家骅
所　　长：杨福家
地　　址：上海市嘉定区嘉罗公路2019号
邮政编码：201800
电　　话：021-59553998（总）
021-59553630（办）
图文传真：021-59553021

上海原子核研究所创建于1958年10月。全所现有职工1 000余人，其中科技人员700人，包括高级科技人员230人，中级科技人员300人。在读研究生52人，其中博士生24人，硕士生28人。另有博士后3人。

上海原子核研究所主要开展低能加速器的核科学技术研究及其在生命科学、材料科学等领域中的交叉学科研究。研究领域包括基础核物理和应用核物理、放射化学与放射性药物、辐射化学与辐射技术应用、核电子学与应用核子仪器仪表、加速器工程和核能工程等。目前，上海原子核所筹建的“上海同步辐射装置”已完成可行性研究，并进入预制研究阶段。上海原子核所研究将充分利用这一契机，重点发展同步光源及其应用学科，在一个新的深度和广度上开展生命、材料、地学、环境等方面的跨世纪性前沿研究。

全所设有7个研究室，包括理论核物理研究室、实验核物理研究室、辐射化学研究室、膜处理研究室、串列加速器实验室、回旋加速器实验室、设计研究室。2个中科院开放实验室：中科院核分析技术开放实验室（与高能物理所联办）、中科院辐射化学开放实验室。2个联建的研究发展中心：上海放射性药物研究发展中心（中科院与国家医药管理局联建）、上海辐射技术应用推广中心（中科院与上海市科委联建）。核物理、放射化学专业具有博士、硕士学位授予权，核电子学与核探测技术专业具有硕士学位授予权，并建有物理专业博士后流动站。

1996年，上海原子核研究所落实和基本落实的主要项目共23项，包括国家科委项目2项；“863计划”子项目1项，国家自然基金项目8项，国家自然科学基金杰出青年资助项目1项，中科院重大项目2项，重点项目4项，上海分院择优项目1项；上海市科技发展基金项目4项。全年承担国家科委、国家自然科学基金委、中国科学院和上海市的重大科研任务7项，以及其他科研任务60多项。“重离子核反应的集体效应奇异核产生及其性质研究”项目，对重离子核反应的集体效应奇异核的产生及其性质进行了系统和深入细致的研究，发表了一批高水平的学术论文，得到了国内外同行的广泛引用；世界上第一台超灵敏小型回旋加速器质谱计装置的技术性能进一步提高，开展了^{14}C分析方法的研究，取得了突破性的进展，实现了^{12}C、^{13}C、^{14}C交替加速，^{14}C计数率达到10个/秒，^{14}C测量精度$<3\%$，使超灵敏小型回旋加速器质谱计技术的实际应用成为可能；研制成功的上海自由电子激光用户装置项目的关键设备476MHz毫微秒脉冲电子枪和476MHz次谐波聚束腔，达到国际上同类装置的先进水平，为上海同步辐射装置的预研打下了基础。

1996年度，上海原子核研究所共取得科研成果12项，其中国家自然科学基金委员会基础研究项目4项，国家科委应用研究项目1项。“辐射光引发激光能转移机制的时间分辨率”项目，获中科院自然科学三等奖，该项目是放射性元素和核能利用辐射育种、放疗等应用研究中普遍关注的问题；3MV、20/30mA高频高压电子加速器是辐射加工的理想工具，能量和束流达国内最高水平，主要性能达国际先进水平，其成果获上海市科技进步二等奖。核分析技术开放实验室在1995年度院开放实验室评估中获“优秀”，得到中科院优秀级实验室资助。

1996年，上海原子核研究所随着上海同步辐射装置和放射性药物工程项目的深入开发，进行了部分科技队伍结构和研究室设置的调整，适时撤消了微量元素中心，其人员、设备充实到重点工程项目，以发挥综合优势，强化整体作用；积极稳妥地开展了作为学科方向调整内容之一的零功率反应堆的退役工作。

上海原子核研究所在大力开发基础研究和应用研究的同时，注重科技成果的转化与开发。1996年，全所技术开发总产值达1.2亿元，总利润1250万元。与总后新兴集团合资的科兴药业公司正式开业，镓-67产品全面进入市场；与芬兰奥瑞恩诊断试剂公司签订了设立中外合作企业的合同，将扩大放免药盒产品品种，提高品位，并进而引进其先进技术；日环仪器厂完成了企业的转制工作，成为所、徐行经济实业总公司和日环厂职工持股会三方共同出资的股份合作制企业，并在实质上按照有限责任公司的模式运行，初步做到产权清晰，权责分明、政企分开、管理科学。

1996年，上海原子核研究所开展了广泛的国际学术交流活动，全年接待来自美国、日本、法国、加拿大、意大利和比利时等国的学者共44人，派出访问学者36人次。协助中科院和上海市政府组织召开了“上海同步辐射装置工程总体设计报告评议会”，国内外著名学者15人与会，会议在学术交流、扩大影响等方向取得了很大成功。

上海市原子核学会和上海市微量元素学会挂靠在上海原子核研究所。编辑出版《核技术》、《核科学与技术》(英文版)、《辐射研究和辐射工艺学报》。

上海天文台

台　　长：赵君亮
地　　址：上海市南丹路 80 号
邮政编码：200030
电　　话：021-64386191
传　　真：021-64384618
电　　传：33164 SHAO CN

中国科学院上海天文台成立于1962年，由法国天主教巴黎耶稣会分别创办于1872年和1900年的徐家汇观象台和佘山观象台合并而成。全台现有职工346人，其中科技人员280人，中国科学院院士2人，中国工程院院士1人，研究员（包括正研级高级工程师等）32人，副研究员、高级工程师等82人，中级科技人员124人。现有在站博士后研究人员3人，在学博士研究生18人、硕士研究生18人。另有中国科学院天文学科百人计划人选1人。为国外（西班牙）培养博士生1人，中外合作培养（美国史密松天文台）博士毕业生1人。

上海天文台科研主攻方向是深入开展天文地球动力学研究，大力加强和发展天体物理研究的优势领域。涉及的研究领域有天文地球动力学、天体测量学、卫星动力学、实测与理论天体物理学、射电天文学、恒星天文和恒星物理、星系和星系团等。设有天文地球动力学研究中心、天体物理研究室、青年实验室和中科院光学天文联合实验室佘山基地、中科院射电天文联合实验室 VLBI 分部，以及天文仪器研究室、时频系统研究室和计算机房、图书情报室等机构。设有天文学博士后流动站，是我国天体测量与天体力学博士点。同时上海天文台又是中科院光学天文联合实验室总部和亚太地区空间地球动力学研究计划（APSG）秘书处所在地。叶叔华院士继续任国家科协副主席并当选为上海市科协第六届委员会主席，赵君亮台长任中科院光学天文联合实验室第二届主任。

上海天文台的主要观测仪器和装置安装在郊区的佘山观测基地，其中包括国内第一架25米射电天文望远镜、性能优良的1.56米光学天文望远镜、60厘米第三代人卫激光测距仪、Reque8100 GPS 接收机和高精度的氢原子频标等。相应建立了上海人卫激光测距（SLR）站、甚长基线干涉测量（VLBI）站、全球卫星定位系统（GPS）固定基准站，并组建了具有现代信息互换能力和数据处理的网络系统，域名为 center. shao. ac. cn (202. 127. 0. 4)，以及图书信息服务系统。

1996年度在执行“八五”规划，完成科研队伍结构调整的基础上，制订了“九五”期间事业发展规划，同时制订了台长择优基金管理办法、科研论文管理与科研成果管理办法及公派出国条例和开发管理条例等管理措施，进一步理顺科研、开发、管理之间的相互关系，调整后的天文地球动力学中心和天体物理研究室正常运转而见成效。1996年又分别成立了上海中科时频工程中心和上海中科天文仪器研究中心。通过这一系列的改革措施，基本做到精干了科研队伍，集中了科研力量和优势，形成了良好的科学研究氛围。

1996年度争取和承担的主要科研任务和项目47项，其中国家“攀登计划”项目《现代地壳运动和地球动力学研究》和《天体剧烈活动的多波段观测和研究》完成了“八五”结题验收和“九五”续项的专家评审；参加由国家地震局、中科院等四部委联合申请的国家大科学工程项目“中国地壳运动观测网络”的立项；由叶叔华等专家倡导的“亚太地区空间地球动力学计划（APSG）”已经启动，有近20个国家和地区参加了该计划；获得上海市科学技术发展基金重点项目“亚太地区地球动力学研究”；中科院重点项目4项；另有国家自然科学基金在研项目18项，其中主持国家重点基金项目1项。上海天文台是全国激光测距网（SLR）、中国甚长基线干涉测量网（VLBI）的负责单位。还负责协调全国各天文台站对4 200年一遇的海尔-波普彗星的联测和研究工作。

在1996年度成功地举办了3次国际会议，出席总人数约380人，其中有来自美国、日本、德国、加拿大等20多个国家和地区的境外代表约230人，各类论文报告约有300篇。

1. 由叶叔华院士倡导的亚太地区空间地球动力学计划（APSG），是经国家科委批准的重大国际合作项目，APSG首届会议并于5月13日至

17日在上海举行，大会一致通过了APSG的领导机构——执委会，首届执委会是由中国、美国、日本、俄罗斯、澳大利亚和印度尼西亚6个成员国的代表组成，秘书处设在上海，叶叔华院士任首届执委会主席。

2. 经国际天文学会联合会（IAU）批准，IAU159次天体物理专题讨论会于6月17日至20日在上海召开。此会是由中国科大、上海天文台和美国俄亥俄州立大学联合主办。

3. 由上海天文台主办的第十届国际激光测距会议，于11月11日至15日在上海地区举行。这是该系列会议首次在亚洲召开，标志着近年来我国人卫激光测距技术取得了显著的进步。

1996年度共获4项成果：

1. S-L9号彗星撞击木星的观测和研究，获上海市科技进步二等奖；

2. 上海人民政府应急指挥室（多功能会议室）系统（第二单位），获上海市科技进步二等奖；

3. 天文时纬观测用于强地震预测和垂线变化研究（第三单位），获中科院科技进步二等奖；

4. 工程用车载式氢原子钟，获中科院科技进步三等奖。

另外，申请2项专利：电子钟表测量仪和丢笔自检的数码显示库已由上海市专利局受理。此外，已基本完成流动VLBI站的研制任务，完成低纬子午环的研制与初步安装调试。H8氢原子钟在原子时守时中连续工作了4年，在1996年底国际时间权度局公布为1 200权的好成绩，人卫激光测距观测精度为国内之首，也是国内唯一的具有白天观测能力的测站。

上海天文台设立的技术开发办公室负责全台的技术开发工作，主要科技开发项目有高精度原子频标、先进的光机电技术、计算机网络与多媒体技术、卫星通讯、大楼智能化系统、大屏幕显示屏等。已开发研制的高精度原子频标、新型天文望远镜和各种类型的科普、观赏望远镜、大屏幕显示屏等正在为各方面提供服务。已完成的上海市政府应急指挥室（多功能会议室）系统工程运行良好。

1996年度上海天文台共接待来自近30个国家和地区的外宾250多人次，派遣出国、进修、学习35人次，其中参加国际会议22人次。全年共实施院级和所级国际合作项目10多项，已经与20多个国家和地区建立了合作关系。上海天文台发起的国际合作项目APSG计划，是继DOSE、WEGENER、WPLTN等国际地壳动力学监测计划后，又一项重要的地区性合作研究计划。

上海市天文学会挂靠在上海天文台。编辑出版《天文学进展》、《上海天文台年刊》、《地球自转参数年报》、《地球自转参数公报》、《地球自转参数快报》、《原子时公报》等。

上海硅酸盐研究所

名誉所长：严东生
常务副所长：罗昆安（主持工作）
地　　址：上海定西路1295号
邮政编码：200050
联系电话：021-62512990
图文传真：021-62513903

中国科学院上海硅酸盐研究所成立于1959年1月（由中国科学院冶金陶瓷研究所分出建所）。到1996年12月有职工822人，其中科研技术人员542人，有中国科学院院士3人（其中一位双院士），有中国工程院院士1人，研究员57人，副研究员148人，中级科技人员252人。

上海硅酸盐研究所系博士、硕士学位授予单位，设博士后流动站。现有在学博士研究生49名，在学硕士研究生46名，在站博士后4名。

上海硅酸盐研究所兼有基础、应用、发展三类研究并以应用研究为主。其学科方向为无机固体化学——无机非金属材料、固体物理、材料科学和工程。目前主要研究领域有高性能陶瓷材料（结构材料、功能材料、复合材料）、晶体材料、特种玻璃及非晶态材料、无机涂层材料、生物和环境材料、空间工程材料等。同时，开展晶体的化学与物理、陶瓷相平衡、纳米结构陶瓷的材料设计与制备、玻璃分相理论、中国古陶瓷的物理化学研究等基础理论研究工作。还将开展材料科学前沿基础性问题的研究，有重要应用价值或对社会经济发展具有推动作用的新型材料制备及相关技术的研究，材料表征、评价新技术、新方法研究，以市场为导向的实用新型材料制备及相关工艺研究，新产品开发和产业化关键技术的研究。

上海硅酸盐研究所现有涵盖全所各学科领域的研究室11个，材料测试中心1个，还设有“高性能陶瓷和超微结构国家重点实验室”“中国科学院无机功能材料开放实验室”。1996年3月成立的“上海新材料研究中心”也设在上海硅酸盐研究所。

1996年，上海硅酸盐研究所进一步明确了所的定位模式，加快了科研结构调整步伐，精心组织、集中力量开展了“九五”科研立项申报和争取任务落实到位工作。主要做了：(1)明确所、室工作定位模式，基本完成了研究室和职能部门的结构调整；(2)推行按需设岗、按岗聘任并在行政管理和后勤服务系统全员签订聘用合同，加快了用人机制的改革步伐；(3)以抓好重点科技开发项目为龙头，全面整顿各开发性公司，推动所的产业化发展进程，基本实现产业开发项目扭转亏损局面的总体目标；(4)加强所的财政经济管理，完成经费使用管理办法的改革，全面推行实施“经费卡”制度。

1996年上海硅酸盐研究所全面完成国家“八五”、“863”、各类重点基金以及军工等科研项目，进行了33项任务的结题、验收。并主动出击，争取到多项国家“九五”攻关任务，取得了较大成绩。

1. 完成“气氛加热重烧结工艺研制氮化硅陶瓷气门导管和氮化硅陶瓷活塞顶”课题的研究。该课题是陶瓷汽车发动机研究的关键项目。研制成功的材料和部件材质均匀，性能优良，其抗弯强度达700～800MPa，断裂韧性达7～8MPam$^{1/2}$。经在沙漠车上装机实际使用后表明：材料性能和部件质量及台架和道路试验、考核均全面达到攻关指标，完成了攻关任务。

2. 以复相弥散强化理论为依据，采用在碳化物基体中添加第二相粒子补强增韧，研制出多种复相陶瓷材料并应用于大型钢厂的轧钢用导轮。材料的弯曲强度和断裂韧性达到700MPa和15MPam$^{1/2}$，寿命是普通钢的近20倍，达到了国际先进水平。现已建立了年产6 000只陶瓷导轮的中试生产线，为高温结构陶瓷应用于冶金行业打下了基础。

3. 由“冰箱压缩机启动元件”“汽车低阻冷启动元件”“电话交换机用过流保护元件”“PTC大功率发热体材料”等4个专题组成的《PTC陶瓷材料及器件的研制与应用开发研究》课题，经五年的努力，解决了材料组分，制备工艺和器件组装等一系列关键技术提高了产品质量并将一些成果推广生产，使我国的PTC材料和器件研制、应用迈上了一个新台阶。

4. 完成了陶瓷氧敏、湿敏材料及器件的应用开发研究。研制成功“陶瓷薄膜式湿敏传感器”，攻克了器件实用化关键技术，提高了测量精度和使用寿命并形成批量生产的能力。

研制成功“高温插式氧敏传感器；。在突破了铂环封接、参比电极和铂电极的涂复工艺等关键技术后，使传感器的工作寿命和高温测量精度大大提高。

5. 空间工程项目“多工位空间晶体生长实时观察装置”的研究在1996年取得重大进展。研制成功的“实时观察装置”经1996年10月卫星搭载考验表明，该装置工作正常，样品完整无损，传回的图像清晰、数据完整。获得了微重力条件下表面张力对流图像，达到了预定目标。

6. 完成了“扫描电声显微镜”的研制攻关。该扫描电声显微镜对各类材料的残余应力、电畴结构、晶界及亚表面缺陷的检测分析以及功能梯度材料和半导体薄膜材料的界面分析具有独特作用。扫描电声显微镜攻关研制成功并组装出口德国的科研单位，不仅完成了“863”攻关项目，同时受到国际同行的关注，也开创了上海硅酸盐所出口自制大型仪器的先例。

1996年上海硅酸盐所在产业开发（研究）方面也取得较大进展。无机新材料中试基地进入全面发展阶段，生产和管理走上规范化道路，为接受国家验收做好准备。

碘化铯（CsI）晶体的研制生产在技术上有较大突破，生产趋于正常。已能批量、稳定地生长出大尺寸、高质量的晶体。建立了一套含有独特知识产权内涵的新工艺新技术和生产工艺规范。形成了批量生产的规模并按协议规定提供给美国斯坦福和日本KEK等应用。

低熔点玻璃粉生产线实现了全线联动，质量稳定、销售渠道通畅，销售额已达到100万元。

四硼酸锂（LBO）和二氧化碲（TeO_2）晶体

的研制和生产正常，出口创汇近80万美元，也取得较好成绩。

其他各开发型公司经整顿后发展势头良好，在发展产品开发和出口创汇方面均有明显提高。同时，还积极开展了与美国摩托罗拉公司、日本松下集团以及韩国、新加坡、我国香港等国家和地区大公司（企业）的合作研究与开发。

在实验室建设方面，1996年上海硅酸盐研究所从瑞士引进了大型实验装置“真空等离子喷涂设备”。这是由国家计委、中国科学院和上海硅酸盐研究所共同出资价值人民币2 000万元（180万美元）建立的重大科研（开发）设备，也是上海硅酸盐研究所自建所以来引进安装的最为昂贵的设备。该喷涂设备能对各类材料在多种状态下进行表面喷涂处理。设备的安装和使用将对开展材料涂层研究和开发起到极其重要的作用。

1996年上海硅酸盐研究所共鉴定各类科研成果8项，获奖4项。申请专利5项，批准1项。其中《粒子弥散强化高性能氮化硅陶瓷材料》，获上海市科技进步一等奖；《PTC材料和器件——汽车用冷启动元件和大功率发热体》，获上海市科技进步二等奖；《闪烁晶体辐照损伤和杂质效应》，获中科院自然科学二等奖；《高性能低烧结驰豫铁电陶瓷材料组成性能及应用》获国家教委科技进步一等奖。

此外，上海硅酸盐研究所还荣获“第三世界科学组织联盟”颁发的“TWNSO技术奖”。严东生院士获“1996年度何梁何利基金科学与技术进步奖”。范世骐研究员评为“1996年度上海市优秀发明人”，获“上海发明家”称号。施剑林研究员获“上海市牡丹优秀科学家”称号。

编辑出版《无机材料学报》（4期）。

上海生理研究所

所　　长：杨雄里
地　　址：上海市岳阳路320号
邮政编码：200031
电　　话：021-64370080（总）
021-64748053（总）
图文传真：021-64332445

中国科学院上海生理研究所是主要从事生理学基础研究的学术机构，其前身是中央研究院医学研究所筹备处，建于1944年。全所现有职工315人，其中科技人员238人，中国科学院院士1人，研究员18人，副研究员、高级工程师46人，中级科技人员114人。现有研究生中博士生24人，硕士生21人。另有博士后2人。

上海生理研究所主要研究方向为神经生物学。经过一年多酝酿和准备，1996年已将上海生理研究所院级开放实验室的研究方向顺利地由低氧生理转为神经生物学，定名为“中国科学院上海生理研究所神经生物学开放实验室”，并于1996年5月通过专家论证。另设有低氧生理研究组。还设有生理学和神经生物学专业两个博士点和两个硕士点。

根据现有状况，已将研究室调整为研究组。现共设13个研究组，即中枢神经系统发育组、视网膜神经回路组、视觉运动功能神经控制组、细胞信号转导组、视觉脑机制组、生物活性物质和离子通道组、神经毒素与受体组、心血管生理组、脑循环生理组、灵长类脑高级功能组、脑与行为组、睡眠与运动组、听觉组。

1996年上海生理研究所列入科研计划项目有32项，其中国家自然基金项目18项，7项已结题；“攀登计划”项目所属课题7项，均已结题；上海市发展基金2项；上海分院择优基金2项，1项已结题，正在争取“九五”延续；中科院“九五”预研项目3项。各类项目进展情况良好。1996年争取到1项国家基金重点项目和1项国家杰出青年基金项目。

1996年上海生理研究所登记成果2项，申报中科院科技成果奖3项，其中“明、暗对视网膜中突触传递的调制”，获中科院自然科学二等奖。1996年申报2项国家自然科学奖。

上海生理研究所现有下属5家公司，全所有70名在编人员从事科技开发工作。1996年总产值是2 000多万元，税后利润220万元。主要产品有脑力键、乳珍、视力保健仪、假肢等。

1996年上海生理研究所分别与美国、日本、英国、澳大利亚、俄罗斯、泰国和我国香港地区共进行20余人次的国际学术交流活动,其中外出参加会议12人次,到国外科研机构进行科技合作、讲学和工作18人次。杨雄里所长任亚太地区生理学联合会第一副主席。

编辑出版《生理学报》(双月刊)和“Chinese J. Physiol. Sci.”(半年刊)两种学术期刊。

上海细胞生物学研究所

所　　长:郭礼和
地　　址:上海市岳阳路320号
邮政编码:200031
电　　话:021-64315030
图文传真:021-64331090

中国科学院上海细胞生物学研究所成立于1950年,原名“中国科学院实验生物研究所”,1978年改为现名。现有职工302人,科技人员254人,中国科学院院士2人,研究员15人,副研究员、高级工程师、高级实验师等41人,中级科技人员93人。现有在学博士生18人,硕士生52人。另有博士后6人。

上海细胞所的研究方向主要是从细胞和分子水平以及细胞间相互关系探讨细胞的生长、分化、癌变和免疫等生命活动及其调节控制,并为解决生物工程、医学、农业等重大实际问题提供新理论和新途径。

研究领域:(1)染色体和染色质的结构与功能;(2)细胞生长、分化和发育的分子机制及其遗传控制;(3)细胞的信号传导;(4)细胞识别;(5)生物技术。

上海细胞生物学研究所有细胞生物学、发育生物学专业博士学位、硕士学位授予权。有项目组20余个。设有中科院分子细胞生物学开放实验室,德国马普学会客座实验室及2个青年科学家小组,世界实验室生物技术中心分中心,美国洛克菲勒生殖调节避孕研究和培训中心,中法合作血液与血管生物学实验室和中国科学院细胞库等附属研究机构。

上海细胞生物学研究所拥有性能先进的科研仪器设备,其中20万元以上仪器设备34台件。

1996年,共承担64个课题,结束课题20个。有2项成果获奖:“亲肝癌抗体的临床规律和双功能抗体及基因工程抗体的研究”,获上海市科技进步一等奖,为第二排名单位;“自分子水平研究病毒性心脏病的诊断、发病机理及治疗”,分别获上海市科技进步三等奖和卫生部科技进步三等奖,为第三排名单位。有2项成果通过了鉴定:“新型抗肿瘤药物——基因工程重组转化生长因子α-绿脓杆菌外毒素融合蛋白”,通过了“863”成果鉴定;“免疫抑制酸性蛋白的免疫测定试剂研制”,通过了上海市科委成果鉴定。“核素标准免疫球蛋白M单抗片段”和“小鼠单抗介导的药用放射性核素”2项获国内专利和1次国外专利申请。全所共发表论文、综述87篇,比1995年有所上升。生命科学联合开放实验室更名为中国科学院上海细胞生物学研究所分子细胞生物学开放实验室,通过了科学院基础局的验收。

国际合作和学术交流频繁活跃。承办了国际细胞凋亡研讨会。中、法、德联合举办了发育生物学、免疫学讲习班,中、法、德专家学者近20人,国内科研院所、大学的青年学者、学生共40余人参加。举办了中德马普实验室第二青年科学家小组应聘报告会,完成了第二个青年科学家小组组长的招聘工作,经考核选拔,胡赓熙博士应聘出任。接待外宾33批96人次,举办学术报告7次(含随德国总统来访的德国洪堡基金会主席,德国科学基金联合会主席的报告),出访、进修、合作34批共44人次。

招收硕士生21人,博士生6人,博士后进站4人。钱若兰研究员被评为中国科学院优秀研究生导师。郭礼和研究员荣获国家“八五”科技攻关先进个人。倪祖梅研究员在国家高技术研究发展计划“八五”期间的实施工作中做出了贡献,被评为先进工作者,荣获三等奖。中德马普实验室第一青年科学家小组组长裴钢博士获国家杰出青年基金,并入选国家1995/1996年度“百千万工程”。严缘昌研究员由国家人事部批准为有突出贡献的中青年科学家。

科技开发有进展。所属5个公司全年营业额1 067万元,利润25万元。项目(课题)组新增开发项目4项,全年四技服务营业额180万元,利润

37 万元。

1996 年继续深化改革。根据国家对科研院所编制规划要求，将原 7 个行政管理部门调整为 5 个，管理人员相应缩编。

制定了本所《按需设岗，按岗聘任的实施办法》，并开始启动、实施。

中国细胞生物学会、上海细胞生物学会挂靠在上海细胞所。受中国细胞生物学会委托，编辑出版《实验生物学报》、《细胞生物学杂志》、《Cell Research》3 种学术刊物。

上海脑研究所

名誉所长：张香桐
所　　长：吴建屏
地　　址：上海市岳阳路 320 号
邮政编码：200031
电　　话：021-64748700（总机）
021-64746177（办）
图文传真：021-64333084

中国科学院上海脑研究所经国务院批准于 1980 年正式成立。现有职工 78 人，其中科技人员 61 人，中国科学院院士 2 人，研究员 7 人，博士生导师 5 人，副研究员、高级工程师等 21 人，中级科技人员 23 人。现有在学博士生 20 人，硕士生 17 人。另有博士后 5 人。吴建屏院士任国际脑研究组织亚太地区神经科学联合会理事、丹麦奥尔堡大学国际博士生院客座教授，沈锷研究员任国际生理学会自主神经系统学术委员会委员。

上海脑研究所设有神经生物学博士后站，也是神经生物学博士、硕士学位授予单位和分子生物学硕士学位授予单位。上海脑研究所现有 8 个研究实验室在运行中（不设研究室和研究组）。此外，还有 1 个综合技术室、1 个电子显微镜技术室和 1 个生物高科技公司。

上海脑研究所主要从事关于脑的正常结构和功能的基础理论研究，并根据实际需要，进行与防治中枢神经系统疾病有关的应用基础研究，学科方向和研究领域是神经生物学。重点研究领域：受体的结构和功能关系；神经元的整合功能；神经元的分化、发育、生长、损伤和再生；脑的高级功能（行为、学习记忆）和一些相关神经系统疾病的发病机理。

1996 年上海脑研究所承担国家“攀登计划”项目、院重大重点项目、国家自然科学基金重点项目和面上项目、国家攻关项目等共 22 项。

1996 年获 1 项基础理论成果——“在细胞水平的颈动脉体低氧传感机制的研究”。该成果在细胞水平上对颈动脉体的低氧传感机制进行了研究，低氧的作用不但引起细胞某些生理特性的变化，而且随着低氧时间的延长有个积累的过程，使其变得持久和不易恢复，而且观察到已习服于长时间低氧的动物，它的劲动脉体细胞的性质也产生了平行的持久性变化。这些结果成为在细胞水平上理解动物对低氧适应的关键，对于阐明人体对高原低氧适应机制具有重要的意义。

受国际脑研究组织委托，由中国科学院上海脑研究所、上海生命科学研究中心和中国神经科学学会共同主办的《脑研究的新方法》讲习班于 1996 年 5 月 22～25 日在上海举行。来自美国、日本、香港等国家和地区的 6 名神经科学专家为讲习班学员讲课和实验示教。讲习班学员有来自全国各地的科研单位和大学的科研人员及研究生共 99 名，其中正式学员 63 名，旁听学员 36 名。国际脑研究组织秘书长 Dvaid Ottoson 博士对这次讲习班很重视，亲赴上海参加讲习班的全部活动。讲习班得到联合国科教文组织、国际脑研究组织、国家自然科学基金委员会的大力资助和支持。

中国科学院上海生命科学研究中心、上海生命科学研究中心、中国神经科学学会、上海市神经科学学会挂靠在上海脑研究所。

上海药物研究所

所　　长：陈凯先
地　　址：上海市太原路 294 号
邮政编码：200031
电　　话：021-64311833
传　　真：021-64370269

中国科学院上海药物研究所成立于1932年，前身为国立北平研究院药物研究所。现有职工450人，其中科技人员340人，中科院院士3人，研究员28人，副研究员、高级工程师75人，中级科技人员170人。在学研究生已达132人。另有博士后2人。

上海药物所设有有机化学和药理学硕士、博士学位专业点和博士后流动站。有新药研究国家重点实验室、植物化学室、合成化学室、药理一室、药理二室、生物技术室、分析化学室等7个研究室，具有化学与生物学两大学科相互结合的优势。新药研究重点实验室在全国生物学领域被评估的43个国家重点实验室和部门开放实验室中名列14。有机化学硕士点在华东地区评估中名列第二，有机化学专业博士点在全国博士论文随机抽查中名列第三。

1996年在中科院结构调整的总体方案指导下，上海药物所推进学科结构的调整，加快科研与经济结合的步伐，加大产业化基地建设的力度，加强对优秀青年人才队伍的建设，取得了显著的进展。在推进科研与经济结合的试点中，与上海市新药研究开发中心签订了合资协议，并加紧药厂的转制，组建药业股份有限公司。人才队伍建设已初步形成了一支20余人的优秀青年人才队伍，他们在所、室、课题组、管理部门中，分别担任了领导职务，正在发挥重要作用，不少人在全国、市、院部获得各种奖励。

1996年上海药物研究所承担各类科研项目79项，其中国家“863”项目“基于AchE三维结构的药物设计”，建立和发展了基于受体和药物三维结构知识的药物设计新技术，使我国在该领域研究的技术水平接近和跟上国际水平，并在某些方面有重要的改进与创新。

1996年上海药物研究所共有6个项目通过了国家和中科院成果登记，抗疟新药蒿甲醚获得国家发明三等奖，该药是我国建立医药审批制后第一批通过审批的药物，已在世界10多个国家注册，是我国第一个被国际公认的，以成品出口的一类新药。“人癌裸小鼠模型系统进行抗肿瘤新药研究”获上海市科技进步二等奖。此模型的建立从根本上改变了传统应用动物肿瘤模型的局限性，为定向筛选与研究抗肿瘤药物提供了更好的条件。

1996年上海药物研究所科技开发取得新的进展，获得“抗早老性痴呆药物——石杉碱甲片(双益平)、防治骨质疏松药物α-羟基VitD3原料和片剂”等3个新药证书。国际合作研究又开辟了新的合作渠道，共获经费49.3万美元。希姆科技实业公司经过几年的调整，1996年外贸有重要的突破，全年营业额660多万元，利润46万元。

1996年上海药物研究所发表论文131篇，其中35篇在国外发表。有44人次参加各种国际性学术会议，在杭州成功地主办了《UNESCO东南亚地区，从药用植物发展新药学术讨论会》，出版了论文集，扩大了中国在网络内和国际上的影响。

由中国药理学会主办、上海药物研究所主编的《中国药理学报》已入选10余种著名的国际检索系统，是SCI收录的中国6种科技期刊之一，其影响因子居中国期刊之首，1996年又获中科院、上海市和全国优秀期刊一等奖。副编审肖宏荣获全国第五届青年科技奖。

上海植物生理研究所

所　　长：汤章城
单位地址：上海市徐汇区枫林路300号
邮政编码：200032
电　　话：021-64042090(总机)
图文传真：021-64042385
E-mail：sipp@iris.sipp.ac.cn

中国科学院上海植物生理研究所的前身是原中央研究院植物研究所的植物生理室，1944年5月1日创建于四川重庆北碚。现有职工总数423人，其中科技人员298人，中国科学院院士4人，高级职称人员(包括研究员、正研级高工、副研究员、高级工程师等)77人，中级科技人员135人。

现有在学博士生33人，硕士生40人。另有在站博士后7人。

上海植生所是一个以基础和应用基础研究为主的综合型研究所(含基础、应用基础、应用开发、高技术产业)，也是一个有较强科研实力，在国内同行中有较好优势，在国际上有一定影响的多学科研究所。其研究领域涉及植物生理学、微生物学、分子遗传学、环境生物学和数量生物学等五大学科，主要承担国家高技术发展计划、国家“攀登计划”、国家攻关计划、国家载人航天计划、国家自然科学基金重大重点和面上项目以及地方政府有关科学技术发展计划中的重要项目（常年开展项目有80余项）。

上海植生所科研内容主要分为植物生理、分子遗传、微生物三大块，全所分设植物分子遗传国家重点实验室、微生物次生代谢分子调控研究开放实验室（所级自费）和光合作用、植物遗传操作、环境生物学、分子遗传学、发育生理5个研究室，还有若干研究组。

优势学科领域主要有：光合作用、生物固氮、环境生物学、植物和微生物分子遗传学、微生物代谢、植物生物技术等。

学科发展方向是：在光合作用、生物固氮、细胞生物学、发育生物学、环境生物学、植物与微生物分子遗传学、微生物代谢及相关的生物工程方面有重点地开展有自己优势和特色的、涉及学科发展前沿的或有明显应用前景、显著经济效益的研究，强化这些研究领域在国内的优势地位，争取在植物次生代谢分子生物学、植物发育生物学、受控农业和绿色农业技术等方面形成新的优势，并努力使上述领域在国内外有一定地位和影响。

研究所科研结构的模式是：按照“流动、开放、一流”的要求，以重点实验室和开放实验室为龙头，以国家任务为主体，以基础研究和科技开发为双翼，带动全所的发展。

研究所有完整的研究生培养系统，植物生理学、遗传学和微生物学三门学科都有硕士学位和博士学位授予权，还有博士后流动站。在1994年国家教委组织的对上海、浙江和厦门的39个生物学科硕士生培养点评估中，评出的10个A级点中上海植生所占有3个。

全所拥有较多的先进科研设备，其中价值在5万元以上的仪器90余台（件），如透射式电子显微镜、HPLC高效液相层析系统、基因枪、DNA合成仪、全自动DNA序列测定仪、全自动发酵罐等等，此外，还有国内唯一的大型人工气候室，一个植物生理和生物工程实验基地，另有技术服务系统和管理支撑系统。

我所的大型人工气候室是60年代初由国家科委投资240万元人民币兴建的，1969年正式建成，建筑总面积2 842平方米，拥有22间实验生长室，分为人工光照室和自然光照室两部分，全部采用国产设备，温度可控范围为0～50℃，相对湿度范围为30％～90％，光照强度达3万勒克斯。该人工气候室可用于进行广泛条件下的植物、微生物及其他有关方面的科学研究，当时是远东最大的人工气候室。

1996年，上海植生所采取的主要改革措施，主要是继续深入推进科技体制改革，逐步建立与社会主义市场经济条件相适应的研究所运行机制。一年来，为明确“九五”期间科研发展的目标和要求，在思想、组织两方面，尤其是在转变思想观念和改革现有结构上，做了大量基础性工作，取得了较好进展。

1. 在经过充分酝酿的基础上，6月底召开了全所性的“中国科学院上海植物生理研究所发展与改革讨论会”，7月初在上海青浦召开了以学术委员会扩大会议为形式、以制定本所“九五”科研规划为主题的“九五”规划会议。这两次会议都立足于务实、改革、开拓的思路，结合我院在科研结构调整方面的最新考虑，确立了深化我所科研体制改革的方针和原则，在科研定位与学科方向、科研结构模式、研究内容的宏观调控、科学研究与经济建设的结合、人才培养、管理服务与科学研究的关系六大方面形成了较为明确、完整的意见，并对管理与服务系统的结构性改革也进行了初步探讨。

这些活动为上海植生所“九五”期间的科研工作提供了广泛的群众基础、明确的方向目标、丰富的建议内容，进一步明确了研究所的发展思路和发展目标，收到了集思广益、认清形势、形成共识、全面动员的效果。

2. 国务院颁布《关于深化科技体制改革的决定》后，8月底，上海市政府决定围绕科技与经济结合开展新一轮科技体制改革试点，上海植生所被明确为上海市50家试点单位之一。为此，上海植生所根据“九五”科研规划明确的思路和要求拟定了涵盖科研、高技术开发、管理服务机构等各方面的改革方案，在提交职代会审议后付诸实施。

3. 为确保“九五”期间上海植生所在国家生

物研究领域中的优势地位，并争取有新的发展。上海植生所根据改革思路和发展目标，坚持推进“以开放实验室为龙头”的科研模式，有步骤、有计划地逐步开展现有开放实验室的巩固提高、新开放实验室的组建和原研究室组的调整工作。

1996年初，植物分子遗传国家重点实验室精心组织、动员全室人员认真总结工作，迎接四年一次的国家级评估，被评为B级（良好实验室），在全国43个参加评估的生物口实验室中排名第15位，在中科院排名第八位，已获得国家470万元的设备更新费和科学院、国家科委每年约75万元的运行补助费。

下半年，经过认真分析论证，环境植物生物学和受控农业开放实验室也正在抓紧筹建，光合作用研究室也正式成立。

新的开放实验室和研究室的组建是我所发挥自身优势、开拓新学科方向的重大举措，为集中优势力量、多学科联合作战和引进培养人才提供了更大的灵活性、更广阔的舞台。环境植物生物学和受控农业开放实验室建成后，以“开放实验室为龙头”的模式将基本确立，从而有效地促进我所承担大项目的科研结构基础的形成。

4. 发挥所里深厚科研积累和多学科综合优势，积极参与上海市科委现代农业项目。在上海市“九五”重中之重项目——“工厂化高效农业科技示范工程”中，上海植生所组织精干人员，主持和参与了5个专项中的4个，这一举措使上海植生所的科研工作与上海的发展需要很好地结合起来，也与真正发挥科技第一生产力在“科技兴农”过程中的巨大作用结合起来，将在很大程度上促进科研面向国民经济建设主战场的转变，是上海植生所服务经济建设、参与地方发展的重要活动。

5. 在管理工作上继续推动现代化进程。首先是加快办公设施现代化步伐，根据工作需要增加微机配备，使拥有微机的部门达总数的90%；其次，为进一步提高所内现代化管理水平，启动了所内局域网建设工作，继1995年院“百所联网工程”时我所计算机房实现与分院、院部之间的微机联网后，1996年5月抽调人员组建了信息管理部，专门负责所内局域网的建设和全所管理型综合数据库开发，经过半年多的努力，目前上海植生所局域网已具备了基本框架，主实验楼已可实现联网；再次，对电话总机程控化改造也进行了深入论证和调研，将采取全面更新方式提升上海植生所通讯现代化水平。此外，为进一步处理好精干与稳定的关系，对原有分流办法进行了修订，向所职代会提交了《中科院上海植生所关于待调整人员、待退休人员有关问题处理暂行办法》，已通过职代会审议并正式实施。

6. 继续大力加强精神文明建设，在上海市科技党委组织的1995～1996年度文明单位考评中，上海植生所第三次被评为上海市科技系统文明单位。

1996年上海植生所共承担各类科研项目100余项，其中有国际项目6项，国家和地方任务85项，其他任务16项，科研任务完成率100%。

其中重大项目主要有：国家“863”重大项目“水稻基因表达调控与稻米食用品质改良的研究”、“棉花抗黄、枯萎病基因工程的研究”；上海市科委重大项目“上海型智能化温室工程”；上海市科技兴农重点攻关项目“新型薄膜滴灌系统的研制与开发”等。

1996年上海植生所申请到国家和地方任务近40项，总经费1 300余万元，其中有国家“863”项目8项（复评批准率达80%）、国家攻关项目2项、国家自然科学基金面上项目12项、基金重点2项、上海生命中心、上海市重中之重、上海市绿色中心、上海市生物医药办等处项目14项，比“八五”计划同期有较大增长。此外，还有国家“863”航天领域项目、国家“攀登计划”项目等。主要有：

国家“863”项目“利用转基因植物生产口服疫苗”、“水稻转座子突变群体研究”、“B-内酰胺类抗生素酰化酶的定向改造”等8项；国家自然科学基金重点项目“力复霉素等重要抗生素生物合成调控的分子机理”、“在转录与转录后水平上植物基因表达调控的研究”；上海市“九五”十大重中之重项目之一的“工厂化高效农业科技示范工程”中的“新型塑膜连幢温室的智能化控制”、“CO_2施肥”、“压力补偿式薄膜滴灌管系统应用”、“立柱式无土栽培”等等。

上述情况表明，上海植生所“九五”科研任务的落实已上了一个新的台阶，而且，已申请到的“九五”科研项目中，地方政府立项部分比重明显增加。这些都证明了上海植生所数年来在科研结构调整方面采取的改革措施是及时和有效的，符合社会主义市场经济条件下基础研究对科研体制的需要和经济建设对科学研究的需要。

1996年上海植生所通过鉴定或验收的项目14项，“八五”任务中，10个“863”项目全部通过验收，2项被评为A级，8项被评为B级；攻关项目也全部通过验收。

1996年上海植生所登记成果9项；申报成果2项，其中批准1项（“高丁醇比丙酮丁醇工业发酵菌种选育和发酵工艺”获中科院科技进步二等奖）；申报发明专利3项；1995年申报的“芥子碱在制备具有抗辐射伤害作用的溶液中的应用”专利，获国家专利局批准。1996年全所共发表论文95篇。

1996年，上海植生所振生科技实业公司与闵行区陈行乡联合建造的纤维素酶生产厂已生产出多种形式的水洗酵素，并被评为上海市科技优秀产品，列入上海市“星火计划”，全年销售额达到200余万元；微生物噬菌体组正与成都金鹏实业股份有限公司联合进行的“葡激酶的开发和应用研究”也进入了药审阶段。

1996年上海植生所主要的国际合作项目有：分子遗传实验室与英国帝国大学生物系合作的“固氮基因的激活物——Nifa的分子特性”、激素生理研究组与日本绵株式会社签订3年合作协议等。

全年派出短期出国人员（含短期出访、国际会议、合作研究）17人次，接待国（境）外来访31批49人。

在人才培养方面，正式聘任了4名年轻的海外兼职研究员，并采取多种措施扩大了研究生和博士后招收数量。

中国植物生理学会挂靠在上海植生所。编辑出版学会刊物《植物生理学报》和《植物生理学通讯》。1996年9月中旬学会在山西省会太原召开了第七次全国会议。

上海昆虫研究所

所　　长：李鸿昌

地　　址：上海市重庆南路225号

邮政编码：200025

电　　话：021-63282039

图文传真：021-63284924

中国科学院上海昆虫研究所前身为中国科学院昆虫研究所上海站，1959年成立上海应用昆虫研究所，1962年改名为中国科学院华东昆虫研究所，1979年定为现名。现有职工185人，其中中科院院士1人，研究员、高级科研人员32人，中级科研人员67人。现有在学研究生24人，博士生13人，硕士生11人。另有博士后1人。

上海昆虫所具有硕士、博士学位授予权，是以社会公益性研究为主的综合型研究所(含基础、应用基础、应用开发、高新技术产业)。学科方向是以昆虫学为主，与现代进化论、化学生态学、环境毒理学、分子生物学等交叉发展。上海昆虫所除昆虫系统分类、昆虫生理、昆虫病理、化学生态、生化毒理、生态毒理、协同进化等专业研究以外，还建有“农业虫鼠害综合治理国家重点实验室上海分部”、“卫生害虫抗药性生物学及重要卫生昆虫防治合作研究中心（与WHO)”和“中德联合毒理学教学实验室”，以及大型昆虫标本馆和昆虫专业图书、出版有“昆虫学研究集刊”(年刊)。上海昆虫研究所拥有配套的仪器设备，扫描电镜、透视电镜、色谱气谱联用仪、毛细管电泳仪等110台(件)。

1996年上海昆虫研究所实施科研项目35项，其中21项为延续课题，14项新开课题，按学科性质分基础研究13项占37%；应用研究20项占57%，发展研究2项占6%。通过广大科技人员的共同努力，35项研究课题均按计划完成，如国家重点基金项目成果《中国土壤动物检索图鉴》和《中国土壤动物调查研究手册》的编写，其中《图鉴》获中科院科学出版基金和国家自然科学基金委员会优秀成果专著出版基金联合资助。上海科技兴农重点攻关项目“设施栽培蔬菜害虫生物防治技术的应用”及“美洲斑潜蝇发生规律及测报防治技术研究”，完成了设施栽培中蚜虫天敌的利用和天敌繁殖基地的建立；昆虫信息化合物在设施栽培害虫防治中的产物；生物农药及有限选择杀虫剂的应用；设施栽培害虫预测预报技术的建立以及美洲斑潜蝇发生规律的研究内容。

1996年获国家科技进步二等奖2项，在国内外杂志上发表论文12篇，在国内外学术会议上发表论文或作专题报告10篇，出版专著3本。申请成果专利3项。

1996年扩大博士、硕士研究生招生量，从中录取高质量的学生为上海昆虫研究所的科技流动人员，二是从国外引进高层次人才，为科研接班人。三是在现在的科研、管理岗位上压任务、接受实际锻炼，提升了2名中青年担任研究室主任，3名中青年担任公司副经理，工厂厂长，5名中青年担任研究组长。行政各处室均有1名45岁以下的副职。

上海昆虫研究所昆虫科技开发公司生产液体蚊香等产品，1996年销售收入为700万元，利润90余万元。连续数年评为上海市高新技术企业。沪昆牌液体蚊香评为上海市名优产品，销售量列上海市场同类产品的首位。上海昆虫研究所2个开发研究中心研制开发10多项新产品，其中防霉防蛀合剂1号技术以89.6万元转让给企业。还与江苏、湖南、浙江等地的企业组成联合体或技术合作，为科研成果转化为生产力奠定了基础。

在国际科技合作方面，通过双方努力，1996年上海昆虫研究所已先后与日本、澳大利亚、德国、以色列、泰国等国进行科技合作交流，与德国合作在上海昆虫研究所建立了“中德联合毒理学教学实验室”。

上海生物工程研究中心

主　　任：杨胜利
地　　址：上海市漕宝路500号
邮政编码：200233
电　　话：021-64700892（总机）
传　　真：021-64700244

中国科学院上海生物工程研究中心（以下简称中心），1983年8月开始筹建，1991年11月28日通过国家竣工验收。1996年底在职职工216人，其中科技人员122人，高级科技人员29人，中级科技人员46人，初级科技人员47人。现有在学博士生15人，硕士生17人。

中心是我国第一个国家级现代化的生物技术中试基地，1993年底批准为硕士授予点。其研究方向是以生物工程中、下游技术为主要研究方向，开展基因工程、微生物工程的应用技术、工艺、工程技术、中间试验研究，同时也在细胞工程和酶工程方面开展有特色的研究。

中心拥有相当数量能进行生物技术研究开发、产品检测的先进仪器设备，如程控发酵罐，大规模制备型层析色谱系统，超高速低温离心机，不同功能的高压液相色谱仪，核酸、蛋白质检测分析仪等。

1996年，中心遵照中科院工作会议精神，结合实际，继续落实中心制订的《1995～1996年两年规划》。

1. 争取“九五”科研任务，落实科研经费。

中心发动科研人员，拟申报14项“九五”科研项目，经学术委员会认真审核，从中确定13项(其中“863”项目7项，“九五”攻关项目4项，国家自然科学基金项目2项)同意上报。后经有关部门评审，落实“863”项目5项，基本落实“863”中试项目1项，“九五”攻关项目1项。共获经费435万元。同时，中心还组织申请中科院重点课题5项，院重大项目候选内容的可行性研究5项。基本落实3项院重点课题，总经费预计60余万元。

2. 努力完成年度科研任务。

1996年，中心在研课题15项，其中“863”项目6项，横向国际合作1项，“八五”攻关项目延续1项，上海市“启明星计划”项目1项，院仪器开发项目1项，上海市地方更新改造项目1项，中心自选项目2项。年度经费总到款436.6万元(纵向153.2万元，横向283.4万元)。由于加强管理，加大支持力度，经科研人员努力，较好地完成了年度科研任务，并上报1项成果，申请3项发明专利，与外单位合作共同出版科研专著1本，发表论文18篇。

3. 强化中试功能，面向市场。

中心的中试工作，主要是根据市场的需要，对自己的研究成果，进行中试全过程研究。如“白细胞介素3”等，其目的是使之尽快形成产品，向产业化转变；同时，对“腹泻疫苗”等，组织协调，进行产品开发，争取推向市场。另外，对“重组DNA抗癌药物”等科研中试课题，为加快产业化进程，中心组织人员进行市场调研和分析，写出调研报告，在成果的技术可行性及市场可行性方面为领导决策提供依据，为促进提高成果的成熟度、技术产品开发的力度，向产业化的转移，创造了条件。

4. 重视人才培养。

1996年，鉴于中心实际，从以下几方面加强人才培养工作：一是鼓励在职的年轻科技人员接受高一级教育，在职人员报考博士研究生4人，5名研究生转博；二是录取高质量大学生培养硕士，从达到国家分数中择优录取6名研究生；三是创造条件吸引人才（博士1名，硕士6名），充实课题组力量；四是大胆使用年轻科技人员，担任课题组长（有9名，30岁左右），压担子，受锻炼；五是公派出国、出境（19项，27人次）科技人员进行短期访问，合作研究、进修，参加学术会议等。

上海文献情报中心

主　　任：徐如涓
地　　址：上海市岳阳路319号
邮政编码：200031
电　　话：021-64336650（总机）
传　　真：021-64375762

中国科学院上海文献情报中心（以下简称中心）成立于1953年，原名为中科院图书馆上海分馆，1958年改名为中科院上海分院图书馆，以后曾名中科院华东分院图书馆。1970年改称上海科技图书馆，1978年重新归属中国科学院后，改名为中科院上海图书馆。1987年改为现名，是中科院上海地区文献情报中心及中国科学院生物科学文献情报中心。

现有人员98人，其中研究员1人、副研究员15人、中级科技人员48人。

业务机构设有：文献加工部、读者服务部、情报室、数据库研究室、计算机室及科文信息咨询服务公司。

截止1996年底馆藏原版期刊499种，其中为上海市独家收藏品种占上海市生物学期刊的60%。除了印刷本以外，还订购Bioligcal Abstracts（生物学文摘）和Life Science Colletion（生命科学文摘）光盘，是中科院生物学期刊品种最齐全的单位。

中心主要从事生物、医学、化学、农学等学科文献信息的收集、加工、研究、开发和服务。围绕科学院生物科学的发展，为各级领导提供国内外生物学研究动态，为科研工作提供开题咨询、信息调研、课题跟踪、定题信息服务。中心经中科院批准，作为中科院上海地区科技查新咨询检索单位，为科研课题投标、成果登记和报请各级成果奖励提供客观、公正、准确的国内外信息依据，面向全国科研、高等院校、企事业单位服务。

中心拥有Motorola/922小型机一台，CJK工作站8台，各种微机11台。根据中科院出版图书情报委员会的布署，对引进的Totals软件进行完善和二次开发，馆藏15万册中、外文图书书目信息，以提供上网服务，实现全院文献资源共享的目标，并通过中国科技网（上海）提供全市乃至全国网络信息服务。

学术成果：

1996年承担各类课题11项，完成浦东新区经贸局下达的《高新技术动向》、中科院上海分院择优项目：馆藏书目数据转换及移植、中科院出版委资助的“中国科学院文献情报系统用户需求调查”等课题。

与中科院文献情报中心、中国科学院生物学文献情报网合办，由中心编辑出版《中国生物学文摘》（月刊）ISSN1001-1900，即将出版中国生物学文献数据库光盘。

与中国科学院生物学部、国家自然科学基金委员会生物学部合办，由中心编辑出版发行《生命科学》（双月刊）ISSN1004-0374。

服务项目：

1. 为生命科学、技术科学提供定题情报调研、决策咨询服务；

2. 开展科技成果查新、科技文献检索服务、产品市场调研；

3. 承接中、外文书刊复印、激光照排、胶印装订、声像拍摄及制作等服务。

南 京 分 院

院　　长：佘之祥

地　　址：南京市北京东路39号

邮政编码：210008

电　　话：025-7713709（办）

图文传真：025-3362239

1950年，中国科学院接管原中央研究院在南京的科研单位，成立中国科学院华东办事处。以后机构历经变迁，至1978年11月，经批准建立中国科学院南京分院。南京地区现有6个院属科研单位（包括江苏省、中国科学院植物研究所）。至1996年末，分院系统在职职工为1 863人，离退休人员669人。专业技术人员为1 277人，其中中科院院士14人，研究员138人，副研究员、高级工程师为478人，中级科技人员为488人。现有博士69人，硕士216人。

1996年，南京分院加强了与江苏省的科技合作。11月，中国科学院和江苏省人民政府在南京钟山宾馆签订了长期合作协议，双方决定在滩涂综合开发、丘岗利用与中低产田的改造、提高土地质量、太湖与淮河环境综合治理等方面开展全面合作。确定在常熟市建立产学研联合开发基地，共建“设施农业工程研究中心”。支持紫金山天文台在江苏选址建设东亚地区近地天体撞击地球预报中心。首批14个技术合作项目已签订并启动。

积极发挥中科院在苏40多位院士在地方政府决策咨询中的重要作用。8月，南京分院组织跨省的30多位两院院士对江苏省18个产业技术发展政策进行了通信评审，之后又邀请16位相关院士、专家召开会议进行专题评审，这一做法在江苏尚属首次，在国内亦有影响，《人民日报》等报刊对此作了报道和评论，它对于提高政府决策的科学性、权威性具有重要意义。

由沪宁两地中科院院士倡议而发起的关于长江三角洲经济社会发展咨询项目，重点研究和解决这一地区基础设施、产业布局、农业发展和城乡建设以及生态环境等方面若干关键问题，自5月起，组织院士及有关专家分赴江、浙、沪等地作专题考察，得到两省一市领导和社会各界的重视和支持，目前，这一项目已得到国家计委支持，并被列为中科院学部三大咨询项目之一。

为响应中科院等单位组织的“百名院士百场科技系列报告会”活动南京分院与南京市科协联合主办了宁区院士科技报告会，自3月起组织10位中科院院士向在宁各界群众作科技报告10场，引起强烈的社会反响，成为新闻宣传的一大热点。

中科院在宁各单位深入开展科技体制改革，努力依托集中的科技优势，开展了一系列在国际国内具有影响的科技活动。

3月30日，“周光召星”在南京举行命名仪式。这颗小行星由紫金山天文台发现并经国际组织命名，以此表彰周光召院士长期以来在理论物理诸多重要领域作出的杰出成就。全国人大副委员长王光英、江苏省党政主要领导陈焕友、郑斯林、沈达人、孙颔等同志到会祝贺。会上，香港新华集团总裁蔡冠深捐资100万，设立“蔡冠深行星科学奖励基金”。

目前远东最大的2.16米光学望远镜在南京研制成功，运抵北京天文台投入观测已取得重要成果。专家鉴定后认为这台仪器达到2米级望远镜国际先进水平，其折轴系统的光学设计居国际领先地位。作为“九五”期间我国重大天文科学工程的“大天区面积多目标光纤光谱天文望远镜”也于年内正式启动，它将成为能够同时观测4 000个目标光谱的世界上最大口径的施密特望远镜。

“寒武纪生命大爆发”是地球生命演化史上最重大的事件之一。南京地质古生物所组织赴台湾专题展览，向台湾公众展示了200余种精美化石和复原模型，形象生动地介绍了云南澄江动物群的这一重大发现所揭示的科学意义。台湾学术界赞誉这次展览“堪称国际自然史界的年度盛事”。

1996年，分院大力开展精神文明创建活动。南京天文仪器研制中心、南京土壤研究所被评为分院系统双文明建设先进单位，土壤所还被评为江苏省先进集体。分院及时总结交流各单位的创建工作经验，进一步促进整个系统党的建设和精神文明建设的深入发展。“七一”前夕，全系统有2个党支部、14名党员受到中共江苏省委以及省级机关工委表彰。一批科技人员荣获“江苏省优秀知识分子”、“江苏省劳动模范”、“江苏省青年科技标兵”等称号。

紫金山天文台

台　　长：陆本魁
地　　址：南京市北京西路2号
邮政编码：210008
电　　话：025-3303921
传　　真：025-3301459

中国科学院紫金山天文台建成于1934年9月1日，其前身为成立于1928年2月的国立中央研究院天文研究所。1950年2月20日更名为中国科学院紫金山天文台。截止1996年底，紫金山天文台共有职工383人，其中科技人员302人，中科院院士2人，研究员20人，副研究员、高级工程师130人，中级科技人员111人。现有在读博士生16人，硕士生6人。另有博士后2人。

紫金山天文台是博士、硕士授予点，并设博士后流动站；学科领域以天体物理和天体力学为主，涉及太阳活动区物理、恒星内部结构、分子云与恒星形成、活动星系核及宇宙高能激变过程、日地关系、人造卫星动力学、毫米波天文学、空间天文学、实用天文学、行星物理、小行星和彗星探索、基本理论天体物理方法等方面，其中太阳活动区物理、分子云与恒星形成、人造卫星动力学及其应用为紫金山天文台的重点研究领域。中国科学院射电天文联合开放实验室、中国科学院人造卫星系统应用研究中心设在紫金山天文台。紫金山天文台重要的大型仪器为已经中国科学院鉴定的青海站13.7米毫米波射电望远镜。

1996年紫金山天文台科研工作得到了持续发展，科研经费从1995年总经费1 200万元上升到总经费1 400万元。承担重要科研项目为：国家“攀登计划”项目1项，国家自然科学基金重点项目2项，中科院重大项目2项，重大国防军工项目2项。所有课题项目都正在按计划顺利实施。如“936”任务，1993年我国发射的第十五颗返回式卫星意外失控，紫金山天文台1995年曾预报该卫星将于1996年3月陨落。在“936”任务执行中紫金山天文台是技术总负责单位，整个任务按紫金山天文台提出的实施方案进行。人卫中心动员了全国8个固定站13个流动站对卫星进行严密跟踪，共上报了20组卫星轨道和陨落时间，最后卫星于1996年3月12日4时05分陨落在南大西洋。陨落时间与预报时间误差仅0.02天，比任务要求的指标高了一个数量级，陨落地点也在任务要求的指标之内，解除了有关方面的担忧。

1996年度紫金山天文台有“八五”延续至“九五”的重大、重点项目7项，1996年中经批准立项的“九五”重点、重大项目5项。

经紫金山天文台学术委员会评议，1996年成果共7项，6项为重要成果。其中有2项理论性研究成果，它们是：“星际甲醇脉泽及基础分子数据的研究”和“星际含氮分子的超精细结构谱的研究”。4项应用基础性成果，它们是：“日冕磁场强度诊断方法”、“13.7米毫米波射电望远镜”、“‘921工程’超软X射线探测器初样研制”和“‘921工程’γ射线探测器初样研制”。13.7米毫米波射电望远镜是中国科学院的重大项目，它在1996年9月通过院级鉴定，完成了天文界的一件大事，为我国天文学的发展填补了一个至关重要的空白，在一个选定的“有所为”的局部领域中进入国际合作与竞争的位置；完成了我国天文学发展战略的一个阶段性目标要求。该项目组人员克服了经费不足和在青海戈壁滩上工作的种种困难，锲而不舍，完成了一个高水平的毫米波实验室，同时也造就了一支精干的毫米波技术队伍包括一批该领域的高水平专家。其所完成的2.6毫米接收机系统，其灵敏度、稳定性等主要技术指标均满足数量之多，信号之弱的天文目标观测高难度要求。这支队伍和所属的实验室已经和我国同类技术前沿队伍一起处在开拓毫米波技术的最前列。该实验室所取得的一系列成果已在国防和民用方面得到了富有成果的推广应用。

1996年紫金山天文台科研成果：获中国科学院科技进步三等奖1项，与总参三部共同研制的“光电式人卫跟踪仪”项目，获军队科技进步二等奖。

在科技开发、科技成果推广应用、科普宣传方面继续取得成效。紫金山天文台从事科技开发和科普教育近70人，除返还人头费、房屋占用费、水电费外，上交80余万元。

1996年由紫金山天文台发现、国际永久编号的6颗小行星先后以知名人士的名字命名，具体为：

3462号	周光召星
3463号	高　锟星
3556号	李晓华星
3609号	李陆大星
3678号	蒙民伟星
3812号	李达三星

1996年紫金山天文台杨戟研究员与日本国立天文台合作进行携带式亚毫米波望远镜合作研究；由张家祥研究员牵头，由中科院与海外捐款进行近地天体探测望远镜的研制。在这一年中共接待国外专家学者访问15人次，派出国外开会、合作研究、观测考察42人次。青年天文实验室继续得到支持，该室主任、副研究员李令怀荣获1996年度中科院院长奖学金特别奖。继1995年度紫金山天文台研究员甘为群获得国家杰出青年科学基金资助后，研究员杨戟又获1996年度国家杰出青年科学基金资助。紫金山天文台一批年轻人才正茁壮成长。

中国天文学会挂靠在紫金山天文台。下属单位有：毫米波青海射电天文观测站，青岛观象台，赣榆站。编辑出版《中国天文学报》。

南京土壤研究所

名誉所长：李庆逵

所　　长：曹志洪

地　　址：江苏省南京市北京东路71号

邮政编码：210008

电　　话：025-3610462

传　　真：025-3353590

中国科学院南京土壤研究所建于1953年，当时称为“中国科学院土壤研究所”，其前身是1930年创立的中央地质调查所土壤研究室。1970年11月曾改名为“江苏省土壤研究所”，1973年5月定为现名。全所现有职工396人，其中专业技术人员335人，占84.6%。有中国科学院院士5名，研究员31人，占科技人员总数的9.2%；副研究员和高级工程师等143人，占42.6%；中级科技人员129人，占38.51%。有管理人员38人，占职工总数的9.6%；其中高级8名，中级22名，初级8名。博士生导师15人；国家级突出贡献专家4名。现有在学博士生23名，硕士生17名。另有博士后11名。

主要学科方向：土壤学和环境科学；主要研究领域：土壤圈物质循环及其与农业和环境的相互关系、土壤和土地资源管理与3S（RS、GIS和GPS）技术应用、土壤肥力与植物营养及施肥的理论与技术体系、农业生态与生态农业及区域农业持续发展、土壤与环境退化与恢复重建的理论与生物和工程技术、溶质移动与土壤盐渍化和地下水污染的机理与调控技术、专用复合肥配方的理论与产品开发、土壤和环境动态监测与预测预警技术体系研究；是博士和硕士学位授予点，有博士后流动站。

8个学科研究室：土地资源与遥感应用、土壤-植物营养化学、土壤环境与生态工程、土壤物理及盐渍地球化学、土壤化学、土壤微生物与生化研究室、植物营养分子生物学、土壤圈物质循环开放研究实验室（是院重点开放实验室）；3个野外实验站：中科院封丘、红壤农业生态实验站以及所属常熟农业生态实验站，其中封丘和红壤生态实验站对国内外开放；1个研究中心：中国科学院生态网络系统土壤分中心。此外，还有期刊编译和图书情报研究室，有联合国粮农组织指定藏书图书馆一座，有《土壤学报》、《土壤》、《Pedosphere》等杂志编辑部；1个陈列馆，陈列有全国不同类型及部分国家和地区的土壤标本；1个土壤与环境分析测试中心，是国家技术监督局认定的国家计量认证合格单位，拥有国内外领先的气相/液相/质谱联用仪和等离子体质谱计等12台较大型的分析仪器；是中科院“百所联网”南京端口所在地；是中国土壤学会和江苏省土壤学会的挂靠单位。

1996年南京土壤研究所为适应市场经济体制的需要，应用基础研究方面有所加强。在明确学科方向的基础上，结合学科方向和国家任务，由5个重点研究领域拓宽为8个研究与开发的学科领域，调整和加强了5个研究中心（设施农业工程技术研究、滩涂资源综合开发研究、新肥料研制与开发、持续农业和区域发展研究、南方水土保持研究）。

院土壤圈物质循环开放研究实验室，在办室方向和体制上进行了较大的调整，通过了国家科委和计委评估，查找了与先进开放实验室差距，召开了第三届第一次学术委员会会议，成立了新的学术委员会。明确了办室的方向：“土壤圈物质循环与持续农业”、“土壤圈物质循环与环境质量”，使其既符合我国土壤学基础研究的发展方向，体现了开放实验室的特色，又与该所“九五”科技发展规划相吻合。

修订了一系列科研财务管理制度，规范了课题的管理，狠抓了结题工作。清理了从“六五”期间开题而未结题直至“八五”期末完成的313个课题（或经费本），从中确认267个课题为今年结题对象。通过结题，把结余、赤字搅在一起的经费彻底理清，让其合理地发挥不同的作用；增强了全所同志特别是科研和管理人员对课题和经费管理的意识，使课题管理走上正轨。从而为全所拟建40个左右的课题组，改变课题任务和组织小、散、低、交叉重复和稳定性差的状况，为组-室-所三级组织，分类定位和结构调整打下了基础；为研究所按需设岗，按岗聘任扫清前进的障碍；为1997年实行全成本核算做好基础工作。

1996年南京土壤研究所各类在研课题160个，到所课题经费633.3万元，平均每课题3.96万元，较去年2.86万元明显提高；参研人数636人次，平均每题3.97人次，较去年4.4人次略有下降；结题41项，新开课题61项。

基础研究和应用基础研究课题61项，占总课题数的38.1%，主要为国家基金（28个，占45.9%）和开放实验室、站（13个，占21.3%）项目，其中中科院特别支持和国家自然科学基金重点项目“中国土壤系统分类”取得了重大的阶段性成果，通过了上述两部门的验收。新上课题“土壤中氮、磷生物地球化学行为的研究”、“我国东部红壤丘陵地区土壤时空演变、退化机理及调控对策”等一批重大或重点项目取得重要进展。

应用与发展课题99个，主要为国家“九五”攻关和地方横向任务的全部以及中科院和国际合作课题的70%以上的项目。在应用研究方面，国家攻关重中之重课题“玉米高产施肥与提高化肥利用率技术”、“退化土壤恢复重建与季节性防御关键技术研究”、“豫北平原中产田治理与农业发展研究”、“三峡库区典型地区复合农业生态系统建设与耕作制度优化研究”等课题进展顺利；“封丘旱涝盐渍区农业持续发展综合研究”等一批“八五”项目通过了验收；“磷素形态分级及其有效性和节氮施肥技术”被国家科委专家组认定为黄淮海“八五”攻关十大关键技术之一。“三峡库区可再生资源生产潜力与合理开发利用研究”受到国家科委和计委表彰。在发展研究方面，“北部湾油田海水环境质量监测与评价”、“烤烟平衡施肥”、“江苏省沿海滩涂综合利用”、“三峡项目前期研究”、“典型砂姜黑土农业可持续发展配套技术的开发”、“多功能土壤肥力测定仪和水产养殖监测仪”等研究，拓展了该所的研究领域，更好地为经济建设作贡献，为生产第一线服务。

1996年南京土壤研究所获得科研成果和专利如下：获中科院自然科学奖3项，其中“土壤电分析化学的建立与发展”，获一等奖；“水土流失定量遥感方法及其应用的研究”，获三等奖；参加的（第二完成单位）“三峡工程与生态环境”系列专著，获二等奖。获中科院科技进步奖2项，其中

“钾素和微量元素对烤烟香气质（量）影响的研究”，获二等奖；“三峡库区可再生资源生产潜力与合理开发利用研究”，获三等奖。《Pedosphere》获中科院优秀期刊三等奖；“碳铵系列复混粒肥的开发与应用技术”荣获联合国技术信息促进系统中国国家分部的“发明创新科技之星奖”。

申报科研成果5项：“高灵敏度pNa电极”，“主要类型农业生态系统及优化模式的养分循环特征”，“土壤中有机物质的转化与地力保持”，“低丘红壤伏秋旱的成因、特征及抗旱体系的研究”，《中国土壤氮素》。

“浇水指示器”和“光度比色滴定传感器”2项获得实用新型专利授权。此外，“高稳定性低阻pH电极敏感玻璃”、“高稳定性连续检测用pH电极敏感玻璃”2项向国家专利局申请发明专利，“水面蒸发自动测量装置”向国家专利局申请实用新型专利。

1996年南京土壤研究所共发表论文171篇，其中中文134篇，英文37篇。出版中英文专著及论文集6部：《中国的土壤》、《Chemistry of Variable Charge Soils》、《可变电荷土壤的电化学》、《稻田生态系统》、《土壤-植物系统中的重金属污染》、《红壤生态系统研究》论文集第三集。

1996年南京土壤研究所被江苏省政府评为“江苏省先进单位”。

1996年南京土壤所研究已经争取落实的“九五”科研项目共48项，经费1 514万元。其中国家攻关项目5项，总经费305万元；国家基金项目15项，总经费332万元；面上基金13项，经费152万元；中科院项目9项，总经费567万元；省、部委及地方横向项目11项，总经费127.5万元；国际合作项目8项，经费182.6万元。此外，正在积极争取可望落实的项目，国家攻关项目2项：“固体废弃物综合治理与利用”（建设部），“长江流域生态环境建设与持续发展”；中科院重大项目2项：“设施农业理论与相关技术研究”，“红壤综合开发”；院控重点项目已上报5项和生态网络项目1项；院省合作项目2项：“设施农业工程中心”（江苏省科委），“沿海滩涂开发治理”（江苏省农业自然资源综合开发局）等；其他省、部委项目，如国家及省烟草专卖局；国家及有关省区的科委、环保、土地、农林、水土保持等厅局的合作研究项目。

1996年南京土壤所共接待24批来自9个国家和地区的不同学科的土壤科学工作者46人次；出国访问、考察、学术交流、进修和合作研究41批48人次与16国合作并交流，选派13名科技人员出国留学深造。国际合作和交流工作从纯学术逐步进入经济领域，加快了科研工作与国际接轨的速度，推动了研究所的深化改革和人才培养工作。

院级国际合作项目3项：主要有与法国科研中心、波兰科学院农业物理所的合作研究项目，以及与国际土壤重建恢复中心网络联合在我国建立亚太分中心。该中心在南美、中国、澳洲、欧洲、非洲各选一个土壤研究所作为该网络的分中心，承担全球土壤退化、污染的监测、防治、恢复技术的研究，推广研究成果、传播信息和交流经验，这对于提高所的知名度将起积极的作用。

引进国外技术、管理人才的项目3项：邀请美国、西班牙、泰国、澳大利亚、日本的专家来华进行“沿海滩涂资源综合开发利用及持续发展”、“中国污染土壤的清洁与地下水水质保护”、“土壤植物水样痕量成分的超微量技术”等学术交流，通过交流与美国和澳大利亚专家达成了两国间“农业持续发展和环境保护”研究的合作项目。获得了日本山崎先生赠送的价值人民币10万元左右的试剂、标准样品、器材设备等。有关复合农林业与水土保持，微量元素对土壤、作物影响等所级国际研究项目8项，共获得经费36.41万美元。

南京土壤研究所“九五”期间人才培养将实行“321”人才工程，培养30名青年骨干达副研究员水平，20名青年学术带头人达研究员水平，1名在国内外有一定知名度的一流科学家。为此，加强对研究生的教育和管理，成立了研究生教育领导小组；加强研究生的学术活动，制订了相应的制度，以保证研究生的质量；扩大了研究生招生规模，超计划的招收研究生。改善了博士后流动站的工作生活条件，积极吸纳博士后进站工作，今年有40余位申报进站者。在坚持标准，公平竞争的原则下，通过答辩，上报特批45岁以下的研究员4名。

干部竞争上岗，出国择优选派，对去广西扶贫回来的5位同志，实行了竞争考评上岗。对公派出国的人员，采用公开报名，组织答辩，通过考评的办法，收到了人才交流的效果。

在科技开发方面，成立科技开发总公司，全年营业收入总额为362.38万元，税金10.4万元，盈余4.99万元，同时按期完成了上交所定额25万的任务，开创了工作的新局面。

南京地理与湖泊研究所

名誉所长：周立三
所　　长：虞孝感
地　　址：南京市北京东路73号
邮政编码：210008
电　　话：025-3616936
传　　真：025-7714759

中国科学院南京地理与湖泊研究所前身系中国地理研究所，于1940年8月在四川省重庆北碚正式成立，1947年6月迁到南京。1949年中国科学院成立后，正式接管，1953年命名为“中国科学院地理研究所”。1958年10月大部分人员迁往北京，留下部分骨干组建中国科学院南京地理研究所。于1988年1月改为现名。

南京地理与湖泊研究所现有职工249人，其中科技人员225人，占总人数的90.0%。在科技人员中，中国科学院院士2人，研究员22人，副研究员、高级工程师77人，中初级科技人员150人。享受政府特殊津贴的科学家35人。现有在学硕士生12人，博士生20人。

南京地理与湖泊研究所是以湖泊(水库)综合研究为重点发展方向，同时大力开展国土整治和区域开发研究的综合性研究机构。设有湖泊水资源与环境、湖泊沉积地貌、湖泊生物生态、自然地理、经济地理、地图、遥感信息系统、科技图书情报等8个研究室以及湖泊沉积与环境开放实验室。此外，还设有太湖湖泊生态系统研究站、东太湖水体农业试验站、天目山景观生态野外实验观测站。系硕士学位和区域地理博士学位授予点。

南京地理与湖泊研究所拥有能进行地学、湖泊学、地理信息系统方面的大型仪器。1996年添置了MS1型便携式旋转磁力仪、MSA2型交变退磁仪和MA4型脉冲磁力仪一套，气象卫星接收处理机。

1996年南京地理与湖泊研究所列入科研计划的各类课题共有83个，到所科研经费为210.5万元。其中1996年新开题项目32项，合同经费达390.80万元，平均每项12.2万元；完成了15个课题。

1996年南京地理与湖泊研究所共获国家、省、院奖8项(主持1项，主要参加6项，参加1项)。“中国城市群研究”，获院自然科学奖二等奖；《1：100万中国土地利用图集》，获国家科技进步二等奖；“重点粮区主要农作物遥感估产”，获院科技进步一等奖；《青藏高原地图集》，获院科技进步二等奖；“长江中下游浅水湖泊生态渔业研究”，获院科技进步二等奖；《水面蒸发与散热系数——通用公式》，获电力部科技进步二等奖；“中型草型湖泊渔业综合高产技术研究”，获农业部科技进步二等奖；“太湖大型湖泊渔业综合高产技术研究”，获农业部科技进步二等奖。另外，获国家计委、科委和财政部表彰国家“八五”科技攻关重大科技成果4项(“长江产业带建设的综合研究”、“重点粮区主要农作物遥感估产”、“中型草型湖渔业综合高产技术研究”和“禹城试区农业持续发展综合研究”)，先进个人1名(先进个人虞孝感)。

1996年南京地理与湖泊研究所在国内外刊物上共发表197篇，其中SCI收录7篇，一级学报上发表18篇，二级学报上91篇。在国际会议上发表论文3篇，在国外杂志上发表论文7篇。出版专著8部，它们是《中国水稻遥感动态监测与估产》、《丹阳市城规则》、《中国自然资料丛书·江苏卷》、《我国的湖泊》、《江苏省海岛资源综合调查报告》、《关东平原与扬子江三角洲》、《城市更新与改造》。

1996年南京地理与湖泊研究所接待来自日本、英国、俄罗斯、德国、奥地利等国家和地区的外宾12批51人次，其中所级主请项目4批24人次；赴国外讲学，进行合作研究和参加国际学术会议共18批21人次。外事交流规划和往年相比较，是比较平衡的一年。

1996年南京地理与湖泊研究所科技开发公司和技术劳动服务公司等共完成营业额284.4万多元；取得利润96 289.46元，上交两税99 806.00元，返回给所1 146 193.50元。太湖站试办疗养院和湖泊生态培训中心开始运行。

江苏省海洋湖沼学会、江苏省地理学会、江苏省遥感学会和中国地理学会长江流域开发研究会、江苏省科技咨询协会资源利用与区域开发咨询中心挂靠在南京地理与湖泊研究所。编辑出版《湖泊科学》、《中国地理文摘》(英文版)和《国外地理文摘》。《湖泊科学》1996年获中国科学院优秀期刊奖。

南京地质古生物研究所

所　　长：穆西南
地　　址：南京市北京东路39号
邮政编码：210008
电　　话：025-7711556（所办）
025-7713534（科技处）
图文传真：025-3357026

中国科学院南京地质古生物研究所（原称中国科学院古生物研究所）1951年5月7日在南京正式成立，其前身为1920年成立的中央地质调查所和1928年成立的中央研究院地质研究所的古生物室（组）。

1996年在职职工277人，其中专业技术人员226人，占总人数的81.59%。中国科学院院士5人；研究员45人，副研究员、高级工程师79人，中级科技人员73人。在学研究生中博士生16人，硕士生4人。另有博士后4人。

南京地质古生物研究所学科方向为古生物学（无脊椎古动物学与古植物学）和地层学。重点研究领域为地球发展历史过程中植物、无脊椎动物及微生物的系统分类及演化；生物的发生、发展、绝灭和复苏的规律；地质历史时期生物圈与大气圈、水圈、岩石圈的关系；地层的划分对比及地质年代的确定；古生态系统的演替及其与古气候、古地理关系综合研究；全球地层界线层型剖面的选择与确定；沉积学和沉积矿产研究；分子古生物学等为博士学位、硕士学位授予点，设有博士后科研工作流动站。

南京地质古生物研究所以学科为基础分为7个研究室，一、二、七室以研究古植物学、孢粉学及低等菌藻类及有关地层为主，三、四、五室研究无脊椎古动物及相关地层，六室研究沉积学、沉积相及沉积矿产等。现代古生物学与地层学开放研究实验室是本学科国内唯一的开放实验室，其主要研究方向为地球早期生命的演化与寒武纪生命大爆发（澄江化石生物群）、理论古生物学、各纪地层界线、分子古生物学等。该开放实验室在1996年由国家计委、国家科委组织的国家重点实验室、部门开放实验室评估中，在地球科学领域的14个国家重点实验室和部门开放实验室中排名第三，受到好评。

设有能满足学科领域科研工作所需的支撑条件。图书馆藏有专业图书期刊26万余卷（册），2 000余种中外文期刊，藏书之丰富为亚洲之最，在世界也当属前列。标本室收藏有14万余件模式标本和数千件精美的陈列标本，其古生物陈列馆是南京青少年科技教育基地。重要的仪器设备均是90年代初的国际先进水平，主要的有JSM 6300扫瞄电子显微镜、Devex X射线能谱仪、MRC-1000激光共聚焦扫瞄显微镜、HP 5890全自动氨基酸分析仪、CDS-1000热裂解分析仪、PCR及DNA测序设备等。

1996年初南京地质古生物研究所以树目标为主题召开职代会，审议了所长提出的所改革发展纲要，以纲要提出的目标团结全所科技人员和职工，深入改革，促进发展。加强规章制度的健全与完善，修改制定了课题经费管理办法等八项制度。加强管理工作的力度和中层领导班子的选配，注重于年轻学术业务骨干的培养，经特批研究员2人，聘用35岁以下的副研究员6人。深入贯彻中央有关规定，加强廉政建设；整顿了科技咨询开发和第三产业，将无序、混乱的状况，转变为有序、制度化的管理。

1996年南京地质古生物研究所落实并启动的“九五”项目共20项，其中国家自然科学基金项目10项，国家科技攻关项目子课题3项，部门委托项目5项，与香港理工大学、土木工程署合作项目2项，总经费约440万人民币。“塔里木盆地古生代地层”和“塔里木盆地中新生代地导”是国家“九五”科技攻关项目“塔里木盆地石油天然气勘探开发”的子课题，将在“八五”攻关研究工作的基础上开展新领域的研究，为塔里木盆地石油天然气勘探开发提供新的依据。“中国北方侏罗系划分对比”是“中国北方侏罗系石油地质综合评价及勘探目标研究”的一部分，目的在于通过对地层划分对比、沉积相、生物相、古生物等研究，为北方侏罗纪含油地层远景目标和找油气方向找出评估依据。“香港古生物和地层”和“香港疑难地层”两项在野外考察中，在长期来有争议的疑难地层中采集到泥盆纪晚期植物化石，以确凿证据纠正了英国人多年坚持的错误，同时还发现了一些新的化石层位，取得了很有意义的进展，成果在1997年7月1日香港回归前出版发行。

在研的课题中，地球早期生命的起源与演化的研究又取得新进展，国家杰出青年科学基金、优秀中青年人才专项基金的获得者孙卫国研究员发现7～9亿年前的淮南生物群所含的蠕虫状实体化石，是迄今已知最古老的多细胞动物；澄江化石生物群的研究在野外考察中有新的发现，陈均远研究员等著“澄江生物群——寒武纪大爆发的见证”一书，于11月份出版。与台中自然博物馆联合筹办了“寒武纪大爆发”特别展览于1996年7月7日至1997年1月3日在台湾举行，观众达百万人次，取得很大成功。副研究员王怿博士在贵州省风冈县发现的迄今世界上最早的陆生维管植物化石的研究成果（与蔡重阳等合作），于1996年2月在英国《自然》（Nature）上发表。孙革研究员对“早期被子植物的起源与演化”的研究，发现了世界上最早被子植物花序化石和花粉化石及“似被子植物”化石，为探讨全球被子植物发生及起源中心提供了新的线索。周志炎院士在对河南义马化石植物群的研究中，采用新方法和实验技术对银杏目和茨康目植物化石研究取得的成果，被认为达到国际先进水平。二叠系乐平统层型剖面和奥陶系达维阶全球层型剖面的研究已取得关键性进展，受到国际地质学界的重视。所承担的我国石油天然气勘探开发中的地层古生物研究项目，如“新疆三塘湖地区古生物地层研究”、“酒（泉）东盆地侏罗—白垩系划分对比”、“吐（鲁番）哈（密）盆地山前带钻井地层”、“东海陆架盆地台北坳陷中新生代地层划分对比”等课题，已提交了研究报告或取得阶段性成果，为解决有关地区的含油气地层时代、对比和前景评估起了重要的作用。

1996年南京地质古生物研究所在国内外出版论著194篇（册）。《南极乔治王岛菲尔德斯半岛古生物地层》获中国科学院自然科学奖二等奖、《祁连山北部纳缪尔期地层和生物群》和《西藏中、新生代化石珊瑚》获院自然科学奖三等奖。李星学院士主编的《中国地质时期植物群》（中、英文版）获中国图书奖一等奖；盛金章院士获库希曼国际奖，李星学院士获“沙尼国际古植物协会奖”。

1996年南京地质古生物研究所国际合作与交流工作迈出了新的一步，全年出国（境）63人次，接待外国学者85人次。在院国际合作局和国家自然科学基金委员会的支持下，组团参加第五届国际植物学大会和第九届国际孢粉学大会，争取到2000年在我国举办这样两个大会的主办权。在第三十届国际地质大会上，有5名科学家担任专题讨论会主席；同时主办了国际地质对比计划350项目（IGCP350）第四次会议和2条地质旅行路线。11月中旬举行了美国古植物学家斯迈利教授赠书仪式，斯迈利教授夫人将他生前收藏的6 000余册图书等无偿捐赠给本所。

中国古生物学会及所属20余个委员会及专业组、江苏省古生物学会挂靠在南京地质古生物研究所。

编辑出版《古生物学报》（季刊）、《地层学杂志》（季刊）、《微体古生物学报》（季刊）、《古生物学文摘》（季刊）及《中国古生物志》（新甲、乙种）、《Palaeontologica Cathayana》、《Palaeoworld》、《中国科学院南京地质古生物研究所集刊》、《中国科学院南京地质古生物研究所丛刊》等不定期刊物。

南京天文仪器研制中心

主　　任：周必方
地　　址：南京市板仓街188号
邮政编码：210042
电　　话：025-5411776
传　　真：025-5411872

中国科学院南京天文仪器研制中心（以下简称中心）前身为中国科学院南京天文仪器厂，1958年5月5日由中科院第五次常务会议决定筹建。

1958年12月11日在南京成立“南京天文仪器厂筹备处”。1959年5月7日撤销筹备处，由中科院计划局、器材局行文定名为“中国科学院南京仪器厂”。1960年5月1日重新定名为“中国科学院南京天文仪器厂”，对外称04单位504厂。1962年并入紫金山天文台，1966年6月20日中科院决定从紫金山天文台中分出，并将“中科院216办公室”并入天文仪器厂，定名为“中国科学院天文仪器厂”。1970年11月原由江苏省科技局领导改由南京市仪表局代管，单位名称恢复为“中国科学院南京天文仪器厂”。1978年11月中科院南京分院成立，1979年南京分院正式接管“中国科学院南京天文仪器厂”并升格为“地师级”。1991年12月1日，经国家人事部批准改为现名。

1996年底中心职工总数为507人，其中科技人员为197人，占职工总数的38.9%。研究员16人，副研、高工61人，中级科技人员80人。中科院院士1人，博士生导师3人。在学硕士生7人，博士生1人。

中心以天文仪器技术与方法研究为学科方向，涉及的研究领域有望远镜主动光学技术研究、天文光干涉技术研究、外差全息分光术在天文学中的应用研究、自适应光学技术应用研究、高技术光学镜面磨制与检测技术研究、毫米波天线面板技术研究、精密机械结构设计与研制技术研究，结构分析与优化设计技术研究、图像处理技术研究、计算机自动控制技术研究、空间仪器轻型结构设计与研制，以及仪器概念性设计与工程总体技术研究等。

中心今后将继续以天文仪器技术与方法研究为学科方向，同时不断拓展新的研究领域，在积极申请国家自然科学基金和其他科学基金、努力做好专业方向应用基础研究的基础上，以回报社会、服务社会为宗旨，积极开展与本学科相关领域各项目的研究，参与“863”、“921”项目的研究和仪器研制，以及产学研项目、地方高科技攻关项目的研究和仪器研制。在当前和今后的一段时间里，要以大天区面积多目标光纤光谱望远镜(LAMOST)和空间太阳望远镜以及大中型天文望远镜研制工程项目中的各项技术的研究与拼接镜面主动光学研究、恒星光干涉研究为突破点，并加强高技术镜面和晶体磨制与检测技术与其他研制技术的研究，努力提高研制产品整体质量与技术水平，成为名符其实的大中型天文仪器和光、机、电、算一体化仪器的研究和研制基地。

中心通过结构性调整后设立了天文技术与方法研究所，并设置了主动光学实验室、光干涉实验室、高技术镜面实验室、毫米波面板实验室和天文仪器与技术青年实验室。开发一块设立了精密机械实业部、科普仪器与设备实业部、光栅编码器实业部和电子显示屏实业部。

中心目前拥有国内稀有的Q-013型2.5米光学研磨设备与W250GWR大型落地镗床，以及CQ5280型8米双柱立车等。另有YG3080滚齿机、Y7520W螺纹磨和T42100双柱座标镗床等高精度机械加工设备、1米光学真空镀膜机、SUN工作站等，所有这些设备为研究和研制提供了强有力的硬件保障。

由北京天文台研究员、中科院院士王绶官和中心研究员、中科院院士苏定强首先倡议并领导预研的“九五”国家重大科学工程项目“大天区面积多目标光纤光谱望远镜(LAMOST)”，1996年7月国务院科技领导小组正式决定立项。该项目研制成功后，将成为世界上最大口径的施密特望远镜，届时可将4 000根光纤同时接到多台光谱仪上，每夜能观测到数以万计的天体光谱，覆盖天区的范围大于2万平方度，全天球一半以上可进入它的视野。

由中心与北京天文台、北京自动化研究所合作研制成功的2.16米光学天文望远镜于1996年12月17日通过中科院组织的鉴定。以王大珩院士为主任、叶叔华院士为副主任的鉴定委员会认为，2.16米光学天文望远镜是我国自行设计研制的、远东最大口径的光学望远镜。它集中了光学、机械、电控和自动化多种先进技术于一体、配备了现代化的焦面仪器，已成为我国天文学和天体物理学研究的最主要的观测设备，建成以来已经取得了丰硕的天体物理研究成果。该望远镜光学系统中象场改正器的设计达到国际领先水平；中继镜作折轴系统转换是世界首创，其光学的创新设计已被国际上大型光学望远镜所采用。

由中心与陕西天文台、武汉测地所等单位合作研究的恒星光干涉技术于1996年6月通过了以叶叔华院士为主任的验收委员会的验收。该研究在定天镜高精度同步指和精度、转动角分辨率;光程差高精度补偿;星光方向校正系统使两干涉光的平行度;高精度面形的光学制造;计算机全自动控制系统5个关键技术方面,大多数处于国内领先水平。部分关键部件已达到国际先进水平。

1996年3月,中心研制成功的2米折轴分光仪通过鉴定。该仪器是我国首次研制成功的一台利用阶梯光栅大定向角、高级次结合高色散和高光效的大型天文光谱仪。鉴定委员会认为,该仪器设计方案先进,技术路线合理,性能指标等已经达到了国际同类仪器的先进水平。

1996年,江苏省评出的十大科技新闻中,其中报道的LAMOST启动和2.16米光学天文望远镜通过鉴定的2项被入选。中心与北京天文台联合研制的太阳多通道望远镜获1996年度国家科技进步二等奖。

中心近年来加大了技术开发的力度,1996年又开发研制成功了全彩色LED显示屏、电梯编码器和磁卡编码器、CD多功能数显表、全球面折反射光学系统科普望远镜等。

改革开放以来,中心的对外交往与国际合作进一步增强。1996年计划内派出7批12人次,计划内来访接待5批13人次。1996年8月1日至4日,中心副主任崔向群研究员参加了在香港召开的“21世纪中华天文学研讨会”并在会上介绍了“大天区面积多目标光纤光谱望远镜(LAMOST)”工程计划,得到了与会者的高度关注。1996年8月18日至23日,中心青年实验室还派出了3位年轻的硕士研究生赴韩国参加国际天文学第七届亚太地区会议。3位青年人宣读的论文得到广泛的好评。

1996年4月4日,德国马普学会副主席、地外物理所教授Mr. J. TRVEMPER和马普学会中国项目主管Ms. HELGA. PETER应邀访问中心。在听了中心学术委员会主任胡企千研究员和崔向群研究员分别介绍的空间太阳望远镜预研与LAMOST工程进展情况后,引起浓厚兴趣,表示要创造机会增加合作。1996年8月19日至21日,美国国立天文台高级工程师、美籍华人黄焕延访问中心时与苏定强院士、崔向群研究员以及LAMOST小组成员对LAMOST项目的设计方案进行深入的讨论,并表示回美国后将继续关注LAMOST的进程,谋求合作的机会。

中国天文学会天文仪器与方法专业委员会挂靠在中心。现编辑出版学术刊物有《天文仪器与技术》。

合 肥 分 院

院　　长：王绍虎
地　　址：合肥市西郊科学岛（1110 信箱）
邮政编码：230031
电　　话：0551-5591236
传　　真：0551-5591270

中国科学院合肥分院新领导班子于1996年1月18日由院人事局宣布组成后，理清了工作思路，明确了在历届领导工作基础上，依靠分院本部干部和职工，在邓小平建设有中国特色社会主义理论指导下，正确处理好改革、发展、稳定的关系，进一步转变观念，加大改革力度，理顺关系，推动分院各项工作，使分院本部工作适应变化了的环境，履行好“协调、指导、服务、监督”职能，密切与各所的关系，为研究所服务，为全岛职工服务，使分院科研基地建设上一新台阶。着力抓以下方面工作：

1. 抓所党委换届工作。1996年分院机关、各所党委顺利完成了3个单位行政领导班子和5个单位党委换届工作，做到发扬民主，按程序办事。一批优秀年轻同志担任了所、处级领导，较好地实现了新老交替、平稳过渡，各单位工作有新发展、新起色。

2. 推进高等研究院工作。1996年院明确合肥科教基地为中科院三大基地之一，是对科学岛的建设、发展具有战略意义一件大事，为分院各所发展提供了重要机遇。白春礼副院长来分院进一步明确了基地建设指导原则，同意合肥高等研究院选定5个项目加以推进。在人才培养上，科大与分院各所实行研究生联合招生，联合培养筹办成人教育分校，科大本科生到各所实习。

3. 抓统筹医疗改革。合肥分院作为院第二批公费医疗改革试点单位，经过较长时间酝酿，今年落实到位。在各所支持下，经过职工医院的领导和医务人员努力，职工生病得到及时有效地治疗。统筹结果，各所和分院本部医疗费都有了较大幅度下降，支持了各单位的发展。

4. 改革科研基地公共事业管理，成立了由各所领导参加的基地管委会，共商岛内大事，协商公共事务。分院系统污水处理厂建设工程基本结束，电网改造开始实施，住宅区电话，道路、自行车棚维修工程完成，水电收费管理进一步加强，粮油、副食供应得到保证。

5. 进一步推进为地方经济建设服务。围绕省委、省政府加快发展安徽经济的总体部署，积极组织各所力量做贡献。在承担“八五”省攻关任务基础上，认真参加“九五”省基金、省重点、省攻关任务的争取，对承担的产品研究项目加快了进度。同时分院还筛选了一些有前途的项目，与安徽有关厂矿、企业集团合作，寻找结合点。积极参加扶贫救灾活动。

6. 办好中小学、科技校，1996年仍在连续8年升学率保持较高水平情况下，达到47.1%获建校以来最好水平，获市教委高中教学质量综合二等奖，并出了个合肥市高考文科状元。中专技专今年毕业425名，招收260名，为地方培养了经济建设人才。顺利通过省委验收。

7. 坚持抓党建和精神文明建设，党组中心学习组扩大学习组成员，坚持每月1～2次理论学习，严格要求处以上干部勤政廉政率先垂范，对群众进行正面教育，开展双学活动，成立精神文明建设指导委员会，制定精神文明建设五年规划，开展创建活动。加强小社会综合治理建立安全责任制，实行全岛联防，突破了一批要案绩案，治安状况明显好于1995年。

8. 1996年分院接待全国人大副主任李锡铭、国务委员宋健、国家科委副主任邓楠等省部级领导同志。协助安徽省委办公厅，安徽省科协举办4位院士参加的“百场院士”报告会。由于主题明确，针对性强，反映效果良好。

等离子体物理研究所

所　　长：万元熙
地　　址：合肥市西郊科学岛
邮政编码：230031
联系电话：0551-5591307　5591309
传　　真：0551-5591310

中国科学院等离子体物理研究所成立于1978年9月，前身是1973年成立的中国科学院安徽光机所受控热核实验站。1996年底职工总数581人，科技人员409人，其中研究员24人，副研究员、高级工程师124人，中级科技人员146人。现有在学研究生107人，其中博士生42人，硕士生65人。另有博士后5人。

等离子体物理研究所主要从事高温等离子体物理和核聚变技术的研究以及相关高技术的开发研究。利用超导托卡马克HT-7和拟建的超导托卡马克HT-7U开展稳态高温等离子体物理和托卡马克装置先进运行模式的研究，使我国的核聚变研究进入世界核聚变研究前沿。

等离子体物理研究所有9个职能处室、11个研究室、3个中心、1个图书情报室和所属科聚高技术有限责任公司。拥有我国第一台超导托卡马克聚变实验装置和全国最大的低温液氦系统；拥有4台2万千瓦直流脉冲电机和1台12万千瓦交流脉冲电机；拥有全国磁场最高的20万高斯混合磁体和10兆瓦的高稳定度直流电源。拥有国内外第一台200keV离子束生物育种专用装置，并在国际上首创离子束生物育种技术。

1996年度取得的主要科研成绩：HT-7超导托卡马克运行和实验取得了稳步进展，运行基本稳定可靠。实验说明HT-7装置是一个性能良好，可以开展多种实验研究的超导托卡马克装置。离子束生物工程取得重要进展，完成1 362个样品注入实验。美国赠送给我所的5.5MeV加速器已于97年1月运抵我所。低温等离子体应用研究实现了亚微束刻蚀，研制了多种形式的ECR等离子体镀膜机，镀出多种金属膜。使等离子体物理所ECR等离子体镀膜刻蚀技术处于国内领先水平。强磁场实验室于1996年5月成立“中科院合肥高等研究院强磁场开放实验室”迈出了对外开放的第一步。

1996年等离子体物理所争取国家自然科学基金项目7项，总经费126.5万元，国家计委离子束生物工程项目1项，总经费800万元；“863”高技术计划项目2项，总经费410万元，国防科工委项目1项，总经费150万元；院重点项目1项，每年20万元。完成科技成果11项，获院成果奖2项。发表论文156篇，其中国外发表10篇。

1996年完成院“百人计划”任务，有2人入选“百人计划”。有4人破格晋升研究员。成功地举办“亚洲科学讨论会”，有12个国家的45位学者来我国参加会议。1996年派遣65人出国工作或参加国际会议。1996年组建计算机网络中心，建立所区计算机网络系统并进入国际互联网。

1996年完成所党委、纪委的换届改选工作和基层党支部的换届工作，加强社会主义精神文明建设，获安徽省文明单位称号。

固体物理研究所

名誉所长：葛庭燧
所　　长：张立德
地　　址：安徽省合肥市西效科学岛
邮政编码：230031
电　　话：0551-5591415
图文传真：0551-5591434
E-mail：office@ issp. hfcas. ac. cn

中国科学院固体物理研究所于1982年3月经院批准正式成立。全所现有职工158人，其中科技人员123人，中国科学院院士1人，研究员10人，副研究员、高级工程师36人，中级科技人员44人。设有硕士点、博士点和博士后流动站。在读研究生、博士生60余人。另有博士后5人。

固体物理研究所是以基础研究为主的研究所，主要学科方向为凝聚态物理、新材料的制备与物性的研究。现有中国科学院内耗与固体缺陷开放实验室、计算物理实验室、新材料物理实验室、纳米材料实验室和微结构分析公共实验室。1996年全所开设课题项目27项，其中国家“攀登计划”项目1项,“863”攻关项目1项，国家自然科学基金面上项目7项,重点项目1项,中国科学院重点项目1项。

1996年固体物理研究所科研工作取得了新的进展,在基础研究方面,通过对非线性滞弹性的内耗峰的理论分析和数值处理，初步建立了非线性滞弹性理论的基础;在形变过程内耗研究方面,成功地通过形变过程中的内耗数据获得疲劳过程、高温蠕变和恒速变形过程微观机制的信息及材料内部缺陷的运动变化规律。纳米材料物理特性的探索取得了重大进展。在对纳米Ag电子结构和输运特性的研究中，发现了负电阻温度系数的尺寸效应，实验揭示了纳米银中的电子结构不同于大块金属,且有较强的关联性和局域性,观察到了纳米氧化物低频下的介电现象，发现了尺寸效应。在实验室实现了可控纳米材料的表面效应和量子尺寸效应,成功地制备出SiO_2纳米介孔复合体,发现了光开关效应和控制这一效应的条件;通过掺杂在纳米SiO_2气凝胶试验里发现了比多孔硅高3～4倍且稳定蓝、绿光发光效应，引起了国内外同行的极大重视。计算凝聚态物理在前沿领域里做出了出色的成绩，率先在国内开展了第一性原理分子动力学方法的研究，推动了国内在该领域的发展。在材料的微观设计、团簇工程材料及无序体系的理论设计中取得了重要研究成果。创造性提出带电和掺杂可以提高团簇稳定性的新观点，采用第一性原理分子动力学方法首先设计了$Al_{12}C$ (Si) 固体的结构，并预言了其主要的物理性质,引起了国际同行的重视。超导研究在“八五”期间成绩显著,研制出的$Bi_{(2223)}/Ag$带的性能指标处于国内先进行列。在Bi (Pb) 银包套带材的高性能与磁通钉扎研究中，首先提出在不同温区中磁通蠕动的行为和机制不同，在$Bi_{(2223)}/Ag$带的涡旋维度研究中首次观察到3D涡旋线液态，提出在H-T相图上，在不可逆以上区域应存在一条表征涡旋线维度转变的线，得到了国内外专家的一致好评和大量引证。新开展的磁性锰氧化物材料的超大磁电阻 (CMR) 效应的研究，在电磁输运性质、热力学性质、光谱特性等方面取得了初步结果，同时在提高CMR居里温度和提高磁电阻效应降低，饱和磁场的复合材料的制备上做出了卓有成效的工作。

在应用研究方面,面向国民经济,特别重视前沿基础研究中具有较强应用背景的项目，不失时机地抓住苗头加大力量和投入，同时积极寻找企业联合,共同开发,目前已有TiO_2和SiO_2纳米两条生产线分别在江苏的泰兴和浙江的舟山中试成功，投入批量生产。在纳米粉体TiO_2的光催化和Al_2O_3添加对传统陶瓷改性的研究中取得很好的成绩，得到了环保部门和企业的高度重视。

1996年，全所共发表学术论文92篇，其中50%发表在国外学术刊物上或在大型国际学术会议上交流。根据《中国科技论文统计与分析》(年度研究报告),固体物理研究所论文发表数和被引证数分别列全国科研机构的第二十五位和第二十二位。

1996年固体物理研究所共取得成果6项，获中国科学院自然科学三等奖1项。申请专利11项,其中发明专利9项;获得授权专利3项,其中2项为发明专利。

经过十几年的努力，固体物理研究所实验室建设取得了重要进展。目前,除了拥有一批常规微观测试仪器外，如X射线衍射仪、透射电子显微镜、扫描电子显微镜、热分析测试仪、力学实验机等，在院支持下，1996年又购置3台世界上比较先进的设备，Cary5E分光光度计，0mnisorp100CX比表面积和孔隙率分析、扫描探针显微镜。这些仪器已调试成功,为我所在材料物性和结构的研究发挥了重要的作用。我所还有一大特点，就是自行研制设备的能力很强。多年来，结合我所的科研方向和任务，自行研制了大量仪器设备。内耗开放室拥有较齐全的内耗测试设备，能够在多个频段:低频10^{-6}～10^{-5}Hz，声频10^2～10^4Hz和超声频段10^6～10^7Hz以及广阔的温度区域77～100K内，对固体材料的内耗——机械振动吸能能谱进行精确的测量。纳米材料室自行研制了多台纳米材料制备装置，其中真空蒸发原位加压、真空蒸发液态收集、离子溅射原位加压等装置均为国内首创。可制得多种分散性好、纯净的粉体和块体试样。此外，还拥有多台制备多层膜的颗料膜设备。

1996年固体物理研究所共接待国外来访的著名专家7人，13人次出国进修或参加国际学术会议。中国物理学会内耗与超声衰减专业委员会挂靠在固体物理研究所。

安徽光学精密机械研究所

所　　长：胡欢陵
地　　址：安徽合肥市西郊科学岛（1125信箱）
电　　话：0551-5591539
传　　真：0551-5591572
邮政编码：230031
电　　挂：0007
E-mial：kyc@aiofm. hfcas. ac. cn

中国科学院安徽光学精密机械研究所（以下简称安徽光机所）成立于1970年9月20日。地处安徽省合肥市西郊风景秀丽的蜀山湖畔，是中科院所属从事大气光学和激光技术应用基础研究为主的综合性研究所。现有职工932人，其中科技人员575人，研究员30人，副研究员、高级工程师122人，中级科技人员264人。现有在学研究生113人，其中硕士生69人，博士生44人。另有博士后1人。安徽光机所是国家光学专业的硕士和博士学位授予单位，设有国家光学专业的博士后流动站。

主要学科方向：大气光学和激光技术。

重点研究领域：激光大气传输、激光光谱与大气光化学、激光和光电子技术及应用、激光环境检测技术和环境遥感技术基础等。

全所设有10个研究室（其中1个国家“863计划”大气光学重点实验室，1个中科院激光光谱开放实验室）和2个部，1个激光工程研究开发中心，1个国家产学研项目激光合成高纯超细氮化硅中试基地。建有1个设备齐全的激光传输实验场、怀特池及遥感辐射定标和校正装置，已建有国内最大的平流层气溶胶激光雷达、紫外差分吸收激光雷达和航空光谱仪器等。

1996年安徽光机所结合制定本届所领导任期目标，确定了安徽光机所发展战略和定位：使安徽光机所成为国际上有影响的大气光学研究中心，成为国内有影响的激光技术研究中心，成为依靠激光和光电子技术，得到激光光谱和环境遥感技术支撑的高水平的激光环境监测技术研究中心，目标是把安徽光机所建成国家一流的以应用基础研究为主的研究所。

1996年安徽光机所承担国家、中科院及省、部级研究项目41项，承担的项目数和经费较“八五”有较大幅度增加。近年来传输实验取得重大进展，表明安徽光机所建设的激光传输实验场初具规模，开始全面发挥作用；国家产学研项目——激光合成高纯超细氮化硅中试生产系统试运行点火成功，标志着激光合成氮化硅超细粉科研成果转化，在实现中试生产方面迈出了十分重要的一步；激光光谱实验室本年度通过院级评审。

1996年安徽光机所有7项科研成果通过了专家鉴定。安徽光机所研制的我国首台“紫外差分吸收激光雷达系统”通过了王大珩院士主持的院级鉴定，该系统有较高的科学价值和应用价值，系统技术先进，自动化程度高，获得的平流层臭氧垂直分布实验数据准确可靠，已达到当前国际上同类激光雷达的先进水平，为安徽光机所激光技术向环境科学方面的战略调整奠定了良好的基础，它也将为我国可持续发展战略作出有显示度的贡献；安徽光机所用熔体提拉法生长的Cr：LiCAF晶体其尺寸达ϕ（20～25）毫米×（90～100）毫米，激光器的阈值与调谐范围等指标已达到九十年代国际先进水平；研制的Cr^{3+}：LiCAF晶体及其可调谐灯泵激光器技术也通过了鉴定，它在环境污染监测中有重要应用价值。

1996年度安徽光机所有6项科研成果分别获得国家科技进步二等奖，国防科工委科技成果一等奖和中国科学院科技进步一、二、三等奖。获奖数和等级是安徽光机所建所以来最多，等级较高的一年。同时1996年申请专利13项。安徽光机所研究生1996年度1人获院特别奖，1人获院优秀奖；1人获大恒奖学金特别奖，3人获优秀奖；1人获亿利达奖。

1996年度安徽光机所加强了应用研究与高技术创新工作，以市场为导向，加速了成果转化，开发成功高功率倍频YAG激光去纹身仪、JJK激光自动刻槽机、激光在线测量仪、触膜式自动控制的CO_2激光治疗仪、全自动洗衣机内齿圈冷挤压模具等，并已批量投放市场，其中CO_2激光治疗仪器70%左右的产品销往国外，洗衣机内齿圈冷挤件替代了进口并已大批量生产，1996年已生产20万套左右。全所办高技术企业3个，从事科技开发工作的人数达305人。

1996年安徽光机所顺利完成了所领导班子换届和党委换届，成功地召开了安徽光机所第二届职工代表大会。通过对安徽光机所的定位和发展战略深入的讨论，认真制定了本届所领导班子的任期目标，这些工作的顺利进行，为安徽光机所的稳定协调发展奠定了较坚实的基础。

1996年安徽光机所加强了人才培养和国际合作交流，全年招收硕士生27名，博士生15名，博士后流动站启动运行。全年开展国际交流23人次，其中派出8人次，来访15人次。积极开展了国际合作研究：与韩国庆熙大学工程研究所合作开展了激光雷达、非线性光学、激光技术和黄海海岸大气相关参数测量研究；与日本名古屋大学地球与环境研究所开展平流层气溶胶激光雷达探测及高空科学气球测量大气气溶胶O_3的合作研究。通过这些研究，取得了大量宝贵资料，引起了国内外同行的重视，安徽光机所的专家是国际激光雷达大气探测研究委员会（ICLAS）中国唯一的委员。

安徽光学学会、安徽遥感学会挂靠在安徽光机所。编辑出版《量子电子学》(中国光学学会基础光学专业委员会会刊，该刊1996年在全国136种物理类期刊中被列为26种核心期刊的第十二名）(双月刊)、《光电子技术与信息》(双月刊)。

合肥智能机械研究所

所　　长：方廷健

地　　址：安徽省合肥市西郊科学岛

邮政编码：230031

电　　话：0551-5591136

图文传真：0551-5591100

中国科学院合肥智能机械研究所建于1979年，主要从事自动化领域内的传感技术和智能技术研究。重点学科方向、研究领域包括：敏感元件，力敏、气敏传感器，机器人传感器，航天传感器，自动化检测仪表，计算机应用，人工智能，图像分析与处理，专家系统等。国家传感技术开放实验室厚膜网点和“863”机器人视觉实验室设在合肥智能机械所，面向全国开放。

合肥智能机械所通过近20年的努力，已初步形成了一支能够承担国家重大科研任务、善于打硬仗的科研队伍。1996年在册职工166人，其中具有高级专业技术职务的科学家43人，工程师66人。建所以来，承担了一大批国家科技攻关项目、“863”高技术项目、国家自然科学基金项目、中科院和安徽省的重大科技项目，共取得70多项科研成果，在科学技术转化为现实生产力方面做了大量工作，为国家、社会贡献了自己的力量。1996年，共鉴定、验收科技成果10项，其中“计算机施肥专家系统”荣获国家科技进步三等奖，授权专利2项。

合肥智能机械所是以应用开发研究为主的科研所，特别重视科学研究与国民经济的结合。“蓝岛智能技术有限责任公司”以所总公司的形式管理所办企业，1996年，全所技术开发收入达到1 000万元。目前，全所主要力量已投入到应用研究和产品开发上，先后开发了智能测漏仪、心血管功能测试仪、消防报警系统、测长仪、IC卡煤气抄报表系统、电梯加速度测试仪、图像处理系统、六维腕力传感器、智能油耗仪、智能化胎儿检测仪等，这些产品由于其质量可靠、服务周到而广受用户欢迎，它们在国防、科教、化工、机械、医疗、农业、轻工等行业得到广泛应用，不少企事业单位特别是一些大中型企业竞相来合肥智能机械研究所洽谈合作。

合肥智能机械研究所有一支训练有素、责任心强、廉政高效的管理队伍。重视研究生教育，1996年招收了6名博士生、硕士生，具有“模式识别与智能控制”、“自动化仪表及装置”等3个硕士学位授权点。不断加强国际间科技合作，与美国、日本、俄罗斯、台湾等国家和地区建立了科技合作关系。受中国自动化学会委托编辑出版《模式识别与人工智能》学术杂志。

中国科学技术大学

名誉校长：严济慈

校　　长：汤洪高

地　　址：安徽省合肥市金寨路 96 号

邮政编码：230026

联系电话：0551-3601000，0551-3602000

传　　真：0551-3631760

中国科学技术大学（以下简称科技大学）是中国科学院所属的理工结合、兼有文管的多学科、综合性重点大学，1958 年 9 月创办于北京，首任校长由中科院院长郭沫若兼任。建校后，科学院贯彻“全院办校、所系结合”的办学方针，学校倡导“勤奋学习、理实交融、红专并进”的优良校风，使学校得以迅速成长。1970 年初迁至安徽省合肥市。1978 年以后，学校提出并实施一系列改革开放措施，在教育战线的拨乱反正中率先迈出了一大步，迅速得到恢复和发展，学校的办学条件得到很大改善，在人才培养和科学研究等各项工作中取得了长足的进步。1995 年 12 月，学校成为首批进入国家“211 工程”的 15 所高等学府之一，继“七五”和“八五”期间重点建设之后，“九五”期间将继续得到国家重点支持。邓小平同志曾称赞：“科技大学办得较好，年轻人才较多。”

1996 年，全校有教职工3 450人，其中教师1 650人，教师中有中国科学院院士、中国工程院院士 6 人，博士生导师 156 人，教授 272 人，副教授 734 人。中青年教师占教师的 85%以上，他们锐意进取，充满朝气和活力。

在校学生7 188人，其中博士生 339 人，硕士生1 127人，本科生4 493人，专科生1 129人。此外，各类成人高等学历教育在学学生4 800余人。每年招收的本科生入学成绩在全国高校中名列前茅。

学校设有研究生院、理学院、管理学院、高技术学院、高等研究院（合肥）、商学院、化学与材料科学学院和成人教育学院，有 19 个系（含少年班）、50 个本科专业及其方向、46 个硕士点、24 个博士点，并在 8 个学科中设置了博士后流动站，具备培养学士、硕士、博士的完整教育体系。基础数学、计算数学、固体物理（联合低温物理）、固体力学等 14 个学科为国家级和中科院级重点学科，数学、力学和物理学 3 个学科为国家理科基础科学研究和教学人才培养基地。已建成同步辐射、火灾科学两个国家重点实验室，结构分析研究、认知科学、内耗与固体缺陷 3 个中国科学院开放实验室和 29 个校级科研机构。

校园总面积 113 公顷，现有建筑面积 39 万平方米，拥有一大批教学、科研所需的先进仪器设备，固定资产总值达 2.39 亿元。图书馆藏书 100 万册。

学校每年在国内外发表的科技论文数及被引用情况一直在全国高校中名列前茅，被国家科委评为国内科研业绩最佳的 4 所高校之一。1995 年美国《科学》周刊杂志评出 13 所中国最杰出的大学，科技大学名列第三。1995 年全校科研总经费到款达5 000万元，比去年增长 25%，纵向科研经费达1 697万元，横向科研经费达1 200万元。科技产业总产值达5 012万元，利润超 480 万元。

国家自然科学基金面上项目继 1993 年创历年最高水平以来，1996 年再创佳绩，获资助项目 54 项，资助金额达 432.1 万元，资助率为 23.6%，高于全国资助率，资助项目数和经费在全国排名第九。“九五”规划立项成果显著，学校集中力量，突出重点，抓好对科学技术发展和国民经济建设有战略意义的

4大科技项目申请立项，国家同步辐射基本建设二期工程作为国家“九五”第一个大型科技项目已启动实施，科技大学参与的大面积多目标光纤光谱望远镜计划、HT-7U先进超导托卡马克计划、磁子午链计划有的已被批准项，有的正在审批之中，前景良好。

1995年，科技大学国家同步辐射加速器获国家科技进步一等奖，4项成果获中科院自然科学奖和科技进步奖，4项获安徽省科技进步奖，办理专利申请30项，授权20项。1995年，学校全年发表的论文987篇，其中在国内刊物发表787篇，国外刊物发表200篇，出版专著8部，发表论文数可望继续保持在国内高校前列。又有一批较高水平的科研成果问世。科技大学中科院院士朱清时教授由于在局域膜振动理论模型研究中的开创性的成果而荣获1995年度汤普逊纪念奖，成为第一位非英美籍科学家获得该奖的人；在国内首先倡导并系统研究火灾科学的范维澄教授，被国家计委、科委等8个部委联合授予“先进工作者”称号，荣获“金牛奖”。

国内唯一以火灾机理为主要研究对象的国家重点实验室——火灾科学国家重点实验室，于1996年11月中旬通过由国家计委委托中国科学院组织的检查组和专家委员会检查验收。结构分析开放实验室顺利通过国家重点实验室和开放研究实验室评估。学校成立了热安全工程技术研究中心小组，重点抓好该中心的建设。电子、化学化工两个中试基地建设开始启动。中科院微观生物学领域中唯一的一个青年试验室——结构生物学青年实验室，设在科技大学。合肥高性能计算中心在科技大学成立，“曙光1 000”大规模并行计算机在该中心落户。

面向国民经济主战场成果转化工作稳步发展。学校加强了与国有中型企业的联系与合作，先后与胜利油田、上海宝钢、安徽王中王集团、安庆石化总厂等国有大中型企业签定了合同和合作意向书，加速科技成果的转化。

以辐化领域为代表的支柱产业开始形成规模效益，并在校内企业中实行股份制改革试点。在今年中国高新技术、高新产品博览会上，科技大学有100多项近期应用科技成果和8种高科技产品参展，共获得3项金奖和4项银奖。1996年4月学校参加了国际应用科技开发协作网，利用香港与世界接轨的有利环境，使我校的科技开发成果尽快转化为商品，进入国际市场。与马鞍山钢铁公司合作的“连铸钢水包等离子加热系统”项目的研制成功对稳定中包温度，降低浇注过热度和出钢温度，提高连铸钢产量和钢坯质量，延长炉龄，降低铁耗和能耗有极其重要的意义。解决了我国钢铁工业急待解决的难题，整体结构在国内处于领先水平，部分设计和指标达国际先进水平。

学校共聘请228人次外国科技和文教等专家来校访问、讲学和开展合作研究，接待了日本帝京大学、瑞士联邦理工学院、香港科技大学、韩国高等科技学院、韩中科技协力中心代表团和韩国大宇公司等大型国外代表团。学校针对独联体国家的先进技术和优秀人才，制定了“引进技术，引进人才”的“双引进计划”。学校与瑞士联邦理工学院联合成立“高能物理研究所”。加强了海峡两岸的文化科技交流，派出了8位教师赴台湾访问和参加国际学术会议，接待了22位台湾专家学者来校访问。学校坚持做好名誉教授、客座教授的授聘工作。此外，学校还组织或举办了新一代加速器LHC实验用CMS电磁量能器协作组会议、国际火灾安全前沿研讨会、中美火灾安全双边会议等大型国际协作会议。

1996年，学校继续深化办学体系和内部管理制度改革，加强校园建设和后勤工作。计算机网络于9月1日正式开通运行，该网横跨东西校区，从规模和性能上看，该网在国内高校已建成使用的校园网络中处于领先地位，为科技大学教学、科研和行政管理提供了新环境，促进了学校与国内外的各种学术交流和联系；学校实施“安居工作”，争取两三年内基本解决教职工住房困难问题，逐步改善居住条件；金寨路人行地道建成，方便了全校师生员工校区间的通行安全。

目前，全校师生员工齐心协力，发奋图强，正在进行学校历史上的第三次创业暨“211工程”建设。学校将继续贯彻执行党的基本路线，增强学校面向社会、自主办学的能力，遵循高等教育的自身规律，深化改革，以学科建设和人才培养为核心，带动教学、科研和社会服务等项事业的蓬勃发展，为建设国内一流、国际著名的社会主义大学，实现“创宇环学府，育天下英才”的宏伟目标而努力奋斗！

武 汉 分 院

院　　长：许厚泽
地　　址：武汉市武昌小洪山
邮政编码：430071
电　　话：027-7883790（办）
传　　真：027-7881080

中国科学院武汉分院现有9个研究所（含水利部、中科院水库渔业所）和一个文献情报中心。共有职工2 358人（不含水库渔业所），其中专业技术人员1 631人，有中科院院士5人，中国工程院院士1人，研究员133人，副研究员391人。

1996年武汉分院系统共承担各类科研课题431个，其中国家“九五”攻关、“863”计划、国家自然科学基金、“攀登计划”等国家重大项目228项，取得科研成果34项，有18项成果分别获得国家、中科院及省（部）级奖；专利受理21项，专利授权4项。

武汉分院作为中科院的派出机构，从实际出发，努力搞好“两个服务”。一方面为各研究所提供良好服务，加强小洪山科研基地建设，支持和推动各所进行结构性调整，协调解决调整中出现的问题和矛盾。如在武汉物理所与武汉数理所合并过程中，分院领导自始至终协助所领导做好各方面的工作，帮助解决合并过程中遇到的有关困难，保证了两所合并顺利进行。在实行人事制度和工资制度改革过程中，分院协调解决院的有关规定与地方规定的差异，保证院的规定在地方得到执行，推动了各项改革的深入进行。

另一方面加强与湖北省委、省政府，武汉市委、市政府特别是“三委”（计委、科委、经贸委）的联系，争取使分院的工作得到他们的领导和支持，并注意加强与武汉地区高等院校、大中型企业的联系与合作。充分发挥地区学科综合优势，组织科技力量为地方经济建设服务，做了大量有成效的工作，得到省、市及有关地、县政府的赞扬。

1996年武汉分院组织对与湖北省科委共同开展的“八五”农业项目“四湖地区湿地农业持续发展研究”工作，进行验收和总结。该项目共投入科研经费120万元，分院系统8个研究所的50多名科技人员参加工作，经过努力共推广新技术25项，新品种113个，新种植模式40个，应用面积409万亩，增加粮食2.7亿公斤、蔬菜4.11亿公斤、棉花14万公斤、水产品920万公斤，新增产值10.55亿元，有力地促进了试区经济快速发展。并取得科研成果11项，已有1项成果获湖北省科技进步奖；撰写论文64篇，已发表34篇，出版专著2部。为了在“九五”期间使这项工作上水平、上规模，经过分院积极争取，“江汉平原四湖地区涝洼地高效生态农业开发与示范”项目，分别被列入中科院重点项目和湖北省重大科技攻关计划，获科研经费220万元，1996年完成了立项、论证及前期各项准备工作，继续由分院系统8个研究所的40多位科技人员承担。

武汉分院与湖北省科委、黄石市科委合作开展的“蔬菜、水产设施种养技术发展与示范”项目，也通过了论证，被列入湖北省重点攻关计划，获得科研经费47万元。主要由水生所、长沙农业现代化所和武汉植物所承担，并已开始工作。

武汉分院与湖北省计委联合建立的“环境与国土研究中心”，逐步由松散型向紧密型发展。先后为湖北省在国土资源评价、国土规划、中线南水北调工程对汉江中下游和库区移民影响评价、京九铁路湖北段鄂东经济发展综合研究、小港湿地生态实验站等工作，得到省计委领导高度评价。1996年湖北省又在“环境与国土研究中心”成立了“21世纪议程管理中心”，该中心配合国家21世纪议程管理中心筹办中国21世纪议程第三次国际高级园桌会议；编写并向国家提交了《湖北省可持续发展报告》。

武汉分院配合设在武汉的“中科院三峡办公室”协助院在加强与国家三峡办公室、长江水利委员会、湖北省三峡办公室等单位联系，争取三峡科研任务，协调各有关单位关系等方面做了大量实际工作。1996年武汉分院积极与湖北省三峡办公室联系，在争取开发性移民项目上获得进展，分院将组织有关研究所参加工作。

为了使分院的科技企业（包括第三产业）得到稳步发展，分院除了及时解决在产品开发、资金及人才等方面的困难和问题外，适时对企业进行结构性调整，加大合作、合资办企业的力度，以解决资金不足的问题。如武汉分院辐照中心与武汉市科委、武汉东湖高新技术开发区管委会联合成立了有限责任公司，减轻了企业债务负担，为其在新起点上的发展创造了条件。

武汉物理与数学研究所

所　　长：叶朝辉
地　　址：武汉武昌区小洪山
邮政编码：430071
电　　话：027-7882543
图文传真：027-7872238

中国科学院武汉物理与数学研究所于1996年3月由中国科学院武汉物理研究所（成立于1958年）和中国科学院武汉数学物理研究所（成立于1979年，前身是1956年成立的中科院武汉数学研究室及1959年成立的中科院数学计算技术研究所）合并而成。

全所现有职工429人，其中科技人员320人。科技人员中有研究员(包括正研级高级工程师)24人，副研究员、高级工程师91人，中级科技人员159人。在学研究生73人，其中博士生34人，硕士生39人。另有博士后5人。

武汉物理与数学所主要从事磁共振波谱学、原子分子物理、电离层空间物理、数学物理、声学与原子频标等领域的研究。无线电物理(波谱与量子电子学)和空间物理学专业具有博士、硕士学位授予权；耗子分子物理、应用数学、基础数学、系统科学与管理工程、声学等专业具有硕士学位授予权；并建立了物理学博士后流动站。科研机构主要有：波谱学、原子分子物理、电离层物理、声学、原子频标、数学物理方程、近代分析与系统科学、计算机网络中心等8个研究室和1个国家重点实验室，2个院青年实验室，1个《数理学报》和《波谱学杂志》编辑室。目前，已经形成了以“国家重点实验室”和“院青年实验室”为主体的基础研究、高技术开发公司、管理和“三产”实体三大块的格局。今后发展方向，基础研究方面以波谱与原子分子物理国家重点实验室”、“院电离层物理青年实验室”和“院数学物理青年实验室”为主体，研究磁共振方法及其应用、原子分子结构和动力学过程；研究电离层与电波传播基础理论以及低电离层、中层大气观测；研究数学物理方程、复分析、数理统计、数学力学、系统科学的数学理论及应用、偏微分方程的数值计算，同时积极开展物理与数学的结合上的新思想、新概念、新方法的研究。应用研究方面，以发展原子频标和超声无损检测为主，争取参入国防、工业生产建设。高技术开发方面，依托学科优势，面向国民经济、开发工业无损检测技术、方法和仪器设备；波谱技术、方法和仪器、设备，以及其他工业应用技术、电子产品和仪器，打入国内外市场。

武汉物理与数学所国家重点实验室和院青年实验室拥有200兆、400兆和500兆核磁共振谱仪和核磁成像仪，核与电子双共振谱仪，多台脉冲和连续波激光器，光谱测试和谱分析仪，美国SGI和SUN公司的图形和数据处理工作站等先进设备和实验条件。另外，中科院武汉分院计算机网络中心设在武汉物理与数学所。

1996年3月12日中科院党组下发了“关于成立武汉物理所和武汉数学物理所合并领导小组

和工作小组的决定”。将武汉物理所和武汉数学物理所合并为“武汉物理与数学所”。在院和分院的领导下，全所工作进展顺利，于1997年7月举行了新所揭牌仪式。通过合作，增强了科研实力和凝聚力，科研条件得到改善，职工福利待遇得到一定提高，调动了职工积极性，稳定了思想，稳定了人才，稳定了队伍，为新所的发展打下了良好基础。

1996年武汉物理与数学所争取和承担的主要科研任务和项目有20余项，其中国家杰出青年基金项目1项，面上基金项目6项，青年基金项目2项；美日中合作研究项目1项；院“九五”基础性研究重大项目1项、基础性研究重点项目1项；重大军工项目1项；院长基金特别支撑项目4项。国家科学工程项目“脑功能成像”、国防科工委项目“星载频标”、国家“火炬计划”项目“超声探伤仪系列”等多个项目正在积极争取和落实之中。1996年全所在国内外学术刊物发表论文164篇，其中国内107篇，国外57篇。

1996年武汉物理与数学所科研成果获奖2项，其中“短波自动校时钟”获国家发明四等奖。获专利授权3项。电离层青年实验室主任易帆主持了3项国家自然科学基金资助项目，其中1项为重大基金项目子课题，研究成果突出，获得国家杰出青年基金资助；刘煜炎博士和詹明生博士被列入中科院“百人计划”资助对象，已到位开展科研工作；张顺荣博士建立了颇具特色的新的电离层理论模式，为电离层形态和机制方面的研究提供了新途径，成为我国第一位获得国际空间研究委员会“泽尔多维奇”奖的学者，获第五届中国青年科技奖；有6名青年科技人员入选为国家“百千万人才工程”。

武汉物理与数学所高技术开发具有6个公司和8个合资公司共110余人的规模，公司净资积累达2 000万元，年销售额在5 000万元以上。开发新产品10项，其中“数字化探伤仪”等新产品已由自己生产，畅销国内大部分地区和铁道系统，收到较好的社会效益和经济效益。“多通道数字化探伤仪”、“KLDC系列电除尘料位限位开关”、“RDS交通诱导接收机”和“IC卡智能型电度表”等产品均通过鉴定，属国内领先。

武汉物理与数学所已与美国、英国、芬兰、日本、澳大利亚、比利时和意大利等国著名的大学和科研机构以及国内同行建立了多渠道的互访、合作交流，签订了合作协议互派访问学者和合作培养博士研究生，并已取得很好的效果。目前，武汉物理与数学所的人才培养取得显著成绩，高层次青年科研群体已初具规模，在45岁以下科研人员中有博士学位38名，占科技人员总数12%。

中国物理学会波谱学专业委员会和湖北省声学学会挂靠在武汉物理与数学所。编辑出版《数学物理学报》和《波谱学杂志》，均为中国自然科学核心刊物。

下属重要机构(地址：武昌小洪山，邮政编码：430071)：

波谱与原子分子物理国家重点实验室　电话027-7876842

中科院电离层物理青年实验室　联系电话027-7869194

中科院数学物理青年实验室　联系电话027-7884150

武汉波谱公司　电话027-7874421

武汉汉理新产业股份有限公司　联系电话027-7882551

武汉科声技术公司　电话027-7884221

武汉汉威技术公司　电话027-7870547

武汉科理技术公司　电话027-7874280

武汉数理科技开发公司　电话027-7869992

《数学物理学报》、《波谱学杂志》编辑室　电话027-7869101

武汉岩土力学研究所

所　长：白世伟

地　址：武汉市武昌小洪山

邮政编码：430071

电　话：027-7869251（办公室）

图文传真：027-7863386

中国科学院武汉岩土力学研究所成立于1958年10月。建所时从事火箭空气动力学研究，1962年改为从事岩土力学研究。岩土力学为地学和力学的交叉学科。武汉岩土力学所学科方向为岩土力学和岩土工程。研究领域是应用基础研究、工程应用研究和工程测试技术研究。宗旨是开展岩土介质基本力学性质、本构关系、流变特性、工程特性等综合性研究，解决国民经济建设中交通、能源、矿山、城镇建设、国防工程建设及环境灾害防治中的重大岩土工程课题。近期围绕“连断体介质基本力学性质研究”、“岩土流变学”和“重大岩土工程力学问题”等优势学科领域，以岩土力学开放实验室为依托，开展应用基础研究。以设在武汉岩土力学所的中国岩土工程研究中心和工程检测中心为依托，开展横向联合，加大科研成果转化、促进应用开发研究的发展。

全所现有职工274人，其中科技人员199人，有中国工程院院士1人，研究员18人，副研究员、高级工程师60人，中级科技人员76人。现有在读研究生50人，其中博士生32人，硕士生18人。武汉岩土力学所为岩土力学博士学位和硕士学位授予单位，1996年新增岩土工程硕士学位授予点。

1996年是武汉岩土力学所本届领导班子任期届满的一年，1996年底受中科院委托，武汉分院对本届班子进行了离任审计，审计结果表明，圆满完成了所长任期目标，被评为中国科学院优秀领导集体进步奖。四年来本所综合实力大大增强，地位和影响日益提高并步入良性循环的轨道。

1996年武汉岩土力学所共有在研项目36项，其中国家“攀登计划”项目1项；国家自然科学基金项目7项；国家级攻关项目8项；中国科学院重点项目12项；省级重点项目4项和奥地利国以及与台湾、香港地区合作项目5项；总经费501.5万元。1996年武汉岩土力学所在海洋工程地质研究、海洋工程技术测试以及城市高层深基坑技术研究等方面与国家科委、中科院等主管部协议开展攻关、下年度将签订合约正式开始课题研究。武汉岩土力学所承担的国家自然基金课题《岩体动态施工力学和复杂围岩稳定性研究》经专家评审达到国际领先水平，该项目连续10年获国家自然基金资助，并明确提出了“岩体动态施工过程力学”岩石力学研究方向，提出了地下洞室群施工优化设计方法，受到国内外同行专家的高度评价。在工程研究方面承担的《武钢金山店铁矿地下开采岩石陷落角错动角研究》将通过对矿山地下开采中陷落角错落角的研究，对矿山开采中合理的征购土地，减少工农业设施的搬迁提供科学依据，该工程研究具有显著的经济、社会效益。

1996年武汉岩土力学所围绕加强基础研究，确定优势学领域，精干基础研究队伍，实现了基础研究按课题分流。通过上述措施、基础研究适应了学科交叉及应用性强的特点，稳定了基础研究队伍。同时，以即将峻工的岩土工程模型实验楼为契机，极积争取、自筹经费建立所办岩土力学开放实验室的工作进展顺利。在人才培养方面，将研究生论文选题与本所重大基础研究相结全，使研究生成为本所一支流动编制的基础研究队伍。1996年破格提拔了5名青年研究员，使本所青年研究员总数增至6名。为了推动应用开发研究工作的发展，根据中科院有关文件精神，1996年对设在武汉岩土力学所的中国岩土工程研究中心进行总结调整，通过总结调整，拟将该中心纳入国家、中科院建立工程中心的健康发展轨道。

1996年度武汉岩土力学所共取得科研成果7项，其中有3项获中科院科技进步三等奖，一项获国家“八五”科技攻关重大科技成果证书。在国内外学术刊物发表论文75篇，出版学术专著2部。

1996年武汉岩土力学所开发创收工作在不断拓展新领域的同时，面对激烈竞争的市场加强高新技术产品的开发，全年共签订横向合同384项，创收1 750万元，连续4年创收稳定在1 740万元左右。除继续重点支持了浮点式测桩仪，声波仪及浅层地震仪的研究开发外，向岩土工程、施工、监理、监测新领域拓展，全所承担的深基坑监测，软土地基加固等岩土工程项目占全部创收13.5%。在横向任务较好的情况下，全所加强开发队伍正规化、规范化管理，保证开发工作的质量。1994年10月通过国家级计量认证后，在工程中严格按照国家计量法办理、严格执行总工师负责制，1996年又顺利完成计量认证复查工作。此后，组织科技人员通过培训学习有关法规，参加了国家建设部组织的考试，获得建设部颁发的动测桩资格证书，成为省内为数不多的全部合格单位之一。1996年年底组织参加了湖北省建设厅资格考试，取得较好成绩。在产品的销售方面，按照国家《产品质量法》要求进行计量检定，取得国家颁发的生产许可证，使武汉岩土力学所生产的测桩仪、千斤顶等产品的各项技术参数销售规范化。

武汉岩土力学所是国家一级学会中国岩石力学与工程学会挂靠单位之一。编辑出版《岩石力学与工程学报》、《岩土工程学报》、《岩土力学》等重要学术刊物。

测量与地球物理研究所

名誉所长：方　俊
所　　长：朱耀仲
地　　址：湖北省武汉市武昌徐东路54号
邮政编码：430077
联系电话：027-6783855（办）
027-6783962（业）
图文传真：027-6783841

中国科学院测量与地球物理研究所（简称测地所），前身为1950年南京中国地理研究所的大地测量组，1958年迁武汉成立测量制图研究所，1961年调整为测量与地球物理研究所，1970年划归国家地震局，1978年重建测地所。截止1996年底人员总数148人，科技人员总数105人，中国科学院院士2人，研究员（包括正研级高级工程师等）11人，副研究员、高级工程师等21人，中级科技人员47人。现有在学博士生19人，硕士生10人。

测地所是一个从事大地测量学、地球物理学与环境科学的基础性研究所。主要研究地球整体与局部运动、地球自转、地球重力场及其动力学机制；湿地系统的结构功能及其开发与保护；为资源环境及减灾防灾提供高科技服务。测地所是国务院批准的首批博士和硕士学位授予单位之一，现有博士生导师8名，博士点招生专业为：固体地球物理专业、大地测量学专业；硕士点招生专业为：固体地球物理专业、大地测量学专业、自然地理专业。测地所将进一步发展动力大地测量学和湿地系统的结构功能及开发与保护的研究。现设有：中国科学院动力大地测量学开放研究实验室、环境与国土研究室、动力大地测量中心实验站、中国科学院江汉平原小港湿地生态站，湖北省计委、中科院武汉分院环境与国土研究中心、湖北省21世纪议程管理中心等。

拥有国内唯一一台FG5型绝对重力仪、国内唯一一台TT-70超导重力仪、第三代人卫激光测距仪、全球定位系统接收机（Rogue GPS等）、拉柯斯特重力仪（LCR-ET型、LCR-G型等）；原子频标系统、遥感图像处理与地理信息系统、计算机工作站、海洋重力仪等国际先进设备。

1996年测地所领导班子换届，实现了干部队伍年轻化。所领导平均年龄50岁以下，中层领导平均年龄40岁以下，完成了机构调整，建立和健全了各项规章制度，取得较好的效果。

1996年争取的主要科研项目：参加国家大型科学工程重大项目“中国地壳运动观测网络”、参加国家“攀登计划”“现代地壳运动和地球动力学研究”，参加“921”-2项目。国家自然科学基金：重点项目“卫星测高在中国近海地球物理和海洋动力环境中的应用”，面上项目4项，国际合作2项，及其他国家攻关、院、地方各类项目等。

1996年测地所承担的主要科研任务50项，分别为“攀登计划”1个课题和5个专题；国家攻关项目1项，国家自然科学基金项目9项，院重大项目1项，院重点项目1项，测绘基金项目1项，院长基金项目3项，院特别支持费项目2项，分院、省科委重点项目2项、院开放实验室基金项目13项，所长基金项目6项，常规观测项目2项，地方委托项目3项。其中“中国中西部地区绝对重力网建立”、“数据与误差理论的拓展”、“青藏地区现代地壳运动及动力学机制的研究”等项目取得可喜的成果。

1996年中科院动力大地测量学开放研究实验室顺利通过了由国家科委、国家计委委托国家自然科学基金委进行的评估工作。测地所主持项目获院科技进步二等奖1项，院自然科学三等奖1项；作为主要参加单位成果获院科技进步一等奖1项，院科技进步二等奖1项，院自然科学二等奖1项，交通部科技进步二等奖1项。共5项成果报院，它们是：“汉江流域资源合理开发利用与经济发展综合研究”、“三峡工程对沿江湿地和河口盐渍化土地的影响及防治对策”、“钱德勒摆动与周年极移机制的研究”、“用GPS测距三角高程精化大地水准面的研究”、“新兴垸农田水分监测与优化灌排技术研究”。正式出版专著5部：《抗差最小二乘法》、《差分GPS定位技术与应用》、《江汉平原四湖地区区域开发与农业持续发展》、《古云梦泽研究》、《大地测量学的发展》。完成论文82篇，在各类刊物上正式发表40篇。

科技开发工作：1996年测地所在武汉市科委的支持下，由市科委、测地所、地方企业合资组建武汉卫星导航通讯有限公司，政府和企业共投资155万元，测地所以技术入股，占有30%股份，联合开发汽车卫星导航系统，高精度GPS接收机、GIS软件等高技术产品。已研制成功城市公安现代指挥系统、汽车卫星导航系统样机；在市科委的支持下，已向国家科委申办以测地所为主的武汉市GPS工程中心。

测地所积极开展国际学术交流，参加全球超导重力仪用于地球动力学研究计划（GGP计划)、国际岩石圈计划（Ⅱ-4)、西太平洋人卫激光观测网计划（WPLTN)、NASA的固体地球研究计划(DOSE)、地潮的理论模拟和观测计划、全球重力变化监测网计划(G-gramophone)、亚太地区空间地球动力学计划（APSG)、与英国、美国的4家院校开展了湿地系统研究。全年派出进行国际合作研究及参加国际会议8人次，接待来访外国科学家25人次，留学回国4人。许厚泽院士任国际大地测量刊物编委。1996年招收博士生6名，硕士生4人，毕业博士生5人，硕士生1人。通过开展专业课讲授及专题学术报告会和国际交流各种学术活动，培养了人才，取得显著效果。

湖北省地球物理学会、湖北省天文学会，湖北省自然资源研究会挂靠在测地所。

水生生物研究所

名誉所长：刘建康
所　　长：朱作言
地　　址：湖北省武汉市武昌珞珈山
邮政编码：430072
联系电话：027-7883482
图文传真：027-7875132

中国科学院水生生物研究所(简称水生所)的前身是1930年1月在南京成立的国立中央研究院自然历史博物馆，1934年7月改名为中央研究院动植物研究所，1944年5月又分建成动物研究所和植物研究所。中国科学院成立以后，于1950年2月正式成立中国科学院水生生物研究所（上海)，1954年9月由上海迁到武汉。

1996年底，全所共有职工400人，其中科技人员297人，中国科学院院士3人，研究员28人，副高级71人，中级127人。在学博士生35人，硕士生25人。另有博士后4人。

水生所主攻方向是内陆水体生态学，并重点进行资源、渔业、环境及生物技术等相关领域的研究，为掌握淡水水体中生命活动规律，合理开发利用水生生物资源，发展新型渔业和改善水环境质量提供科学依据及相应技术措施。

目前设有7个研究室和中国科学院东湖湖泊生态系统实验站，并拥有淡水生态与生物技术国家重点实验室。正在筹建1个青年实验室和1个淡水综合养殖工程技术开发研究中心(“武汉赛思养殖工程中心”)。

此外，设有中国科学院生态系统研究网络水体分中心，中国生物多样性水生生物分中心；有亚洲最大的鱼类博物馆；藻类标本室；中国淡水藻种库；淡水无脊椎动物标本室；鱼类寄生虫标本室等通过长期积累形成的国内无可替代的基础研究支撑设施。

1996年采取的主要改革措施及其效果：

1. 根据社会公益型研究所的性质和特点，基本明确水生所的总体发展战略。即以国家和社会需求为导向，以科学化、民主化的管理为保障，以应用基础研究为主体，以基础研究和科技产业为两翼，围绕淡水资源的可持续利用这一中心议题，在资源、生态与渔业、水环境保护及生物技术等领域解决国民经济发展中具有战略意义的重大问题，攀登世界科学技术的高峰，把水生所建成具有较高学术地位和独特功能的国家级重点研究所。

2. 加速跨世纪人才的选拔培养，聘任了3名40岁以下的研究员，85%的研究室主任和中层干部由45岁以下的同志担任，有力地推进了干部队伍的年轻化以及科技骨干的代际转移。同时，优化科研队伍结构，新进人员实行流动编制管理，逐步使35岁以下的青年科技人员形成一个开放流动的体系，为水生所以昂扬的姿态进入 21 世纪准备人才队伍。

3. 筹建并成立以市场为导向，以技术开发、创新和科技成果转化、扩散为宗旨的“武汉赛思淡水综合养殖工程技术开发研究中心”，并积极创造条件，争取使其成为国家级淡水综合养殖工程技术开发研究中心，建立科研成果进入国民经济主战场的渠道。

4. 坚持“精干、高效、监督、协调、分流、发展”的原则，对全所管理、服务、开发机构进行精简调整，将原来的三办四处归并为四办，进行定编定岗定员，明确岗位设置、核定人员编制，实行优化组合，签定聘用合同，公开挂牌上岗。

5. 制定水生所《“九五”精神文明建设规划》和文明单位、文明小区管理办法。在连续 4 届被评为“省级文明单位”的基础上，提出创建“省级最佳文明单位”的目标。

1996 年争取和承担的主要科研任务和项目：

1996 年水生所承担国家“八五”科技攻关项目 27 项，“863 计划”项目 2 项，“921 工程”计划项目 1 项，国家“攀登计划”项目 1 项，国家自然科学基金重大项目 4 个子课题，重点基金项目 4 项，优秀和杰出青年人才基金项目 2 项，面上基金项目 26 项，中科院重大项目 9 项、重点项目 5 项，国际合作项目 2 项，其他各类项目 60 项，共计 145 项。其中国家攻关项目涉及鱼类遗传育种、内陆大型水体生态渔业、鱼类病害防治、水环境治理等。“863”项目涉及鱼类基因工程育种。

1996 年水生所新争取国家自然科学基金面上项目 16 项，杰出青年基金项目 1 项，三峡项目 4 项，“921 工程”项目 1 项，空间“863”-204 项目 1 项，还有其他在争取中的国家“九五”攻关项目和海洋“863”项目多项。

1996 年度取得的成果和获奖情况：

中国科学院自然科学奖一等奖 1 项（“全鱼”生长激素基因构建与快速生长转基因鲤鱼培育）；

中国科学院科技进步奖二等奖 3 项（复合生态系统处理城市污水技术、长江中下游浅水湖泊生态渔业研究、小型草型湖泊渔业综合高产技术研究）；

中国科学院科技进步奖三等奖 2 项（藻类蛋白饲料研究、湖泊水生植被恢复重建结构优化与合理利用研究）。

科技开发工作情况及效益：

水生所科技开发内容主要包括水生动物品种、养殖、防病治疗药品，微藻培养与加工，水环境综合治理、监测及工业废水处理技术等 4 个方面。

技术产品主要有（1）养殖系列品种：高体型异育银鲫、白花鲫、全雌鲤、全雌鳖、抗病草鱼、河鲶、月鲤、黄颡鱼、鳜及观赏鱼类新品种；（2）饲料系列：鱼、虾、蟹、鳖及观赏鱼系列商品饲料；（3）防治药品系列：淡水与海水养殖鱼类、虾、蟹类以及蛙、鳖的免疫疫苗和防治药物；（4）螺旋藻系列产品：藻粉、片剂、胶囊及饮品；（5）环境监测产品：水质净化剂、快速测氧胶囊等。

高技术企业两家：“武汉赛思淡水养殖工程技术开发研究中心”，1996 年创建；“武汉科水生物科技开发公司”，年销售额 600 余万元。此外，还开展相关领域的技术服务、技术转让、技术咨询、技术培训等工作，直接从事科技开发人员 30 余人。

国际合作与人才培养：

1996 年水生所国际科技合作项目如下：

(1)中德合作项目“中国典型地区多氯化二苯并二噁噗及呋喃类化合物的来源、归宿及沉淀规律研究”；

(2) 欧洲联盟第四个总结规划（1994～1998）中与发展中国家科技合作项目“热带亚热带区域水质改善、回用与水生态重建的生物工艺学对策研究”；

(3)中日合作项目“白鳖豚的人工繁殖及保护研究”；

(4)中法合作项目“微藻生理生态与生物技术研究”；

(5) 中日合作项目“亚洲微生物研究网络”；

(6)中日合作项目“中国鳑鲏亚科系统分类学和生物地理学研究”；

(7) 中日合作项目“江豚、白鳖豚的声能力比较研究”；

(8)中日合作项目“关于富营养化湖泊群生态系统管理的研究”。

在人才培养方面：1996 年水生所被批准为国家有突出贡献的中青年专家 1 人；经中科院特别

批准破格晋升40岁以下的研究员3人；获国家杰出青年科学基金1人；入选中科院1996年“百人计划”1人；入选国家“百千万人工程”1人；获香港求实科技基金会“杰出青年学者”奖1人。

中国海洋湖沼（动物）学会鱼类学分会、中国动物学会原生动物学会、中国水产学会鱼病研究会、湖北省海洋湖沼学会、湖北省动物学会、武汉动物学会、中国环境科学学会环境生物学专业委员会挂靠在水生所。编辑出版《水生生物学报》。

武汉植物研究所

所　　长：胡鸿钧
地　　址：武汉市武昌区磨山
邮政编码：430074
电　　话：027-7801251，027-7801126
图文传真：027-7801251

中国科学院武汉植物研究所前身为中国科学院武汉植物园，成立于1956年。1996年底在职职工总数为236人，其中科技人员总数为186人。研究员10人，副研究员、高级工程师32人，中级科技人员53人。具有植物学专业硕士学位授予权，现有在学硕士17人，与兄弟单位合作培养在学博士生7人。

武汉植物所地处华中地区，是以社会公益型为主，应用开发为辅的综合性研究所。主要学科方向为：陆生高等植物的恢复生态学及水生高等植物的生态学，资源植物学，植物保护生物学，植物计算生物学。重点研究领域为：华中地区资源植物有用物质的持续利用与化学特性分析，植物保护生物学的理论、方法与措施，生物信息系统的设计与建立。

1996年武汉植物所承担国家“九五”科技攻关项目，国家的自然科学基金项目，中国科学院重大与重点项目，国际合作项目，部委与地方委托项目等种类课题32个。规模较大的课题在植物分类方面有三峡陆生植物保护研究，神农架林区植被动态演替研究，南水北调中线工程库区植被恢复及经济植物发展规划。资源植物化学方面，有植物灭螺药研制，饲料霉研究与开发。植物生物技术应用基础及深层次开发研究有，猕猴桃性别机理研究，粟属遗传多样性研究，螺旋藻培养基高效利用研究。农业方面有：高效农业示范开发，生态农业开发——低湖的改造。这些项目中荷叶铁线蕨等植物引种归大自然研究已完成迁地保存、孢子繁殖、扦插繁殖及种群生态等研究阶段中的总结材料图片、幻灯片等已报国务院三峡办，植物多样性保护工程设计已于1996年7月通过了专家评审；资源植物化学研究已完成了治疗心血管疾病的活性成分研究。“藻兰色素的提取及综合利用研究”于1997年上半年进行验收鉴定。武汉植物园10年发展规划已通过中国科学院植物园工委会的评议。

1996年度武汉植物所作为参加单位获中国科学院科技进步二等奖1项，三等奖1项及广西壮族自治区科技进步三等奖1项。在中外刊物上发表论文43篇。

在国际学术交流方面，与美国奥本大学、加州大学和密西根州立大学建立了较密切学术往来关系，与“香港大学”签订了合作协议。

湖北省暨武汉市植物学会挂靠在武汉植物所。编辑出版《武汉植物学研究》，1996年获国家学术刊物三等奖。

武汉病毒研究所

所　　长：何添福
地　　址：武汉市武昌区小洪山中区44号
邮政编码：430071
电　　话：027-7869117
图文传真：027-7641072

中国科学院武汉病毒研究所始建于1956年，初建时期称中国科学院武汉微生物研究室，1961年更名为中国科学院武汉微生物研究所，1979年改为现名。

全所现有职工240人，各类专业技术人员200人，其中正高职科技人员15人，副高职科技人员50人。现有博士1人，在职博士生2人，硕士52人。

武汉病毒研究所是从事病毒学和微生物学研究的专门科研机构。设有4个研究室，即病毒分类与保藏研究室（国家科委1979年批准的中国普通病毒保藏中心）、病毒研究室、微生物研究室和生物技术研究室。科研服务机构有中心实验室、实验动物养殖室和编辑文献情报室。

武汉病毒研究所主要学科方向与研究领域：病毒的分类鉴定与保藏，昆虫病毒和重要水生经济动物病毒病原的性质、诊断、检测、防治与应用，分子病毒与病毒生防，病毒性疾病和植物病原的诊断、检测及防治技术的研究，微生物的遗传、育种，微生物代谢的生物技术和农肥的研究及应用，生物传感器的研究及开发。

1996年武汉病毒研究所承担国家科技攻关项目、国家自然科学基金项目、院重大项目、院重点项目、院特别支持课题、国际合作项目、横向任务等110项，列入1996年度计划课题33项。其中16项已结题，完成年度科研项目98%。“油桐尺蠖单核包埋核型多角体病毒的egt基因的研究”，为杆状病毒的进化研究提供了珍贵的数据，具有很有的学术价值，是国际上首例SNPV的egt基因的报道。中国普通病毒保藏中心（含标本馆、病毒库）已收集、活化、保藏昆虫、植物、细菌和动物等病毒620株，成为我国唯一从事普通病毒收集、保藏、分类、管理与研究的机构。

1996年武汉病毒研究所争取“九五”国家攻关任务7项，国家自然科学基金6项，湖北省重大项目1项，市科委项目3项，院区系研究项目1项，横向课题4项，院留学人员择优项目2项，国际合作项目2项。

“棉铃虫病毒杀虫剂新剂型（乳悬剂）”1996年获国家科委新产品奖。

武汉病毒研究所1996年度选派到英国、荷兰等6个国家进行国际学术交流的青年科技人员17人次，接待外国专家学者2人次，聘任外籍客座教授3人，并与其建立了长期的国际合作研究与学术交流。

1996年开展学术活动30多次，发表学术论文45篇，会议论文8篇，申报专利4项，上报登记成果3项。

1996年武汉病毒研究所对所办企业“天奥制药厂”进行了合资，成立了“中国武汉天奥制药有限责任公司”、“微生物工程公司”独资企业和“武汉敏兴公司”，促进科研成果尽快转化为生产力。

湖北省暨武汉微生物学会挂靠在武汉病毒研究所。编辑出版学术刊物《中国病毒学》。

武汉文献情报中心

主　　任（馆长）：张万萍
地　　址：武汉市武昌区小洪山西25号
邮政编码：430071
电　　话：027-7876657　　027-7881202
图文传真：027-7881202

中国科学院武汉文献情报中心（以下简称中心）成立于1956年6月，现有在职职工89人，其中正研1人，副研12人，中级36人，初级23人。此外，离退休职工41人。

中心是中国科学院直属的地区性的学术性服务机构和科技查新咨询检索定点单位。设有信息发展部、计算机应用室、编辑出版部、期刊部、采编部、典藏流通部、数据库组等7个业务工作机构和武汉科光高技术发展公司等科技开发机构。其主要研究与服务领域是：文献信息资源的搜集、整理与开发利用，情报研究与服务，查新与咨询，国内外联机检索，网络与数据库建设及服务等。1996年度收藏中外文现刊5494种，购进中外文图书2 055种/3 830册，引进中文数据库8种，外文数据库6种，自建数据库5个，录入数据102 780条。截至1996年底止，累计馆藏中外文文献146 675种、1 755 285册，其中中外文图书137 672种、196 265册，中外文期刊9 003种，1 559 020册。收藏重点主要是基础科学、应用科学和高新技术领域的文献，并根据中国科学院关于“长江一线”科研基地建设及其科研课题的需要，缜密地调整文献收藏与情报选题结构，形成以长江流域资源与生态环境为主体学科内容的文献情报工作特色。全年共接待读者（用户）31 646人（次），读者利用文献达106 321册（次）。竭诚为院内外用户提供了信息咨询、文献检索和成果鉴定、课题立项的查新论证服务，并完成查新项目69项，光盘检索315项，国内外联机检索135项。与国外公司合作，联合开展国际信息咨询、信息中介服务，收到较好效果。编辑出版了《馆藏工具书目录》，收录17年来的馆藏中外文工具书4 675种，为读者提供了很重要的检索工具。独立主持完成的湖北省“八五”重大科技项目、武汉分院择优支持项目《四湖地区农业持续发展研究》的子课题“湿地生态农业开发技术及农业实用科技情报调研服务”研究成果，荣获中国科学院1996年度科技进步三等奖。并受中国科学院资环局国土处的委托，组织力量对长江流域中科院所属10个有关研究所的资源与生态环境领域研究状况进行了调查，提出了两份调查报告，为领导决策提供了参考。首次设立了“中心主任基金”，制订了“基金管理条例”，批准立项8个“主任基金”课题，对推动数据库开发和人才培养起了很好作用。编辑出版的《长江流域资源与环境》杂志质量不断提高，已被世界最具权威的检索系统之一、美国的《工程索引》(EI)收录。

自动化技术的应用和网络服务有了新的发展。以MOTOROLA小型机为硬件主体、TOTALS图书馆管理系统为软件主体的文献信息自动化系统，联接着30多台微机终端及中外文工作站，对内全面实现了信息采集、加工、存贮、检索以及人事、财务、外事、计划等工作的计算机管理，对外已经或即将与北京、上海、兰州、成都等地联网，并正在进入INTERNET国际互联网，可向用户提供信息咨询和数据库查询等全方位服务。

国际国内学术交流取得了新的成绩。1996年继续执行由院批准的与美国俄亥俄大学图书馆的国际合作协议。有2人组团出访，接待来访1人。有3人次参加国际学术会议。全年出版专著1部，发表论文38篇。自行组织“中国科学院武汉文献情报中心成立40周年学术研讨会”等学术会议3次。

科技开发工作在探索中不断发展。成立了公司管理委员会，制定了管理条例，加大了管理力度，完成了公司的结构性调整，实现了公司“小型集团化”的转轨变型，公司的业务领域、经济效益和生存能力都有了进一步的拓展和增长。

长沙大地构造研究所

名誉所长：陈国达
所　　长：刘顺生
地　　址：湖南长沙市桐梓坡
邮政编码：410013
联系电话：0731-8910280
0731-8910200
0731-8910472
传　　真：0731-8859137

中国科学院长沙大地构造研究所的前身为中国科学院中南大地构造地球化学研究室，成立于1961年。现有正式职工106人，其中科技人员73人，中国科学院院士1人，研究员12人，副研究员、高级工程师23人，中级科技人员31人。现有在学研究生13人，博士生9人，硕士生4人。是国务院首批授权的博士、硕士点之一。

长沙大地构造研究所以大地构造和成矿学为主要学科方向。1996年，长沙大地构造研究所根据已有研究基础和国内外相关学科发展趋势分析，确定以中国大陆中生代以来构造演化与地球动力学过程、构造热演化与成矿作用为今后的重点研究领域；在科技面向国民经济主战场方面，投入较大力量从事国家急需矿产资源研究与勘查、湖南山河库湖综合治理与开发、湖南非金属矿物材料研究与开发等。

1996年，长沙大地构造研究所除继续从事已立项课题研究工作外，在争取“九五”研究课题方面取得重要进展。已落实承担阿尔素变形变质与流体作用研究等国家攻关项目3项；湘赣金属成矿规律及找矿勘查研究等中国科学院重大、重点项目3项，国家自然科学基金、湖南省计委、科委及院所合作撰向课题7项。湖南山河库湖综合治理研究室与开发重大项目已经省政府批准立项。

1996年，长沙大地构造研究所继续重视青年人才培养工作，1人获湖南省跨世纪重点学科支持，1人获武汉分院优秀青年科技工作者奖。青年学术骨干已成为“九五”项目课题负责人中的主要力量，并且走上长沙大地构造研究所学术组织中较重要的岗位。

在国际合作交流方面，全所派出国外合作研究、进修考察、参加国际学术会议10人次，来所合作研究6人次。国际合作项目2项。

在科技开发方面，对效益不佳的开发实体进行清理整顿和关停，同时着手启动以本所技术为依托的非金属矿物材料等项目的应用开发。

湖南省地质学会构造专业委员会、非金属专业委员会及陈国达地洼学说奖励基金挂靠在长沙大地构造研究所。编辑出版《大地构造与成矿学》中、英文版。

长沙农业现代化研究所

所　　长：陈朝明
地　　址：湖南省长沙市东郊马坡岭
邮政编码：410125
电　　话：0731-4612851
图文传真：0731-4612685

中国科学院长沙农业现代化研究所创建于1978年6月，原名中国科学院桃源农业现代化研究所，1979年改为现名，并将所址从桃源县迁入长沙市。现有职工144人，其中专业技术人员116人，具有高级专业技术职称人员43人，中级专业技术职称人员51人，初级专业技术职称人员22人。现有在读博士生4人，硕士生5人。

长沙农业现代化研究所是中国科学院设置在我国南方的农业综合科研单位，方向与任务是探索我国南方地区农业现代化建设过程中的重大科学技术与相关理论问题，农业生态学为长沙农业现代化研究所牵头学科。经过19年的研究积累，现已形成"农业区域开发与持续发展"、"宏观生物技术与应用"两大优势学科领域。

科研机构设置为4个研究室1个试验站，即农业区域开发研究室、农业动物生态与动物营养研究室、作物生态与生物技术研究室、林果生态研究室及桃源农业生态系统综合观测试验站。

1996年全所在研课题39项，其中国家攻关项目9项，国家自然科学基金项目1项，中国科学院重大、重点项目6项，各部委、湖南省及地方委托课题23项。1996年度长沙农业现代化研究所实际获得科研经费88.6万元。

"水稻大面积高产综合配套技术研究开发与示范"、"桂西北喀斯特地区异地扶贫开发与持续发展研究"等23项"九五"项目顺利启动，并获得大量的基础研究数据和阶段性研究成果，受到当地政府、任务下达部门和实施地群众的好评和赞扬。

"四湖湿地农业持续发展研究"等9项课题通过成果鉴定，其中3项达到国际领先水平，6项达到国际先进或国内领先水平；"湘北红壤低丘岗地农业持续发展研究"等10项课题通过国家及有关部门验收，取得优等工作成绩，另有17项课题完成了研究工作总结，等待验收、鉴定。

1996年度共有6项成果获奖，其中获湖南省科委科技进步奖4项，获中国科学院自然科学二等奖1项，长沙农业现代化研究所印遇龙研究员主持完成的"猪饲料氨基酸回肠末端消化率与有效氨基酸需要量的研究"，获国家科技进步三等奖。

1996年全所共发表科研论文96篇，出版专著2部。

由长沙农业现代化研究所与意大利Parma大学共同主持的世界实验室FIP-6项目（食物改善计划-6，鼠类野生种群的控制：摄食和繁殖行为机制的基础与应用）继续展开，并取得新的进展。我方人员于1996年3～11月赴意大利Parma大学接受动物行为学实验技术培训。

湖南省生态学会挂靠在长沙农业现代化研究所。与中国科学院农业研究委员会主办双月刊《农业现代化研究》。

广州分院

院　　长：谢先德

地　　址：广州市先烈中路100号

邮政编码：510070

联系电话：020-87775600

图文传真：020-87775791

中国科学院广州分院于1956年筹建，1958年正式成立，1961年与武汉分院合并成立中南分院，1969年撤销中南分院，1978年5月复建广州分院。现管理华南植物研究所、南海海洋研究所、广州化学研究所、广州人造卫星观测站、广州电子技术研究所、广州能源研究所、广州地球化学研究所等6所1站。

1996年，广州分院共有职工2 382人；科技人员1 874人；中国科学院院士2人，俄罗斯科学院外籍院士1人；研究员（包括正研级高级工程师）140人，副研究员、高级工程师等434人，其中45岁以下高级科技人员146人，占高级职务人员的25.4%；中级科技人员721人。现有在学博士生57人，硕士生91人。另有博士后13人。

广州分院研究领域涉及华南热带亚热带植物资源、热带海洋环境资源、有机地球化学、矿物学、纤维素化学、高分子化学、电子技术、新能源和节能技术、人造卫星观测等。有博士点4个、硕士点16个。

1996年度，广州分院认真贯彻我国科技工作的基本方针，加强科技管理，注意培养跨世纪科技人才，较好地完成科研计划，取得了一批重要成果；继续组织争取各种类型的"九五"科技项目；重视科技开发和国际合作交流；注意发挥分院和广东省科学院（简称两院）的整体综合优势，抓好重大项目、科技扶贫和区域合作，积极推进院、省共建广州分院。

1996年度广州分院共开展462项科研课题，其中国家自然科学基金课题98项，"863计划"项目3项，国家科技攻关项目32项，中科院重大项目14项，开放实验室项目28项，省基金项目51项，省攻关项目25项、"星火计划"项目6项，广州市攻关项目9项，企业委托项目35项，国际合作项目9项。发表论文920篇，其中国外发表204篇；出版专著18种，668万字，其中译成外文1种4万字；申请专利21项，授权6项；取得科技成果80项，其中国际领先9项、国际先进36项、国内领先24项、国内先进4项。科技成果获国家科技进步二等奖1项、三等奖2项，中科院科技进步一等奖1项、二等奖3项、三等奖1项，中科院自然科学奖三等奖3项，广东省科技进步一等奖1项、二等奖3项、三等奖3项，广东省自然科学二等奖2项、三等奖3项，广州市科技进步三等奖1项；"广东岩庄陨石综合研究"和"^{10}Be记录与黄土的堆积演化"2项成果被评为广东省"八五"十大基础性研究重大成果。

1996年度广州分院科技开发、生产、经营、贸易总额为8 355万元，广州化学灌浆工程总公司、广州晶体材料科技开发公司获"八五"期间中国科学院优秀科技企业奖。

广州分院保密委员会被国家科委评为全国科技保密工作先进集体；中科院政研会广州分会获全国职工思想政治工作研究会工作奖；广州分院体协被评为全国'96全民健身宣传周活动先进单位；科学院职工宿舍区被广州市政府评为安全文明小区。

1996年度，广州分院共接待境外科技界人士126批358人次，派遣临时因公出访人员114批188人次，主持与参与组织国际学术会议2个。

广州分院信息网络建设，已实现与中科院信息网连通。

1996年度，两院继续发挥生物地学综合优势及组织协调作用，积极推进院、省共建广州分院。

(1) 科研项目

广州分院在研地方课题共148项，其中1993年立项、两院牵头组织院内外10多个单位承担、广东省资助113.3万元的广东省重大攻关项目“海平面上升对广东沿海经济发展的影响及对策研究”，已有16个子课题验收，不少课题取得了突破性进展，得到了同行专家的好评，该项目正抓紧综合工作，争取1997年结题；1996年申请批准的地方科研课题有92项，近2 000万元，其中广东省基金24项，161.7万元，重点基金3项，160多万元，省攻关22项，219.6万元，由两院组织的“广东省防洪减灾体系与辅助决策系统研究”、“广东沿海地质环境与灾害防治研究”和“珠江三角洲经济区可持续发展重大问题研究”等3项省重点攻关项目，省资助经费共1 048万元。

(2) 重点实验室、研究中心

近年来，广东省投资350万元分别在广州地化所建立“广东省环境资源保护与利用重点实验室”、在广州化学所建立“广东省化学灌浆工程技术研究开发中心”以及在广州能源所建立“广东省能源高新技术研究开发中心”，1996年继续投资200万元在广州地化所建立“广东省矿物物理与材料研究开发重点实验室”。

(3) 办公、生活条件

1996年，广东省政府投资1 000多万元加固、装修广州分院办公大楼；投资1 000多万元改造广州分院黄花岗片科研区和生活区的基础设施；1995年以来，广东省政府每年拨给广州分院科技人员的岗位生活补贴、工资增资经费等766万元，从1996年7月份起，每年增拨广州分院职工医疗补助费180万元。

1996年度，两院继续推进与韶关市、梅州市的区域合作。针对韶关市是广东省工业基地，重点协助当地大、中型企业的技改、攻关、新产品的开发，取得了新的进展。广州分院资助的科韶合作项目“低粘度、高耐候性、热熔型松香改性道路标志涂料”，已制备出达到公安部GN48-89技术指标及国外同类产品指标的反光道路涂料，先后转让广东、广西和山东等的四个厂家生产；广州能源所与韶关市特殊钢厂合作的“洁净燃煤助熔电炉炼钢新技术”已列入国家“九五”攻关计划，总投资1 000万元。科梅合作，重点协助当地抓好市、县科技示范乡镇和企业的合作，1996年有3项合作成果通过了广东省科委组织的鉴定，3项新的合作项目列入了广东省“九五”科技攻关计划。

1996年度，广州分院与中山大学等高校联合组建的“华南生物科学与技术研究中心”已正常运行，广州分院4项课题获该中心资助。

1996年5月，中国科学院委托广州分院代管海南分院筹备组，“八五”期间，广州分院在海南省开展科研、开发项目共52项。

中国科学院科技政策与管理研究会广州分会、中科院广州分院、广东省科学院科研管理研究会挂靠在广州分院。编辑出版《科技管理研究》(双月刊)。

广州化学研究所

常务副所长：陈鸣才
地　　址：广州市五山1122信箱
邮政编码：510650
电　　话：020-87708817
传　　真：020-87705319

中国科学院广州化学研究所成立于1958年，建所时名为中国科学院广州应用化学研究所；1961年由长春应用化学研究所有关纤维素化学学科转到广州化学所，并和武汉化学所、武汉技术物理所合并成为中国科学院中南化学研究所；1969年因“文革”体制下放，改称广东省化学研究所；1978年复归中国科学院管理并改为现名。全所现有职工403人，其中科技人员318人，研究员18人，副研究员、高级工程师80人，中级科技人员121人。现有博士后和博士15人，硕士73人。

广州化学研究所的科研方向是：天然与合成高分子及其材料、天然产物有机化学。主要研究内容有：纤维素、木质素、多糖、淀粉的物理、化学及其功能材料；微生物制浆技术、高分子灌浆材料及工程技术、胶粘剂、工程塑料、功能高分子、合成纤维等合成高分子化学、物理及材料科学；海洋生物有机化学、天然香料和合成香料有机化学等。科研机构主要有：中国科学院纤维素化学开放研究实验室、纤维素化学研究室、高分子研究室、天然产物有机化学研究室及广东省化学灌浆工程技术中心。还设有分析测试研究中心、编辑与图书情报室。

1996年广州化学研究所进行了所级领导班子换届，新一届领导班子平均年龄44岁，年富力强。围绕所战略总体设想，调整学科方向，定位以应用基础，应用开发研究为主，新班子继续深化改革，调整结构。一方面全面调整和配备中层领导干部，择优聘任了一批室主任和课题组长，进一步扶持优化好的学术群体，并制定一系列科技管理政策，鼓励科技人员特别是中青年骨干承担重任，并有计划地引进吸收优秀人才、培养人才，目前，高级职称中45岁以下人员已占32%，天然有机室60%的组长由40岁以下的年轻人担任；另一方面进一步组织精干力量投入科研开发工作，促进成果的转化，并制定相应政策，实行规范化管理，以适应新形势的要求。

广州化学研究所是有机化学、高分子化学与物理和应用化学硕士学位的授权单位，每年都招收研究生。1996年度在学研究生28人，在职博士生4人，授硕士学位8人，1979年以来培养毕业硕士生86人，并与有关院校联合培养毕业博士生2人，培养了一批年轻的学术骨干力量。研究生潘雁获1996年度中科院院长奖学金优秀奖；广州化学研究所研究生获1996年度中国科学院亿利达奖一等奖1名、二等奖2名；导师黄玉惠、肖树德获1996年度中科院优秀导师；邹之燕被评为1996年中科院优秀教育管理干部，并获地奥教育管理奖。

全所现有19台10万元以上科研仪器设备，其中13台属院管大型仪器设备，如400MHz超导高分辨核磁共振谱仪、小型机图形工作站系统、Waters991液相色谱仪等都是近年由国外引进投资较高的先进设备。分析测试中心为省科委指定的法定检测单位，1996年共分析所内外样品6 513个，创收33.6万元。13台大型仪器平均利用率为67%，其中核磁共振仪多达193%。

1996年广州化学研究所既紧抓纵向国家与地方重大任务的争取落实，又加强了对企业横向委托任务的组织，收到一定的效果。到年底，共承担科研课题74项，其中国家级项目13项，部委院级项目7项，省市级项目18项，企业委托项目4项，所长基金项目12项，开放实验室项目21项，争取到位总经费210.43万元。此外，纤维素开放实验室通过科学院评估，专家评议结果属“良好实验室”之列，增加20万经费支持。

1996年广州化学研究所鉴定成果6项，申请专利10项，授权专利5项，获奖成果6项次。其中由陈立班研究员主持并研究的成果“二氧化碳共聚物化学研究”达国际领先水平，研究的论文屡被引用，评价很高；由高级实验师王兴凤主持研究的成果“低粘度高耐候性热熔型松香改性道路涂料的研制”达到国际先进水平，目前该成果已在全国各地转让5家，当年获利税400多万元，取得了显著的社会经济效益，还将具有广泛的开发应用前景；成果“新型冷冻机油的合成研究”亦达国际先进水平。此外，还有2项成果达国内领先水平，1项成果达国内先进水平。“二氧化碳聚合用高效催化剂PBM—二氧化碳共聚物化学研究”成果获中科院科技进步三等奖；“二氧化碳共聚物化学研究”分别获广东省自然科学二等奖和广州分院自然科学一等奖；“常用聚烯烃类废塑料造粒新技术研究”分别获广东省科技进步三等奖和广州分院科技进步二等奖，这些成果在一定程度上显示了广州化学所的科研水平和学术地位。

多年来，广州化学研究所一直与世界上许多学者和科研单位保持着密切的联系，并积极开展多种形式的国内外学术交流活动，使学科特色和优势已得到国内外同行的认识和重视。1996年广州化学研究所学术交流活跃，先后派出参加国际学术会议、合作研究、学习培训等8批11人次，接待来访学者12批35人次；并成功主办了国际纤维素学术讨论会。

1996年全所在国内外期刊和国内外会议发表论文155篇，其中国外19篇；并向国内外发行《纤维素科学与技术》、《广州化学》2种刊物。

1996年全所从事科技开发工作人员132人，所属公司有：中科院广州化学灌浆工程总公司，中科院广西柳州化学灌浆工程有限公司，广州万隆化学有限公司，中科院广州化学研究所高新技术开发总公司；主要产品有：系列防水材料、厌氧胶、磁头胶、香茅醇、造纸增强剂、水晶漆等。化学灌浆施工、加固处理技术是我所的一门学科特色和优势，中科院广州化学灌浆工程总公司及其分公司集科研、设计、施工、生产于一体，已成为面向社会服务的行业中心，在全国各地享有盛誉，为国民经济建设做出了应有的贡献，也取得了显著的经济效益。1996年度公司实体共完成产值2 750万元，其中化灌总公司年产值1 600万，上交所91万元，广西柳州化灌公司产值800万元，上交所17.5万元。1996年广州化灌总公司分别被中科院、广州分院和广东省科学院授予“优秀科技企业”称号，并获广州天河高新技术产业委员会授予的“优秀高新企业”称号；广西柳州化灌公司被两院授予“先进科技企业”称号；广州化灌总公司获两院科研成果开发一等奖。总经理邝健政分别被中科院和广州分院授予“优秀科技企业家”称号，经理胡美龙被中科院授予“科技开发先进工作者”称号。

南海海洋研究所

所　　长：潘金培
地　　址：广州市新港西路164号
邮政编码：510301
电　　话：020-84451335（总机）
020-84452227（办公室）
020-84458964（计划处）
020-84452252（开发处）
图文传真：020-84451672

中国科学院南海海洋研究所（以下简称“南海所”）成立于1959年1月。全所现有职工570人，其中科技人员415人。有研究员（包括正研级高级工程师）29人，副研究员、高级工程师115人，中级科技人员183人。现有在学博士生14人，硕士生17人。另有博士后4人。

南海所紧密结合国家经济建设和海洋科学发展的需要，坚持以研究热带海洋环境、资源和海洋开发中的重大科学技术问题为主要方向，着重研究南海及邻近大洋的海洋环境特征、地质演化、生态系统、生物资源持续利用等基础性研究，同时积极开展海洋工程与海岸河口港湾工程、海洋遥感、海洋探测、海洋环境评价与保护、海洋生物技术、海洋水产生物病害防治和海洋药物等应用技术及开发技术研究。南海所具有博士和硕士学位授予权。

全所设有11个研究室（物理海洋、海洋物理、海洋化学、海洋环境污染、海洋构造地球物理、海洋沉积、海岸河口、海洋生物、海洋实验生物、海洋生物病害中心、测试与计算中心）；4个临海实验站（分别位于湛江、汕头、大亚湾和海南三亚），其中大亚湾海洋生物综合实验站分别于1990年和1993年，由中国科学院批准为开放实验站和生态网络系统重点站。并设有图书馆和编辑室。

重要的科研设施及装置有：配置设备先进的1 000吨级“实验2号”地球物理考察船和3 000吨级“实验3号”海洋科学综合考察船，EPM-810Q型电子探针，ARL-3580型等离子光谱仪（ICP），古地磁测年装置，GC-9A气相色谱仪，ALCGPC-244液相色谱仪，KSS-30重力仪，DSM-1数字旋转磁力仪，旁侧声纳/浅层剖面仪（英国），1156方向波浪轨迹浮标系统，声学海流剖面仪和SUN系列工作站等数值计算处理系统。

1996年南海所主要采取的改革措施：

1. 逐步全面按院要求进行所人事制度配套改革，机关职员制已实行，新进人员合同制也已执行，并开始对新晋职称人员实行按需设岗，按岗聘任。

2. 对研究所的结构改革，根据所的学科优势，结合“九五”国家重点项目安排，逐步对研究所的结构进行调整，在新增人员、设备和院重大、重点课题的安排上都结合所的结构改革进行。

3. 继续执行鼓励横向开发工作的政策，按比例定额上交所后，剩余部分由课题包干使用，节余归课题组作发展基金和奖金，促进课题人员增资节流，实行多劳多得，大大调动了科技人员的积极性。

4. 四个临海实验站继续实行两种运行模式。对海南、湛江、汕头3个实验站科研与开发实行站领导班子承包责任制，在保持三站原有特色的基础上，不同的实验站采取不同的工作重点和管理模式。对大亚湾实验站按照科学院开放实验站的管理模式进行管理。实践证明，这些管理模式是有效的，有利于各实验站的科研与开发工作的发展。

5. 后勤改革自1995年开始实施，1996年已基本到位，后勤人员的工资已实行半脱钩，预计1997年可全部脱钩，实行社会化的有偿服务。

建所30多年来，南海所在南海及其邻近海域进行了大量的海洋科学综合调整研究，取得了大量有价值的数据、资料、样品和成果，为我国热带海洋科学的发展和南海的资源开发做出了巨大的贡献。

1996年，南海所列入年度科研计划的课题106项，其中基础研究39项，应用基础研究66项，试验发展等1项。国家重大项目专题“珠母贝多倍体育种和养殖研究”，通过阴干、流水、温差刺激，进行雌雄分开诱导产卵，实现大批量优质卵和精采集技术；通过卵停留放置时间、卵量、氨海水浓度对受精度的影响，以及剖取精卵受精技术的研究，为提高三倍体的诱导率和孵化率打下基础，目前三倍体诱导率一般都能超过90%；筛选出高效低毒的珠母贝三倍体诱导剂——6DMAP，诱导率可达90%以上，与CB差不多，但毒性低，操作方便，价格便宜；已培育出第一极体三倍体和第二极体三倍体处理组贝苗4万和11万株（诱导率分别为50%和94%），移到海上养殖，这些贝苗将作为三倍体抗逆性、第一极体与第二极体差异以及四倍体培育的实验材料。

国家重大项目专题“珊瑚礁生态系统多样性的结构、功能与恢复机制的研究”：已对造礁石珊瑚的群落结构、群落多样性、群落演替等进行分析和研究，并对其在海洋生态系统多样性中的作用、珊瑚礁生态系统的氮素循环进行探讨，撰写论文13篇，其中7篇已公开发表。

国家基金课题“通过造礁珊瑚成长率探索五百年来南海水温序列研究”：不仅在西沙永兴岛和海南岛南部海区水下钻取一批活的大型演珊瑚岩芯标本，而且通过近100年来珊瑚的逐年生长率进行测量分析，建立了珊瑚生长温度计，后报了1993～1961年南海北部海水温度变化，效果理想，其论文发表于《中国科学》D辑26（1）上。

截止1996年，南海所共取得科研成果437项，获奖成果172项（国家级奖8项，院、部和省级奖74项）。其中1996年取得成果42项，获奖成果14项（国家科技进步三等奖1项，中科院自然科学一等奖1项、三等奖2项，广东省科技进步一、二、三等奖各1项）。

1996年鉴定的成果中比较突出的有：

国家专项“南沙群岛及其邻近海区综合调查研究”圆满完成8个航次的海上调查和38座次岛礁考察，获取了大量多学科、综合性实测资料、数据和样品，围绕海洋资源、环境和权益等领域，组织开展“岛礁地理与自然地理”、“地质地球物理与油气资源”、“海洋生物多样性与生物资源”、“海洋化学过程与环境质量”、“海洋一大气物理分析与应用”、“海洋权益与划界”及“综合科学数据库与信息系统”等7个综合课题及49个专题的研究，取得了一大批在国内外具有重要影响的优秀成果。在1996年4月国家科委组织的，由孙枢、刘东生、徐冠华等10名院士组成的验收委员会认为，该成果具有综合性和系统性，有显著的应用价值，在若干关键性应用研究和基础研究方面有所创新，取得了突破性进展，总体上达到国际先进水平，部分达到国际领先水平。为维护我国南沙领土主权与海洋权益、国防建设和国家对南沙问题的决策，发挥了重要作用，对南沙资源开发、工程建设、区域规划、环境保护和综合管理等方面，提供了多学科、综合性的基础资料和科学论据，对丰富发展我国海洋科学，具有重要的学术意义。南沙项目负责人陈清潮研究员是知名的海洋生物学家，曾先后获得中国科学院竺可桢奖和广东省五一劳动勋章奖励。

南海所积极拓展科技开发工作，先后在近海、港湾、航道工程建设、海洋油气资源开发工程环境、工程地质调查、工程建设环境质量评价、海洋生物（鱼、虾、贝、藻）病害防治和养殖技术、海洋生物保健食品和药物，以及海洋探测技术等方面进行了大量的应用研究与开发工作，取得了较好的社会、经济效益。1996年南海所所部新签订并实施的横向开发项目共44项，合同总金额1 026万元，当年经费近700万元，税利200万元。台站开发工作400万元，珍珠产品的开发产值350万元，利税近100万元。南海石油工程内波流观测，是美国coflexip铺管公司委托的项目，该项目是国内首次在油田工程施工同时进行的连续观测分析。南海所在项目中使用先进的声学多普勒海流剖面仪对海流剖面进行1个月的连续观测，监测到3次明显的弧立波存在及其传播，及时通知铺管公司，为海上工程施工安全提供了保障。这一项目，不仅为该所弧立波的研究获取了宝贵的资料，而且创造了较高的（18万美元）经济效益。香港维多利亚港波浪观测与评价是香港政府土木工程署为了掌握港区波浪的实际情况，找出减少内港波浪的有效办法的项目；该项目需在18个测站进行三轮的观测，经过3个多月的海上作业，顺利完成各项任务，多数测站资料获取量都超过原计划，评价分析报告共735页，香港政府土木工程署对该所的工作表示满意和较好评价，也为所创收160万港币。

南海所国际交流频繁，目前已与世界38个国家和地区建立了学术联系和技术合作，10多年来完成和正在进行的科研与技术协作共33项。南海所与德国基尔大学海洋地球科学研究中心、美国乔治亚大学技术学院、香港大学、香港科技大学等的科技合作项目均取得较好的进展。南海所还与香港科技大学合作，在位于海南省三亚市鹿回头的中科院海南热带海洋生物实验站内建立“海洋生物联合实验室”，由对方支持95万元港币供实验室装修和购买有关仪器设备，合作时间5年，联合实验室已于1996年11月举行落成剪彩并正式投入使用。

南海所重视人才培养工作，1995年提出了组建南海所培养年轻科技队伍的“123”工程，即争取到1998年，培养和造就10名左右的帅才，20名左右的将才和30名左右的秀才。1996年9月，南海所成立了一个在所学术委员会指导下的“青年海洋科学研究会”，这个研究会学术思想活跃，几个月来举行各种学术活动已有3次，南海所每年都召开一次青年学术研讨会。全所现设有博士授权学科专业点1个，硕士授权学科专业点5个。1996年共招收硕士生7人，博士生2人。所长、博士导师潘金培研究员，是知名的海洋生物病害研究专家，他在海洋生物学博士生的培养方面作出了努力。

广东省海洋湖沼学会和广东海洋学会、中国海洋学会海洋物理分会、中国第四纪研究委员会珊瑚礁分委员会、广州欧美同学会留苏分会挂靠在南海所。编辑出版《热带海洋》（学报级）、《南海海洋科学集刊》（学报级）、《南海研究与开发》。

华南植物研究所

所　　长：梁承邺
地　　址：广州五山乐意居
邮政编码：510650
联系电话：020-87705626
图文传真：020-87701031

中国科学院华南植物研究所前身是国立中山大学农林植物研究所，建于1929年，1954年隶属中国科学院，易名为现名。现有职工总数456人，科技人员266人，研究员21人，副研究员、高级工程师46人，中级科技人员106人。现有在学博士生18人，硕士生23人。另有博士后1人。

华南植物研究所是以热带亚热带植物资源的发掘、利用和种质保存为主要方向的多分支学科研究单位，主要进行植物分类、形态、生态、遗传、生理生化、资源（化学）、引种驯化等领域研究。今后的4个发展领域：一是植物种质资源保存利用和植物系统学；二是热带亚热带森林生态系统结构、功能、演替规律及人工生态系统优化模式；三是植物生物技术及育种新技术及其理论，重点是脱毒快繁，体细胞无性变异、细胞融合，次生物质代谢、染色体工程及基因转化；四是植物生理学，重点为抗性、生态生理、活性氧和自由基代谢。华南植物研究所具有博士、硕士学位授予权。

华南植物研究所是一个多学科综合性植物研究所，所部设有6个研究室及下属2园、3个台站、1个中心。其中鹤山站为中国科学院生态系统研究网络重点站，正在争取开放，其科研工作得到院内外以及国外专家的高度评价。植物分类室属下的植物标本馆有60多年历史，收藏植物腊叶标本85万份，其中保存了许多极为珍贵的植物模式标本，该馆面积达3 263平方米，是全国最大的植物标本馆之一。华南植物园占地面积300公顷，引种国内外热带、亚热带植物5 000余种；园内建有棕榈植物区、药用植物区、裸子植物区、竹类植物区、经济植物区、园林树木区、孑遗植物区、热带植物区、蒲岗自然保护区、荫生植物区、防污绿化植物区、兰园、苏铁园等14个各具特色的展览园区。配合植物系统演化和物种多样性等综合研究的深入发展，近年又建立了木兰园和姜园，这两个专类园种类收集之丰富均居世界首位，并取得了一批具有世界先进水平的研究成果，姜科植物研究1991年获中科院自然科学二等奖；每年到华南植物园参观的游客达50多万人次，1986年该园被广州市评为“羊城新八景”之一，誉称“龙洞琪林”，1992年被评为广州市十佳旅游点之一，1995年被评为全国最大的南亚热带植物园。鼎湖山树木园占地1 133公顷，内有野生高等植物1 843种、栽培植物673种，是国家自然保护区、联合国教科文组织人与生物圈自然保护区。

1996年华南植物研究所主要采取的改革措施：

1. 管理工作方面，实行精简和合并机构，精干队伍，提高管理水平和工作效率。同时，进行人员分流，将管理与服务经营分离。具体措施：

(1) 精简机构。进行机构合并，如原行政处、条件处和基建办的管理部分合并为后勤处。精简后，中层管理机构由原来8个减少至6个。

(2) 对二线各部门进行定编，精简人员，使管理人员的人数为全所人员总数的10%（过去为30%）。按需设岗，按岗聘任。

(3)调整与建立新的开发管理机制。成立开发处，强化开发管理工作，制定鼓励开发的优惠政策，建立健全开发管理制度。

(4) 实行管理和服务分流。成立服务中心，将管理工作和服务工作分开，促使富余人员分流。

(5)实行部门目标责任制。根据各部门的职责范围，各部门领导制订本部门的年度工作计划和任期目标计划，检查督促并和年度考核结合起来。

(6)建立综合档案室，使文书档案、科技档案、财务档案、基建档案等统一管理。

2. 科研工作方面，制订了结构性调整的初步方案，明确了所的发展方向是：以热带亚热带植物为主要研究对象，立足华南及港澳台地区，面向东南亚，资助多学科多层次重点开展植物资源研究利用及系统学、自然及退化生态学、生物技术和生理学等领域研究，为本地区的植物资源利用与保护、生态环境建设和农、医、工业的发展作出突出而不可取代的贡献，从而在某些方面促进和带动华南和我国植物学研究水平的提高。

1996年华南植物研究所上报“九五”项目125项，其中国家自然科学基金项目35项，国家“九五”攻关项目4项，中科院“九五”重点项目23项，“863”项目4项，广东省“九五”攻关项目15项，广东省基金项目10项，广州市科技项目9项，其他项目25项。已经批准的项目47项，总经费352万元。另外，近期即将落实的项目和专项6项，经费共约180万元。列入1996年度科研计划的课题共70项，其中基础研究课题36项，应用研究课题29项，试验发展研究课题5项，完成率为98.6%。共取得课题科研经费240.85万元。

1996年度全所发表科学论文196篇，出版专著3部；通过鉴定的科技成果4项，其中1项为国际领先，1项达国际先进水平，2项国内领先水平。上报中科院重要成果登记1项。向广东省申报成果登记共4项，其中3项为基础研究成果，1项为应用研究成果。科研成果共有5项9次获中国科学院、广东省、广州分院等的奖励，其中获中国科学院自然科学奖2项，中国科学院科技进步奖1项，广东省自然科学奖3项，广州分院科技进步奖3项。

国家重点基金课题《中国亚热带退化生态系统恢复的研究》经过近3年的工作，建立了6个定位站、25个永久样地野外观测点，全部完成了原计划内容在种群、群落生态系统水平上进行野外观测与群落调查的任务，建立了较为完善的数据库，发表论文20多篇，在亚热带退化生态系统恢复研究领域居前沿水平，为我国进一步深入开展退化生态系统恢复研究打下了良好的基础。“中国木兰科植物种质保存和开发利用研究”项目通过成果鉴定。该项研究在华南植物园建立了占地12公顷的收集圃，共含11属120种，约6 700多株；占全世界属总数的73%，种总数的48%。共发表新分类群1属、28种、2变种、1变型，对木兰科分类系统提出了新的创见，研究水平达国际领先水平。开发利用方面取得了较好的经济效益。国家和广东省重点攻关课题成果——“杂交水稻新组合‘博优210’推广”已经列入国家“九五”重点成果推广计划之中。目前，“博优210”在华南各省甚至越南均有种植，推广种植面积已超过200万亩。

国际学术交流频繁，共接待外宾139人。其中进行学术交流的有15批37人次。派出人员20批25人次，分别访问美国、日本、泰国、菲律宾、毛里求斯等国家和港、澳、台地区；其中参加国际会议的有6批9人次，从事科研合作的有14批16人次。首次组织了以副所长陈忠毅研究员为团长的学术代表团访问台湾，与台湾有关的科研院所就科研合作事宜进行了磋商，取得了共识，达到了预期的效果，为今后进一步开展科研合作奠定了良好的基础。

科技开发主要项目：(1)植物有效成分提取中试生产。该项目开发生产芦荟、绞股兰、植物SOD、西番莲、龙脑、食用纤维等保健品、饮料、化妆品和牙膏添加剂等。(2)香蕉、剑兰、菊花、康乃馨、兰花等试管苗生产和水稻、玉米、木薯等优良种苗种子的生产。(3)植物药品和农药的生产。(4)园林设计、绿化工程及绿化苗木的产销等。

重视信息与宣传工作，不断完善信息与宣传队伍、网络、手段等基础设施。报送的信息被有关信息传播媒体和新闻媒介采用量达92条(次)，其中华南植物研究所提供信息稿件被采用58条(次)，提供信息线索被采用34条(次)。较好地完成了华南植物研究所的信息与宣传工作，1995、1996连续两年被中国科学院评为政务信息与宣传工作先进单位。

举行了华南植物园建园40周年园庆暨陈焕镛院士铜像揭幕典礼，有来自国内外50多个单位的200多位代表参加了此项活动。成功地举办了“首届南方棕榈节”，促进了南方及内地省区与海外地区棕榈科植物科研与学术交流，促进了该类植物的引种、驯化、繁殖及生产的发展。

在培养人才方面，积极创造条件，扶植年轻人才成长，对年轻干部采取积极培养、大胆使用的办法。所中层领导干部中，45岁以下的年轻人占53%，各部门基本成了以一老带一新的局面。本年度晋升35岁以下高级职称人员4人，占全所总晋升人数的50%。加强博士生和硕士生培养工作。在读博士生18人，其中今年招生4人；在读硕士生23人，其中今年招生5人。

广东省植物学会、广东省植物生理学会、南方棕榈协会挂靠在华南植物研究所。编辑出版《热带亚热带植物学报》。

主下属两园：华南植物园，地址：广州龙洞，电话：(020) 87705693。鼎湖山树木园（国家级自然保护区），地址：广东肇庆鼎湖区，电话：(0758) 2621116。

广州地球化学研究所

名誉所长：涂光炽
所　　长：赵振华
地　　址：广州市天河区五山
邮政编码：510640
电　　话：020-85519755（总）
020-85513702（办）
图文传真：020-85514130

中国科学院广州地球化学研究所（原名广州地质新技术研究所）成立于1977年，在院的结构性调整中，以原广州地质新技术研究所为基础，从贵阳地球化学研究所整建制的搬迁部分研究室、学科和学科带头人合并而成。1994年改用现名。

现有职工305人，其中科技人员250人，占全所总人数的82%；中国科学院院士2人，研究员43人，占科研人员总人数的17.2%；博士生导师11人；45岁以下的研究员12人，占研究员人数的27.9%；副研究员、高级工程师77人，占科研人员总数的30.8%；高级科研人员占科研人员总数的48%；中级科技人员115人，占科研人员总数的46%。

经国家批准，设有地质学博士后科研流动站，为地球化学、矿物学博士学位授予单位。1996年度在读博士研究生26人，硕士研究生11人。另有博士后16人。

广州地化所以近代地球化学和矿物学为主要学科研究方向，优先发展有机地球化学、同位素地球化学，积极开拓可持续发展和海洋地球化学研究。拥有有机地球化学国家重点实验室、广东省环境资源利用与保护重点实验室、广东省矿物物理与材料研究开发重点实验室、中国科学院同位素地球化学青年实验室。

除国家、省级的重点实验室和院的青年实验室以外，广州地化所还设置有：同位素地球化学研究室、天体化学研究室、有机地球化学研究室、岩石与矿床研究室、元素地球化学研究室、区域可持续发展研究室、第四纪地球化学研究室、矿物物理与材料研究室、理化分析测试技术研究室、遥感应用技术研究室、地球物理研究室、极地研究室及图书出版室等13个研究室。

拥有色谱质谱仪、固体质谱仪(VG-354)、气体质谱仪(MM-1200)、ICP-SM等离子体质谱仪、GC-IRMS同位素质谱仪、液体闪烁仪、共聚焦激光扫描显微镜、顺磁共振仪、红外光谱仪等一批在国内地学界中先进的仪器和国内地学界最大、最先进的超纯实验室。

1996年进一步深化改革，按照院的统一部署，在广泛深入讨论的基础上，确定了广州地化所的优势学科为：有机地球化学和同位素地球化学。

组织科研力量，拓展学科研究领域，积极为广东省的经济建设服务，由广东省投资建设了"广东省环境资源利用与保护重点实验室"和"广东省矿物物理与材料研究开发实验室"等2个省级重点实验室。

有机地球化学国家重点实验室通过了国家科委组织的评估，获得了评比第四名，并被专家评议组誉为"国际有机地球化学的研究中心之一"。

加强科技开发工作的力度，以学科为依托，以市场为导向，1996年新成立的中科地化工程勘察有限公司当年就创利税12万元。

参加了由国家计委、科委、经委、中国科学院、外国专家局共同在京举办的"全国第四届科技成果和科技人才展示大会"，参展的"卡林型金选矿专利"等科技成果已经推向国内科技市场。

1996年集中组织全所的科研力量，积极争取国家和院省部委"九五"科研计划的立项，已在国家攻关项目"加速查明新疆优势金属矿产资源及大型矿床的综合研究"、"中国大型气田勘探开发"、"塔里木盆地成烃地球化学研究"和国家自然科学基金重点项目"珠江三角洲地表系统中优控有机物迁移转化机制与调控"，以及国家自然科学基金、广东省自然科学基金、其他部委横向委托等项目共立项68项。

完成了中国科学院1996年度"百人计划"分子有机地球化学的人员招聘工作，广州地化所彭平安研究员入选。

鉴定成果20项，由涂光炽院士主持的"八五"国家重大基础科学"攀登计划"项目"与寻找超大型矿床有关的基础研究"通过了国家科委组织的验收，被专家组评誉为：在矿床类型选择、新的成矿域等方面都取得了创新的成果，研究成果属国际前列。

1996年的获奖成果有："东坪式金矿成矿规律及成矿预测"获国家科技进步二等奖，"天然气成因理论及大中型气田的地质基础研究"获中国科学院科技进步一等奖，"新疆北部造山带前寒武纪基底特征"获中国科学院科技进步二等奖，"吴川-四会断裂带铜矿控矿条件和找矿靶区预测"获广东省科技进步二等奖，"硼酸盐矿物物理学研究"获广东省自然科学三等奖。

全年共接待来自美、德、法、日、加拿大、澳大利亚、俄罗斯等国家和港、澳、台地区的访问学者共26批47人次。共派出访问学者23批31人次，分赴日本、印度、越南、美国、德国等12个国家和港台地区参加学术会议、合作研究和专业考察，其中由对方提供经费资助的合作研究项目9项。

共派出9人次出国访问和攻读学位，其中王宽诚教育基金2项，高访2项，攻读博士学位1项。

在各类学术刊物上发表学术论文295篇，其中在国外刊物上发表了99篇，在国际著名刊物

《SCINCE》发表论文1篇。

挂靠学会：广东省矿物岩石地球化学学会、广东省可持续发展研究会挂靠在广州地化所。编辑出版《地球化学》。

广州电子技术研究所

所　　长：陈衍仪
地　　址：广州市先烈中路100号
邮政编码：510070
电　　话：020-87775947
传　　真：020-87753247

中国科学院广州电子技术研究所的前身是广东省七O一研究所，建于1970年，1978年归属中国科学院，是研究与开发型的电子技术研究所。学科方向为通讯与计算机。现有职工总数321人。科技人员总数273人，占职工总数85%。其中研究员10人，副研究员、高级工程师64人，中级科技人员123人。

广州电子技术研究所的主要研究领域是计算机网络与通信、信息系统等系统集成关键技术。一般研究开发领域包括以ASIC为中心的电子产品，以数字像元全息图为中心的激光全息防伪标志及新材料，还有金刚石工具系列的开发、推广应用。今后发展方向是：加强以通信与计算机科学技术为基础的信息基础设施和监控系统数字化、智能化及系统集成的研究开发，同时努力开展激光科学和晶体材料科学方面的应用研究开发。

全所设有7个研究室：通信、电子系统、计算机系统集成、计算机应用、无线电技术、光学与新材料、电子产品开发等。另设有“科学技术委员会”。

此外，广州电子技术研究所独资科技企业“广州晶体材料科技开发公司”在金刚石工具的开发方面取得2项专利技术，金刚石工具系列产品有较高知名度，远销海外市场，该企业被评为院优秀科技企业，该企业经理田清重同志被评为广东省第二届优秀科技企业家。

1996年广州电子技术研究所行政领导班子换届。采取的主要改革措施有：

1. 调整管理机构

设科技开发处、资源条件处、人事处（与党群办公室结合）、所办、财务室。实行总量控制，明确分工，提高了效率。在开源节流，以法治所，增强所的凝聚力方面已显示出初步效果。

2. 扩大研究室自主权，制定《研究室责任制暂行条例》。目标是明确研究室责权利，逐步实现以室为核算单元，提高竞争能力和风险承受能力，提高对市场信息的反应能力。

3. 科技企业及生产部门试行抵押承包，股份合作，有限责任公司等改制运营。以充分发挥企业管理者和企业职工的积极性，促进开发经营，向规范化管理和现代企业管理制度迈进。

4. 成立所“科学技术委员会”，制定《科学技术委员会工作条例》，集思广益，为提高全所科技水平和知名度出谋划策。

5. 以法治所，建立和完善各项规章制度。公布管理部门各岗位的责任制度和办事程序。做到办事公开、公平、公正。

6. 坚持“按劳分配、效绩优先、兼顾公平”的原则，严格考核制度，完善分配政策，正确处理国家、集体、个人三者利益。

7. 大力培养年轻的科技人才，让他们担任研究室主任，课题组长，干大事，挑重担，工作上放手，生活上关心，政策上倾斜。在住房、津贴、晋升等方面对年轻人才给予关注，促进人才成长。

8. 开展“建文明、创三优”为主题的各项活动，并逐步形成制度化，努力抓好精神文明建设。

1996年广州电子技术研究所争取国家自然科学基金继续拨款1项，承担省邮电管理局及省建设银行合作研究开发项目各1项；参与大中型企业技术改造项目1项。

其中“广州市ATM示范网研究”，广州电子技术研究所承担ATM基本原理、ATM与其他电信新业务的关系、B-ISDN发展趋势和电信部门的对策等理论研究工作。为广州电子技术研究所参加承担院与邮电部共同承担的B-ISDN国家重大项目等研究工作打下了基础。

1996年广州电子技术研究所取得科技成果8项；申报专利1项，获得授权发明专利1项。

所办公司3个，其中独资1个，合资联营2

个。另外，产品开发部门5个；与兴华科仪（香港)有限公司合作设立“广州兴华维修服务中心”，还与“美国容错电脑（香港）有限公司”合作设立“STRATUS容错计算机维修站”。

从事科技开发工作的人数67人。产值：2 564万元；效益：实现利税434万元。

广州电子技术研究所地处广州，是繁荣的珠江三角洲中心，毗邻港澳、水陆交通便利，科技与经济发展前景广阔。广州电子技术研究所与省、港、澳、东南亚和世界10多个国家与地区有着学术和技术的广泛联系，不断促进国际合作和科技交流。

编辑出版由国家科委批准公开发行的科技季刊《电路与系统学报》。

广州能源研究所

所　　长：陈国榘
地　　址：广州市先烈中路81号大院
邮政编码：510070
电　　话：020-87778642
020-87775600（总机）
图文传真：020-87779767

中国科学院广州能源研究所的前身是1973年成立的广东省地下热能研究室，1978年隶属中国科学院领导并改为现名。1991年为加强科研工作，更好地为地方服务，经广东省政府批准为“广东省能源高新技术研究开发中心”，实行一个机构两块牌子。1996年全所职工总数188人，其中研究员12人，副研究员、高级工程师40人，中级科技人员53人。在学硕士研究生11人。

广州能源研究所是以能源工程学科为主导学科，突出新能源、可再生能源技术利用和节能环保技术为特色的应用研究所。广州能源研究所是国务院学位委员会审核批准的硕士学位授权单位，有两个专业：“热能工程”和“流体力学及流体动力工程”。广州能源研究所今后的发展方向是加紧开发洁净燃烧和节能技术。加强新能源和可再生能源取代石化燃料的研究与开发工作。现设有太阳能、生物能、海洋能、热能和洁净燃料五个研究室，其研究内容包括太阳能空调制冷、太阳能光电设备、农村能源综合利用、工业及大型畜牧场有机废水处理、固体生物质气化、废弃物燃料的燃烧、煤的洁净燃烧、工业余热回收、高效热管换热器、热泵、储能和各种除尘、水质净化技术等。

入选中国科学院“百人计划”，从事煤的洁净燃烧专题的陈勇博士，于1996年10月1日正式从日本回国，组建“洁净燃料”研究室，年底已完成夹套式流化床中试装置、多管换热器，循环流化反应器，焦油裂解反应器的实验装置，并添置了可燃气成分全自动化分析仪，SO2测定仪、热效率分析仪、自动化热值仪和热量分析仪等。海洋能研究室有我国唯一的专门从事波浪能研究利用的科研队伍，年底完善一个42米×1.2米×1.6米随机波浪造波水槽，波浪能转换数值模拟系统及专用计算机区域网络，并完善稳态流动透平试验台及测试系统。由于得到广东省科委的资助，热流体与节能新技术实验室得以完善，建成热流体实验台架，热泵循环系统和气体水合物蓄冷系统。还筹建太阳能产品检测中心。

年底已落实的“九五”攻关项目有7项，其中国家科委3项，国家计委2项，广东省科委2项，总经费为592万元。它们是：“太阳能空调及热水示范系统”、“1 000kW生物质气化发电站”、“100kW岸式波浪电站”、“洁净燃煤助熔电炉炼钢新技术”、“热反射舰船涂料研究”、“水体有害物质光催化处理研究”、“燃料电池高效电解质研究”。

1996年初，广州能源研究所承担的3项“八五”科技攻关项目和5项中国科学院重点项目全部接受院和国家的验收，仅1项没完成任务。其中“生物质热解气化及热利用技术”获国家科委“八五”科技攻关重大科技成果奖，项目负责人徐冰燕研究员获“八五”科技攻关先进个人奖。有11项获国家级科技成果登记，7项获国家和院省级奖励，其中“L-蓝光膜及母料的研究和应用”及“具有漫反射特性农用塑料薄膜的研究与应用”分别获国家的科技进步二等奖；“水产养殖用太阳能-燃油全自动控制传热系统”获中国科学院科技进步二等奖；“新型多管除尘器的研究与应用”获广东省科技进步二等奖。热管技术获TIPS的发明创新科技之星奖。另外，获国家专利局批准的专利7项。

1996年度开发工作有所发展，共签订技术合同63项，合同款达818万元，到位693万元，创收提成195.5万元。出现了一批开发前景好的项目，如新一代BD型系列航标灯用波力发电装置完全占领国内市场，全年推广57台；游泳池水质净化技术用户继续扩大，全年承接工程131.5万元。广州能源研究所尚缺乏大型骨干项目，太阳能热水器是主要产品，其产值和创收一直占全所总值的2/3。

1996年度广州能源研究所学术交流活跃，接待日本、美国、越南、韩国、挪威、葡萄牙、我国香港等国家和地区的来宾15批39人；派出7批13人访问日本、法国、土耳其、我国香港等国家和地区，其中包括以所长为团长出访香港，与有关研究机构和大学加强联系，争取新的长期合作项目。海洋能室与香港理工大学、香港大学、日本太平洋协会合作并获得研究经费的支持；洁净燃烧室与日本制炉技术株式会签订了“小型垃圾气化供热装置”协议，广州能源研究所聘请日本爱知大学工藤市兵卫教授为客座教授，并成立“工藤基金”用于奖励优秀青年科技人员和研究生。广州能源研究所与中国科技大学互聘客座教授，签约联合招收博士研究生；与东北电力学院互聘硕士研究生导师，联合申请博士点。先后参加了“国际能源与环境学术会议”、“国际传热质学术会议”、“中国热物理传质学术会议”、“广东省环境保护学术交流会”、“第五届国际循环流化床会议”、“亚太地区反应工程会议”、“中日环境科学会议”等。

广州人造卫星观测站

站　　长：黎清晖

地　　址：广州市五山

邮政编码：510640

电　　话：020-87707002

中国科学院广州人造卫星观测站始建于1958年，是中国科学院系统中纬度最低的卫星观测站。

全站现有人员62人，包括科技人员41人，其中高级人员9人，中级19人。

广州人造卫星观测站目前主要从事人造天体的观测，人造地球卫星运动理论的研究；并进行了电子仪器研制和工业生产自动控制等方面的技术开发。

建站以来，广州人造卫星观测站和其他台站一起对国内外一系列卫星、火箭进行了长期跟踪和测轨预报；对我国所发射的卫星和国内外即将陨落的人造天体进行拦截观测，特别是近年为国家“863计划”多项任务进行了观测和预报。目前，站内工作以技术开发为主，但仍然保持一支精干的观测和研究队伍，对卫星进行日常的观测和轨道计算工作，特别是卫星精密定轨方面的理论研究工作。

在用应基础研究方面作出了较有特色的贡献，如“人卫预报系统软件”、“快速自动选星检测经纬仪系统差”和近年所进行的“供白天观测用的近地激光卫星高精度快速预报”、“天文因素对广东省及沿海气象灾害影响的研究”、“高精度卫星轨道及其应用”等项目。

在科技开发和科技服务方面，研制和生产了“T203智能化电铃控制器”、“T309木材干燥窑自动控制系统及干燥窑成套设备”、“陶瓷窑自动控制仪”和近年开展的“中波广播发射机微机自动控制系统”及“木材干燥测控过程的计算机多媒体及专家系统”等一系列产品和新开发的研究项目。

以上这些理论研究和开发项目，有一些已获得中科院广州分院、广东省和中国科学院科技进步奖、开发奖，在国内居于先进和领先地位。特别是我站开发的重点项目“T309木材干燥窑自动控制成套设备”，1996年产值241万元，创税利50多万元，取得了显著的经济效益和社会效益。

成 都 分 院

院　　长：林祥棣

地　　址：四川省成都市人民南路4段9号

邮政编码：610041

电　　话：028-5224260（总机）

028-5223719（办）

传　　真：028-5220846

中国科学院成都分院成立于1978年3月，前身系1958年11月成立的中国科学院四川分院。成都分院系统现有5个研究所（光电技术研究所、成都生物研究所、成都有机化学研究所、成都山地灾害与环境研究所、成都计算机应用研究所）、2个中心（成都科学仪器研制中心、成都文献情报中心），共有职工5 000余人，其中科技人员2 700余人，中国科学院院士1人，中国工程院院士1人，研究员（包括正研级高级工程师等）140人，副研究员、高级工程师等560人，中级科技人员1 300余人。在读博士生34人，硕士生158人。另有博士后6人。

成都分院系统研究的学科范围包括数学、化学、生物学、地学、力学、光学、电子学、机械学、材料学、计算机科学等。目前拥有一批具有国内先进水平的国家级、院级及联合创办、自办的开放实验室、工程中心和科研设施。如微细加工光学技术国家重点实验室、天然气转化国家工程研究中心、国家天然药物工程技术研究中心、自适应光学实验室、台湾-香港-成都不对称合成联合开放实验室、与联合国大学软件研究所合作建立的自动推理与程序生成实验室、非载体遗传操作实验室、动植物标本馆、东川泥石流观测站、盐亭土壤研究网络站、茂县干燥河谷网络站、天然气化学开放实验室、皮革化工工程中心等。

1996年成都分院系统共承担各类课题279项，其中国家科技攻关和国家自然科学基金项目50项，“863计划”项目32项，中国科学院、部委项目59项，军工项目14项，国际合作项目11项，省、市下达30项，其他横向项目83项。争取纵向、横向科研经费8 830万元，为“九五”打下了良好基础。这些项目都完成了合同规定的任务。1996年分院系统向中国科学院登记成果75项，获各类成果奖19项（其中获国家科技进步奖2项，院科技进步奖和自然科学奖7项，省、部委科技奖10项），发表学术论文487篇，出版专著20部。获国家专利31项（其中发明专利20项，实用新型专利11项），获授权专利10项。光电所在国防科技领域取得了一批具有世界领先水平的科技成果，受到中央军委领导同志的充分肯定。生物所承担的国家科委重大成果推广项目“小麦新品种川育12推广”年度进展良好，已在四川、贵州、河南等近10个省推广300多万亩，取得了显著的社会、经济效益。

科技开发和第三产业继续取得重大进展。1996年成都分院系统科技开发及第三产业销售额共10亿元，其中科技开发销售额7亿元，商贸及第三产业销售额3亿元，共实现利润1.9亿元，向国家纳税7 000多万元，纳税总额连续3年超过国家拨给成都分院系统的基本事业费，达到基本事业费的2.3倍。地奥制药公司1996年创产值6亿元，实现利税2.5亿元，人均产值60多万元。该公司再次被国家科委评为“全国重点高新技术企业”，被中科院评为“优秀科技企业”，“成都市企业五十强第二位”，总经理李伯刚荣获“全国十大优秀科技工作者”、“全国十大优秀发明家”、“中科院优秀科技企业家”等荣誉称号。

1996年，成都分院认真履行派出机关职能，切实抓好成都地区各所、中心领导班子建设和考核工作，完成了成都有机所领导班子换届考核和离任审计，成都科仪中心、文献中心领导班子届中考核和增补领导成员工作。狠抓三支人才队伍建设，科技人才队伍建设取得突破性进展，1996年争取到“有机化学”、“光学仪器”2个博士学位授予点，实现了成都分院从“三无”（无院士、无博士点、无国家重点实验室）到“三有”的根本性转变，硕士授予点增至16个；建立了“成都分院地奥青年科研基金”和“分院院长奖学金”。充分发挥分院的联络纽带作用，较好地完成了四川省委、政府赋予的科技扶贫、科技兴农和定点帮县下派任务，取得明显成效。认真贯彻党的十四届六中全会决议，大力推进院所文化建设，及时制定了《成都分院系统精神文明建设“九五”实施计划》并狠抓落实。院政研会成都分会本年度被评为全国政研会先进集体。

成都科研基地建设、后勤保障工作和大院综合治理取得新的进展，努力创造条件实施电力改造和通讯网络改造；继续做好分院系统医疗统筹工作，继续完善规章制度，职工基本医疗得到保证，过去医疗费连年上升的势头得到抑制；分院幼儿园被四川省教委授予“省示范幼儿园”称号并挂牌。在分院机关职能处室试行目标管理，对45岁以下机关干部进行了计算机技能培训，提高了整体工作效率和工作质量。在经费十分紧张的情况下，完成了分院办公楼东头和3个会议室的改造，改善了机关工作环境和面貌。

多途径地加强对外宣传和信息工作。发挥《中国科学报》成都记者站的作用，搞好内外结合，全年在外发稿110余篇；依托各所、中心继续努力办好《科成报》，全年编发24期约45万字，新闻图片130余幅；政务信息工作有所加强，分院机关被院评为1996年政务信息工作先进单位；通过邀请省市主管科技、工业、农业等工作的领导来分院及各所考察，努力沟通分院与省市的联系，积极争取省市领导的支持。

分院机关现设10个职能处室，6个附属机构，3个代管单位，共有在职职工237人。

光电技术研究所

所　　长：马佳光
地　　址：四川省成都市人民南路4段9号
邮　　编：610041
南郊科研开发基地：四川成都市双流350信箱
邮　　编：610209
电　　话：028-5180032　　028-5180044
028-5180029
传　　真：028-5180070　　028-5553143

中国科学院光电技术研究所（简称光电所）始建于1970年，是中国科学院在西南地区规模最大的研究所。前身是国防科委1969年筹建、由长春光机所分迁的三线科研单位，1975年划归中国科学院。研究所分市内和南郊两部分，市内部分与高新技术开发区、多所大学和研究所毗邻；南郊科研开发基地占地400余亩，环境十分优美。

光电所具有光机电技术的综合优势和配套齐全的生产制造、开发能力。全所由科研部、科技开发部、光电技术部、质量控制部及高新技术开发公司组成，建有10个研究室，1个微细加工光学技术国家重点实验室，1个国家“863”高技术计划自适应光学重点实验室，3个技术开发中心和9个产品开发生产部。全所现有职工1 717人，其中科技人员999人，有中国工程院院士1人，研究员30人，副研究员、高级工程师等185人，中级科技人员317人。

光电所现有光学仪器专业博士点1个、光学仪器及物理电子学与光电子学专业硕士点2个，并有学位授予权。现有在学博士生14人，硕士生36人。

光电所主要从事工程光学和光电系统的应用研究与开发。其主要领域是：应用光学、自适应光学、微细光学技术与设备、光电跟踪测量技术与系统、强激光光束技术、精密测试与机电一体化，并涉及图象处理、自动控制、光电技术、电子学等若干相关的高新技术。

·1996年光电所安排科研试制任务109项，其中高技术领域4个主题7个专题，24个课题。各类国家科研项目52项，各类科学基金项目19项，其他项目14项。

光电所本着为国民经济、国防建设和科技进步作出重大贡献的原则，充分发挥全所的整体优势，坚持以重大项目牵头，搞好全所科研工作。在微细光学技术与装备研究领域主要从事亚微米线条的形成与传递、光电自动对准与精密定位、深紫外光刻和同步幅射X射线光刻、相移掩膜及衍射光学元件等技术研究。1996年微细加工光学技术国家实验室在研究工作、人才培养和实验室建设等方面都取得很大的进展，引进了包括激光直写装置等多套重大设备，7月实验室正式通过国家验收。1996年0.7～0.8微米i线及0.8～1微米G线两种光刻物镜通过了院级鉴定。“八五”国家攻关项目“0.8～1微米分步重复投影光刻机研制”已通过国家验收，主机在生产线上通过了工艺考核，成功套刻出0.5微米的线条，为我国集成电路制造提供了析一代光刻机，对发展我国微电子工业具有重要意义。光电所在自适应光学领域主要研究动态波前的实时测量、波前复原和波前误差校正，并用于天文望远镜、强激光发射及诊断系统，1996年在2.16米天文望远镜上成功地进行了红外自适应光学系统实验，研究激光大气传输的61单元自适应光学系统也取得重要进展。在光电捕获跟踪测量技术研究和光电工程研制领域，1996年光电所承担了空间目标观测系统及中型光电经纬仪等多台测量设备研制任务。在弱小目标的探测成像、信号实时处理、多目标识别、高精度快速跟踪测量方面取得很大的进展。研制出具有国际先进水平的冷光学系统。强激光光束技术主要研究强激光变换发射、诊断补偿及光束方向控制等技术问题。1996年进行了多项室内外实验，取得了国内领先的重大成果，并使我国在此领域迈入世界先进行列。设在光电所的“中国科学院成都几何量及光电精密机械测试实验室”1996年正式成立并通过国家计量认证，可向社会提供具有法律效力的公证数据。

建所25年来，光电所已获得包括国家科技进步特等奖在内的300余项科研成果。1996年获得国家科技进步三等奖1项（能动光学器件系列）；中科院科技进步一等奖1项（37单元激光发射自适应光学研制和大气湍流校正实验研究），二等奖1项（千分尺数显激光刻划机），三等奖3项（激光束参量分析仪、GKJ～1.8米激光自动线位移刻检装置、ASOM高档手术显微镜）；四川省电子厅三等奖1项（高性能CCD图像数据采集系统）。

光电所坚持科研与开发并举的方针，加快科技成果转化与科技体制改革，已成立了10余个科技开发实体和科技公司，装备有光学仪器及光学玻璃连熔压型等生产线，开发生产多种适应市场需要的高新技术产品如：长光栅与数显表、光电轴角编码器、激光标记机、手术显微镜和观靶镜、各种棱镜、透镜等光学元件、空调制冷设备等。

近几年来，国际交往和学术、科技交流不断扩大。1996年光电所派出参加国际技术讨论会、考察、培训和学术活动13批；接待国外学者讲学、访问、技贸洽谈等活动14批。目前同美国、日本、德国、法国、加拿大、俄罗斯、荷兰等国家及香港地区建立有交流与合作关系。

编辑出版《光电工程》，该刊已被美国国际工程索引(EI)收录，成为国内外有影响的学术刊物。

成都有机化学研究所

所　　长：蒋耀忠
地　　址：成都市人民南路4段9号
邮政编码：610041
电　　话：028-5222143
图文传真：028-5223978

中国科学院成都有机化学研究所成立于1958年11月。现有职工425人，其中专业科技人员371人（高级123人，中级173人，初级75人）。有博士13人，硕士84人。

1996年，成都有机化学所承担的全部科研课题和开展的“九五”预研课题均按期或提前完成了计划任务。全年共鉴定科研成果5项，验收成果3项，完成基金项目2项。获四川省科技进步二等奖1项、中国科学院科技进步三等奖1项、四川省乡镇企业科技进步一等奖1项。申请专利15项，授权专利1项。获国际博览会发明银奖1项。在国内外学术刊物上发表论文164篇，其中国外核心刊物41篇，国内核心刊物53篇。发表专著文章4篇。参加国内外学术会议文章62篇。争取纵、横向科研经费664.3万元。

成都有机化学所天然气催化转化学科片的“低温低压液相催化合成甲醇联产甲酸甲酯新工艺的开发研究”课题取得了突破性进展。在1升连续搅拌器，110℃，4.8MPa下，CO单程转化率高达98.6%，时间产率达95.0克（升·小时），比美国1995年同类专利报道的13.2克（升·小时），提高了7倍多。在山西煤炭化学研究所进行的2吨/年扩试中，同样取得了CO单程转化率高达90.5%的好结果，初步具备了作为工业化反应器的条件。“甲烷氧化偶联高选择性催化剂研究”作为“九五”的前期研究课题，进展良好。研制了两个高选择新催化剂，并进行了500小时的寿命试验。同时，还开展了CH_4偶联产物制环氧乙烷一体化研究，一体化流程稳定运转500小时，环氧乙烷选择性≥80%，乙烯转化率≥30%，达到国内先进水平。国家科委委托项目“甲烷直接氧化制合成气新工艺、反应机理和抗积炭机理”课题，已完成一系列催化剂的研制和稳定性考察工作；结炭问题在实验室规模已有较好进展。在空速15万转/小时，0.25毫升催化剂，825℃条件下，连续运转300小时，催化剂活性稳定不变。中国科学院百人计划入选者刘昭铁研究员主持的“由甲酸甲酯和乙炔反应合成丙烯酸甲酯的研究”，开题仅半年时间，已达到丙烯酸甲酯产率高于35%的好结果。

有机化学学科片的国家自然科学基金课题“新型手性螺环催化剂及其不对称催化反应”，成功地设计和合成了兼备刚性和对称性两大特点的新型手性螺环氧膦配体，属国际首例。其-Rh (I)配合物成功地用于催化氢化α、β-去氢氨基酸反应研究。中性和阳离子型的上述配合物催化氢化反应，在常温、常压下均表现出很高的催化活性和对映选择性，并且对底物的结构有很高的耐受性，各种取代基的底物均获得>90%e.e值，转化率高达100%。催化剂用量可低至1/10 000。该方法优于传统的酶法制备氨基酸，具有工业化前景。“八五”国家自然科学基金课题子课题“新型手性试剂的合成及其在不对称合成和天然产物合成中的应用”，已向基金委报送了结题的有关资料和总结报告，并通过了专家验收。专家通讯评议结果，本子课题获得5个A的好结果。

高分子化学学科片的“电子功能高分子”课题在1995年超额完成了“863”计划的“八五”委托任务，电导率为“八五”委托书指标的10倍，比国外公布值高100倍，已达到实用要求。目前，已完成和四川盛世集团公司共建“化学电源联合实验室”进行锂离子电池材料的开发应用研究的筹备工作。国家自然科学基金课题“口服疫苗靶向控制释放体系的研究”，1996年在材料合成、微球制备技术和微球疫苗的免疫学研究方面均取得较大进展。特别是在稀土催化内酯开环反应中有重大突破。与上海石油化工股份有限公司合作项目“间戊二烯石油树脂复合催化剂”课题，已开发的两种复合催化剂与原有单一催化剂相比，具有明显的技术经济优势。由复合催化体系制备的石油树脂色相降为3.5档，软化点100℃，聚合反应由非均相反应改变为均相反应，使该项技术达到国内先进水平。四川省重点科技有偿使用经费项目“低成雾性防水加脂复鞣剂”，由于采用了先进的合成工艺，使产物的残单降至最低，所含低沸点物很少。因此，该材料具有低成雾性的特性和较好的复鞣性能，生产的皮革有一定的防水性能，并可取代部分加脂剂。该材料填补了国内空白，属国内首创，达到国际90年代同类产品先进水平。

分析化学学科片的国家自然科学基金项目“手性分子选择性透过膜的研究”，改进了β-环糊精的固载方法，制得β-环糊精聚乙烯醇和β-环糊精纤维素膜，后者对某些位置异构体显示了较强的分离能力，对手性分子也有拆分的效果；设计了三种考察膜透过性能的装置；设计并制备了一种新型手性相，用于手性分子的检测。

1996年，成都有机化学所把争取“九五”立项工作作为重点来抓。全年争取到的纵向基金比上年增加1倍多，横向经费比上年增加4倍多。

1996年，成都有机化学所开发工作在产值、效益等方面较上年有所发展。全所销售收入3 310万元，比上年净增566万元，增长率达20.6%。

1996年，国家学位评定委员会正式批准成都有机化学所建立了有机化学博士点，为从1997年起正式招收有机化学博士生，开展高层次人才的培养、教育创造了条件。1996年，成都有机化学所共招收博士生5名，硕士生20名。

1996年，成都有机化学所举办了“第四届国际华人有机化学研讨会-会后会”和“全国甲酸甲酯下游产品开发研讨会”；承办了“第一届大西南分析化学学术会议”和“全国第五届晶体结构分析研讨会”等会议。成都有机化学所还开展了广泛的国际科技交流，全年共接待美国、法国、比利时等国专家学者来所访问讲学13人次；输送出国学习11人，工作、讲学、访问16人次。

编辑出版《天然气化学》（英文版）和《合成化学》学术刊物。

成都生物研究所

所　　长：李伯刚
地　　址：四川省成都市人民南路4段9号
邮政编码：610041
电　　话：028-5220920　　028-5210501
传　　真：028-5222753

中国科学院成都生物研究所前身为1958年成立的中国科学院四川分院农业生物研究所。1996年年底在编人员421人，其中科技人员361人，研究员（包括正研级高级工程师等）30人，副研究员、高级工程师等83人，中级科技人员184人。现有在学研究生51人，其中博士生14人，硕士生37人。另有博士后2人。

成都生物所是一个以应用开发为主的综合型研究机构，兼有基础研究、应用基础研究、社会公益型研究及高新技术产业。成都生物所立足四川，以长江上游为其主要研究区域，发掘生物资源，发展生物技术，恢复生态，保护环境和推动经济持续发展。经多年的自身研究工作的区域特色和学科积累，确定将研究所工作的区域定位于长江一线，重点在长江上游地区，进而调整了各学科基础、应用、发展研究比例，除保持一定力量开展基础研究外，重点开展应用基础及应用研究，面向经济建设，为经济的可持续发展开展工作，集中力量加速环境生物学、生物资源学、作物育种新技术及遗传育种学等优势学科的发展。

成都生物所现有微生物学、植物学、动物学、环境生物学、土壤学5个硕士点。

成都生物所设有植物、植化、植物细胞、植物遗传育种、植物细胞非载体遗传操作、微生物、特殊微生物、环境微生物、生物能源、生物化学、两栖爬行动物等11个研究室。

成都生物所标本馆共收集了近25万号维管植物标本和10万号两栖爬行动物标本。植物标本采集的地区面广、属种的数量大，是本馆在省内标本馆中一个特点和优势，已列入世界标本馆名录。两栖爬行动物标本馆在国内外有一定的影响，一直是国内研究中国两栖爬行动物的中心。

成都生物所有液闪计数器、毛细管电泳仪、激光共聚焦图像系统、300MHz超导核磁共振仪、万能研究显微镜等大型仪器。

1996年主要采取的改革措施及其效果：

为侧重于在资源、农业育种以及新药开发等科研工作上进行以提高整体实力为目标的结构调整，突出以任务带动学科建设，以项目带动结构调整，成都生物所组织了跨研究室、跨学科的联合，优化人员结构，在环境治理、农业育种以及天然药物开发等方面进行深入研究和技术开发。

为在研究项目的立项和管理上探索一条研究所企业化管理的模式，促进科技成果的转化，成都生物所投资50万元，建立了“有效生物资源研究中心”，明确该中心要确保研究所的投入资金的年增值率不低于20%。1996年，该中心运作顺利，完成年度经济考核指标。

为了形成一个育—繁—推一体化的现代农业新模式，推动农业科研成果的快速转化，在成都市政府的关心和支持下，成都生物所与四川星光实业总公司合资兴办了“成都赛拓实业有限责任公司”，利用自有的水稻雌不育技术和部分固定资产入股（占25%的股份）。该项目集中了所里常规育种和新技术育种的3个研究室中的50余名科技人员，初步形成了育种技术和成果转化的整体优势。

为深入进行天然药物的研究，加大天然药物开发工作的力度，突出研究所的特色，发挥地奥制药公司雄厚的名牌、资金、人才、资产等优势，地奥制药公司与本所共同筹建的“国家天然药物工程技术研究中心”已通过了国家科委组织的专家论证，即将挂牌运行。

1996年争取和承担的主要科研任务和项目：

成都生物所积极地多渠道争取项目，申报的国家“九五”攻关课题和科学院重大、重点课题以及地方“九五”项目逐项得到落实，1996年争取到各类科研项目40余项，其中国家“九五”攻关项目13项；科学院下达项目6项；四川省科委下达项目12项；国家自然科学基金项目1项；国际合作项目1项；横向委托项目8项。

1996年，列入所科研计划的项目55项，其中国家“八五”攻关项目1项，国家自然科学基金项目18项，科学院下达项目8项，国家计　经、科委下达7项；省市下达项目15项；国际合作项目6项。

在已落实的“九五”项目中，国家科委重大成果推广项目“小麦新品种川育12推广”年度科研进展良好，除在四川大面积种植外，现已推广到贵州、陕西、云南、湖北、湖南、河南、浙江等省，1996年推广面积已达300万亩，比上年扩大40万亩。

为使环保科技成果尽快应用于社会，服务于社会，并向产业化方向发展，成都生物所与四川省社会发展科技开发中心（四川省科委组建）、南充市农业机械科研所就“城市生活垃圾综合处理和资源化利用技术”的开发、推广和应用共同签定了技术合作协议。原四川省副省长、现四川省人大副主任韩邦彦出席了签字仪式，四川省科委社会发展处对该技术的推广和应用予以高度关注和支持，且分别列入了国家科委和四川省的“九五”项目，总经费约60万元。现已着手在四川几个旅游城市进行扩大示范工程，争取尽快创造出良好的社会效益和经济效益。

1996年取得的成果和获奖情况：

1996年成都生物所共有4个课题通过成果鉴定，上报登记3项成果。承担的四川省“八五”重点项目“珍稀濒危植物的利用和维护——红豆杉、黄山药等资源植物规模化基地建设”通过鉴定。该项目通过选种、人工调控、后期施肥等综合措施，解决了抗癌药物原料植物红豆杉和治疗冠心病新药“地奥心血康”原料植物黄山药的快速繁殖、人工栽培的问题，并为规模化基地建设提供了示范。专家一致认为，该项目成果在总体上达到国内领先水平。

成都生物所茂县生态站参加的林业部重点科研项目“长江上游不同类型区防护林体系建设前后生态经济效益监测与评价研究”在四川省科技进步奖初评中荣获三等奖。该站利用当地的地理和气候条件，成功地培育出地奥心血康原料的种苗和提取紫杉醇的种苗，成为研究、开发、培育药物种苗的试验基地。由于将大面积种植，又为当地经济发展、生态建设和解决山区农村剩余劳动力创造了条件，受到当地政府的支持和欢迎。1996年，联合国开发署驻中国官员贺尔康先生和国家经贸委项目组官员一行参观了生态站后，又派联合国专家组组长黄国保等考察，决定将该站作为联合国开发署对四川阿坝州扶贫项目的技术培训点，预计将为阿坝州和茂县争取扶贫款达100万美元，不断扩大其影响。

科技开发方面的工作情况及效益：

为实现科技成果的转化，促进“一院两制”运行机制健康发展，成都生物所共兴办独资公司8家，从事科技开发工作的人员共60人。1996年创产值6亿元，实现利税2.5亿元。

支柱产业地奥制药公司不断拓展，优化结构，集约经营，向多品种、跨行业发展的新领域，加大社会融资力度，培育多个经济增长点，形成产业集团优势。该公司取得的显赫的经济效益令人瞩目，再次被国家科委评为“全国重点高新技术企业”，被中科院评为“优秀科技企业”。总经理李伯刚获“全国十大优秀科技工作者”、“全国十大优秀发明企业家”、“中科院优秀科技企业家”和“四川省优秀企业家”等荣誉称号。中科院院长周光召、国家计委主任陈锦华、中国科协副主席李振声、四川省省长宋宝瑞以及成都市的领导先后到公司视察，予以高度赞赏和评价。脂必妥、黄芪注射液、奥利达等新药的推广亦取得明显效益；白细胞介素、重组多功能因子、哮喘颗粒、酮洛芥缓释胶囊、脂必妥胶囊等新药研究开发工作进展良好，都将报卫生部审评中心审评，同时新立了抗溃疡病疫苗、地奥心血康后继产品、免疫增强剂等新药项目。公司坚决贯彻执行国家整顿医药市场不正之风的政策，加强内部管理，开展自查自纠，自觉规范国家药品生产经营秩序，顺利通过成都市工商局、医药局、卫生局以及纠风办的联合检查；公司与中科院成都计算机应用研究所组建软件公司，与一发明人组建化妆品公司，分别开发软件及精华素系列产品；同时又在国家科委的支持下，拟在香港建设一个标准药厂，以此为“桥头堡”，打开祖国医药产业走向世界的通道。公司在其高速发展的同时，给予了所里丰厚的回报，除按合同每年上交所400万元外，仅专项支持费用又增加了1倍多，1996年共提供经费逾900万元，大大增强了成都生物所的综合实力。

对所属其他独资公司，注意加大了转变公司人员思想观念、适应改革形势、积极开拓市场、参与市场竞争以及加强公司规范运作等方面的工作力度，促使其改变内部运行机制，健康发展。

国际合作与人才培养：

成都生物所采取“走出去，请进来”的方式，积极开展国际合作与交流。1996年共派出18批31人次，赴日本、尼泊尔、法国、德国、加拿大、美国等国及港台地区履行协议、访问、考察、学术交流、出席国际会议等，涉及药物研究、农业、出版、生态环境保护、沙棘开发、建立跨地区制药公司以及科技管理等较广泛的领域。接待来访外宾和港台客人共35批73人次，来自日本、美国、英国、加拿大、尼泊尔、印度、白俄罗斯以及港台的专家学者，就动植物、环保等方面与成都生物所开展合作研究，作学术报告，介绍有关研究领域中国际最新发展动态，沟通信息，使成都生物所抓住了机遇，开辟了新的合作渠道，在天然药物开发、环境治理、农作物育种及生物资源开发利用等领域寻求到新的国际合作伙伴，取得实质性的进展。1996年，执行中的国际合作研究项目有6项，新签署国际合作研究项目3项。

赵尔宓研究员从1988年至今，任亚州两栖爬行动物学会副秘书长兼中国联络员；1991～1993年、1994～1996年连续两届任世界自然保护联盟物种保存委员会中国爬行与两栖动物专家组主席；1987年至今任《亚州两栖爬行动物研究》杂志主编；青年研究员唐亚从1995年7月至今任国际山地中心助理项目官员；吕荣森副研究员任国际沙棘研究培训中心成员。

为加快培养科技骨干的步伐，实现代际转移，结合中层干部换届，经过严格考核，有13位平均年龄在37岁的科技人员走上研究室的领导岗位，其中大多数既为课题组长，又为研究室负责人，承担起某一学科领域中科研工作的重任。所里赋予他们相应的决策自主权，责权利有机结合，使这批科技骨干有了充分施展才能的机会。

结合所重点学科发展方向和任务，按照所里用人计划，经过综合考核和严格把关，新接受本科学历以上高层次人员9人。顺利完成招收硕士生11人、挂靠招收博士生3人的工作。成都生物所把吸引留学生回国工作作为派遣工作的重点转移，不断改善回国人员的经费条件、科研及生活条件，1996年有3人回所工作。

编辑出版《应用与环境生物学报》。下属单位有：中科院成都地奥制药公司、成都科进技术开发公司、中科院成都生物所生物技术开发公司、中科院成都生物所劳动服务公司、四川科生食品添加剂技术开发公司、成都成生技术服务部、成都科生装饰服务公司、成都科成物资供销公司。

成都山地灾害与环境研究所

所　　长：钟祥浩
地　　址：成都市人民南路4段9号
邮政编码：610041
电　　话：028-5214421　　028-5222258
028-5224260-565
图文传真：028-5222258
E-mail：sdb@ntr.cdb.ac.cn

中国科学院、水利部成都山地灾害与环境研究所(简称成都山地所)，创建于1963年，正式成立于1966年5月。现有职工330人，其中科技人员253人，研究员28人，副研究员(含高级工程师)72人，中级科技人员102人，初级科技人员54人。现有环境地理学和土壤学2个硕士学位授予点，自1981年以来共招收研究生16届86人，其中毕业76人，留所45人，与兄弟院校联合培养博士生5名。现有在学博士生3人，硕士生10人。

另有博士后1人。

成都山地所以山地为研究对象，突出山地灾害、山地环境和山地开发利用与保护的综合研究，主要研究领域有：山地灾害与防治（泥石流、滑坡、水土流失和山洪等），环境评价、规划与区域持续发展，山地环境退化与生态建设，山地环境遥感、地图与地理信息系统，土壤生态与肥力。今后在突出和保持山地灾害与环境研究特色的基础上，加强山区可持续发展的研究。

研究所下设泥石流、滑坡、生态环境、遥感与地图、国土开发、土壤、水土保持研究室、地理信息系统应用研究中心、东川泥石流观测研究站、贡嘎山高山生态系统观测试验站、盐亭紫色土农业生态观测试验站等10个研究室级的研究机构。此外，还有附属于有关研究室的金龙山滑坡观测研究站、元谋干热河谷水土保护生态试验站以及物化分析测试实验室等。

为了加强学科之间的渗透和联合，逐步形成有竞争力的"集团军"，成立如下研究与开发中心：山地灾害与防治研究中心，山地资源与环境研究中心，山地城镇与区域经济开发中心，山地农业开发中心，3S应用开发中心。

成都山地所拥有大型泥石流动力学模型实验厅与实验装置，国际领先水平的原子吸收光谱仪和气相色谱仪分别为2台套。此外，还有高精度的GPS设备和先进配套的GIS装置。

1996年度成都山地所承担国家自然科学基金项目9项，国家科技攻关项目1项，"攀登计划"项目1项，院、部级专项支持及重大项目17项，省级重点及应用基础研究项目12项，国际合作研究项目8项，其他横向课题及生产任务40多项。

1996年，全所有15项成果通过验收，其中基础理论成果2项，社会发展和应用发展类成果13项。获奖成果4项。其中国家科技进步三等奖1项，中国科学院自然科学二等奖1项，四川省科技进步奖2项。

1996年成都山地所狠抓科技与管理人才的培养，研究室（站）的干部换届中，有一批年轻优秀科研骨干走上管理岗位，研究室（站）负责人平均年龄由原来的52岁降为44岁；职能处室由原来的8个部门调整为4个部门，负责人的平均年龄由原来的47岁降到现在的42岁。另外，重视优秀年青学术带头人的培养，有4个青年人才破格提升为研究员。

1996年，成都山地所开展国际合作研究与科学考察共8项，主要有中德青藏高原植物生态、气候及山地灾害科学考察、中瑞合作四川雅安陇西河洪水及滑坡防治项目、中日粘性泥石流机理与防治研究、山地危险工程综合培训——中国项目（国际山地中心）、中美合作成都平原稻田痕量气体观测研究、中国南方土地退化研究（联合国环境署）、奥地利C^{137}研究土壤侵蚀等。共接待来自意大利、尼泊尔、韩国、法国、日本、加拿大、美国、德国、瑞士和国际山地中心的外宾13批37人次来所进行合作研究、学术交流、项目洽谈和参观访问。

1996年，成都山地所争取各类开发创收100多万元，所属四川科成实业公司全年完成产值2.9亿元。

中国地理学会山地分会、中国水土保持学会泥石流滑坡专业委员会、中国灾害防御协会滑坡学会、中国第四纪科学研究会应用第四纪专业委员会和四川省地理学会挂靠在成都山地所。编辑出版《山地研究》和《地理》2种学术刊物。

成都计算机应用研究所

所　　长：张海盛
地　　址：成都市人民南路4段9号
电　　话：028-5217501
传　　真：028-5582846
E-mail：jss2@ntr.cdb.ac.cn

中国科学院成都计算机应用研究所成立于1958年11月，建所之初为中国科学院四川分院数学研究所，1960年改为中国科学院四川分院计算技术研究所，1981年改为现名。

1996年全所职工359人，科技人员总数292人，中国科学院院士1人，研究员（包括正研级高级工程师）17人，副研究员、高级工程师57人，中级科技人员134人。现有在学博士研究生9人，硕士研究生 27 人。

学科方向及研究领域:

成都计算所主要从事计算机应用系统集成技术的研究和开发，同时开展数学与计算机科学理论的应用基础研究。经过结构性调整，现设有 6 个研究开发部、中心及相关的实验室，研究开发领域涉及人工智能、软件工程、信息系统、网络与通讯、办公自动化、工业自动化、计算机集成制造系统、大型科学与工程计算以及数理科学等。另外，中国科技网 (CSTNET) 成都网管中心设在成都计算所。

所办及联办公司有润业电脑技术公司、东方电脑技术公司、劳动服务公司。公司面向市场开展产品销售、技术服务等工作；所办计算机培训学校面向社会培养计算机应用人才。

成都计算所设有计算机应用、计算机软件和应用数学 3 个硕士学位点，并与四川联合大学联合培养博士生。成都计算所先后向国外派遣访问学者和留学生 50 余人，与世界 20 多个国家和地区的科研机构、大专院校有学术交流、合作关系。成都计算所拥有包括 IBM3081 大型计算机在内的各种科研设备。

承担的主要科研任务:

1996 年成都计算所在研项目 84 项。其中国家“八五”攻关项目 2 项，“攀登计划”项目 1 项，“863 计划”项目 3 项，国家自然科学基金项目 7 项，国家开放实验室项目 2 项，院长基金、部委专项项目 3 项，中科院留学择优支持项目 3 项，四川省重点支持项目 3 项。同时，面向国民经济建设、承担了横向开发项目 52 项。

1996 年成都计算所完成科研项目 15 项，取得各类科技成果 15 项。成都计算所在办公自动化领域具有鲜明特色。一直处于国内领先水平的计算机会议系统，凭借 20 年研究形成的技术实力，继续赢得中共中央办公厅和全国人大办公厅的信任，承担了为党的十五大和九届全国人大研制“新型计算机选举系统”的重大政治任务。新系统的设计、研制取得重要进展。同时又向云南、青岛、深圳推广了成套会议系统设备。

由中国科学院院士张景中研究员领衔的“定理机器证明”课题的研究，继 1995 年获中国科学院自然科学一等奖后，成果转化迈出了可喜的步伐。在中国科学院的支持下，成都计算所与地奥集团组建公司，共同开发高智能的教育软件，市场开拓与资金支持力度得到大大加强，推广应用前景看好。

面向烟草行业的计算机应用，在技术领域和地域上又有新的拓展。院“八五”重点项目“面向典型应用的 CIMS 技术研究开发”，取得了烟草计算机应用相关领域国内领先、国际先进水平的成果。该项成果已应用于涪陵卷烟厂 CIMS 应用工程；烟丝加香加料控制、多媒体集成信息显示、烟丝称重计量、以及新型数采等技术取得了新的进展，成果已推广到 10 多个省市。

另外，在大型 MIS 系统的设计与开发、计算机网络工程、大字符汉字处理、数控系统、岩盐水溶开采测控、政府办公自动化、自动控制、工业检测等技术领域都取得了一批国内外先进水平的成果。

结构性调整与改革:

成都计算所依据国家“稳住一头、放开一片”的方针和院《结构性调整指导意见》的要求，1996 年继续进行了改革与调整。

在学科调整方面，把计算机应用系统集成作为成都计算所的学科发展方向，从计算机应用基础理论、计算机应用关键技术和计算机应用工程与产品 3 个层次开展研究工作。

在基础和应用基础研究方面，强调以定理机器证明为重点，在自动推理、大型科学与工程计算等方面形成特色，保持国际先进水平；优化基础研究人员结构，在政策上、经费上给予保证和支持。

在应用开发方面，坚持面向国民经济建设，面向行业计算机应用的实际需要，开展计算机集成信息技术、工业测控技术等领域的开发和推广工作。同时，所里设立科研基金，培育和扶持具有应用发展前景的关键性技术的储备和攻关。为实现学科调整的目标，按照逐步实现企业化、产业化、集团化的思路，成立了系统工程部，实行新的运作机制。建立了规章制度。

中国计算机学会西南学会、四川省计算机学会挂靠在成都计算所。编辑出版中国计算机学会会刊《计算机应用》，该刊为我国科技核心期刊，1996 年荣获第二届全国优秀科技期刊一等奖。

成都文献情报中心

党委书记、副主任：任鸿德（法人代表）
地　　址：四川省成都市人民南路4段9号
邮政编码：610041
电　　话：028-5224282
图文传真：028-5220439
E-mail：clcas@rose.cnc.ac.cn

中国科学院成都文献情报中心（又名：中国科学院成都图书馆）是中国科学院设在西南地区的文献情报中心，始建于1958年。现有职工85人，其中研究员和研究馆员4人，副高级16人，中级35人。藏书170万册（件），其中中外文图书22.5万册，期刊1万余种100万册（件），专利文献39万件，科技报告8.5万件。现已初步形成以资源（天然产物，药物）、生物学、化学、环境科学、光学、计算机科学等学科为中心的馆藏结构。中心现设中外文科技图书阅览室、社会科学阅览室（社科期刊、图书、报纸）、检索室、专利文献阅览室、中文期刊阅览室、外文期刊阅览室，所有阅览室均实行开架管理。中心建有“中国专利数据库”（收录1985年以来的发明和实用新型专利）、“中科院成都地区西文期刊联合目录数据库”、“馆藏中文图书数据库”等9个数据库，1992年开通与德国STN、瑞士Data-Star、美国DIALOG系统的国际联机检索终端，1994年开通电子信箱。

1996年，中心加快了图书馆自动化建设步伐，完成MOTOROLA-M922超级小型机及TOTALS系统的安装调试，各业务部门工作站正常联入主机，全馆网络初步形成，整个集成系统（编目、流通、检索）已能初步运转。

中心是四川省科委批准的“四川省科技成果查新咨询中心科分院分中心”和科学院确定的“中国科学院成都科技查新咨询中心”，1996年完成科技成果查新项目46项，通过自动化检索系统为读者检索课题139个。

中心除向读者提供文献借阅、成果查新服务外，还提供参考咨询、情报研究与服务。1996年中心有“长江三峡库区经济、社会、生态环境基础数据及现状分析”和“实用技术信息—食品、轻化工业新技术文献的开发研究”2项情报成果分别获全国科技信息系统优秀成果二、三等奖。1996年中心在研课题3项，即“世界各国高技术发展现状、趋势及对策分析与研究”（中国科学院科技政策局立项、资助）、“SPIE机读型二次文献数据库的开发研究”（中科院出版图书情报委员会立项）、“中成药、新药开发情报调研与服务”（成都恩威制药有限公司委托）。

中心重视国际学术交流，先后与美、英、德、泰、俄等国建有交流关系。1996年中心接待国外来访3批：5月，泰国斯纳卡林大学图书馆馆长查理奥等一行4人访问中心；11月，英国城市大学信息科学系主任罗伯逊教授访问中心（这次访问是英国文化委员会资助的“数据库概率加权检索”合作研究项目的一部分）；8月，美国希顿霍尔大学图书馆馆长来访。

1996年中心科技情报专业招收和毕业硕士研究生各1人，在读研究生3人。

中科院科技情报研究会成都地区工作委员会、四川省图书馆学会成都地区科学院系统工作委员会、四川省情报学会理论方法委员会挂靠在中心。中心负责的文献情报协作网有：中科院成都地区文献情报协作网和中科院西南地区文献情报协作网。编辑出版《天然产物研究与开发》（与三九企业集团医药研究院和成都地奥集团联合主办）和《世界科技研究与发展》（与中科院学部联合办公室、中国工程院学部工作部、中科院计划财务局联合主办）2种公开发行刊物；另有《情报快讯——企业科技信息》内部刊物1种。

中心下属单位有“成都高新技术产业开发信息中心”（内部称开发总公司）

成都科学仪器研制中心

主　　任：孙宏敏
地　　址：成都市锦绣路33号
通 讯 处：成都421信箱
邮政编码：610041

传　　真：028-5211071
电　　挂：5478

中国科学院成都科学仪器研制中心（以下简称成都科仪中心）成立于1959年，其前身为西南分院金工厂，曾易名为成都无线电八厂、四川省科仪厂、中国科学院成都科学仪器厂，1991年起使用现名。

成都科仪中心现有职工396人，科技人员123人，其中研究员2人，副研究员、高级工程师16人，工程师54人，初级科技人员51人。

成都科仪中心是一个以光电引导技术、精密模具加工技术和非均匀测试技术为基础，具有光、机、电综合技术能力的科学仪器研制、生产基地。成都科仪中心下设军工所、电子所、精密模具制造部3个由中心统一核算的实体及应用技术开发公司、科星物资装备公司、棕北生活服务部、劳服司4个独立核算、自负盈亏的公司，成都科仪中心还以合资和投资的方式组建了成都麦克奥迪光电仪器有限公司和四川万达光电仪器公司。

成都科仪中心拥有各类先进的进口电子测量仪器及精细机加设备。其中从日本、美国进口的G18座标，磨床GM-3数控铣床、SG-52F深切磨床等高精设备在成都地区都是屈指可数的。

成都科仪中心从80年代起一直从事体视显微镜、瞬态波形存储器、电子数字毫秒表三大系列产品和高精度位移计，应变放大器烟支测量仪等况光电技术含量较高的产品的研制和生产。设计加工各种电子器件塑封模具和其他精密模具。90年代初又成功地利用光电引导技术完成了数套“886”工程项目，受到了用户的好评和奖励。并获得中船总科技进步二等奖。在“七五”和“八五”期间，成都科仪中心生产的体视显微镜、瞬态波形存储器2个系列产品曾获得国家、中国科学院及四川省的多种奖励。

随着改革开放的深化，成都科仪中心在“九五”规划第一年，按照中国科学院“九五”规划及2010年远景目标的要求，增加了科研开发的投入，加大了资产经营开发的力度。全年共投入一定批量的“886”工程，砂轮修正器小批量投产，并与成都三业投资开发公司达成了联合修建科技综合大楼项目的协议书，使整个中心的经济有所好转，收入达到有史以来的最高水平，为中心“九五”期间开了一个好头。

昆 明 分 院

院　　长：张柏荣
地　　址：昆明市护国路 22 号
邮政编码：650021
联系电话：0871-3324055
图文传真：0871-3324834

中国科学院昆明分院是中国科学院的派出机构，代行管理中国科学院在云南的科研单位。它们是：中国科学院云南天文台，中国科学院昆明植物研究所，中国科学院昆明动物研究所，中国科学院西双版纳热带植物园。

昆明分院的前身为中国科学院昆明办事处，始建于 1957 年，1958 年扩建为分院，1962 年撤销并入当时中国科学院西南分院。1979 年 3 月，经国务院批准，恢复成立中国科学院昆明分院。

分院系统职工总数为1 515人，各类专业人员1 126人，其中高级科技人员 244 人，中级 431 人，初级 451 人，是一支以生物和天文学科为主的多专业的科研队伍。

1996 年是“九五”计划的第一年，也是中科院昆明分院深化改革，埋头苦干的一年。一年来，昆明分院在邓小平同志关于建设有中国特色的社会主义理论指引下，认真贯彻执行党的十四届六中全会精神，按“一院两制”的运行机制，遵照院针对分院提出的“管理、服务、协调、合作”的方针，不断加强与地方国民经济建设和密切合作，努力提高基础性研究和高技术研究水平，加速培养和造就科技人才，基本完成了全年工作目标，为推动科技进步，振兴地方经济贡献了力量。

1. 继续发展和提高基础性研究和高技术研究水平，扩大和深化科研力量对地方经济投入的广度和力度

（1）1996 年昆明分院积极与省政府、省科委、省计委、省经贸委等接触联系，通过多渠道了解，掌握科研计划工作选题重点及热点，及时为所（台）传递信息，组织研讨，积极申报项目，协助各所积极争取地方科技经费支持，并取得成效。在“九五”计划实施的第一年，即 1996 年，已立项 30 多项，项目总经费达1 300多万元（其中应用基础基金 300 万元，攻关项目 95 万元，科普经费 53 万元，跨世纪人才培养经费 97 万元，思茅热区开发经费 70 万元，省院合作经费 563 万元，省财政专项 130 万元等），已相当于整个“八五”期间获得的地方科技经费的总和。这些经费的取得，缓解了往年科研经费紧张的状况，极大地支持了研究所的科研工作。

继续抓好各项业务工作，组织各所成果鉴定 77 项，登记成果 20 项，向省科委申报奖励 6 项，获三等奖 4 项，上择优基金项目 15 项，完成了科技统计工作。根据“边建设边应用”的思想，完成了昆明分院地区的计算机网络建议，各所已有 10 多台客户机接人网络，分院网络上已实现了如 FTP、Telnet 访问 Web 站点，电子邮件和信息查询等。

（2）继续抓好思茅热区联合开发及有关扶贫工作

1996 年昆明分院热区联合开发项目更集中，重点更突出，着重抓了以下三方面的工作：

1）抓粮食科技成果的示范、转化和攻关，按杂交稻区、旱粮区、中海拔粮食主产区三片部署。杂交稻区，抓好制种攻关，攻关面积2 096亩，亩产达 220.45 公斤，比大面积亩产增 94.15 公斤，增长率 74.5%，还引进成都生物所新育的超高产杂交水稻新组合Ⅱ伏 746 试种并获成功，亩产比汕优 63 增 7%

～20%，明年预计扩大示范4 000亩。中海拨稻区占水稻面积的50%左右，且多处山区半山区，其单产提高对于解决山区缺粮意义重大，今年在该区推广合系30号等良种14.5万亩，亩产量324.23公斤，比大面积亩产增36公斤，总增产522万公斤。在山区旱粮区，重点抓杂交玉米制种攻关，攻关面积2 719亩，单产达242公斤，比大面积制种增加15.4公斤，总产达46.22万公斤，不仅满足本区用种要求，还可外调其他地区。

2）抓好开发实体。1996年，昆明分院针对原组建的6个开发实体在管理和经营机制上存在的一些问题，进行了整顿，根据王志东专员提出的“开发实体要以经济效益为中心”的指导思想，加强了成本核算，控制投资，提高科技含量，加强了内部管理，取得了较好成绩，景谷大百茶基地，健全了董事会，明确了总经理，严格执行董事会领导下的总经理负责制，目标管理，鉴定承包合同，进一步调动了管理人员的积极性，目前茶园长势良好，黄炳生副省长视察后很满意，省政府决定投入40万元，要求建成思茅地区乃至全省茶园高投入高产出的样板。“咖啡良种示范场”经努力完成了四百亩定植任务，另种荔枝、龙眼4 000株，目前长势良好，潜在效益可观。

扶贫工作今年获院扶贫先进集体奖，今年组织科技人员到两个扶贫攻坚户灭鼠，灭鼠率达90%以上，保粮20万公斤，获当地群众欢迎。

(3）院省合作项目大部分启动

一年来，经努力，合作中首批协议项目除生物多样性研究中心、人才培养2个协议外，其余已通过论证，鉴订了合同，下列项目已开始启动：

1）滇池污染生物工程治理；

2）三江成矿规律研究；

3）牛胚胎移植技术应用；

4）艾滋病检测计方法研究；

5）烤烟抗真菌病害良种选育；

6）转基因马铃薯选育；

7）水稻、小麦、转基因蕃茄良种引进示范；

8）蒙自现代化示范县建设（万亩吨粮田建设）。

以上8个项目共申请经费300余万元。

2.深化结构调整，加强内部管理，扩大纳横联系

1996年院工作会议召开以后，分院领导及时传达了有关会议精神，并指出院提出了“三片一线”发展战略，选中云南为基点在西南地区建设生物多样性研究基地，这对我们提供了机遇，也提出了新的要求，分院必须更进一步深化结构性调整，适应形势发展。中科院陈宜瑜副院长带领院政策局、协调局、人事局、计划局等部门领导同志到昆明地区开展工作，在进行了大量调研、考察基础上，对分院工作予以充分肯定，并更加具体深入地对昆明分院系统的结构性调整作出了指示，明确了分院系统的发展方向必须搞好自我定位，加快结构调整，发挥区域优势，强化学科特色。

随后，分院结合院工作会议精神和陈宜瑜副院长的指示作了安排和部署，其中主要就结构性调整中生态所并入热植园，组织和带领各部门开展了一系列纷繁、复杂、细致、深入的调研、考察、征询、评估、上报等工作，数月时间卓有成效地处理好了调整过程中带来的一系列问题，基本完成了调整的平稳过渡，为合并后新成立的热植园稳步发展打下了重要基础。

另外，昆明分院把培养跨世纪的人才、促进科研骨干年轻化、管理队伍年轻化作为一项重要工作来抓。经努力，昆明分院系统进入院百人计划1人，进入人事部等7个部委百千万人才工程人选4人，进入云南省跨世纪人才计划18人。昆明动物所所级领导班子在各所（台）中最为年轻，平均年龄为38岁。昆明植物所也大胆启用年轻的优秀人才进入领导班子，效果均很明显。从各所情况看，实验室主任、副主任几乎全部由45岁以下的人员担任，80%的原有课题，也由45岁以下的同志担任组长或副组长。

3. 其他工作

教育方面，超额完成了招生计划，共招收硕士生32名，博士生21名；组织材料上报科学院后评出9名优秀研究生（2名获院长奖学金，7名获地奥奖学金），5名优秀研究生导师，3名优秀教育管理干部。举办中、初级微机培训班三期，为动物所争取到增补博士后流动站，成为云南省第二个博士后建站单位，与科大联合招收的经济管理硕士班，有12名同志获硕士学位，为各所（台）及地方部门培养了高级人才，又扩大了科学院在地方的影响，还与科大函授部联合招收47名学生就读计算机函授大专班，并成立了科大昆明函授站。

外事方面，应泰国方面邀请，组织分院各所及天文台多名专家学者参加多边国际会议，探讨湄公河流域的研究开发，寻求国际间的合作和资助。由动物所牵线，组织各所与美国威斯康星大学建立合作关系，协助动物所成功举办了"第四届亚太地区国际毒素会议"，全年接待来自美、英、日、港、台等20个国家和地区的506人次来访，派出124人前往美国、法国、德国、韩国、印度、南非等20余个国家和地区进行学术交流、进修 参加国际会议等。

云南天文台

台　　长：谭徽松
地　　址：昆明市东郊凤凰山
邮政编码：650011
联系电话：0871-3347087（办）
图文传真：0871-3911845
E-mail：ynaogh@public.bta.nel.cn

抗日战争开始后，原中央研究院天文研究所于1938年从南京撤至昆明现台址。1945年抗战胜利后，天文研究所迁回南京，在昆明原址处留下一个附属的工作站。1947～1952年曾交由云南大学数学系代管，1952年重新成立紫金山天文台昆明工作站。1972年经国家计委批准正式成立中国科学院云南天文台。全台现有职工316人，其中研究员（含正研级高工）14人，副研究员、高级工程师65人，中级科技人员127人。现在在学博士生25人、硕士生11人。

云南天文台是以天体物理为主的天文台，是理科天体物理专业博士点。现分为4个分支学科，在恒星演化理论、活动星系核、地面高精度天体位置测量、人造天体高精度跟踪定位等方面具有世界领先水平的研究。

1996年云南天文台承担着国家自然科学基金、"863计划"和"攀登计划"等项目"日地系统能量传输过程的研究"、"太阳22周耀斑和活动区的多波段观测"、"自适应光学中激光导引星的前期试验研究"、"活动星系核的多波段观测研究"、"类太阳活动恒星和太阳耀斑理论"等在研任务。

1996年全台发表科研论文96篇，获科学院自然科学二等奖1项，科学院科技进步二等奖1项。省、市、部级以上鉴定成果5项，获奖项目3项。上报院成果6项。"双星非守恒演化研究"获中科院自然科学二等奖。"天文时纬观测用于强震预测和垂线变化的研究"获中科院科技进步二等奖。

云南省天文学会挂靠在云南天文台。编辑出版《云南天文台台刊》。

昆明动物研究所

所　　长：季维智
地　　址：昆明市教场东路32号
电　　话：0871-5140390（总机）
传　　真：0871-5151823

中国科学院昆明动物研究所成立于50年代，是由北京的中国科学院动物研究所分出一支扩建而成。1996年所领导班子换届后，新领导班子针对职工思想状况、科研工作、行政管理以及面临的财政困难等情况，从大量的调研工作着手，确立了提高竞争实力，提高职工的凝聚力和提高职工生活水平的奋斗目标。并提出了“内求团结、外求发展、同舟共济、共创辉煌”的总体指导思想及“面对财政困难、维持安定团结、保证正常秩序、创造内外条件、推动改革发展”的近期工作目标。在短时间内摸清了情况，找准了突破口，树立了新班子良好的领导形象。在此基础上，对行政管理、科研机构、科技开发等工作进行了一系列调整与改革，目前全所工作开展顺利。

1996年是争取和落实“九五”项目的关键之年，昆明动物所全年共上报国家基金、省基金、省院合作项目、部委项目、院级项目、地方项目100多项，截止年底，已落实的项目有：国家自然科学基金6项，56.5万元；省基金12项，57万元；省科委主任基金2项，16万元；省院合作项目2项，115万元；省跨世纪学术带头人项目2项，50万元。共计40多个项目，总经费400多万元。

1996年列入科研计划的课题共计101个，为昆明动物所历史最高记录，按研究性质分：基础研究55个，占全部课题的54.5%；应用基础研究29个，占28.7%；开发性研究课题17个，占16.8%。按课题来源分，集中在省级科技计划、国家基金面上项目和横向联系项目上，这三项就占了74个项目。课题当年完成率为88.5%。

1996年昆明动物所共争取到科研经费489.2万元，高于近年平均数。到位经费按来源分：省级项目151万元，占全部经费的30.9%；国际合作项目97.9万元，占20%；国家科委科技计划、院级项目、横向联系所占比例分别为13.6%、13.7%、12.1%，国家基金占9.6%。经费情况表明，昆明动物所在省内具有较强的竞争力。

1996年昆明动物所发表各类科技论文121篇，其中国外杂志8篇，国内学报58篇，其他刊物发表55篇；出版学术专著2部：赵其昆等译著的《野生动物研究和保护培训手册》(28万字)；杨君兴等著的《抚仙湖鱼类生物学和资源利用》(34万字)。获奖4项：施立明、张亚平等同志的“中国特有珍稀若干动物类群的细胞与分子进化”，获中科院自然科学奖一等奖；施立明、张亚平等同志的“猕猴属的分子进化研究”，获1996年云南省自然科学奖一等奖；王应祥等同志的“云南熊类、豹猫资源调查”，获云南省科技进步三等奖；王蕊芳等同志的“昆明自来水水源及出厂自来水化学背景值和水质致突变研究”，获云南省科技进步三等奖。

近年来，昆明动物所国际合作与国际交流日益加强，1996年6月，成功地举办了“第四届亚洲-太平洋地区国际毒素会议”及“首届海峡两岸动物生态学学术研讨会”。

昆明植物研究所

名 誉 所 长：吴征镒
常务副所长：郝小江
地　　　址：中国云南昆明市北郊黑龙潭
邮 政 编 码：650204
电　　　话：0871-5150660
图 文 传 真：0871-5150227

中国科学院昆明植物研究所源于1938年成立的云南农林植物研究所。现有职工338名，其中科技人员242人，中科院院士1人，研究员27人(博士导师10人)，副研究员37人、高级工程师26人，中级研究人员80人，初级科技人员72人。具有植物学博士和硕士授予权，在读博士生16人，硕士生28人；设有博士后流动站，在站博后4人。拥有400～500兆核磁共振仪、高分辨质谱仪、高压液相色谱仪、色谱/质谱联用仪和蛋白质快速层析仪等现代实验设备。图书馆藏书25万册，植物标本馆收藏有高、低等植物标本120万份。

昆明植物所的研究方向和任务是：立足云南，面向西南，以植物学基础研究为后盾，进行合理开发利用和保护植物资源的综合研究，逐步建成我国重要的资源植物学研究基地。

昆明植物所现设有植物分类学和植物地理学研究室、植物化学研究室(中科院开放实验室)、植物生理学研究室、民族植物学研究室和昆明植物园，昆明博达科技开发公司和制药厂是所办科技开发实体。

1996年，全所计划安排了26个项目107个课题。其中国家自然科学基金项目4项，国家科委“1035工程”项目1项，院“九五”重大A级项目

1项，国际合作项目3项，云南省基金项目7项；有7项成果通过鉴定，4项成果获奖，有12项技术申请了国家专利。在国内外学术刊物发表论文134篇，出版专著4部。

由昆明植物所主持的国家自然科学基金委员会重大项目“中国种子植物区系研究”通过验收，被评为A级优秀；由昆明植物所和上海药物所共同主持的中科院“八五”重大项目四种新药研制圆满完成预定任务并通过验收。“蒙自万亩屯粮田试验示范”和“抗病毒马铃薯工程”列入中科院与云南省的合作项目；室内装饰植物产业化等项目进入云南省18生物工程，由国际基金组织支持的“高黎贡山生物多样性保护”和“农村土地资源合理管理与持续发展研究”是与云南省农村持续发展和科技扶贫攻坚密切相关的项目。这些项目的启动使昆明植物所科研为云南社会经济发展服务，提高到一个新的层次。

昆明植物所1996年度继续保持良好国际合作交流态势，分别与世界许多国家开展了广泛的科技交流，与德国、日本、澳大利亚、美国等国家签定了科技合作项目；由昆明植物所主办召开了国际山茶学术研讨会，东亚植物区系特征国际学术研讨会，与日本国立科学博物馆在东京联办了“中国南部植物与菌类展览”，在国内外产生了较大影响。

为提高科研人员素质，加快青年优秀科技人才的培养，1996年昆明植物所通过中科院推荐人选的国家“百千万人才工程”有3人；中科院“百人计划”入选1人；有10名青年科技工作者人选云南省中青年学术带头人；1人获国家杰出青年基金，2人获中科院“西部之光”人才培养计划资助。一批具有较高科研素质的优秀年轻科研人才正在茁壮成长。

1996年，昆明植物所植物化学研究室在参与全国评估的43个国家重点室和开放室中，名列第十二位；植物分类与植物地理研究室，正式申报中科院开放实验室。昆明植物园1996年被确定为云南省植物学科学普及教育基地。

编辑出版《云南植物研究》，该刊被列为国内生物学核心学术刊物，1996年获国家优秀学术刊物三等奖、中科院二等奖、云南省一等奖。

西双版纳热带植物园

主　　任：许再富
地　　址：云南省勐腊勐伦镇
邮政编码：666300
电　　话：0691-8715260
传　　真：0691-8715070

1959年，在著名的植物学家蔡希陶教授领导下创立了西双版纳热带植物园。后经历次体制调整，1996年科学院决定由原西双版纳热带植物园和昆明生态研究所组建新的所级单位——西双版纳热带植物园。

1996年底，全园有职工367人，其中科技人员200人，研究员8人，副研究员31人，中级科技人员67人。在读博士研究生1人，硕士生8人，并具硕士学位授与权。

西双版纳热带植物园自建立以来，始终坚持热带植物资源的开发、利用和保护的研究发展方向。结构调整后，植物园的科学研究方向是：立足云南，面向我国西南（主要是热区）和东南亚，以生物群落和物种为基础，开展生物多样性有效保护及其持续发展的基础和应用研究，为生物环境和生物资源保护、修复和可持续发展作出贡献。围绕着学科定位，研究机构设置为“四室二站一中心”，即混农林研究室、植物迁地保护研究室、森林生态研究室、园林研究室、哀牢山森林生态系统定位站和西双版纳热带雨林生态（生物多样性）定位监测站以及院（中科院）、省（云南省）共建的东南亚生物多样性研究中心等。此外，还有热带植物标本馆、中国唯一的珍稀濒危种子库、珍稀濒危植物迁地保护区、植物生态生理实验室以及混农林系统实验地，这些重要的科研设施和基地为开展科学研究创造了良好的条件。

在科学院及昆明分院的领导下，经过4个月艰苦努力，克服困难，西双版纳植物园和昆明生态所两个单位的合并任务目前已经完成。在合并过程中，通过传达学习和座谈讨论，使大家认识到两个单位联合是中科院西南地区基地建设的一个重要组成部分,联合可使两个单位优势互补,发挥学科优势。之后,在认真研讨的基础上确定了学科定位、研究管理机构设置与布局、各处（室）的工作职责和任务。组建了新的研究室,设置了园办公室、计划处、人事教育处、党委办公室、昆明分部办公室等5个行政处室,以及植物园制药厂、康德科技开发公司、葫芦岛旅游公司、后勤服务中心等4个经济实体。还结合西双版纳热带植物园的实际,在广泛听取意见的基础上,进一步修改完善西双版纳热带植物园“九五”规划和2010年远景目标。经多方努力,国家计委支持1 000万元的二期建园续建工程开始实施。

1996年,西双版纳热带植物园新争取的研究项目25项,上年延续项目51项,共有在研项目76项。其中国家“攀登计划”项目1项,科学院项目8项,云南省重点项目1项,国家基金、省基金及省科委项目15项,国际合作项目13项,其他横向联系项目38项。

1996年,“西双版纳石灰山森林植物区系研究”、“片断雨林的岛屿效应与物种多样性消长规律的研究”2个项目通过昆明分院组织的鉴定,这些研究项目经专家鉴定认为填补了国内空白,达到国内领先水平。有5项成果获各级政府的奖励,其中云南省自然科学三等奖1项,云南省科技进步三等奖2项,中科院科技进步三等奖1项,云南省思茅地区科技进步三等奖1项。获云南省科技进步三等奖的“优良柚子品种勐仑柚的规模推广种植”是西双版纳热带植物园科技人员近30年来精心选育、辛勤推广的结果,累计在滇南地区推广种植1.6万亩,创产值数千万元,为热区山地资源的开发利用、贫困山区的脱贫致富、生态环境的保护作出了贡献。

1996年,西双版纳热带植物园有4个园办实体,从事科技开发人员有76人,全年销售收入679万元,接待国内外游客30多万人。全年共接待来自10个国家的外宾20余批,近100人。有10位科技人员分别到英国、澳大利亚、泰国、肯尼亚和新加坡等国家考察和参加会议。与福特基金、麦克阿瑟基金、老挝乌多姆赛省等国家和组织有着较大的合作项目。

西双版纳热带植物园1996年大事记:

1996年1月3日:副研究员朱华同志主持的“西双版纳龙脑香林群落生态学和区系地理学研究”,在云南省科委自然科学奖评审委员会会议评审中,被评为1995年度云南省自然科学三等奖。

1996年1月16日:中共中央政治局委员、书记处书记、国务院副总理姜春云在云南省委书记高严、省长和志强陪同下视察西双版纳热带植物园。

1996年2月6日:全国政协副主席杨汝岱视察西双版纳热带植物园。

1996年3月12日:为纪念我国著名植物学家、中国科学院西双版纳热带植物园创始人——蔡希陶教授诞辰85周年,西双版纳热带植物园举行隆重的纪念活动。

上午9时,在蔡公村举行了“蔡希陶群雕塑像《树海行》落成的剪彩、揭幕仪式”、“百人签名、植树”的活动,大会上还宣布了首批获蔡希陶基金支持的项目和奖励人员的名单。下午2时,在学术报告厅举行了“热带植物资源保护、开发和利用学术研讨会”。

这次纪念活动有来自国内外33个单位200多人参加,其中有日本热川植物园长木村智,日本京都药科大学后藤胜实,中国科学院院士、研究员吴征镒,原生物学部副主任、研究员过兴先,中科院昆明分院党组书记张家和,中科院昆明动物所副所长熊江,中科院昆明生态所副所长谢寿昌,浙江东阳市副市长李惠兰,浙江杭州康恩贝股份有限公司总裁胡季强,云南省科协副主席蔡仲明,云南省科委副主任刘诗蒿,西双版纳州委秘书长王贵生,西双版纳州科协主席徐定良,西双版纳州科委主任温元凯,勐腊县副县长彭哲等等。代表们纷纷发言,共同缅怀蔡希陶教授一生为植物学事业、为发展云南的烟草业、橡胶业以及香料、药物等经济产业和生态环境的保护所做出的功绩。表示要继承和发扬蔡老及老一辈科学家“开拓进取,无私奉献”的精神,把各自的工作搞好,为“科学兴国”做贡献。

1996年4月2日:全国人大副委员长王光英视察西双版纳热带植物园。

1996年5月11日:国务院总理李鹏一行在云南省委书记高严、省长和志强的陪同下,视察西双版纳热带植物园。李鹏总理在植物园内种植了一棵国家重点保护植物“铁立木”,并3次与植物园领导合影留念。李鹏总理还为植物园题词："奇花异木绚丽风光，热带植物开发保护"。

1996年6月5日：中央军委副主席张万年（上将）在总参谋长曹刚州（中将）、总参作战部长吕登明（少将）、成都军区司令员鲁道开等同志的陪同下，视察西双版纳热带植物园。

1996年6月30日：经国务院学位委员会批准，西双版纳热带植物园主任许再富研究员成为西双版纳州第一位博士生导师。

1996年9月18日：中科院科发计字（1996）0416号《关于组建西双版纳热带植物园的通知》正式确定，西双版纳热带植物园从昆明植物所划出，与昆明生态所合并组建中国科学院西双版纳热带植物园，核定事业编制424人，经费实行全额拨款。并同意设立昆明分部。

1996年12月：自1995～1996年由世界银行贷款建设的"种质库"和"热带生物多样性定位观测站"建成并投入使用。

西 安 分 院

院　　长：安芷生
地　　址：西安市小寨东路3号
邮　　编：710061
电　　话：029-5522688
图文传真：029-5244651
电　　挂：1355

中国科学院西安分院是中科院在陕西的派出机构，与陕西省科学院合署办公，“一套机构，两块牌子”。受中科院和陕西省的双重领导，以中科院的领导为主。其主要职能是领导和帮助中科院设在陕西的各科研机构正确地贯彻执行国家以及中科院的方针政策，对各单位的工作进行督查和服务；组织协调各单位之间的协作和与外部的横向联合，成为中科院与陕西省及其周边地区社会经济、科研开发等方面的纽带和桥梁。

西安分院成立于1978年11月，前身是中科院西北分院。从1953年西北分院在西安筹备开始，随着各个历史时期政治、经济形势的变化以及国家对科学事业方针政策的调整，中科院在西安的机构几经变迁，曾经一度称为中科院陕西分院。

西安分院所属科研单位有：中科院西安光学精密机械研究所，中科院陕西天文台，中科院、水利部水土保持研究所，中科院西安黄土与第四纪地质研究室，陕西省、中科院西北植物研究所。并建有“瞬态光学技术国家重点实验室”、“黄土高原土壤侵蚀与旱地农业国家重点实验室”、“黄土与第四纪地质国家重点实验室”。主要研究领域：光电子学、光学与精密机械、瞬态光学、激光技术、全球环境、土壤、水土保持、黄土高原综合治理、天体测量、高精度授时、自然卫星天体力学、电子学、计算技术等。形成了具有国家级水平、在某些领域居世界领先地位的两个基地，两个中心。即我国瞬态光学技术研究、人才培养、产业发展基地，黄土及全球环境变化研究基地；全国水土保持科研中心和国家授时中心。在空间光学领域形成了以“对地观察技术”及“干涉成象光谱技术”为特色的局部优势；在微小光学领域的多孔径光学研究及仿昆虫复眼寻的末致导技术，中、小型靶场光电测试，设备的研制等方面处在国内领先地位。

西安分院现有在职职工1 893人，其中科技人员1 082人，行政管理人员109人，工人702人。科技人员中具有高级技术职称的330人（正研73人），中级510人，初级242人。西安地区有中国科学院院士10人，西安分院所属单位中有中国科学院院士3人，中国工程院院士2人，国家级突出贡献专家5人，省级有突出贡献专家7人，享受政府津贴的126人。博士生导师28名，在学博士研究生77人，硕士研究生82人，博士后1人。现有博士后工作站1个，博士授予点5个，硕士授予点12个。恢复研究生招生以来，累计培养硕士生417名，博士生131名，博士后已出站4人。

西安分院充分利用与地方科学院合署办公具有的学科互补、便于组织协调两院科技队伍的优势，积极参与了“科技兴陕”各项活动，并将科学治理黄土高原、研究开发秦巴山区生物资源做为两个最主要的方向，组织、协调多学科综合性联合攻关，先后参与建设了陕北黄土高原丘陵沟壑区的安塞、长城沿线风沙区的神木、宁夏宁南山区的固原、陕南秦巴山区的商州、南郑、渭北旱原区的长武、关中平原灌区的渭南等多处科研基地。这些基地长期积累的科学试验数据以及成功的实验方法，为国家和陕西制定社会经济、科学研究规划与高产优质高效农业的发展，提供了大量决策性科学依据和可供示范、借鉴的科学模式。在综合治理科学试验中，先后承担并完成了国家“七五”、“八五”重点科研攻关项目“黄土高原综合治理与农业发展”，为黄土高原高效生态农业经济系统树立了综合治理样板，为国家大面积治理黄土高原提供了科学依据。

开始于1989年的产学研工作，通过与陕西省企业的广泛合作，取得了显著的成绩。有15个项目在最近闭幕的陕西省产学研大会上被评为“陕西省技术开发成果奖”，占全省获奖项目的18.5%，其中获一等奖的有7项，占全省一等奖总数的1/3。这些获奖项目每年可为企业新增产值4.4亿元，税后利润4 794万元。

在努力承担陕西省有关科技工作的同时，西安分院还组织科技人员走出陕西，到科技力量相对薄弱的山西省寻找合作伙伴。1996年12月中旬对山西长治市和运城地区进行了考察，并与长治市政府签定了《科技合作协议书》，制定了一批合作意向书。有的项目已开始取得实际的效益，今后将在这一领域开展更为广泛而深入的合作。

建立西安分院以来的科研成果获省、部级以上奖励的有218项之多，其中国家级奖45项。“黄土高原综合治理定位试验研究”获国家科技进步一等奖，“人卫动力测地”（合作）获国家科技进步一等奖，“长波授时台系统的建立”获国家科技进步一等奖，“现代国防试验中的动态光学观测及测量技术”获国家科技进步特等奖，“毫微秒变象扫描高速摄影机”获国家科技进步特等奖（覆盖子项目之一），“原子弹的突破与武器化”（参加）获国家科技进步特等奖，“氢弹的突破与武器化”（参加）获国家科技进步特等奖。1996年获中科院成果17项，其中获院二等奖1项、三等奖1项；获陕西省科技进步二等奖1项、三等奖1项。

西安分院自1979年以来，已经累计接待国外来宾约2 000批、5 300人次，组织各类学术活动1 250多次，野外考察500多项，在西安组织了7次学术会议。

由西安分院与日本东京大学等科研单位共同主持的“中日黄土高原生物生产持续发展合作研究”顺利进入第三年。这一合作项目是“东南亚及环太平洋地区的环境变化与持续生物技术开发基础研究”的子项目，由于它将中国黄土高原生物生产放在世界大环境变化之中，从而将这一工作提升到具有世界性的高度。目前日方从世界各地将9 060个农作物品种、26个树种、228个草种、13个果树品种等引入陕北安塞，并已提供了资金及仪器设备。加大示范推广力度，获得较大的社会效益，取得更多的资料，尽快地出成果，是这一合作下一阶段的主要任务。

西安分院代管的单位有中国科学院西安专利事务所、中国科学报陕西记者站。专利事务所成立以来，代理申请专利400多件，代理专利无效、撤销10多件；代理专利侵权诉讼案4件。并能够代理向国外的专利申请。中科院西安教育培训中心面向社会招生，目前以培训出国人员提高英语水平为主要任务，常年选聘外籍教师授课。经过多年的建设，该中心已具有一定的规模，取得了可喜的成绩，得到了好评。

以西安分院为依托单位的黄土与第四纪地质国家重点实验室，取得1996年国家计委和国家科委共同组织的地学口国家重点实验室评审第一名。该实验室以黄土、第四纪地质与全球变化的基础性研究为主要任务。目前的主要研究方向是：通过对黄土及其它第四纪沉积物和生物遗存的性质、结构及形成过程的研究，结合我国独具特色的黄土高原地质地理单元和深刻揭示古气候变化的主要动力学因素及过去全球变化的核心内容之一的古季风的研究，揭示第四纪时期自然环境演变的历史，辩明人类活动的环境效应，探索未来全球变化对人类生存环境的影响，为建立黄土高原良性生态循环系统，为我国经济建设及社会发展提供决策依据和建议。该实验室自1995年正式通过验收以来，始终贯彻执行“开放、流动、竞争、联合”和“面向世界、走向未来”的方针，已形成以中青年为主体的、由来自国内不同部门不同学科的科学家以及国外一流科学家组成的国际合作研究群体。既有刘东生院士、安芷生院士、吴锡浩教授等一批国内国际学术界享有盛誉的资深学术带头人，又有一批朝气蓬勃、活跃在国际学术舞台的青年科学家。固定研究人员中，35岁以下科技人员占1/2以上，是一个年轻的实验室。现设“古生物学与地层学”硕士点和“地貌与第四纪地质学”博士点。经过近几年的建设和发展，该室正在成为国内和国际黄土、第四纪地质和过去全球变化研究重要的中心和人才培养基地之一。

该实验室规模：固定研究、技术人员16名，现有国内外客座研究人员50多名。管理工作由固定人员兼任。

实验室主任：安芷生。

实验室学术委员会主任：丁国瑜。

西安光学精密机械研究所

所　　长：赵葆常
地　　址：陕西省西安市友谊西路234号
邮政编码：710068
联系电话：029-8498706
029-5261376转335
图文传真：029-5261473
电报挂号：1080

中国科学院西安光学精密机械研究所（简称西安光机所）经中国科学院批准于1962年3月27日由原中国科学院西安原子能研究所大部、原中国科学院陕西分院应用光学研究所大部、机械研究所全部及自动化所的部分合并组建而成。截止1996年底，全所在职职工856人，其中科技人员444人，中国科学院院士1人，中国工程院院士1人，研究员32人，副研究员、高级工程师127人，中级科技人员199人。

西安光机所是我国首批获得硕士、博士学位授权与设立博士后科研流动站的单位之一，自1978年以来，招收培养了367名硕士生和博士生。现有在学博士生49人，硕士生49人。另有博士后2人。

主要学科方向及研究领域：

西安光机所是从事基础及应用基础研究、产品开发的综合性研究所。其主要学科领域有：瞬态光学、空间光学、微小光学、精密机械、电子光学、光电子学、电子学与自动控制、特种光学材料、光纤传感技术、计算机应用及数字图像处理等。开展了高速摄影及现代国防军工靶场光电测试技术的综合性研究，研制各种光、机、电、计一体化的高速探测装置。

西安光机所是光学领域中一个综合性的研究所，全所业务分为三大块：基础及应用基础研究；现代国防军工科研；高技术创新及产品开发。本所设有瞬态光学技术国家重点实验室、光电子学研究部、光学工程研究部、光学材料研究部、多孔径光学青年实验室、空间光学研究室、微小光学研究室等13个研究部、室和所属研制工厂及完整配套的科研保障与技术服务系统。

瞬态光学技术国家重点实验室主要从事超短激光脉冲，超快过程诊断及超快现象的研究。该实验室是以侯洵院士为首席科学家的“攀登计划”A“飞秒激光技术和超快过程研究”的重要研究工作基地。承担了“攀登计划”子项目8项，1996年11月通过了国家科委组织的专家组的验收。专家组认为，该“攀登计划”项目在“八五”期间做出了很多具有国际先进水平的成果，有些方面还处于国际领先水平，总体评价为A。该实验室承担的8个子项目中仅一项为B，其余全部为A。专家组建议该“攀登计划”“九五”延续，开展进一步的研究工作。该室还承担“863”高技术跟踪2项及院、省重大项目4项。瞬态光学技术国家重点实验室研究方向明确，学术队伍结构合理，设备先进，研究成绩显著，被专家们评为国内一流，国际先进的实验室。

空间光学研究室组建时间不长，该室发挥科技人员优势，并建立了一整套严格、完善的管理体系，是国内有很强竞争力的单位之一，除了承担“921”-2相机任务外，1996年又争取到“863”、“863”青年基金、“九五”国防科技预研等新的课题。该室在“对地观测技术”、“小卫星CCD相机技术”及“干涉成象光谱技术”的研究方面具有优势，近几年已获得院、省、部级科技进步一、二、三等奖共7项。

多孔径光学青年实验室以博士、硕士研究生为主要科研骨干组成的研究部门。该实验室主要致力于多孔径光学的理论与应用基础研究，1996年争取到科研项目5项，总经费21万元。与第四军医大学口腔医学院合作研制的牙预备体三维信息采集及再现分析系统，取得显著进展，该项目对牙体修复告别铸造工艺进入信息时代具有重要意义。在多孔径光学研究方面取得有影响的成果，用微透镜阵列加CCD结合微机图象处理来模拟复眼视觉的理论和实验研究取得了重大进展，目前国际尚无人提出此方案。

西安光机所为了更好的开展基础及应用基础研究，配置有超净实验室（百级、万级）2个约150平方米，建有CAD工作站及配套软件，光学设计Code-5软件，DEC-5400计算机，X射线四晶衍射仪，高档镀膜机（日本进口），显微密度计，激光泵浦源，MOCVD装置，各种分光光度计，测量超短激光脉冲的装置及各种高精度的测量设备。其中高功率氩离子激光器，掺钛宝石可调谐锁模激光器，CRT可调示波器，YLF激光器等设备是由世行贷款购置的。

1996年主要改革措施及效果：

1. 1996年西安光机所在贯彻“科技兴国”战略，加速“三个基地”建设，逐步实现“二个转变”总方针指引下，进行了学科调整，选择优先发展重点学科的基础上，努力促进研究所优势学科领域技术力量的联合，形成整体有序的研究和管理格局。

西安光机所根据科技人员学科领域及从事的科研工作性质不同，从本所的历史现状出发将全所的业务管理分为：“基础和应用基础研究”、“现代国防军工科研”、“高技术创新、产品开发与高技术企业”、“后勤、技术保障及第三产业”四大部分，由所长统一协调、平衡，构成全所统一整体，每一部分业务各由一名所领导分管。

在“基础与应用基础研究”部分，主要在瞬态、空间、微小三个方向发展。以“攀登计划”A项目“飞秒激光技术与超快过程研究”为龙头，以瞬态光学技术国家重点实验室为基地，保持一支精悍的科技队伍，争取在国内处于领先地位，并提高在国际上的知名度。空间光学是西安光机所新开辟的一个学科领域，近几年发展很快，前景光明，在“九五”期间争取到“863”高技术立项及卫星有效载荷“九五”预研项目。微小光学到目前为止，西安光机所在国内仍处领先地位，并被中科院列为“九五”基础与应用基础研究中占优势的学科领域之一。

在“现代国防军工科研”部分，主要服务于国防现代化建设，完成具有高技术创新与跟踪性质工程研制任务。“八五”期间为国家做出了重要贡献，“九五”期间要继续强化，特别是在提高科研生产效率及强化质量控制方面下功夫，为部队提供“放心”产品。

2. 加速优秀青年人才培养。西安光机所提出“九五”期间在“基础与应用基础研究”、“现代国防军工科研”领域培养6名45岁以下学术带头人，具有研究员级的学术水平，能在某些学科分支带领一批科技人员开展研究工作。在开发领域培养3～5名45岁以下具有研究员水平的高级开发、管理、经营人才。1996年度晋升45岁以下研究员1人，35岁以下副研究员10人。在管理岗位上，把政治思想素质好、管理能力强、能得到一线大部分群众拥护的年轻管理人员提拔到管理岗位上来。1996年度已有多名50岁以下的管理骨干提拔为机关处室第一负责人。为了顺利完成新老科技人员的接替，西安光机所规定，所管课题必须有45岁以下学术骨干任课题组副组长。对于研制工厂，除支持设备更新改造外，重视对青工，尤其是特殊技能青工的培养工作。在每个关键工种上都要1～2名30岁以下具有较高技术水平的年轻技工，加强对工人的培养与考工定级工作，促进年轻技术工人队伍的成长。

3. 加强所里的宏观调控能力，改变过去课题分散、凝聚力变弱、所内产生不正当竞争等状态，形成以所为主的整体竞争优势。充分发挥团队力量，利用本所整体人才资源，1996年所里明确提出对研究部、室的分类管理，要求逐步形成学科方向明确，人员结构合理，有一定规模，人数在20人以上以室为核算单位的研究室。对这类研究室，所里给予信息、公共关系疏通及资金借贷等方面的优惠。

4. 加强对机关工作的改革力度，使其走向规范化管理。将原机关管理职能和服务职能分开，大力度的精减、压缩机关编制，走小机关大服务的路子，努力提高机关工作效率。机关管理人员总数控制在在职职工人数的5%～7%，定向服务人员在保障科研生产与搞好生活服务的前提下尽力压缩编制，逐步的实现社会化，变无偿服务为有偿服务。

主要科研任务和项目：

1996年西安光机所争取和承担的主要科研任务有："863计划"、"攀登计划"、"921"-2工程、国家自然科学基金、军工及国防预研重大课题共计45项。其中"863"-2详查普查两用相机和小卫星CCD相机立项研究将对我国空间科学技术发展产生重要影响，1996年度争取到经费1 100多万元。在现代国防军工科研方面，虽然遇到了"九五"计划没有确定的影响，但经多方努力1996年仍争取到了6项，合同总经费达12 001万元。

取得的成果和获奖情况：

西安光机所瞬态光学技术国家重点实验室是"八五""攀登计划""飞秒激光技术和超快过程研究"的基地，1996年取得多项具有国际先进水平的成果。其突出表现为："KH重复频率飞秒激光脉冲放大研究"达到了国际先进水平，在国际上首次实现了Cr：LiSAF激光器的双波长运转，并得到了45飞秒最短激光脉冲；"同步泵浦多波长飞秒激光器的研究"获双波长运转参数的国际最好指标，其三波长飞秒激光运转属于国际首创。诸项科研成果，推动了我国飞秒激光技术和超快现象研究的发展，1996年12月顺利通过国家验收。

西安光机所1996年取得主要科研成果25项，申请专利19项，获得国家及院、省部级奖4项。其中"高速电视及录象系统"拍摄频率达500帧/秒，记录容量2 000幅，填补了我国在全数字式高帧频电摄录像技术的空白，达到90年代国际先进水平，获院军工科技进步二等奖。"飞秒掺铬氟化锂锶铝激光器研究"应用自锁模原理，实现了飞秒运转，属国内首创，获中科院科技进步三等奖。此外，西安光机所与西北工业大学合作研制成功的T-6无人机，获国家科技进步特等奖。西安光机所与国防科工委32基地合作研制的"ZR-1型破片质量自动分析仪"获科工委科技进步二等奖。

科研开发和成果转化：

西安光机所开发研制的"光纤传感火检器"，获1996年国家级新产品证书；"光纤传感测温仪"被国家科委认定为国家级推广项目，并把西安光机所作为技术依托单位。在科技成果产品化、商品化、产业化方面有了长足的进步，西安光机所响应国家和科学院的号召，在与企业组建各种形式的经济实体、把科技成果转化为生产力方面取得了重大进展，仅1996年西安光机所就有数项产品与企业合资，相继成立了"美源科技有限责任公司"、"西安西仪光纤传感系统工程有限责任公司"、"陕西中建实业有限公司"等高科技开发公司。同时西安光机所急企业所急，为企业解决多项高技术攻关难题，产生了较好的社会和经济效益。如荫罩工作版半钢化玻璃，在与彩虹集团公司合作生产中，年产值达5 700多万元，年税后利润达1 480万元，其质量代替日本进口产品，为国内首创，该产品获1996年陕西省及西安市产学研联合开发工程一等奖。另外，西安光机所开发研制的"光纤传感测温仪系列产品"和"电热膜应用技术"，分别荣获1996年陕西省及西安市产学研联合开发工程三等奖和二等奖，两项产品都产生了可喜的经济效益。为了表彰西安光机所在科技成果转化和产业化方面取得的突出成绩，陕西省人民政府给西安光机所颁发了"陕西省暨西安市产学研联合开发工程先进集体"的光荣锦旗。

西安光机所在山东省威海市高新技术开发区建设有中科院西安光机所威海光电子中心，从事X射线象增强器微通道板（MCP）和光电器件的开发工作。

国际合作及人才培养：

西安光机所积极促进和支持国际学术交流和人才的培养。1996年派往美国、加拿大、法国、韩国、日本、朝鲜等国家和台湾地区的访问学者及参加国际会议进行技术合作的共17批43人次。接待来访学者14批21人次，讲学6次。与法国核物理研究中心就飞秒变象管诊断技术进行合作研究。与美国CORDIN公司就铍转镜高速相机合作生产出口印度达成协议。皮秒条纹相机通过香港转口台湾交通大学。派出以侯洵院士为国家代表前往美国参加第二十二届国际高速摄影与光子学会议，西安光机所年轻研究员常增虎，由于在该学科领域成绩卓著而被大会授予沙丁金质奖章。

中国光学学会高速摄影与光子学专业委员会、

纤维光学和集成光学专业委员会、陕西省光学学会、陕西省物理学会挂靠在西安光机所。编辑出版《光子学报》，该刊1996年获院期刊评比三等奖。

西安光机所1996年承办了第一届全国光子学学术会议，为我国光子学发展起到促进作用。

水土保持研究所

名誉所长：朱显谟
所　　长：田均良
地　　址：陕西省咸阳市杨陵区西农路26号
邮政编码：712100
电　　话：0910-7012414
传　　真：0910-7012210

中国科学院、水利部水土保持研究所前身为1956年2月成立的中国科学院西北农业生物研究所。现有职工326人，其中科技人员193人，中国科学院院士1人，中国工程院院士1人，研究员19人，副高级科技人员61人，中级科技人员88人。设有土壤学博士点（博士生导师9名）和土壤学、生态学、水土保持学硕士点。1996年，在学研究生47名，其中博士生26名。

水土保持所以黄土高原为重点，面向全国，解决水土流失区综合治理和开发中的关键科学技术问题。根据学科分支，设有黄土高原土壤侵蚀与旱地农业国家重点实验室、土壤侵蚀、土地利用、土壤地理、土壤肥力、林草生态、作物生态、同位素应用8个研究室及情报期刊编辑部和隶属于中国生态研究网络（CERN）的安塞水土保持综合试验站、长武黄土高原农业生态试验站和固原生态试验站。建有土壤标本室、人工降雨模拟大厅、^{60}Cor同位素辐射源、土壤水分运移模拟、蒸渗仪等设施及步入式植物生长箱、数字图像分析仪、3CCD高带摄录一体机等装备。

1996年水土保持所继续优化结构性调整，明确自身战略定位，确定了重点发展研究领域。积极与产业部门联系，业务范围逐渐向全国扩展，受水利部委托举办了全国水土保持管理信息系统研讨会和全国水土保持科研座谈会。同时加强与地方政府的合作共建，已促成中国科学院与宁夏自治区人民政府联合共建固原生态站，陕西省科委也同意黄土高原土壤侵蚀与旱地农业国家重点实验室同时挂陕西省土壤侵蚀与节水农业重点实验室的牌子和在该所建立陕西省节水农业研究中心。以安塞站为依托的国家杨陵农业综合试验工程技术研究中心黄土高原综合治理工程分部也于年内通过了国家科委的检查验收。

1996年全所列入计划研究课题51项。其中国家“攀登计划”项目“作物抗旱机理及其改善的研究”1项；“黄土高原水土流失区农业综合发展技术研究”、“陕西省节水农业与示范工程研究”等国家及地方科技攻关项目9项；国家及地方科学基金项目12项；中科院“百人计划”资助项目“土壤侵蚀与节水农业”1项；国际合作项目3项；中国科学院和西安分院择优支持项目14项；其他项目13项。获奖成果4项：“渭北旱塬小麦生产综合管理专家系统”，获陕西省科技进步二等奖；“黄土高原沟坡防蚀勘测设计与防蚀技术体系”，获陕西省科技进步三等奖；“宁冬一号小麦选育”，获宁夏回族自治区科技进步三等奖；“土壤非饱合水运动试验系统”，获中科院西安分院科技进步二等奖。另有“黄土高原土壤侵蚀垂直分布定量分析与新技术新方法研究”、“黄土丘陵区高效灌草地建设与生产潜力研究”2项成果分别通过中国科学院及西安分院组织的鉴定。全年在国内外学术刊物上发表的论文或报告207篇，出版专著3部。

水土保持所与美国农业部土壤侵蚀国家实验室、澳大利亚科工组织水资源与土壤研究所、日本东京大学等国外机构保持密切的合作交流关系。目前除正在进行中的“中日黄土高原绿化及农田增产基础研究”、“中俄黄土高原林草植被恢复研究”外，与澳大利亚科工组织（CISRO）合作项目“中澳水土资源合作研究”已开始启动，“矿区复垦预研究”也将启动；与欧共体合作的“土壤侵蚀预报研究”已通过初审。1996年，水土保持所与美国国家土壤侵蚀研究实验室联合筹办1997国际土壤侵蚀与旱地农业学术研讨会。全年共接待国外来访学者7批25人次，选派出国进修、开展合作研究14人次。

中国土壤学会土壤侵蚀专业委员会、陕西省土壤学会、陕西省核农学会、陕西省水土保持学会土壤侵蚀专业委员会挂靠在水土保持所。编辑出版《土壤侵蚀与水土保持学报》、《水土保持通报》、《水土保持研究》3种学术刊物。

陕西天文台

名誉台长：苗永瑞
台　　长：吴贵臣
地　　址：陕西临潼书院东路
邮政编码：710600
联系电话：029-3890326
电话传真：029-3890196

中国科学院陕西天文台始建于1966年，至1996年底有职工639人。其中科技人员315人，中国科学院院士1人，研究员13人，副研究员、高级工程师39人，中级科技人员176人。目前在读博士生4人，硕士生6人。

陕西天文台的主要学科方向是以承担国家授时任务、开展时间频率领域的应用基础和应用研究为主，同时开展有特色的天文学研究。

陕西天文台的重点研究领域有：

时间频率：时间理论、守时方法、精密时频测量、时间传递与同步，授时技术与方法，国防、国民经济建设和科学研究中的时间应用问题等。

天文学：基本天体测量，子午天文，地球自转，太阳系天体的运动理论及近地小天体的观测研究，应用历史天文学，太阳物理及日地关系等。

陕西天文台具有天体测量与天体力学专业的博士学位和硕士学位授予权。

陕西天文台今后发展方向为：保证国家授时任务；保持并发展时频领域的国内领先地位，创办国家时间开放实验室；在竞争中保持和发展有特色的天文学研究；发展民用时频新技术产业，形成包含工业、高技术产业及民用市场的时间系统工程公司。

陕西天文台目前主要科研机构有：短波授时台、长波授时台，时频基准研究室，时频技术应用研究室，时频信号处理青年实验室，时频测量方法和技术研究部，天文学研究部，骊山天文观测站。

陕西天文台具有国内领先水平的科研设施有：短波发射机系统，长波发射机系统，精密时间测量与比对系统，铯原子钟，铷原子钟，1.05米光学望远镜，水平式玻璃子午环，光电等高仪。

1996年陕西天文台承担的科研课题45项，其中纵向课题30项，已完成13项，横向课题15项，全部完成。主要项目有："天文光干涉研究"，"中俄合作等高仪观测与研究"，"以原子喷泉为基准的新型铯频标研究"，国家重点课题"夏商周断代工程中的'夏仲康日食'和'天再旦于郑'的研究"，"自然卫星轨道理论研究"，"X射线密近双星的观测与分析研究"，"慧星、星团观测与分析"等。

1996年陕西天文台共发表科研论文20多篇，出版专著1部——《天文光干涉测量》。

授时工作是陕西天文台承担的国家任务。1996年时间基准仍保持相当好的水平，长短波时号发播较好地完成了任务。长波台全年发播2 920小时，短波台4个频率全年发播26 280小时。执行国内外通信卫星发射任务3次，返回式科学探测卫星任务1次，国际战略武器试验任务3次，基地合练任务1次。

陕西天文台科技开发工作正在不断发展，1996年天琴技术发展总公司下属8个相对独立的经济实体，从业人员109人，实现产值230万元，利润20多万元，上缴国家税金10多万元。

陕西天文台与国际学术界有着广泛联系，目前与美国、法国、俄罗斯、日本、丹麦、新西兰等国家保持有合作研究关系，漆贯荣研究员任国际天文学联合会时间专业委员会组织委员。

人才培养工作采取了以下措施：(1)选拔中青年科技骨干出国留学进修，并力争动员他们回国服务，截止目前共派出48人，已有35人回台工作；(2)加强研究生培养力度，已培养博士生8人，硕士生48人；(3)成立时频青年实验室，为青年人才提供较好的研究和实验基地；(4)对青年科技人员在生活待遇上采取倾斜政策，支持他们安心学习、工作；(5)选拔45岁以下尖子人才担任室主任或课题组长，为青年人才脱颖而出创造条件。

陕西省天文学会挂靠在陕西天文台。编辑出版《陕西天文台台刊》和《时间频率公报》。

兰 州 分 院

院　　长：魏宝文
地　　址：甘肃省兰州市天水路 340 号
邮　　编：730000
电　　话：0931-8825318
传　　真：0931-8821894

1996 年，兰州分院按照 1996 年院工作会议的部署，在研究所分类定位、西北片基地的建设、科研队伍的代际转移、建立新的运行机制等方面进行了卓有成效的工作，取得显著进展。

兰州分院机关自身在“围绕一个中心，强化两个服务，加强三个联系，宣传一个观点”的主导思想下，一年来，在各级领导和全体职工的奋发努力下，基本达到了年初提出的“管理服务上水平、开发经营出效益、教育工作创一流”的预期目标，取得令人满意的成绩。

1. 改革在更深层次上展开

(1) 发挥分院协调服务职能，促进院属各单位的结构调整

根据院 1996 年工作会议提出的“三片一线”科研基地建设的布署，兰州分院不失时机地组织“西北片”工作班子，深入各研究所调查研究，与所领导、科研骨干、管理专家一起共同探讨各单位顶天立地、不可替代的学科领域与综合优势等，经过深入的分类定位研究，从研究所学科优势和现实基础、21 世纪科技发展态势和国际学科前沿、西部地区国民经济建设的需求三方面的结合部着眼，选定了研究领域和主题项目，以及一批优先配置和支持的支撑系统。这些工作不仅使院部西北片基地建设的设想具体细化，还有力地推动各所按照发挥综合优势的总体思路，从学科方向、研究机构、运行机制诸方面进行结构性的调整，也为院部在兰州召开西北片规划会议奠定了良好基础。目前，由西北片基地建设规划小组草拟的“中国科学院干旱、荒漠、高原特殊生态环境地球科学研究基地”的框架设想经反复修改，现已形成综合一稿报院审定。同时，分院系统已有 3 个技术支撑项目，按院总体部署开始启动。

(2) 进一步转变观念，适应环境，为地方经济建设服务

“既是国家队，又是地方队，”这是兰州分院 1996 年宣传的一个观点，也是兰州分院生活在西北这块土地上的研究所必须确立的一种新的观念。尽管兰州分院受到西部经济发展滞后的影响和学科局限等，但是在深化改革中，必须考虑到内部优化要与外部环境相衔接，特别是向市场经济转轨时，要注意把自身调整到适应市场经济发展的状态，使研究所既瞄准国家任务展开竞争，又立足于地方特点发挥作用，既能获得国家的支持，也能得到地方的支持，同时为国家和地方的国民经济建设作出切实贡献。在这一点上，兰州分院通过所长书记联席会、科研管理研讨会等多种形式的探讨，与各所进一步取得共识。主动邀请了兰州市有关单位的领导参观各所，在了解各所的特长后有针对性地提出需要解决的课题或难题供研究所选择，兰州市难题招标 37 个，兰州分院有关研究所正在积极争取承接。通过这种主动在科技兴省、兴市中发挥作用，较好地展现了兰州分院“集团军”形象，进一步拓展兰州分院走向主战场的渠道，同时也赢得地方及社会的支持与协作，为研究所创造良好的生存空间。

2. 为地方服务，起桥梁和纽带作用

在新形势下，分院为地方服务的工作上升到一个新位置，与地方合作，促进地方经济发展，既关系到科学院对社会做出的贡献，也关系到自身的发展。积极地组织和推动各所为地方经济建设做出有贡献

度和创新度的科技工作，提高为地方服务的层次，创造新的服务模式，拓宽服务渠道，是1996年兰州分院工作的重要方面。

(1)走出去，请进来，牵线搭桥找任务

1996年，兰州分院为了更好地了解和解决地方经济建设中的科技问题，采取多种形式与社会各界进行广泛接触。把所长、书记联席会放在平凉召开，借此了解平凉实施"科教兴区"的概貌，参观了部分厂矿企业，本着对地方能做的事一定要积极争取并要做好、不能解决的技术问题牵线引进院内其他研究所的技术和成果的诚意，与行署有关部门领导进行座谈对话，初步洽谈了几项科技开发与成果转化项目，确立了今后长期合作的关系，与兰州市经委、科委对口开展"产学研"交流活动，邀请厅局厂矿领导参观研究所，召开交流会议，收集技术难题；积极参与省、市政府组织的"兰交会"、"西交会"、"产学研联合经贸会"、科教兴市宣传月等有关科技与经济结合的所有活动；组织研究所申请地方各种科技任务等。通过多种院地交流，一些有应用前景的成果及时得到转化，地方部分科技问题也找到了解决的途径，科技人员"服务地方、发展自身"的意识逐渐强化。

(2)解难题，送温暖，寻找新的突破口

榆中县是兰州分院的帮扶点，有关所主动多次深入该县，根据县上的需求，从青海省调进"高原602"春小麦品种2.5万多公斤，及时解决了全县缺少优良春小麦品种的难题。针对该县麦茎蜂病虫害严重的情况，引种了高原生物所培育的抗病春小麦新品种参加区域和生产性试验，比对照品种增产10%。给张家湾综合厂提供的盐湖所的抗水性镁水泥添加剂，应用后提高了菱镁制品的质量，又免费给该厂进行涂料生产工艺的改造，深受厂家欢迎。兰州分院还发挥择优基金组织跨所项目为地方服务的引导作用，先后组织了以冰川所为主的"甘肃盐渍土成因类型及防治措施的调查和试验研究"，以大气所为主的"兰州大气环境污染源分析与治理途径"等地方急待需要解决的课题，并以此作为突破口，加强为地方经济建设服务的力度，建立良好的信誉，为开辟更加广阔的合作前景奠定基础。

(3)抓联合，促共建，使西部中心稳步发展

兰州分院和兰州大学、甘肃省科委联合共建的"西部资源环境科学研究中心"，一年多来在学术交流、科技咨询、人才培养、科学研究等方面开展了许多工作，影响不断扩大。吸引了甘肃省的许多专家和政府部门领导参与西部中心的活动，例如举办10余场规模较大的学术报告会，作报告的人有两院院士、学术专家，也有担任局长、省长的行政领导。报告的内容都是围绕西部和甘肃的工农业、环境、资源问题，大家不定期的汇聚一堂，就西部和甘肃建设的重要问题进行分析研究和决策咨询。该中心择优资助的"甘肃疏勒河中、下游移民迁人区的生态环境演变趋势及可持续发展"等22个科研项目，1996年进行总结验收，个别课题前景很好，经过前期启动，有希望争取到地方更大强度经费支持。还有兰州大学与分院有关所已互聘客座教授20余名，1995～1996两年兰州大学向分院有关所推荐免试硕士研究生14名，这样，大学学科齐全及教学上的优势与研究所研究课题的前沿性及设备的先进性得到互补，双方都很受益。总之，西部中心本着"开放、流动、联合、共建"的方针开展工作，受到甘肃省委、省政府领导的关注，也赢得国家科委基础与高技术司的肯定和经费支持。

近代物理研究所

所　　长：罗亦孝
地　　址：甘肃省兰州市南昌路363号
邮政编码：730000
电　　话：0931-8854834（办）
传　　真：0931-8881100

中国科学院近代物理研究所1956年成立于北京，1957年迁至兰州。1996年底职工总数783人，其中科技人员总数665人，中国科学院院士1人，研究员34人，副研究员、高级工程师169人，中级科技人员184人。在学博士10人，硕士生66

人。另有博士后6人。

近代物理所以原子核物理基础和应用研究为主，是世界上中、低能重离子物理研究中心之一，在世界上享有较高的知名度。主要研究领域是：远离稳定线新核素合成及其衰变性质和核结构研究，低、中能重离子碰撞和热核性质研究，重离子束应用包括辐射材料科学和生物效应研究，原子、分子物理研究和核技术开发研究及加速器物理和技术研究。设有原子核物理专业博士、硕士学位授予点和博士后流动站，重离子加速器研制、核电子学及核探测技术工学专业硕士学位授予点。今后发展方向是：首先在“九五”初期建成有国际先进水平的放射性核束装置，较系统地开展放射性核束物理这一最具活力的前沿领域之一的研究工作，并深入开展远离核合成和热核性质研究及放射性束应用研究，取得一批具有国际先进水平的成果；第二步，争取国家立项，于下世纪初在兰州重离子加速器(HIRFL)上建成重离子冷却储存环(CSR)，以满足未来一二十年我国重离子物理和相关交叉学科国际前沿高水平、多学科的实验研究需要，成为世界上具有更高知名度的中、低能重离子物理中心。

近代物理所分为重离子物理及其应用科研、加速器和技术开发三大部分，共有18个研究室和9个技术开发公司（厂）。经国家计委批准成立的“兰州重离子加速器国家实验室”向国内外开放，该实验室内设青年物理实验室。

近代物理所现有大型实验设备：兰州重离子研究装置（HIRFL）（是世界上7台中能重离子加速器之一）、600千伏高压倍加器强中子源、2×2兆伏串列静电加速器、200千伏重离子注入机和ECR离子源等。

1996年近代物理所采取的主要改革措施有如下几方面：

1. 结构性调整迈出了新的步伐，作出了重点发展放射性束物理的决策，围绕主要科研方向进一步调整了科研力量；专业技术职务聘任工作开始试行“按需设岗，按岗聘任”。

2. 初步建立了以国家、集体、个人合理负担医疗费用为核心的医疗费管理办法，有效控制了医疗费用的浪费和过速增长。

3. 在经费使用上，优化支出结构，在积极增收的前提下，加大了对人的费用投入，在一定程度上起到了稳定科技队伍的作用。

4. 在专利申报上，所里给予申报经费的适当补助，有力地促进了专利发明与申报工作，今年申报专利10项，超额42.8%完成院下达的专利指标。

1996年近代物理所执行的国家自然科学基金项目26项，中科院重大项目1项、国家“攀登计划”B项目1项、“863”项目1项。争取到的科研项目有：“863”项目1项、国家自然科学基金项目7项、甘肃省科学基金项目5项、国家教委留学回国人员科研启动基金项目2项，横向项目2项。

近代物理所承担的中科院重大项目“新核素合成和研究”，1996年又首次合成和鉴别镅的新缺中子同位素^{235}Am，使我国新核素的合成和研究进入了超铀缺中子区。这一成果发表后受到国内外的广泛关注和好评，被两院院士评为1996年中国重大科技事件之一，被《人民日报》编辑部评为国内十大新闻之一。在缺中子稀土区首次合成和鉴别了滴线区新核素^{135}Gd并研究了它的部分衰变性质。这一成果是1983年以来国外几家著名核物理实验室付出很大努力都未能做到的，从而得到国外同行相当高的评价。在奇异核衰变性质研究中，首次观测到了重要的质子滴线核^{69}Kr的β延发质子衰变，并测得其短至30毫秒的半衰期，这一重要成果得到国外权威学术刊物和LBL等实验中心的高度评价。

在低位态能级结构研究中，先后建立了^{130}Ce、^{129}Ce、^{131}Pm和^{239}Pa的部分衰变纲图。

在高自旋态结构研究中，建立了^{209}Fr的约15个能级组成的能级纲图并发现了一个同质异能态。在^{170}Ta高自旋结构研究中修正了国外实验中的错误结果。

重离子束在生命科学中的应用研究，完成了重离子对肝癌细胞的辐照实验并得到了一些重离子治癌研究中的基础数据和资料；采用不同种类和能量的重离子对春小麦种子注入或贯穿辐照，通过4年连续培育，小麦成熟期提前4～5天，抗条锈病，杆矮，小区增产10.6%～70.5%。

1996年，近代物理所获中科院自然科学奖二等奖1项，三等奖1项；获甘肃省科技进步二等奖1项；上报科技成果15项。其中已应用7项，申报专利10项。发表论文302篇，其中国外核心期刊发表24篇；出版专著4种。所属部门在15项(次)工作中被上级单位和地方政府评为先进集体，54人被评为先进个人。

1996年，近代物理所科技开发收入1 163万元，利税177万元。从事科技开发的人数约170人。完成了食品真空冻干这一重要成果向生产领域的转化，为山东建成两条食品真空冻干生产线并通过验收，技术性能全部达到或超过合同规定指标。研制了FSH-M型三相原油含水率自动监测仪、FSH-S型管道含沙率自动监测仪和高精度自动液位测定仪3种新产品。

1996年近代物理所共接待来访、工作和参加会议的外宾31人；派出25人(次)。举办了"'96年国际热核讲习班"和全国第六届核结构会议，全国辐照加速器应用研讨会；参加了2次国家"九五"重大科学工程论证会。与日本大阪大学核物理研究中心、哈萨克斯坦科学院核物理研究所签订了科学交流合作协议。

在人才培养方面，近代物理所组织专家评审委员会从4名候选人中选出2人进入中科院"百人计划"。增聘了5名博士生导师和14名45岁以下硕士生导师，增设了4个硕士生招生专业方向，及引3名博士生来所做博士后。

甘肃省物理学会、甘肃省核学会挂靠在近代物理所。编辑出版《原子核物理评论》、《高能物理与核物理》(核物理部分)、《中国科学院近代物理研究所和兰州重离子加速器国家实验室年报》(英文版)。

兰州化学物理研究所

所　　长：李树本
地　　址：甘肃省兰州市天水路342号
邮政编码：730000
电　　话：0931-8827971
传　　真：0931-8417088

中国科学院兰州化学物理研究所始建于1958年，其前身是中国科学院石油研究所兰州分所，1962年后启用现名。兰州化物所是一所以应用研究和应用基础研究为主，同时大力开展开发工作的综合性研究所。主要学科方向有催化、固体润滑材料、有机合成化学、分析化学与结构化学。兰州化物所在国内率先开展了多相催化选择氧化、匀相催化羰基合成、酶催化以及固体润滑材料的研究，这些领域的科研工作不仅形成了特色，而且在国内处于领先和主导地位。兰州化物所的有机合成和分析化学学科，在有机功能材料合成和色谱特别是毛细管气相色谱领域形成了优势和特色。目前设有1个国家工程研究中心，1个国家重点实验室，1个院开放实验室，另有2个基础性的实验室和6个研究开发中心，3个后勤服务(包括三产)公司。全所现有职工517人，其中专业技术人员356人，研究员39人，其他高级研究技术人员95人，中级科技人员163人。全所有万元以上科学设备约520台，藏书10万余册。

兰州化物所是物理化学、分析化学博士学位和物理化学、分析化学、有机化学硕士学位授权单位，并设有物理化学博士后流动站。1996年兰州化物所共招收硕士生20名，博士生25名，接收进站博士后1名；毕业硕士生13名，博士生26名。

建所以来，已取得重要科技成果290项，其中获国家、省部级以上奖的成果134项。1996年申请专利23件，获授权专利8件；成果鉴定共12项；获奖3项，其中获国家科技进步三等奖1项，院科技进步二等奖1项，院自然科学三等奖1项。发表论文236篇，出版专著3部。

1996年兰州化物所共承担各类科研项目95项，其中国家自然科学基金项目16项，国家军工项目20项，院、部级和横向项目35项，其他项目24项。

1996年，以OSSO国家重点实验室和固体润滑开发实验室为基地的基础研究工作，又取得了新的成绩。OSSO国家重点实验室的甲烷氧化偶联反应机理研究，催化剂表面结构的研究继续取得令国内外同行注意的研究成果。固体润滑开放室的研究工作也取得了突出的成绩，全室1996年共发表论文137篇，其中国外期刊53篇。在"陶瓷材料的磨损与润滑"、"油脂添加剂摩擦化学"、"纳米摩擦学"等方面取得了新的研究成果。

应用研究工作在1966年里也取得了一定的

成绩，比较突出的有：蜡裂烯烃羰化制 $C_7\sim C_9$ 脂肪酸和酯的研究，羟胺催化剂的研制与开发，AF-100阻焦剂的研究及市场推广，微生物驱油技术研究，低温油泥实验方法的研究等。

1996年，兰州化物所开发工作有很大进展，突出的优势为：催化剂及其技术、保鲜材料、特种润滑材料和精细石油化工产品及技术。兰州化物所有3家科技企业已进入兰州市高新技术产业开发区，1996年销售收入566万元，实现利税155万元，上缴所101万元。

甘肃省化学学会和中国科学院兰州分院分析测试技术服务中心挂靠在兰州化物所。编辑出版《分子催化》、《摩擦学学报》和《分析测试技术与仪器》3种学术刊物。

兰州地质研究所

所　　长：王先彬
地　　址：甘肃省兰州市东岗西路324号
邮政编码：730000
电　　话：0931-8882385
传　　真：0931-8418667

中国科学院兰州地质研究所正式成立于1960年2月18日，其前身是1956年7月建立的中国科学院地质研究所下属的兰州地质研究室。1970年与原中科院兰州地球物理研究所等单位合并组成兰州地震大队，转为从事地震科学研究，1976年以其中石油连为主的部分科技人员从兰州地震大队分出，成立甘肃省石油地质研究所，划归甘肃省燃化局，至1978年中国科学院将甘肃省石油地质所收回，恢复并重新组建了兰州地质研究所。1996年底全所共有职工141人，104名科技人员中，有研究员（包括正研级高级工程师）19人，副研究员、高级工程师33人，中级科技人员40人，初级科技人员12人。

兰州地质所的主要研究方向是：探索沉积岩石圈的形成演化规律及其矿产资源（特别是石油天然气等）的形成机理和分布规律；研究地质历史过程中地球各圈层气体的赋存状态、地质地球化学行为和动力学过程以及全球气候和环境演变、地质灾害等领域的基础和应用基础问题。主要学科领域有：石油及天然气地质学、气体地球化学、有机地球化学、同位素地球化学、沉积学、层序地层学、构造地质学、磁性地层学以及环境地质地球化学等。现设5个学科研究室（气体地球化学国家重点实验室、沉积-古生物学研究室、有机地球化学研究室、构造地质学研究室、科技情报信息室）。随着科研体制和结构调整的进一步深化，兰州地质所未来的学科发展方向为：发展石油天然气地质地球化学和气体地球化学，探索石油及天然气成因新理论，开拓勘探新领域和新技术；发挥气体地球化学、有机地球化学、沉积学和地磁学的综合学科优势，开展全球环境变化和环境治理的研究；探索地壳流体（特别是气体）地质作用基础理论问题及其与资源、环境、灾害问题的相关性；研究沉积盆地内流体（油、气、水）与岩石的相互作用和动力学过程。将优先发展石油天然气勘探开发基础理论，地壳内部流体作用动力学过程及全球环境变化与环境治理等学科领域的研究。为此，兰州地质所将继续遵循“开放、流动、联合”的原则，进一步办好气体地球化学国家重点实验室，组建地壳流体资源研究室，以集中学科积累，充分发挥综合科研的优势和实力。

气体地球化学国家重点实验室是在中国科学院1985年首批批准的开放室之一的“生物、气体地球化学开放室”的基础上，于1991年5月经国家计委批准成立的。该实验室的研究方向是：发展气体地球化学，探索地史过程和各圈层中气体的赋存状态、地球化学行为和动力学过程；深入开展天然气资源、环境和全球变化、地球各圈层的演化和地质—地震灾害等领域的气体地球化学基础研究与应用基础研究。实验室自成立以来，始终瞄准国际学科发展前沿，结合我国资源、环境、灾害领域，开展了卓有成效的研究工作，取得了一系列重要成果。1996年4月，该实验室通过了国家计委组织的评估，评估意见中指出该实验室所取得的科研成果“完善和发展了天然气成因理论，达到国际先进水平，其中生物-热催化过渡带天然气的研究，导致扩大了辽河油田、苏北油田天然气的勘探领域和开采范围，达到国际领先水平。”“该实验室稀有气体同位素地球化学研究以及沉积圈中工业储集幔源氦的首次发现,具有国际先进水平。在环境、全球变化、地质灾害等领域的开拓性研究,促进了学科的发展。”

兰州地质所不但有一支实力强大的研究队伍,还有一支技术精湛的实验技术队伍。经过多年的努力,各学科研究室均有本学科相应的实验室,组成了10个分析测试系列。尤其是气体地球化学国家重点实验室,在国家计委和中科院的支持下,配备了具有90年代初期先进水平的完整的气体分析设备,如稳定和稀有气体同位素、微量气体组分等方面的分析仪器及其测试技术在国内外均可居前列。由兰州地质所18个机组组成的兰州分院分析测试中心地球化学分析测试部,经过国家技术监督局全面严格的考核,符合计量认证条件,通过了计量认证。

兰州地质所是经国家学位委员会批准的博士和硕士学位授予单位,现有地球化学专业博士学位授权点和4个专业硕士学位授权点(沉积学、地球化学、构造地质学和地层古生物学),至1996年已招收博士生22人,硕士生101人。现有在读博士生9人,硕士生13人。毕业的研究生均已成为所在单位的科研、教学和生产上的骨干力量。

1996年,兰州地质所在研项目共86项,其中基础研究项目66项,占77%;横向委托项目20项,占23%。

1996年是“九五”第一年,为争取“九五”科研项目和课题,所领导从前两年起就有计划地组织和发动全所科技人员多方位、多渠道的联系科研任务。全所职工的努力收到了良好效果,到1996年底已落实国家攻关、院重点、各类基金和横向项目38项,其中国家攻关项目“中国大中型气田勘探开发”和“塔里木盆地油气勘探开发”,兰州地质所分别为中科院牵头单位和第二负责单位。另外,国家基金和横向项目都较1995年有明显的增加。

1996年,兰州地质所完成的科研成果中有2项获奖。“天然气成因理论及大中型气田形成的地学基础研究”,获中科院科技进步奖一等奖,并被评定为全院4项综合性重大成果之一。该成果提出和完成了“多源复合、主源定型;多阶连续、主阶定名”天然气形成和成藏理论,突破了传统的干酪根晚期成油的概念,对天然气勘探有重要指导意义;通过对天然气形成机制、判识指标和地质成藏条件的系统、深入研究,提出并完善了生物-热催化过渡带气这一新型天然气类型,充实和丰富了“多源复合、多阶连续”的天然气形成和成藏理论;建立了壳幔氦氩同位素的横“人”字型模式和氦、氩源岩年代积累公式,以气体地球化学与大地构造环境相结合,提出了气体地球化学构造域的概念。围绕“多源复合、多阶连续”的理论,系统开展了海相碳酸盐岩、黑色页岩、煤系烃源岩的生气规律研究,干酪根、煤、沥青生气机制的波谱学研究,天然气排烃实验,天然气运移的痕量气体、同位素示踪与包裹体研究,二次运移与聚集的模式研究,天然气形成的大地构造背景、沉积环境与地温场特征研究,提出了天然气形成的地质模式;利用遥感、化探、单井地化评价、重力、地震等方法探测天然气藏的技术机理及应用基础的研究。该项目课题组紧密结合油气勘探的需要,开展了多学科、多兵种综合性联合攻关,取得了理论上有建树、技术上有提高、方法上有创新的一系列成果。该项目的主要研究内容达到了国际先进水平,其中“多源复合、主源定型,多阶连续、主阶定名”的理论,生物-热催化过渡带气的成烃机制,壳幔氦、氩横“人”字型模式,氦、氩源岩年代积累效应以及幔源氦气藏的发现处于国际领先水平。中国石油天然气总公司为该成果出具的效益证明中指出,“这些在理论上和测试方法及勘探技术方法的优选和完善,在生产中得到了验证并收到了显著的效益,从而打破了以成油理论为基础的成气模式,指出了寻找开发1 000～2 500米层段自生气藏的新领域,并在辽河、吐哈、塔里木和胜利等油区显示出巨大资源潜力,做出了重要贡献。”

“青海湖近代环境的演化与预测”项目获中科院自然科学奖三等奖,该项目是对青海湖近二三十年来环境变化的综合性研究成果的总结。成果以青海湖流域最新自然资料为基础,利用多学科综合地研究了青海湖的自然地理、湖水及近代沉积物的组分及形成分布特征,阐明了青海湖近代环境的演化规律,并对青海湖今后的发展作了科学的预测,指出该湖在未来的一万年以内,尽管湖水的含盐度会增加,水域会变化,但却不会迅速干涸。成果还阐明了湖区生态环境的现状、存在的主要问题及对策,为青海湖流域的综合利用和国民经济的发展提供了重要的科学依据。

1996年兰州地质所在国内外各种学术刊物上共发表学术论文114篇。

1996年兰州地质所在优化学科方向、深化和加速结构性调整方面做了大量的工作。发动全所科研和管理人员，在全所范围内就“学科发展和定位”进行了深入和广泛的讨论，审时度势，集思广益，使全所职工更明确了该所的发展方向，增强了竞争意识，进一步调动和激励了职工的积极性。

兰州地质所在承担国内众多研究课题的同时，还积极开展国际学术交流与合作，先后与澳大利亚、新西兰、日本、美国、英国、德国、意大利、法国、朝鲜、独联体及捷克等20多个国家和地区的研究机构和大学开展了国际合作研究或互派学者等学术交流活动，为兰州地质所科研工作的国际交流开辟了广阔的道路。

中国矿物岩石地球化学学会甘肃省分会、甘肃省地质学会石油地质专业委员会及青年地学工作委员会挂靠在兰州地质所。编辑出版《沉积学报》和《气体地球化学国家重点实验室年报》；还与外单位合作并主办《天然气地球科学》学术刊物。

兰州高原大气物理研究所

名誉所长：高由禧
所　　长：刘欣生
地　　址：甘肃省兰州市东岗西路316号
邮政编码：730000
联系电话：0931-8831812
图文传真：0931-8821158

中国科学院兰州高原大气物理研究所（以下简称大气物理所）成立于1974年1月，其前身为北京地球物理所兰州地球物理研究室。1996年底有固定职工218人，其中科技人员171人，中国科学院院士1人，高级科技人员45人，中级科技人员72人。现有在学博士研究生17人，硕士研究生12人。

1996年大气物理所主要进行了科研机构的结构性调整，于年底将原有的8个研究室改建成大气雷电和雹暴、西北干旱、高原气候3个研究中心，并对科技人员进行了初步调整。这一改革措施体现了大气物理所学科优势和地域特色，取得了明显效果。

学科方向及研究领域：

大气雷电和雹暴研究中心的学科方向及目标：强风暴系统动力——电结构理论及其探测、预警研究；雷电放电过程及防护机理的综合研究；人工引发雷电技术的发展、完善及其应用研究；探索新的防雷技术和人工影响天气新方法，减轻雷电和冰雹灾害对工农业生产造成的损失。逐步建成具有世界先进水平的雷电物理、雷电防护、雹暴微物理特征的综合性研究中心。

西北干旱研究中心的学科方向及目标：西北干旱气候分布特征及变化规律、气候形成原因和机理、气候预测及干旱区地气相互作用观测分析研究，西北干旱与全球气候变化关系的研究，建立西北干旱气候数据库，开发西北气候资源等。发展气候动力学和相关的科学理论，为我国西北地区的开发性发展和可持续发展战略提供有关气候环境的科学依据，为西部地区干旱生态环境资源的开发利用及灾害防治等方面提供咨询意见和建议。

高原气候研究中心的学科方向及目标：青藏高原地气系统物理过程及其在季节到年际气候变化中的作用研究，高原与东亚地区十年至百年气候变化的成因与发展趋势研究，青藏高原隆升对东亚和全球古气候和古环境变迁的影响研究。重点积累和完善中国西部气候学和气候变化方面的资料和知识，研究气候变化的理论和预测方法，提供高原及其邻近地区未来短期气候变化趋势的预测意见，为工农业生产和防灾抗灾的布局和计划提供科学依据。通过观测、监测研究、高原数据库的建立、统计分析和诊断分析的研究以及大、中尺度气候数值模拟研究，力争在世纪之交使本中心的综合研究水平达到国际先进，并使这里成为我国高原气候研究和人才培养的重要基地。

大气物理所是大气物理专业博士点和天气动力、大气物理及气候专业硕士点。

大气物理所科研服务体系主要有：计算机室、图书情报室，拥有高性能ALPHA工作站、多通道高速数据采集记录系统、M6464高速摄像机、双线偏振天气雷达等先进的大型仪器设备。还设有平凉冰雹云野外观测试验站及青藏高原（格尔木五道梁）综合观测研究站。

1996年度大气物理所争取到国家自然科学基金面上项目3项（西北干旱气候形成机理的进一步研究、绿洲沙漠相互作用的非线性过程研究、我国西部大气沙尘对地气系统辐射能量收支的影响），其他项目6项，横向联合项目4项。

1996年度大气物理所列入计划的在研项目32项，均按进度执行，其中结题16项，9项取得重要突破或成果。

1996年，大气物理所主持的国家自然科学基金重点项目“雷电物理与人工引发雷电研究”，利用数字化高速摄像系统在国际上首次得到近距离人工引发闪电通道发光度的时空演化特征，发现闪电发展初期流光的双向传播现象以及地面设施对下行流光的引导作用，对闪电激发机制研究和雷电防护具有重要意义。大气物理所主持的“八五”“攀登计划”A“青藏高原形成演化环境变迁与生态系统研究”,已在五道梁连续观测40个月，获得数据60万个，在高原近代气候变动的事实、规律和成因的研究方面取得了一批新的成果和认识。吕世华研究员主持的“区域暴雨增强数值预报系统”，获1996年中科院科技进步三等奖。

国际合作方面,与日本合作的“中国内陆高原雷电综合观测”项目取得了重要结果。

横向任务方面,完成了平凉防雹任务,防雹总投资的效益之比为1：17，达到国内外先进水平。西藏“玉龙铜矿雷电勘测”项目，按期完成任务，首次获取了西藏东部地区的雷电特征资料。

1996年大气物理所有11人（次）分别到6个国家和地区进行工作和学术交流，接待18人（次）来所学术交流及合作研究。其中“全球自然变化及可预报性”、“气候变化对干旱区农业生态系统和水资源的影响”等项目取得较理想的收获。

在人才培养方面，大气物理所采取了特别有力的措施，选拔了3名40岁以下的学术新秀分别担任“3个研究中心”的负责人，特批研究员2人（只有33岁)、副研究员4人。目前，已有40岁以下的研究员3人、副研究员12人，与“3个研究中心”的发展相适应的人才梯队结构基本形成。

1996年录取硕士研究生4人，博士研究生8人，使在读的研究生总数达到29人，其中送外单位在职培养博士生5人，有7名硕士研究生按期完成了论文答辩，获得硕士学位。

编辑出版《高原气象》，该刊是国家自然科学核心期刊之一。

兰州文献情报中心

主　　任：刘全根
地　　址：兰州市天水路324号
邮政编码：730000
电　　话：0931-8823628
传　　真：0931-8825743

中国科学院兰州文献情报中心（以下简称中心)成立于1955年10月，前身是中国科学院图书馆兰州分馆，后曾改名为中国科学院兰州分院图书馆、中国科学院兰州图书馆。现仍同时使用中国科学院兰州图书馆的名称。中心系中国科学院地学情报网牵头单位。

1996年底中心有职工111人，科技人员79人，其中研究员（研究馆员）4人，副研究员（副研究馆员）、高级工程师14人，中级科技人员35人。现有在学硕士生2人。

中心主要在地球科学、资源环境科学、化学化工、核物理学、电子技术等领域为中国科学院驻兰州各研究所的科技工作提供文献情报保障，开展文献情报收藏、书刊借阅、科技检索咨询和地球科学情报研究等工作，同时对外开放，为地方科技和经济发展服务。1996年，中心按照院里提出的建成全院资源环境科学信息中心的要求，发挥已有工作优势，积极开展了结构调整。

中心内设文献采访部、文献编目加工部、典藏流通部、情报研究室、检索咨询组、计算机应用组等研究机构，并开办有信达信息开发部、印刷厂、装订厂。

中心已积累书刊馆藏148万册（件），其中期刊1.2万余种、107.8万册，外文期刊占期刊总数的77%；各类图书27.7余万册，外文图书占图书总量的 54.5%；科技报告和其他特种文献 12 万余册（件）。1996 年，中心接待读者 4.8 万人次，文献流通量达 20.5 万册，文献流通率为 13.8%。

1996 年中心在已完成的集成系统建设基础上，顺利完成了内部局域网的建设，并与全院信息网络衔接，成为全院百所联网工程和文献情报信息网的一个重要组成部分，通过 CSTnet 与 Internet 及国际国内主要信息网络沟通，可广泛开展国内、国际文献情报资料的信息交流和检索。

1996 年中心在情报研究课题中，紧紧围绕资源环境科学技术问题开展工作，并加强了为地方经济发展服务的情报研究。共上报登记成果 10 项，其中“地球科学发展规律特征与对策研究”，荣获国家科委、中科院等五部委科技信息系统优秀成果三等奖。创办的《地球科学进展》、《遥感技术与应用》、《天然气地球科学》、《生态资源环境网络研究动态》、《黄金科学技术》等学术刊物，全年共出版 21 期，约 240 万字。

1996 年中心从事科技开发工作 16 人。科技开发工作坚持以中心文献信息资源和信息技术的优势为依托，对内有偿服务，对外经营服务的方针，积极开拓市场和服务范围，扩大服务项目。1996 年获经营收益 7 万元，同时筹建了科信书社。中心印刷厂遵循“加强管理、稳定发展、面向市场、提高效益”的指导思想，进一步扩大经营规模，1996 年实现产值 120 万元，比 1995 年增长 43%，上交税金 7.1 万元，实现可分配利润 21 万元，成为兰州地区较有影响的科技书刊印刷厂之一。

青海盐湖研究所

所　　长：刘德江
地　　址：青海省西宁市新宁路 18 号
邮政编码：810008
联系电话：0971-6151544
图文传真：0971-6146002

中国科学院青海盐湖研究所于 1965 年 3 月在西宁建立。是以院西北化学所为基础，与北京化学所、兰州地质所等单位的盐湖专业组合并搬迁组建。1966 年 6 月，经国家科委批准与在西宁毗邻刚组建的化工部盐湖化工综合利用研究所合并，隶属中国科学院。

全所现有职工总数 322 人，其中科技人员 221 人，研究员 14 人，副研究员、高级工程师 62 人，中级科技人员 101 人。在科研队伍中，有硕士学位的 26 人，博士学位的 3 人，年末在学博士研究生 2 人，硕士研究生 14 人，博士后 1 人，在国外攻博的 6 人。

青海盐湖所是为了研究和开发我国盐湖资源组建的唯一专业研究机构，以应用和发展为主，兼有基础研究，社会公益性研究的综合性研究所。主要研究领域为：成盐元素无机化学、盐湖化工、盐湖地球化学。不断积累我国盐湖自然基本资料，开展盐湖丰产元素无机盐的分离提取与综合利用，以及产品精细化高值化研究，推进盐湖资源的开发利用，建立和发展我国盐湖科学理论，逐步发展成为我国盐湖研究与开发中心，天然无机盐类高新技术产业的培育基地。

青海盐湖所根据学科特点共设 6 个研究室，分别承担盐湖地球化学、盐卤分析化学、盐湖成盐元素无机化学、分离提取技术及产品高值化、无机化合物制备和计算机应用技术研究。并设有图书情报室。在察尔汗盐湖建有野外试验工作站，在西宁建有盐湖化工中试车间。

青海盐湖所具有无机化学、分析化学和地球化学硕士授予权，与兰州大学联合招收无机化学博士生及与北京地质大学联合招收博士生，有博士生导师共 2 名。1993 年以来共招收硕士研究生 82 人，培养博士研究生 3 人。

青海盐湖所大型仪器设备具有国内外领先水平的有：VG-354 同位素质谱，GBC-908 原子吸收光谱，MT-251 同位素质谱，TG TDA/92 DSC-111 热分析仪系统。

1996 年青海盐湖所进行了定位，在研究对象具体、方向任务明确的基础上，确定青海盐湖所的发展目标。措施：全所编制控制在 300 人左右，二线人员压缩到 30%，机关实行定编定员；以任务带动学科和技术领域，调整布局，选准带头人；精干基础，70%以上的科技人员要集中到应用开发和经济实体上；加大课题成本核算，对课题实行分类管理;理清公司与所里的关系,办好现有技术开发公司和经济实体,确保国有资产保值和增值;加速培养青年骨干,多招研究生;推行"按需设岗,按岗聘任"的用人制度;坚持按劳分配,绩效优先,兼顾公平的分配制度;积极推进社会保险;发展国际合作;加强横向联系和合作,创造有利的外部环境;积极贯彻院省科技合作协议,为开发青海盐湖资源和振兴青海经济作贡献。

1996年青海盐湖所科研项目总数39项(含临时项目4项),其中国家自然科学基金项目5项;院其他项目8项;省级地方项目7项;企业委托项目4项,自选项目15项。

1996年青海盐湖所争取到并立项国家科委科技攻关项目4项,经费315万元;院基础局重点项目1项,经费20万元;院应用发展局重点项目1项,经费10万元;院人事局支持的"西部之光"项目2项,经费20万元;省科委、省经贸委支持项目2项,经费26.5万元。

1996年青海盐湖所获奖科技成果3项,"元素同位素质谱测定新方法及其应用研究",获中科院自然科学二等奖;"柴达木盆地盐湖沉积物的年代学及其古气候和古水文变化特征研究"和"用盐田光卤石和天然无水芒硝转化法制取硫酸钾中间试验",获青海省科技进步三等奖。

青海省化学会挂靠在青海盐湖所。编辑出版公开发行刊物《盐湖研究》。

西北高原生物研究所

名誉所长:夏武平
所　　长:张宝琛
地　　址:青海省西宁市西关大街59号
电　　话:0971-6143282
图文传真:0971-6143282

中国科学院西北高原生物研究所(简称西高所)成立于1962年,其前身为中国科学院青海分院生物研究所,1970年隶属关系变动,更名为青海省生物研究所,1979年收归中国科学院,并启用现名。

截止1996年底全所共有职工209人,其中科技人员145人,中国科学院院士1人,研究员13人,副研究员、高级工程师43人,中级科技人员55人。现有博士研究生13人,硕士研究生17人。另有博士后1人。

西高所属公益性综合研究所,主要开展高寒草甸生态系统、春小麦遗传育种及高产栽培技术、鼠类行为的研究与防治、生物资源的研究与开发、高原动植物进化、高原低氧适应机制、区域社会可持续发展、生物大分子技术应用、野生动物实验动物化、高原动植物生理适应机制等方面的研究。设有生物学博士后流动站,动物学博士点及动物、植物、生态学硕士点。

今后将立足青藏高原,主要开展:(1)青藏高原生态学研究;(2)青藏高原区域可持续发展的研究;(3)青藏高原生物资源的研究与开发。全所设有生态、动物、植物、农业、植物化学、生理6个研究室。还设有海北高寒草甸生态系统开放实验站(院级)、皋兰农业生态试验站(兰州分院)以及青藏高原生物适应性分子生物学与细胞生物青年开放实验室(所级)。现有动、植物标本馆2座,收集的动、植物标本具有明显的青藏高原特色,在国内乃至国际上都具有典型代表意义。

1996年6月西高所领导班子换届,新班子上任后,面对全院的改革形势,首先进行了深入细致的调研工作,在总结以往经验教训的基础上,逐步制订和完善了各项规章制度。进一步强化培养跨世纪人才的工作。按照科学院的总体安排,在全所施行了按需设岗,按岗聘任等工作。

1996年西高所争取国家科技攻关项目1项,国家自然科学基金项目2项,院生物分类区系特别支持项目1项,青海省攻关项目1项,院"西部之光"项目1项,兰州分院择优基金项目1项,企业委托项目3项,其他基金项目1项。

1996年西高所承担国家科技攻关项目1项,国家"攀登计划"项目1项,国家科委重点项目子课题1项,国家自然科学基金项目9项,院生物分类区系特别支持项目6项,国家或部门开放实验室(站)项目11项,地方科委项目6项。

1996年西高所取得的主要成果有:(1)世界蝗虫及其近缘种类分布目录(英文版);(2)光合作用促进剂的研究和应用;(3)秘境昆仑科学探险

纪实。此外，"春小麦新品种'高原602'的选育、研究和扩大"，获国家科技进步三等奖。选育的品种具有高产、抗旱、早熟、适应性广的特点，在青海、甘肃、宁夏等省干旱、贫穷地区大面积推广种植，取得了显著的经济效益和社会效益。

1996年西高所接待俄罗斯科学家2批。与美国加州科学院、英国自然博物馆、英国爱丁堡植物园联合对青海玉树地区进行植物考察。有2位研究员在国际组织中任职，郑昌琳副研究员任国际自然与自然资源保护联盟物种幸存委员会下属啮齿类专家组成员；蔡桂全研究员任美国哺乳动物学会成员和世界自然与自然资源保护联盟濒危物种委员会羊亚科研究专家组成员。派3人次赴国外参加会议、讲学、考察。

为吸引更多、更好的人才，多途径、多形式的宣传和调查工作，深入高校，多渠道引进生源，竭力为他们创造好的条件。与北京的中科院植物所、遗传所联合培养植物学专业博士研究生，鼓励和支持在职人员的培养和继续教育。

西高所有大小公司5个，其中兰州三极生物资源技术公司和西宁三极生物资源技术开发公司，主要从事科技开发和推广工作。1996年这2个公司围绕着西高所开发出的国家一类新药"塞隆骨"及其系列产品展开工作。针对西高所公司的实际状况，下一步将依据《公司法》和科学院有关规定，整顿公司，规范企业行为，使企业尽快适应市场经济的要求。

青海省动物学会、青海省植物学会、青海省昆虫学会、青海省生态学会、青海省兽类学会、青海省微生物学会挂靠在西高所。编辑出版的学术刊物有：《兽类学报》、《高原生物学集刊》、《高寒草甸生态系统》。

兰州冰川冻土研究所

名誉所长：施雅风

所　　长：程国栋

地　　址：兰州市东岗西路260号

邮政编码：730000

电　　话：0931-8826725（综合办公室）

传　　真：0931-8821894

中国科学院兰州冰川冻土研究所成立于1978年5月，前身是1958年组建的中国科学院高山冰雪利用研究队，后为中国科学院地理研究所冰川研究室，1965年与由北京迁往兰州的中国科学院治沙队合并建立中国科学院兰州冰川冻土沙漠研究所，1978年冰川冻土和沙漠分别建立研究所。

全所现有职工340人，其中科技人员243人，中国科学院院士2人，研究员（包括正研级高级工程师）28人，副研究员、高级工程师63人，中级科技人员117人。现有在学研究生36人，其中博士生24人，硕士生12人。另有进站博士后5人。

兰州冰川冻土所主要是研究冰川学和冻土学的科学研究机构。从事中国高山、高原、北方及南北极地区的冰川、积雪和多年冻土为主要对象的研究工作，主要的学科方向为研究冰冻圈及其与大气圈、水圈、岩石圈和生物圈的相互作用，解决寒区国土整治、资源开发、环境保护、减灾防灾方面的重大关键科学技术问题。学科发展的重点领域是：冰冻圈与全球变化，冰、雪、冻土的基本性质与过程及其控制，寒区工程与减灾防灾，干旱、寒冷地区水资源，"3S"技术在寒区研究中的应用。同时，积极拓展的研究领域是：低温生物学，低温应用工程，干旱寒冷地区人地关系等。学科发展形成了以中国中、低纬度高山、高原区域冰川学、极地冰川学、冻土学和冻土工程科学的研究中心，也是国际上冰川冻土学科中心之一。

兰州冰川冻土所是国家自然地理学的博士、硕士学位授予点，并设有博士后流动站。

兰州冰川冻土所现有11个研究、技术室（站），其中有冻土工程国家重点实验室、冰芯与寒区环境院开放实验室、天山冰川观测实验开放站、青藏高原综合观测研究站、WDC-D中国冰川冻土学科分中心。具有完备的大型低温实验装置和国内最先进的环境因子分析仪器，如：MTS动三轴实验机、CT断层扫描仪、电感耦合等离气体质谱仪，WAT-252气体质谱仪等。

1996年兰州冰川冻土所围绕经济与科技发展趋势和"九五"立项任务两条主线，基本完成了研究所的分类定位、科研组织结构的调整重组和学术青年骨干的代际转移。

1996年兰州冰川冻土所安排科研项目90项,经费收入约450万元;上报科技成果14项,有10项“八五”科研项目通过中科院组织的验收鉴定。其中国家攻关项目1项,国家重点基金项目1项,国家“攀登计划”项目2项,院特别支持项目1项。1996年兰州冰川冻土所在冰冻圈研究工作方面迈上了新的台阶,以冰冻圈现代过程为重点,并取得丰富的阶段性成果;对318国道雪害研究,完成工程地质评价和提出相应设计原则,获得公路勘察设计部门的充分肯定;完成新疆独库公路泥石流防治研究报告,得到新疆政府部门的高度评价,国家“九五”攻关项目“西北水资源合理开发利用和生态环境保护”进行了前期研究工作,冻土工程国家重点实验室通过国家评估进入B类,冰芯与寒区环境实验室通过院的开放评议,成为院的自费开放实验室。

1996年是兰州冰川冻土所科研工作“八五”成果的丰收年,获得科技成果奖7项,其中秦大河等的“横穿南极科学考察冰川学研究”,获得院自然科学一等奖;王彦龙等的“中国雪崩研究及其防治”,获院自然科学二等奖;朱林楠等的“214国道和272国道冻土工程地质勘探与评价”,获院科技进步三等奖;米德生等的“中国雪山地图”,获甘肃省科技进步二等奖。另外,兰州冰川冻土所与成都山地所合作完成的“川藏公路南线泥石流灾害防治”,获得国家科技进步三等奖;兰州冰川冻土所与北京地理所等单位合作完成的“青藏高原地图集”,获得院自然科学三等奖;兰州冰川冻土所与兰州地质所合作完成的“青海湖近代环境的演化和预测”,获得院自然科学三等奖。1996年兰州冰川冻土所科技人员在各类刊物上发表论文240多篇,出版专著3部,论文集2部。并成功地举办了“全国第五届冰川冻土学术”讨论会,主办了“南极冰川学”国际会议。

1996年,兰州冰川冻土所国际合作与交流工作以新兴学科领域为重点,执行计划项目15项,来所合作研究和访问学者22人次;派出人员13人次,组织在兰召开了2个国际学术会议。主要的合作研究项目有:“中挪合作Svalbavd地区现代冰川学研究”、“中美希夏邦马地区的冰芯研究”、“中日冰川水文合作研究”、“中日青藏高原湿地泥碳地和冻土表面甲烷排放合作研究”、“中俄西伯利亚铁路沿线冻土工程综合考察”等。施雅风院士是英国皇家地质学会国外名誉会员,程国栋院士是国际冻土学会主席,秦大河研究员是国际南极科学委员会冰川学常设工作组副主席,冯学智研究员是第三世界科学院遥感学会副主席。

中国冰川冻土学会挂靠在兰州冰川冻土所。编辑出版学术期刊《冰川冻土》和《冰冻圈》(英文版)。

兰州沙漠研究所

副 所 长:刘新民(主持工作)
地　　址:兰州市东岗西路260号
邮政编码:730000
电　　话:0931-8847604(办)
图文传真:0931-8883209

中国科学院兰州沙漠研究所是以沙漠和沙漠化为研究对象的综合性科研机构,前身是成立于1959年的中国科学院治沙队,1965年移师兰州,与冰川冻土所合并,1978年由中国科学院兰州冰川冻土沙漠研究所分出扩建而成。全所现有职工256人,其中正高级科研人员16人,副高级56人,中级82人,初级32人。现有在学博士研究生10人,硕士生20人。另有博士后3人。

兰州沙漠所面向全国沙漠地区,主要开展具有应用前景的基础研究和基本数据与资料的积累性工作,并围绕重大应用课题,开拓新的防沙科学领域,探索防治原理与新的防沙措施和途径。通过对沙漠和荒漠化地区自然环境、生态资源综合调查分析和长期监测,探索基本规律,为综合利用沙区资源、保护沙区生态环境和农业的持续发展提供宏观的决策依据和优化的发展模式。根据国家建设对沙漠学的要求、沙漠学科的国际前沿热点和本所学科优势,按照西北片基地建设的方针,兰州沙漠所调整学科布局,确定近几年优先发展的学科为:(1)风沙物理学和沙漠环境;(2)沙漠化机制及其生物学基础;(3)沙漠化防治技术体系;(4)沙区农业工程及其示范基地建设。其中前2

个学科为稳定和提高的基础研究，(3) 为面向主战场延长与深化的应用基础研究，(4) 为科研-生产-经营一体化示范研究。兰州沙漠所是国家学位委员会批准的硕士和博士研究生培养和学位授予单位，现有硕士研究生导师25名，博士研究生导师5名。至1996年底，已培养博士研究生15名，硕士研究生65名，博士后1名，并设有博士后流动站。兰州沙漠所今后发展方向是：调整学科布局，改善支撑体系，改革运行机制，改善管理、加速人才培养，把沙漠所建成国内不可替代的，无愧于国家期望的沙漠与沙漠化国家队。

兰州沙漠所目前设有7个研究室（风沙地貌与第四纪地质研究室、沙区水土资源研究室、沙漠植物研究室、沙漠化监测与遥感研究室、风沙物理与风沙工程研究室、信息资料中心、综合分析与环境评价室)、4个野外站(沙坡头沙漠试验研究站、奈曼沙漠化研究站、临泽荒漠绿洲试验研究站、延津风沙化土地综合治理试验站)。在山东禹城、宁夏盐池、新疆塔中、西藏日喀则、南昌和北京大兴还设有6个野外试验基地。

1996年度兰州沙漠所承担的科研课题55项，其中国家和部委科技攻关项目7项，院重大、重点区域开发前期研究项目4项，国家基金面上项目16项，其他基金与分院择优基金项目6项，部委和地方委托项目16项，国际合作项目6项，院开放站项目1项。1996年度完成的主要重大项目有：部委专项“塔克拉玛干沙漠油田基地环境观测与防治绿化先导试验”，该项目在沙漠腹地流动沙地上引种固沙植物、种植各种蔬菜，并利用盐水灌溉建成塔中绿化基地，现已成为沙漠腹地的人工景点。温家宝、李铁映等中央领导同志于1996年先后视察了绿化基地，称赞该项工作是“绿化沙漠、伟大的创举”。西藏自治区项目“日喀则江当沙漠化土地综合整治试验示范”课题组8名青年科研人员，在自然环境与生活条件都十分艰苦的条件下，采用了适合当地的固沙措施，首次在西藏露地栽培草莓、地膜栽培西瓜、甜瓜获得成功，应用地膜穴播技术种植小麦获得高产，被国家科委和自治区领导盛赞为：“这是西藏高原农业史上的一次大突破”。1996年兰州沙漠所还承担了对外经贸部援外项目“马里沙漠化治理考察”。课题组的8名专家冒着酷暑在马里北方沙区实地调查，又在十分短促的时间内高水平高质量地完成了考察报告和治理技术方案，受到中国驻马里大使馆的表扬和对外经贸部的好评。同时，很好地执行了其他6项国际合作项目，接待了来访外宾21批68人次，并探讨了进一步合作的途径。

1996年，兰州沙漠所登记科技成果7项，有4项科技成果获国家和院省级奖励，其中兰州沙漠所作为第二完成单位承担的“八五”国家科技攻关项目“塔里木沙漠石油公路工程技术研究”，荣获“95全国十大科技成就”奖和国家科技进步一等奖。地方委托项目“金川老尾矿库覆盖工程”，获国家环保局科技进步三等奖。“八五”国家科技攻关项目“科尔沁沙地生态环境综合整治途径、模式和配套技术研究”，被国家计委、国家科委和财政部评为“八五”国家科技攻关项目重大成果奖。此外，《中国沙漠植物志》(3卷）和《中国沙漠形成演化与气候变化》成果，经专家鉴定，认为达到国际先进水平。1996年全所发表论文125篇，出版专著5部。

编辑出版《中国沙漠》和《中科院沙坡头开放试验站年报》，参加编辑出版《国外地理文摘》和《中国地理文摘》。

新 疆 分 院

院　　长：程秉钧

地　　址：乌鲁木齐市北京南路40号

邮政编码：830011

电　　话：0991-3835430

电　　传：0991-3935229

中国科学院新疆分院1956年开始筹建；1960年正式成立；1972年新疆分院撤销，所属研究所划归自治区科技局领导；1978年经国务院批准，恢复重建中国科学院新疆分院。1996年底新疆分院人员总数1 216人（分院机关308人），其中科技人员908人，研究员（含正研级高级工程师）37人，副研究员、高级工程师217人，中级科技人员416人。在学博士生27人，硕士生45人。

新疆分院所属研究机构有：中国科学院新疆生物土壤沙漠研究所、中国科学院新疆地理所、中国科学院新疆物理研究所、中国科学院新疆化学研究所（均为地、厅级）和乌鲁木齐天文站（县、团级）以及8个野外台站，还设有图书馆（又称文献信息中心）、科仪厂（又称科学仪器研制中心）。

1996年新疆分院改革的重点是：按照“三片一线”宏观结构调整的部署，优化学科结构，准确定位，探索新的组合，寻找科技与地方经济建设的结合点。根据新疆分院40年学科的积累和形成的独特性，结合为地方经济建设服务的宗旨，把握深化改革的正确导向，体现生存与发展的自我价值明确提出了以应用研究为主，任务带学科的发展方向，在准确定位上狠下功夫；同时按照中科院党组关于新疆生物土壤沙漠研究所、新疆地理所合并重组的决定，组成了两个所所长、书记参加，分院主持的联合筹备组，在自下而上的反复酝酿讨论、统一认识的基础上，形成了重组的方案，1996年10月上报院党组。

1996年新疆分院列入科研计划的项目共149项，实际执行155项。其中国家科技攻关、“攀登计划”项目10项，国家自然科学基金项目20项，院重点项目43项，地方和横向项目57项，国防基金、预研项目7项，所级项目9项，国际合作、留学基金项目等9项。新疆生物土壤沙漠所承担的“科教兴新”首批合同项目《渭干河灌区中低产田的治理与综合开发》，经过4年的努力，全面超额，优质完成了合同指标，示范区和辐射面积分别达到15.22万亩和4 254万亩，分别超出合同要求5.22万亩和17.24万亩，示范点和示范区粮食亩产分别超出指标点104.5公斤和51.3公斤，棉花亩产分别超出合同15公斤和15.9公斤，人均收入分别超出合同指标403.5元和607.6元（1996年人均达到1 600元）；在保证粮食总产增加的同时，示范区棉花总产增加326.44万公斤，而合同要求增加数为29.42～44.05万公斤，同时实现“点上开花，面上结果”，带动了新和县全县农业生产面貌的根本变化，粮棉单总产和人均收入大幅度提高，实现了全县脱贫。在验收中，该项目完成指标情况，科技含量、效益和带动示范4个衡量标准，全部达到了“优”的标准，该县县委作出了向中科院课题组学习的决定，号召全县党员干部群众向课题组学习。

新疆分院成果鉴定验收28项，申请专利23项。共获各类奖18项。其中国家科技进步奖三等奖1项，国家“八五”科技攻关总结表彰大会奖2项；中科院科技进步三等奖2项；自治区科技进步二等奖4项，三等奖2项，四等奖4项；新疆生物土壤沙漠所作为主要参加单位完成的《塔里木沙漠公路工程技术研究》1995年被评为“95年全国十大科技成就”，1996年被评为国家科技进步一等奖。这条世界第一条沙漠公路的修建，标志着我国沙漠研究和沙漠工程技术水平已达到了国际领先水平。另外，在

1996年11月24日国家召开的“八五”科技攻关表彰大会上，该所主持完成的《塔克拉玛干沙漠南缘绿洲过渡带生态环境综合治理技术及试验示范研究》、《塔里木沙漠公路工程技术研究》2项成果获奖。1995年2项联合国奖获得者张鹤年研究员，光荣地出席了表彰大会，并以突出贡献和先进个人得到了双重奖励，受到了江泽民主席等党和国家领导人的接见。这是新疆分院建院40年来的首次，既是新疆各族科技工作者的光荣，也是新疆分院全体职工的殊荣。

经过调整新疆分院开发公司共27个(分院机关6人)，从事开发工作的各类人员277人，占新疆分院职工总数的18%。据不完全统计，新疆分院总经营额3 212万元，利润409.89万元，开发工作在新疆分院发展很不平衡，大多数公司没有自己的特色和优势，只能起分流人员，养活几个人的作用。唯新疆物理所在社会上已经找到了自己的位置，1996年是该所实施“九五”期间高新技术企业发展要走向规模化的一年，他们提出了“质量是生命，生命只有一次”的口号，广泛开展了职工培训，建立健全了质量保障体系和管理制度，制订了产品的7项标准，热缩材料有限公司坚持按“热缩材料系列产质量检验标准”严格组织生产，按照公司“96质量与市场年工作计划”，公司经理具体负责逐项落实，生产的“电力电缆热缩终端附件产品”在1996年3月通过了电力部武汉高压所严格鉴定，得到了国家的认可，具有法律效力的国家电器设备质量检验测试中心颁发了《质量报告》；5月由新疆电力局主持召开的“新疆热缩材料有限公司10千伏变电缆户内、外终端、中间连接热缩附件进入网审查会”正式发文，同意该公司产品批量进入新疆电网使用；6月又经新疆标准局考核颁发了“产品合格证”；9月新疆电力局又明确规定：从97年元月起，10千伏电缆接头安装工程必须由持证人进行，安装人员的上岗培训，考核发证等具体工作由新疆物理所和新疆电力局负责组织实施。以过硬的产品质量得到了当地电力主管部门的认可和支持，市场前景美好。

新疆生物土壤沙漠所和新疆地理所两所与东亚等国的科技合作和交流已坚持多年，保持着稳定的发展，天文站南山甚长基线站加入亚洲和欧洲网后，与日本、美国、澳大利亚等国的科研机构建立并加强了合作，合作水平得到了外国专家的肯定和好评；其他研究所也在积极探索合作的途径，拓展合作领域。7月召开了中科院部分分院、研究所科技外事研讨会，广州分院、广东省科学院及所属研究所，昆明分院和研究所，新疆分院和研究所等，各单位主管外事的领导，外事处负责人或干事出席了会议，探讨了在改革开放和市场经济条件下，外事工作如何更好地拓宽合作渠道，为科研服务，如何加强交流与合作等进行了研讨，启发了大家的思路，达到了预期的效果。人才培养按计划有序地进行，有7位50岁以下的同时先后走上分院、所的领导岗位，一位同志被中科院特批为研究员，中科院实施的“西部之光”人才工程，我院按要求进行了遴选和评审。

新疆分院作为中科院在地方的派出机构，在贯彻“面向、依靠”方针和协调区域内科技力量促进院地合作，发挥科技优势，为区域经济发展做贡献方面发挥着不可替代的作用，基于通过与地方的结合，使各所在学科设置，服务背景以及解决地方经济和社会发展重大问题等方面，培养协同作战的能力，提高整体显示度，通过与地方全面的科技合作，扶持地方经济发展，有利于我们在实践中寻求新的学科增长点，增强做大事的能力，体现存在的社会价值，赢得信誉，通过科技合作的形式，培养和造就一批在生产第一线解决实际问题的科技人才，得到社会的认同和支持等三方面思维定式的确定，1995年在与阿克苏地区、伊犁地区签订合作协议后，今年又与阿勒泰地区签订了合作协议书，合作项目达到了34项，5年投入经费450万元，今年近一半项目启动，分院领导狠抓落实，院长、书记分别带有关人员深入三地区调查研究，帮助解决执行中遇到的困难和问题，检查协调各种关系，为院地合作迈出了坚实的步伐。

新疆物理研究所

所　　长：周俊林
地　　址：乌鲁木齐市北京南路40号附1号
邮政编码：830011
电　　话：0991-3835823（办）
电　　传：0991-3835823

中国科学院新疆物理研究所成立于1961年11月，前身为中国科学院新疆分院物理研究室。1972年新疆分院撤销，研究所下放自治区科委领导，1978年恢复新疆分院后，新疆物理所启用现名。现有职工234人，其中科技人员201人，有研究员（包括正研级高级工程师）10人，副研究员、高级工程师等44人，中级科技人员104人。现有在学硕士研究生13人，在学委培博士生5人。是电子材料与器件、计算机应用2个专业的硕士学位授予单位。

新疆物理所主要学科方向和研究领域为：

1. 辐射物理及辐射技术应用，研究半导体器件辐射损伤机制、辐射效应及测量技术、抗辐射加固的途径、方法的新结构工艺。在辐射剂量学方面主要开展高吸收剂量的测量和固体微量学的研究。

2. 半导体敏感材料及器件，主要研究热敏、压敏和湿敏陶瓷和晶体材料导电机制和敏感特性；高敏感材料的制备；特种条件下新材料、新器件研究。

3. 计算机应用，主要研究计算机过程控制、工业控制网络与信息系统及智能化仪表、综合自动化和CMIS管理与调度研究。

现设有辐射物理及辐射技术应用、半导体敏感材料及器件、计算机应用3个研究室，并建立起"固体辐射物理实验室"还与新疆大学联合组建了"新疆功能材料研究开发中心"。此外，还有首批进入乌鲁木齐高新技术开发区的新疆传感器仪表公司、新疆热缩材料有限公司、新疆计算机控制工程公司和新疆大通电子高技术公司。

1996年，新疆物理所加大了结构性调整的力度，已进入了新结构建设的阶段，基础和应用工作已形成新的组织形式。应用开发工作在进入行业市场上有了新的进展；高新技术企业普遍提高了质量和市场意识；职称改革开始实行因事设岗、按岗聘任，对聘任的专业技术职务的人员都实行了《聘任责任书》制度。科技工作在人员减少的情况下，任务和数量继续保持了1995年的水平，进所研究经费有所增加；通过鉴定验收课题10项，获中科院科技进步三等奖1项，新疆科技进步二等奖、三等奖各1项；科研开发项目在为地方行业服务上继续迈出较大步伐，特别是在自治区优势行业石油、棉纺、轻工的科技市场上发挥了特点；在"九五"项目的争取上，已落实和基本落实的项目共32项，其中包括：国家科技攻关、国家科学基金、国防预研、国防基金、地方重点科技项目、中科院重点项目及国际合作、行业部门企业合作项目等。

新疆物理所的高新技术企业正在向市场的深度前进，热缩材料有限公司2项产品通过了国家级的质量检测，取得了自治区电力入网许可，并受主管部门委托进行操作人员上岗培训；传感器仪表公司有5项技术和产品申请了国家发明专利。全所1996年高新技术企业实现销售额1 170万元，比去年增长14%，实现利税155万元。现有87人，其中包括31名副高级以上的专业技术人员从事高新技术开发工作。

新疆物理学会、新疆自动化学会、新疆核学会挂靠在新疆物理所。

新疆生物土壤沙漠研究所

所　　长：李崇舜
地　　址：乌鲁木齐市北京南路40号附3号
邮　　编：830011
联系电话：0991-3835453（所办）
　　　　　0991-3835069（科研处）
传　　真：0991-3835459
E-mail：Bsdr@ ms. xjb. ac. cn

中国科学院新疆生物土壤沙漠研究所成立于

1961年4月，前身为1956年成立的中国科学院新疆分院所属地理室、生物室、土壤室和中国科学院新疆综合考察队、治沙队、高山冰雪利用队部分，原名中国科学院新疆水土生物资源综合研究所，1974年改为现名。

至1996年年底，全所有职工276人，其中科技人员215人，研究员16人，副研究员、高级工程师67人，中级科技人员81人。有在学博士生（合培）5人，硕士生7人。

新疆生物土壤沙漠所研究方向为系统研究以新疆为代表的中国内陆干旱区生物、土壤、沙漠等自然资源的形成特征、演变趋势及综合评价，开展重大生态，环境问题的定位观测和过程研究，为干旱区自然资源的合理开发利用、生态环境保护治理和绿洲农业持续发展做出贡献。优先发展的学科方向为：荒漠环境学、绿洲生态学、干旱生物学。设有土壤学、植物学、动物学、环境地理学4个专业的硕士学位授予点。所下设7个研究室、5个定位研究站，即植物室、动物室、微生物室、土壤改良室、土地资源和遥感应用室、同位素应用室（又兼新疆生物土壤沙漠所与新疆供销合作社双重领导的新疆农业生产资料研究所）、沙漠室和阜康荒漠生态站、吐鲁番沙漠站及沙漠植物园、策勒沙漠站、莫索湾沙漠站、巴音布鲁克草原站；另辖有中心技术室、图书情报室、环境评价站，拥有国家甲级环评证书、丙级沙漠工程勘测证书和丙级沙漠工程设计证书。

新疆生物土壤沙漠所建有占地3 500平方米的标本馆，在干旱区生物及土壤标本的种类、数量上在国内具有代表性。拥有电子显微镜等大型仪器设备。

1996年，新疆生物土壤沙漠所进行内部体制改革，适当归并了研究室，调整了研究室、站负责人，在现任8位室主任中，具硕士以上学位的5人，使各室站建设增强了活力。

1996年，新疆生物土壤沙漠所在争取项目中重点是国家六大计划的“九五”项目，在攻关计划中进入7个项目，其中主持专题2个，即西北水资源项目1个专题和五大作物项目棉花子项中1个专题；在“星火计划”中，承担新疆复混肥网络建设项目中“新疆复混肥网络规划”专题；首次进入国家“863计划”，承担“重组大豆根瘤菌的研制”课题新疆部分，为三级合作单位；新批准国家自然科学基金面上项目1项；还有在执行中的国家“火炬计划”课题和“攀登计划”子课题；这些都表明已全面进入各类国家科研计划。此外，在争取中国科学院、省部和横向合同项目方面也各有进展，特别在中国石油天然气总公司“九五”攻关项目“塔里木沙漠油建科技工程”中，主持3个专题和1个子专题，经费额有较大增长。1996年正式纳入计划管理的项目共44项，包括国家科技计划项目5项，自然科学基金项目5项，中国科学院项目4项，新疆重要项目10项，横向合同项目10项，国际合作项目1项，所级项目3项，验收鉴定项目6项。上述不包括下半年陆续鉴定合同的项目。

1996年，新疆生物土壤沙漠所鉴定成果2项，均达国内领先水平；验收成果3项；结题1项。全年共获各类奖10项次，包括国家奖6项，含国家科技进步一等奖1项，排名第四；国家科技进步三等奖1项，排名第一；国家十大科技成就1项，排名第四；国家“八五”科技成果表彰2项，1项排名第一，1项排名第二；国家技术市场金桥奖1项，排名第一。其他有中国科学院科技进步三等奖1项，排名第一；新疆科技进步二等奖2项，1项排名第二，1项排名第五；新疆科技进步四等奖1项，排名第一。上述奖项中，“塔里木沙漠公路工程”连获国家3项重大奖励，在国际、国内具有重大影响，在新疆社会、经济发展和促进油气资源开发中具有重大意义。新疆生物土壤沙漠所获国家“八五”科技攻关表彰的“塔克拉玛干沙漠南缘-绿洲过渡带生态环境区综合治理技术及试验示范”课题负责人张鹤年研究员因在科技攻关中的突出作用也受到国家“八五”科技攻关总结表彰大会的表彰，并被评为中国科学院先进工作者。

新疆生物土壤沙漠所下属公司共4个，包括生物技术开发公司、后勤服务公司、爱斯高新技术开发公司和微乐开发部。全所从事科技开发的人员共42人，1996年销售总额450万元，利润44万元。

1996年，新疆生物土壤沙漠所全年国际合作交流为29批77人次，其中来访17批61人次，派遣出访12批16人次，交流国家有日本、俄罗斯、巴基斯坦、加拿大、美国、泰国、比利时、阿联酋、澳大利亚、奥地利、尼泊尔等11国和我国香港地区。在国际合作上，获批JICA小专项1项：“利用草炭进行荒漠开发的合作研究”，经费额5 000万日元；申报JICA项目1项。由俄罗斯引入赛加羚项目，与阿联酋关于波斑鸨合作项目，与澳大利亚关于低产田改良合作项目等均取得积极进展。由新疆生物土壤沙漠研究所和南京中山植物园承办的国际植物园协会亚洲分会第三届学术研讨会筹备工作进展顺利。1996年，利用外事渠道，获日本资助委培论文博士生1名，用世行贷款派出研修人员2名，利用日本农林水产省资助派出进修人员1名，全年获院资助参加各类国际会议达8人次，在促进人才成长方面发挥了重要作用。

新疆植物学会、新疆土壤肥料学会挂靠在新疆生物土壤沙漠所。编辑出版《干旱区研究》学术季刊，汉文版公开发行，维吾尔文版国内发行。

新疆化学研究所

所　　长：李维琪

地　　址：乌鲁木齐市北京南路40号附2号

邮政编码：830011

电　　话：0991-3838819　0991-3838957

传　　真：0991-3838957

中国科学院新疆化学研究所于1961年正式成立，前身是中国科学院新疆分院化学实验室。“文革”期间曾改名为新疆维吾尔自治区化学研究所。1978年恢复中国科学院新疆分院建制，新疆化学所恢复使用现名。1996年底职工总数156人，其中科技人员100人(研究员9人，副研究员、高级工程师28人，中级科技人员42人，初级科技人员21人)。在学研究生博士生5人，硕士生14人。

1982年经中国科学院化学部的学术评议，确定新疆化学研究所的研究方向为：表面化学、生物化学、天然产物有机化学无机化学和痕量分析。

1996年，新疆化学所在党的十四届六中全会和科技体制改革的方针指引下，为进一步深化改革，进行了结构性调整，依据新疆实际，确定了“为地方经济服务的国家队”和“技术开发型研究所”的定位，调整了以“天然气和油田化学开发与应用”及“生物资源开发与利用”为主攻方向的两大学科，同时将原有的5个研究室调整合并为3个研究室，即第一研究室以石油天然气应用为研究方向，以表面化学为带头学科；第二研究室以生物资源的利用为研究方向，以植物化学、生物化学为带头学科；第三研究室以仪器装备为条件，以分析测试为主要任务。

重要的科研设施及装置：

电子显微镜	国产1台	日本产1台
红外光谱仪	日本产1台	美国产1台
原子吸收光谱仪	日本产1台	美国产1台
核磁共振仪	瑞士产1台	
气相色谱仪	日本产1台	
凝胶色谱仪	日本产1台	
色质联用仪	美国产1台	
液体闪烁仪	美国产1台	
超速离心机	日本产1台	
荧光光谱仪	日本产1台	

1996年主要采取的改革措施及其效果：

根据国家科技体制改革的总方针“保持一支精干力量从事基础与高新技术研究，动员主要力量投身国民经济建设主战场”抓住“更新观念准确定位”这一关键，依据新疆实际及本所科研优势，认为新疆化学所的正确定位应该是“建设为地方经济服务的国家队”，所的性质应是“应用开发型研究所”，整个所应该整体建制地转轨到高新技术研究与开发、技术服务生产经营活动方面来，即必须实现战略转移。由于更新了观念，对新疆化学所进行了准确定位。同时，新疆化学所在课题分类管理、全成本核算、人员管理及分配制度等方面制定了一套改革措施，现正在群众中酝酿，实际上对人员分流已产生积极效果。因此，在1996年新疆化学所在以下5个方面的工作较之历年有了明显的进步。

1. 所财务运行状况良好

1996年全所总收入313万元，其中基本事业费137万元，从各方面获得收入176万元，按事业费发工资的114人计算达人均2.75万元，事业费与创收收入比值为1：1.28。1996年是5年来基本事业费第一次没有亏损的一年。

2. 专利工作完成良好

1996年，新疆化学所申报专利35项，居中科院第二十六名。完成中科院下达的申请15项计划任务。

3. “九五”项目申请情况良好

已争取到国家级项目8项（包括“攀登计划”二级课题，“九五”国家攻关项目，国家自然科学基金项目），自治区级项目8项（含攻关、“火炬计划”项目），参与院重大立项2项，公司及企业委托10项（以上项目数彼此有交叉）。

4. 成果转化及推广取得成绩

1996年，高档变色人发、羊毛改性、瓶签胶、改性棉籽油、皮革加脂剂、耐高温无纺布、天然气深加工、驼绒脱色、甘草甜素等项目均进入不同程度的扩试放大或专利实施、转让，有些已获得技术使用费。

5. 人才培养成绩明显

新疆化学所现有在职博士研究生5人，在读硕士研究生14名。一大批在市场中锻炼的青年人，通过主动定位、结构调整，在科研工作中起到了积极作用，使新疆化学所的面貌开始改观。其表现在：科研水平提高、显示度增强、所竞争课题档次提高，开始出现了一批水平较好的成果。以高素质青年人员为主的团队逐步建成，人才培养、学科积累取得成功。

由于新疆化学所重视了在市场中发挥作用，并努力以“全方位、多格局”的形式进入市场并取得了一定的经济效益，在科学院各研究所内部评价“绩效”，跃上了一个新台阶。

1996年争取和承担的主要科研任务及项目：

1.“高价、高效驱油剂及多元组分的超加和协同效应的研究”基于大庆油田保持年产5 800万吨原油产量，其中2 900万吨得益于三次采油技术应用这一共识，国家加强了对三次采油研究工作的支持，国家科委拟对该项目追加经费。该课题组于1996年8月在北京“攀登计划”检查会议上向国家科委、中科院汇报完成情况时，得到了与会人员的肯定，认为完成突出。对该项目研制出的一种新型复合驱体系欲在胜利油田进行试注，这一工作受到院领导的重视，有意向给新疆化学所匹配支持生产油田助剂经费。同时以清除海湾战争造成的大规模油砂污染为目标的“油砂清洗剂”研制开发引起了国家科委能源司、国际合作司的重视，沙特科学院已来函同意合作，国家科委正在组织该课题组人员去该地区考察。

2.“复合驱强化采油中重大基础性研究——面传质的探索研究”基本探明了表面活性剂在油/水两项中的传质行为，为研制驱油体系和采出液处理提供了必要的理论依据。该课题组的“八五”攻关项目“克拉玛依油田三元复合驱提高采收率试验研究”实验工作达到合同规定指标，国家已通过验收。验收认为，“达到了国内领先水平”。目前，该组的采出液破乳技术已进入现场试验，“克拉玛依三元复合驱破乳技术和污水处理技术”两个项目已获准立项为“九五”国家攻关项目。

3.“利用生物技术和常规育种相结合培育抗病（虫）棉花的高产优质新品种”项目是新疆化学所承担北京中科院植物所的一个分题，主要进行了用（野生）瑟佰氏棉总DNA导入石远321品种的96-1系、96-2系、96-3系、中棉12号及492等在自治区长期种植或准备扩大种植品种，转化了1014朵花，共结实256粒，准备明年进行抗病虫筛选。

1996年取得的成果和获奖情况：

1996年新疆化学所的研究课题都在按计划进行，科委以上项目已结题通过鉴定的有4项，待鉴定的有1项，待申报自治区科学进步奖的有5项。其中“低碳烷烃制取芳烃催化剂的研究”，获科学技术成果鉴定证书；此项目对我区天然气的开发与利用有很好的前景。新疆化学所发表论文共计15篇，已在学报级杂志上刊登的有3篇，2篇在1996年度自治区优秀科研论文评比中获得二等奖。

1996年科技开发方面的工作情况及效益：

新疆化学所几个公司经过几年发展都已取得成绩。康迪公司在为石化企业供应特种气体方面站住了脚，得到了迅速发展，总经营额为176万元。生化试剂厂的生化产品，多年稳定在30万元左右。雪莲化妆品公司已和港商联营，从去年11月份已出货35万元。

国际合作与人才培养：

根据与新加坡BCT公司签署的“毛发专有技

术独家专利使用”的合同规定，新疆化学所毛发组今年有3位同志分2次赴新加坡BCT公司传授技术，使该公司已逐步消化了该项技术，由于市场前景好，正在筹备扩产。

根据中科院与澳大利亚CSIRO交流协议，澳方派Dr Phil Lar Kin教授于7月23日至27日来新疆化学所进行学术交流，作了“澳大利亚的生物技术与农业状况”的报告。同时，新疆化学所分子生物学实验室有关专家向Lar Kin教授介绍了“超大穗小麦分子生物学”方面的研究情况，探讨了今后合作事宜，收到很好效果。

新疆化学学会、新疆生物化学学会、新疆生理学会挂靠在新疆化学所。

新疆地理研究所

常务副所长：韩德麟（主持工作）
地　　　址：乌鲁木齐市北京南路40号附3号
邮 政 编 码：830011
电　　　话：0991-3837420
E-mail：Xjgi@MS.xjb.ac.cn

中国科学院新疆地理研究所的前身是1959年成立的中国科学院新疆分院地理研究室，1961年归属新疆水土生物资源综合所，1965年发展成为地质地理研究所，1969年10月改建为新疆地震大队，隶属于国家地震局。1978年重新归属中国科学院，并启用现名。现有职工151人，科技人员123人，其中研究员4人，副研究员、高级工程师34人，中级科技人员59人。现有在读博士研究生9人，硕士研究生9人。

多年来，新疆地理所以干旱区综合性地理问题为研究对象，以新疆为重点，开展地理环境的结构、形成、演变规律与人地关系及自然灾害的综合研究，为新疆和我国干旱区的资源合理开发和环境建设服务。重点研究与应用领域是：干旱区水土资源合理配置、优势资源评价与开发及国土开发整治规划；环境治理与灾害防治；利用理论研究成果及遥感与地理信息系统等现代技术，为区域持续发展提供科学依据和决策方案。是自然地理和人文地理专业硕士学位授予单位。设有水资源、地貌与第四纪地质、经济地理、积雪、遥感及地理信息系统（GIS）青年实验室、环境地理6个研究室和2个野外观测试验研究站，即阿克苏水平衡试验站、天山积雪雪崩研究站。

1996年新疆地理所根据中科院会议精神，积极筹备地理、生物土壤沙漠两所合并工作，开展研究所自我定位，将6个研究室调整为“三室一中心”，即水资源研究室（中科院水问题联合研究中心新疆分中心），经济地理研究室，遥感、地理信息系统研究室与制图中心。今后将着力开展水资源的形成变化与区域分异规律及水土资源的空间合理配置研究，揭示绿洲系统中各种人文、经济现象的形成、分布和演变规律，开展干旱区环境形成变化及自然灾害的形成与防治，充分利用遥感（RS）和地理信息系统（GIS）技术，重点开展资源、环境与灾害的遥感调查、动态监测，加强绿洲系统中各种数据资料的信息获取、传输、处理及利用能力的建设。基础研究将以阐明全球变化在干旱区的响应，干旱环境的形成、演变过程与规律，干旱区人地系统优化调控机理与方法，资源配置与产业布局等规律为目标。

地理信息系统青年实验室是新疆地理所利用遥感、地理信息系统技术在新疆开展山地荒漠与绿洲系统资源、环境与灾害的遥感调查和动态监测的重要研究室，是重点发展学科的主要技术支撑，有(华胜)4075GX-32-P43工作站，8924-4R24″400彩色静电绘图仪及AO、AI型数字化仪等。该室自1993年建立以来，先后承担和完成了国家、院、地方的十几项科研任务，形成了一支从事遥感、地理信息系统应用的青年科研队伍。新疆地理所的GIS开发应用在新疆已打开了局面，赢得了信誉。

1996年新疆地理所主要讨论拟定了以科研结构调整为核心的改革方案。进一步明确了4个研究方向与重点领域。以水资源、经济地理、环境与灾害、RS和GIS为重点发展学科。积极推动“生地”两所的合并，根据院党组的部署，在新疆分院主持下，新疆地理所积极参与制定“生地”两所合并的方案，初步拟定了科研方向、重点学科、优势领域和建设目标。

1996年新疆地理所承担和参加国家、院和地方委托项目42项,其中参加国家攻关"305"项目1项,承担国家自然科学基金项目5项,院级项目11项,地方委托项目21项,所级国际合作项目4项。

1996年新疆地理所完成科研成果11项,已进行成果鉴定3项,完成验收成果8项,其中国家自然科学基金项目1项,国家科委"八五"攻关项目1项,院"八五"重点项目与区域开发前期项目各1项,院特别支持项目5项,地方委托项目2项。1996年新疆地理所科研成果获新疆维吾尔自治区科技进步奖3项,其中"亚洲中部地区水资源与环境和国际分水问题研究"获三等奖,"亚洲大陆地理中心旅游资源与开发"获四等奖,作为主要合作单位完成的"新疆自然灾害区划与减灾对策"获二等奖。全年发表论文74篇,出版专著2部。

1996年,新疆地理所围绕学科优势和区域特色积极开展国际合作与学术交流活动,开展国际合作项目4项,与日本合作2项,丹麦1项,哈萨克斯坦1项。共接待各类来访学者4批12人,派出5批5人参加了在日本、瑞士等地举行的国际研讨会。邀请原本所留美学者李疆博士回国举办了为期2周的GIS高级研修班,参加培训的有所内外25人,结束后由新疆维吾尔自治区人事厅颁发了证书。1996年毕业硕士研究生3名(其中2名为少数民族),博士研究生1名;招收硕士研究生4名,博士研究生2名;留学回国人员1人。

新疆地理学会和新疆遥感专业委员会挂靠在新疆地理所。编辑出版的学术刊物有《干旱区地理》(季刊,汉维文版)和《干旱区地理学集刊》。

乌鲁木齐天文站

站　　长:张　晋

地　　址:新疆乌鲁木齐市北京南路40号附5号

邮政编码:830011

电　　话:0991-3838007

传　　真:0991-3838628

中国科学院乌鲁木齐天文站1996年底有职工92人,其中科技人员75人,高级科技人员13人,中级科技人员39人。

乌鲁木齐天文站自1993年底25米射电望远镜投入试观测以来,与欧洲射电干涉网及日本、美国、澳大利亚等国的科研机构建立了合作关系。成为欧洲甚长基线干涉网(EVN)的正式成员,并参加了固体地球计划(DOSE)、亚太地球自转计划(IRIS-P)、空间甚长基线干涉计划(VSOP)等3个国际合作计划的科研观测,成为其中引人注目的台站。此外,乌鲁木齐天文站VLBI实验室,不仅被国家基础研究"攀登计划"项目"现代地壳运动和地球动力学研究"的首席科学家正式聘为"地球运动监测网"子项目的成员,而且是院射电天文联合开放实验室的成员,由此形成了乌鲁木齐天文站的优势领域。乌鲁木齐天文站以25米VLBI系统为中心,开展射电天文观测与研究工作,在广泛参加国际合作的前提下,发展射电技术、射电天体物理、射电天体测量、天文地球动力学等方面的研究工作。

1996年乌鲁木齐天文站与北京大学、北京天文台合作,用25米射电望远镜在我国首次实现了脉冲星课题观测,获得了有科学价值的观测资料。

VLBI观测,今年完成了EVN、日本和美国的共计30次联合观测,累计观测276小时,观测成功率达到93.33%,1996年在院设备更新改造费的支持下,进口了3.6厘米、6厘米致冷接收机系统,并对1.3厘米致冷接收系统做了大量的准备工作,使这三个频率的单极化性能达到了国际先进水平。

乌鲁木齐天文站由院基础局青年科学基金支持的课题"致密射电类星体的观测及研究"与上海天文台合作继1995年完成国际联测后,1996年又完成了21个源的数据处理工作,发现了5个射电源的视超光速现象,还得到了一些弱源的射电图像及相关流量,取得了预计的科学成果。

乌鲁木齐天文站人卫目视观测组系中科院人卫观测网成员之一,1996年在完成"863"-409观测任务,并取得16116个观测资料的同时,又出色完成了由国家下达的"936"任务,受到了国防科工委、中科院的表彰。目前乌鲁木齐天文站正在进行96006的观测任务。

1996年乌鲁木齐天文站科研计划内课题9

项，其中“推荐数值求解 Y″=f (x, y) 的几组积分系数”，获自治区科技进步四等奖。发表论文 4 篇。1996 年乌鲁木齐天文站共接待 5 批 7 人次的外国专家，派出科技人员 3 批 3 人次。站属 2 个开发公司 1996 年合同额将达到 200 余万元。

1996 年，在上级领导的安排下，乌鲁木齐天文站进行了党政领导班子的换届以及相应的内部调整。站党委书记王建军同志获得中央组织部和自治区授予的优秀党务工作者光荣称号。

1996 年，乌鲁木齐天文站被评为财务决算先进单位和政务信息先进单位。

新疆天文学会挂靠在乌鲁木齐天文站。编辑出版中国科学院人造卫星系统应用研究中心主办的《人造卫星观测与研究》学术刊物。

无分院地区单位

福建物质结构研究所

名誉所长：卢嘉锡

所　　长：黄锦顺

地　　址：福州市鼓楼区山头角 123 号

邮政编码：350002

电　　话：0591-3714517

图文传真：0591-3714946

中国科学院福建物质结构研究所（简称福建物构所）是中国科学院在福建省唯一的研究机构。全所现有职工 432 人，其中具有高级职称的研究人员 106 人，中级职称研究人员 139 人。

福建物构所是首批被国家批准建立博士后流动站的单位之一，并且是国务院学位委员会批准有权授予博士、硕士学位的单位，同时也是有权认定博士生导师资格的单位。现有博士生导师 7 名，多年来为国家培养和输送近 200 名硕士、博士，先后有 14 名博士后进站工作。

福建物构所是我国主要的结构化学综合研究机构之一，在结构化学、晶体材料、催化和金属腐蚀与防护等 4 个学科领域，设有结构化学研究室、晶体材料工程技术研究中心、应用化学研究室、图书情报室及厦门二部，还设有中国科学院第一批对国内外开放的研究室——福州结构化学开放实验室（后晋升为国家重点实验室）以及福建晶体技术开发公司（简称福晶公司）。

福建物构所建所 30 多年来已形成了独特的研究方向：主要从事结构化学的基础研究，探讨新型化合物的晶体和分子结构及其化学、物理等性能的关系，并适当兼顾其可能的潜在应用。以无机化学、金属有机化学和物理化学前沿领域的过渡金属原子簇化学及新技术晶体材料为主攻方向，进行系统的基础和应用研究；同时适当开展生物大分子（包括金属酶）的晶体结构和分子结构研究；紧密结合经济建设的需要，开展新技术晶体材料、催化剂和金属腐蚀与防护的应用和发展研究，多年来已形成了结构化学、新技术晶体材料两个具有相当深度和明显特色的学科。在科研方法上重视实验与理论、化学与物理、结构与性能、静态与动态、基础与应用等五重双结合，形成综合研究的优势。

1996 年福建物构所主要研究课题有："攀登计划"、国家基金重点项目、"863"高技术和院重大、重点课题等，共 158 项。有 4 项科研成果获奖："高质量与大口径 KDP 类型晶体的研制"，获国家科技进步奖二等奖；"新颖双波长和高功率 1.34 微米晶体连续激光器"，获国家科技进步奖三等奖；"铜、银异金属簇合物的分子设计"，获中科院自然科学奖一等奖；"核谱学及其应用"，获中科院自然科学奖三等奖。

1996 年，福建物构所共发表研究论文 233 篇，其中在国外刊物上发表 114 篇。据中国科技信息研究所最新统计，1995 年福建物构所被 SCI 收录论文 41 篇，居全国研究机构第十四位。自 1991～1995 年，无论是被 SCI 收录还是被引证数，福建物构所连续 5 年居全国研究机构前列。

在激烈的国际市场竞争中，福晶公司不断深化企业改革，努力提高经营管理水平，向扩大规模、注重质量和提高效益的方向发展。1996 年签订销售合同金额达 259 万多美元，到汇金额 182 万美元，创历史最高水平。同时，福建物构所还鼓励科研人员面向经济建设主战场，通过各种形式加强与企业之间的联系，1996 年共签订科技开发合同金额 72 万元，实际到汇 60 万元，与 1995 年相比增长 20%。

在专利管理和代理方面，1996 年福建物构所共申请专利 7 项，授权 1 项。

福建物构所与国际科技界的交流合作日益扩

大，1996 年共接待来访、学术交流、商务谈判的外宾 4 批 7 人次。选派出国进修、合作研究、商务考察的科技人员 27 人次。

地球化学研究所

名誉所长：涂光炽
所　　长：谢鸿森
地　　址：贵州省贵阳市观水路 73 号
邮政编码：550002
电　　话：0851-5814757（总）
　　　　　0851-5814495（办）
图文传真：0851-5822982

中国科学院贵阳地球化学研究所于 1966 年 2 月建立，由地质研究所的地球化学部分、昆明地质工作站和贵阳化学研究所组成。1996 年年底职工总数为 412 人，其中科技人员 286 人，中国科学院院士 3 人，研究员（包括正研级高级工程师）50 人，副研究员高级工程师 86 人，中级科技人员 110 人。现有在学博士生 30 人，硕士生 27 人。另有博士后 15 人。

贵阳地化所的主要学科方向是地球化学和矿物学。地球化学以基础研究为主，重点是矿床地球化学和环境地球化学。矿物学以应用基础研究为主，重点发展矿物材料学和固体废弃物资源化技术。两学科均以协调人与自然的关系为中心，围绕矿产资源、能源、生态环境、地质灾害、矿物新材料与地球化学新技术、新方法等领域的任务，促进国民经济与科学事业的发展。两学科是国家批准的博士、硕士点。

贵阳地化所设有环境地球化学国家重点实验室、中国科学院矿床地球化学开放研究实验室、贵州高原喀斯特山区生态环境综合试验站、环境地球化学研究室、矿床地球化学研究室、矿物学研究室、矿物材料研究室、地球深部物质研究室、稀土元素地球化学研究室、贵州国土资源整治和灾害预测遥感开放研究中心、天然矿泉水研究开发中心、贵州超临界 CO_2 萃取研究中心、非金属材料研究开发中心等主要研究与开发机构。贵阳地化所拥有 S-100 多道能谱仪、MAT252 气体同位素质谱计、PE5100 原子吸收光谱仪、PE2400 元素分析仪、7340-20C 计数系统、2550TR/LL 液闪分析仪、FD-3-85-MP 冷冻干燥仪、计算机工作站等国际一流设备，为出成果、出人才提供了良好工作条件。

1996 年，贵阳地化所把优化学科和学科定位作为当年改革的重点，由分支学科带头人或研究室主任向学术委员会作报告，阐述所研究学科领域的地位、作用，找出学科的前沿、优势和特色。再由学术委员会认真分析讨论，确定了本所重点发展的学科有矿床地球化学、环境地球化学、矿物学与矿物材料、天体化学、地球涤部物质研究和非线性地球化学等。另外，根据贵阳地化所所处的区域特色，选择喀斯特地区适生物的试验、示范、推广研究为重点，为贫困区脱贫服务，同时还选择矿泉水、生物资源有价成分的萃取研究和产品开发、含钾岩石的应用与开发，固体废弃资源化为研究应用研究与开发的重点。为了地球化学学科的发展，与广州地化所联合，提出了《中国科学院地球化学学科研究基地建设方案》，方案对现状进行了分析，提出了目标与任务、研究的方向、结构布局、能力建设、操作步骤与措施，为今后地球化学学科的发展将起到重要的作用。

1996 年全所承担的科研项目共计 103 项，其中国家重大基础和攻关项目 15 项，国家自然科学基金项目 31 项，院重大和重点项目 15 项，贵州省基金和年度计划项目 15 项，国际合作项目 2 项，开放实验室项目 12 项，博士后项目 9 项，部门委托项目 14 项。当年争取的项目 45 项，其中国家重大基础研究和攻关项目 7 项，国家自然科学项目 7 项，院重大和重点项目 3 项；这些项目按计划进行，并取得了可喜的进展。

1996 年贵阳地化所取得科技成果 32 项，其中由涂光炽院士主持的国家自然科学基金重点项目“低温地球化学研究”，在 4 年的时间内发表学术论文 52 篇，有 18 篇为国内核心期刊发表，并撰写出版了《低温地球化学》中、英文版专著。该项目执行过程中培养了博士后 2 人，博士生 2 人，硕士生 4 人，还与加拿大、瑞士、德国开展了富有成效的国际合作研究。该项目于 1996 年初通过验收，专家认为，该项目针对地球化学的薄弱环节与前沿领域，发挥了贵阳地化所在仪器设备和人才方面的优势，进行了开拓性的综合研究工作，所取得的研究成果具有深远的科学意义和较大的应用前景，总体达到了国际前沿水平。贵阳地化所1996年有4项成果获省部级以上奖励，其中主要参加撰写的《中国矿床》专著，获国家科技进步二等奖；主要参加完成的“中国东南大陆岩石圈组成、演化及其对成矿作用的制约”，获中科院自然科学一等奖；主持完成的“中国环境变化与同位素标记”和“^{127}Cs及^{210}Pb在湖泊沉积物顶部地球化学行为”，获中科院自然科学三等奖。

贵阳地化所在1996年共派出14批24人次的科技人员到11个国家和地区访问、考察及开展项目研究；接待了来自7个国家的12批27人次的访问、考察与合作研究。1996年与比利时根特大学合作进行遥感技术和水文模式技术在贵州岩溶化地区土地和水资源管理应用研究；与加拿大魁北克大学席库提米分校合作开展环境地球化学与社会持续发展——贵州省及与珠江三角洲的对比研究，两项合作研究进展顺利。

贵阳地化所是中国矿物岩石地球化学学会挂靠单位，地化所与该学会共同创办了4种学术刊物，其中英文版“Chinese J. Geochmistry”、《矿物学报》、《地质地球化学》为国内核心期刊。还不定期编辑出版《开放室年报》和论文集。

海洋研究所

名誉所长：曾呈奎
所　　长：周名江
地　　址：山东省青岛市南海路7号
邮政编码：266071
电　　话：0532-2879062（总机）
传　　真：0532-2870882
E-mail：Suoban：@ms. qdio. ac. cn

中国科学院海洋研究所始建于1950年8月，是目前我国最大的多学科综合性海洋科学研究机构。全所现有职工801人，其中科技人员615人，中国科学院院士2人，第三世界科学院院士1人，博士生导师42人，研究员（包括正研级高级工程师）92人，副研究员、高级工程师142人，中级科技人员260余人。

海洋所按物理海洋学、海洋地质学、海洋生物学、海洋化学以及海洋环境科学五大分支学科下设13个研究室，即物理海洋、海洋地质与地球物理、海洋生物分类与系统演化、海洋植物、海洋无脊椎动物、海洋脊椎动物、实验动物、海洋科学以及海洋技术与仪器研究室等。并有3个院属重点实验室（站）——实验海洋生物学开放研究实验室、现代海底热液活动研究青年实验室和胶州湾生态系统网络研究站；3个所属重点实验室——海洋环流与海气相互作用研究实验室、海洋生态毒理实验室和遥感海洋学实验室。还设有科技图书情报室、分析测试中心实验室，以及海洋生物活体培育楼和生物标本馆；拥有一支包括“科学一号”、“金星二号”、“科学二号”在内的综合海洋科学考察船队。海洋所为适应国家经济建设的需要，组织相关专业科技人员组成了多学科综合交叉的海洋生物技术发展中心、海洋生态研究中心、海洋环境保护研究中心和海洋油气开发工程环境研究中心，并与国内著名大型企业——海尔集团联合创办了青岛中科海尔海洋生物技术开发有限公司。

建所以来，海洋所在海洋生物区系分类、海洋生态学、实验海洋生物学和海洋生物技术、海洋环流与海气相互作用、潮汐、海浪、风暴潮、海洋沉积、海洋地球化学、海底岩石圈结构，化学海洋学、海藻化学和海洋资源化学，海洋工程环境、赤潮与海洋环境保护，海洋腐蚀与防护以及海洋观测与传感技术等方面做出了许多开创性和奠基性的工作，取得了400余项具有很高学术水平和应用价值的成果，其中国家二等奖以上、中国科学院一等奖以上的重大成果计60余项。“八五”期间（1991～1995），完成各类课题256项，其中国家科技攻关专题21项，有5项达到国际领先水平，16项达到国际先进水平，获中国科学院自然科学奖二、三等奖各1项，中国科学院科技进步奖一等奖、三等奖各1项。1996年海洋所取得重大科技成果11项，其中达到国际领先水平的4项，国际先进水平的5项，国内领先水平的2项；发表论文120余篇，在全国发表论文最多的研究所中排名第十一位。著名贝类学家张福绥教授成功地把美国海湾扇贝引入中国，为我国海洋水产养殖业的发展作出了巨大贡献，荣获1995年度陈嘉庚农业大奖。

海洋所1996年国际与地区间合作和学术交流活动十分活跃，全年执行了与美国、加拿大、德国、俄国、日本、新加坡、印尼及我国香港等国家和地区合作项目，派出科技人员56批88人次，接待国际及地区性科技人员42批65人次。

海洋所图书馆现有15万8千余册中外文藏书，期刊近4600种，与世界44个国家和地区的270个机构和国内420个单位建立期刊、文献交换关系。标本馆收藏有北起鸭绿江口，南至南沙群岛的标本52万余号，其中900多新种是海洋所研究人员所定名。

山东省唯一的一个一级学会中国海洋湖沼学会挂靠在海洋所。编辑出版《海洋与湖沼》、《海洋科学集刊》、《海洋科学》等中文学术刊物和英文期刊“Chinese Journal of Oceanology and Limnology”等。

山西煤炭化学研究所

名誉所长：彭少逸
所　　长：钟　炳
地　　址：山西省太原市桃园南路27号
邮政编码：0351-030001
电　　话：0351-4040491
图文传真：0351-4041153

中国科学院山西煤炭化学研究所的前身是1954年在大连创建的中国科学院煤炭研究室，1961年迁至太原，1963年扩建为中国科学院煤炭化学研究所。1965～1978年间曾改名为燃料化学研究所，1979年启用现名。现有职工674人，其中科技人员436人，中科院院士1人，研究员（含正研级高级工程师）38人，副研究员、高级工程师113人，中级科技人员186人，初级科技人员99人。现有在学研究生114人，其中博士生68人，硕士生46人。另有博士后1人。

山西煤化所是应用和开发型研究所。1996年6月新一届所领导班子接任后，明确提出所的发展方向是：把山西煤化所建设成我国煤炭能源化工工程研究基地；战略定位是：主要从事煤炭能源转化应用与开发研究，解决我国煤炭能源高效洁净利用及其相关领域的关键性、综合性和战略性重大科技问题，同时重视精细化工和新型炭材料技术与产品的研究与开发。三者统筹兼顾，相辅相成，协调发展，“发展高科技，实现产业化”，尽快将科技成果转化为现实的生产力。

山西煤化所努力建设好两个国家级研究单元。一是煤转化国家重点实验室，现已聘任年轻科技工作者担任室领导，形成年富力强、业务水平高的科研群体。在“863”能源主题、煤基合成气和天然气优化利用、煤化学、环保技术等方面开展多项前沿课题研究。二是把中试基地建设成为煤炭能源化工工程研究中心，进行的灰熔聚煤气化技术的研究开发，可用于联合循环发电过程，可以制成中低热值的燃料气；开发的煤制合成气技术，可改变现行的合成氨造气用块煤的工艺路线。在煤基合成液体燃料方面，进行煤基合成油-蜡联产、油-烯烃联产、高效浆态床FT合成、与高油收催化剂及其工艺等开发工作。这些项目的应用前景广阔，将为国家的能源发展做出贡献。

山西煤化所继续推进煤转化两大项目的工程化。在江苏镇江大港进行的灰熔聚煤气化炉Φ2.4米工业示范试验，已完成土建和部分装置的安装，1997年建成试车。煤基合成液体燃料技术开发，在“八五”期间完成2000吨/年工业示范试验基础上，承担院“九五”重大项目，解决煤基合成油关键技术的研究开发问题，形成万吨级煤基合成液体燃料技术软件包，为煤基合成油工业化提供设计依据。

山西煤化所以石化产品加氢和超临界萃取为代表的精细化工技术，在国内推广应用近20个厂家，每年为国家创直接经济效益上亿元。山西煤化所开发的聚丙烯腈炭纤维和沥青炭纤维生产技术在国内居领先水平，为10多个厂家所应用。其中连续化生产活性炭纤维织物高新技术，首先转让给本省地方企业，受到山西省委主要领导的称赞。

为顺利实施科技人才代际转移，所级领导班子人员45岁以下的占50%；在研究室和课题组负责人中，年轻科技工作者分别占1/2、2/3，他们在实际工作中发挥着重要作用。

山西煤化所重视研究生培养。现有物理化学和有机化工学科博士点2个，有物理化学、有机化工、化学工程和有机化学学科硕士点4个，有物理化学、博士后流动站1个，目前有博士生导师12人，培养的研究生中，有15人分获中科院院长特别奖和优秀奖，2人获宝钢教育基金优秀学生奖，2人获亿利达奖学金1等奖，4名获优秀学生奖。山西煤化所研究生和他们的导师所发表的论文占全所发表论文总数的60%以上。

1996年山西煤化所国际合作更加活跃，注意开展实质性合作。完成了与日本大阪煤气公司合作生产短切炭纤维的可行性研究，进入实施阶段；与荷兰Shell公司正式签订了关于在山西建设煤基合成中间馏份液体油品工业示范厂可行性研究的合作协议已顺利开展工作。1996年5月在合肥市举办了第五届中日煤化学与C_1化学学术讨论会，与英国、美国、俄罗斯等国专家进行了学术交流。

山西煤化所图书馆藏书2.96万种，4.8万册，各种期刊25万余册，为科技人员提供了良好学习场所和资料信息服务。

编辑出版《燃料化学学报》和《新型材料》学术刊物。其中《燃料化学学报》分获国家和中科院的优秀期刊三等奖、二等奖。

石家庄农业现代化研究所

所　　长：刘昌明
常务副所长：田魁祥（法人代表）
地　　址：河北省石家庄市长安区槐中中路176号
邮政编码：050021
电　　话：0311-5814521
传　　真：0311-5815093

中国科学院石家庄农业现代化研究所成立于1978年6月，当时称为中国科学院栾城农业现代化研究所，1979年改用现名。1996年底全所人员155名，其中科技人员139名，中国科学院院士1名，研究员（包括正研级高级工程师）11人，副研究员、高级工程师46人，中级科技人员69人。现有在学博士生1人，硕士生6人。

石家庄农业现代化所的学科方向及研究领域是：以农业可持续发展和区域经济发展为研究对象，发展以水为中心的农业资源高效利用管理、以生态农业为主的生态工程两个优势学科，开展应用基础和实用技术研究。所里设有硕士研究生招生点1个。

今后发展方向是：以发展可持续农业和区域经济为对象，发展以水为中心的水、肥、土、种等农业资源管理利用，以生态农业为主的生态工程两个优势学科，促进若干新生长点的成长；用农业信息手段武装农业，推进农业研究成果的转化；以缺水地区水资源管理和黄骅港海岸带开发为重点，当好中国科学院农业科技成果的中试基地和显示窗口；抓紧农业实用技术的自主创新与工程性开发研究，积极创收，增强自我发展的活力。

科研机构设置：全所设有4个研究室、7个实验室、4个试验站。

研究室有：农业资源与环境管理研究室、生态工程研究室、农业信息工程研究室、文献情报研究室。

实验室是：染色体工程实验室、组织培养实验室、能源实验室、食品实验室、饲料实验室、饮料实验室、中心实验室。试验站有：太行山山地生态试验站、栾城农业生态系统试验站、南皮生态试验站、海岸带综合开发试验站。

重要的科研设施及装置有：高效液相色谱仪、原子吸收分光光度计、计算机工作站系统、光合测量系统、小气候观测系统、电子生物显微镜、植物生长室等。

科技开发机构为："中石农业技术推广与开发集团"。

1996年石家庄农业现代化所主要采取的改革措施及效果如下：

所领导班子在进行了研究所定位与发展战略讨论的基础上，提出了"三条总线一条街，百乐工程迎所庆"的指导思路。三条总线是：

1. 开展泛38度带区域水、土、气、生等资源环境与区域农业经济发展的综合研究，奠定我所在河北省、环京津、环渤海乃至东亚农业发展中的学术地位，凝结4个站和国家、院、省、地方3个层次课题，综合发展，拓展学科，实现完成合同任务与学科发展的结合，实现为农民服务与为政府决策行为服务的统一。

2. 建立农业信息服务与管理中心，以信息服务为纽带，培训农业科技与农业管理人才，促进农业与农村经济管理水平的提高。以信息应用与计算机应用进行职工再教育，推动研究所的内结外联，加强行政管理，提高管理水平，推动科学研究，促进技术开发。

3. 建立试验示范中心，所内实验室与试验站融合贯通，集成与转化中国科学院在水、肥、土、种方面的农业科技成果，进行“1+1”技术集成与再创新研究，开展农业高新技术应用试验和田间中试与示范，成为中国科学院现代化农业科技的展示窗口，提高石家庄农业现代化所农业技术集成的能力和科学研究的水平。

一条街是利用石家庄农业现代化所在石家庄市的地理区位优势，对外开放，招商引资，改造自己，创建科技兴农一条街，确立石家庄农业现代化所在社会环境中的形象，将石家庄农业现代化所的定位社会化、市场化，并成为中国科学院有关研究所在河北乃至华北地区的农业高新技术开发的市场代理。积极探索走“正大集团”之路，促进农业技术开发和实体的发展，增加研究所的收入。

百乐工程是统筹石家庄农业现代化所党、团、工、青、妇、老等各方面的工作，以老年安康和后代教育为中心，集中财力、物力和人力，协调医疗、健身、老干部、幼儿园、食堂、澡堂及后勤服务等各方面的事务，做到人人安乐。

在过去的几个月里，经过全所上下的大讨论，统一思想和组织结构性调整，建立了“决策—执行—监督—反馈”办事程序，找到了以“三大工程”带动研究所定位、结构性调整、运行机制改革的可操作途径，使全所工作逐步进入了“依法治所”的阶段。

1996年石家庄农业现代化所争取和承担的主要科研任务和项目：

1996年石家庄农业现代化所认真组织申报落实国家“九五”科技攻关项目、国家自然科学基金项目、部委专项、院重大及重点项目、院留学基金项目、省科技攻关项目、省林业厅项目、省自然科学基金项目、省农业开发项目、国际合作项目及企业委托项目共58项。到目前为止已获批准33项，总经费达800万元。其中国家“九五”科技攻关项目7项，即“太行山生态林业工程植物材料选育技术研究”、“环渤海缺水盐渍化地区农业持续与综合发展技术研究”、“小麦染色体工程育种”、“主要农作物调亏灌溉技术研究”、“兰粒单体小麦的研究”、“华北山前平原高产区资源高效利用优化模式与技术体系的集成”；国家自然科学基金资助项目2项，即“华北地区塑料棚室蔬菜耗水机理与水盐调控”、“气候变化对山地土壤蒸散及生产力影响试验”；国家农业开发项目1项，即“国家农业综合开发南皮科技示范区”；部委资助项目2项，即农业部“农村能源建设县技术指导”，林业部“生态林业工程建设信息管理系统，效益观测与评价技术”；中科院资助项目6项，重大项目2项，即“太行山——海河平原过渡带粮果高产高效技术示范研究”、“黑龙港盐碱洼地农业综合开发研究”等。

国际合作正在稳步进行。中日合作项目经过多年努力已见成效，几种优质高产小麦、水稻已初步显示其适应盐碱地的优越性；与日本TORAY(东丽)公司签订的ABA施用效果实验合作协议，如期完成1996年试验任务。1997年度拟继续扩大试验示范，通过院国际合作局向国家外专局申请“苹果技术引进项目”，已获批准。与澳大利亚科工组织合作正在进行第二步申请，可望1997年7月份项目启动。另外，与日本千叶大学和鸟取大学干燥地研究中心的合作项目正在进一步争取中。

1996年取得的科研成果及其获奖情况：

1996年取得科技成果6项，其中鉴定3项，通过技术审定1项，在中科院登记的基础性成果2项。鉴定的3项是：“长型高效ZGL1.2-I型太阳能热水器”、“高效强化换热管加工技术及设备”、“太行山山前平原高产类型区资源节约型生态农业技术研究”。通过技术审定的1项是：“河北省地方标准——农村庭院能源生态综合设施”，通过了河北省技术监督局组织的技术审定。在中科院进行基础性成果登记的2项是：“农田土壤水资源评价方法”、“农田系统养分平衡及其环境效应的定位试验研究”。

获科技进步奖4项:“涂层尿素应用技术与开发”、“早优504小麦新品种”、“旱地棉田农机农艺配套技术”、“珠美海棠苗木组培工厂化生产及推广应用”。涂层尿素已在河北省累计推广600多万亩,并获国家科技进步三等奖。项目主持人宗彪同志获联合国教科文组织中国分部科技三星奖。

食品实验室走出了一条“市场——科研——市场”良性循环的道路。几年来,累计成果转让涉及20个省、市(区)48家,为企业建成工业化生产线25条,培训150余人次。累计转让收入193.7万元,同时返还课题发展资金80.8万元,不仅推动了企业科技进步和快速发展,而且也强有力地壮大了自身,增强了活力。

河北省系统工程学会挂靠在石家庄农业现代化所。

编辑出版《生态农业研究》。另外,《中国科学报》驻河北省记者站设在石家庄农业现代化所。

新乡科学仪器研制中心

主　　任:郭其文
地　　址:河南省新乡市北干道西段
邮政编码:453002
电　　话:0373-2021415
传　　真:0373-2021418

中国科学院新乡科学仪器研制中心(以下简称新乡科仪中心)成立于1970年3月,原名叫中国科学院七一三厂。新乡科仪中心占地面积10万平方米,固定资产一千多万元。中心现有职工436人(含离休57人),其中各类专业技术人员65人,有高级技术人员6人,中级技术人员25人,初级技术人员34人。

新乡科仪中心是以电子应用技术为基础,以液晶技术、红外技术为研究和发展方向,以科研和生产相结合的经济实体。主要产品有:

1. YN系列液晶显示器。是国内最早从美国成套引进液晶生产线的专业厂家,拥有先进的技术、工艺、设备和多名国外留学人员,产品具有微功耗、显示清、寿命长、适合于IC驱动等特点。1989年被机械电子工业部推荐为替代进口产品。

2. YHW系列远红外辐射元件。是国家重点推广的节能产品,由于红外线具有很强的穿透力,因而广泛应用于食品烤制、工业烤漆、干燥等行业。由于它与人体辐射波长匹配,因而又广泛应用于医疗、保健行业。

3. LN·ZF系列空调用热交换器。广泛应用于空调、制冷行业,具有换热片为二次翻边带斜条缝,管与片之间机械胀结等特点。因而热交换效率高、接触热阻小,产品质量在国内同行业居领先水平。

4. LLQ型远红外宽频带理疗器。该仪器产生的远红外线能很好地被生物细胞吸收,从而活化组织细胞,促进血液循环。因而对各种软组织损伤、烧伤、伤口愈合、关节炎、肩周炎、四肢麻木、骨质增生、落枕及各种神经痛等都有明显效果。

5. 大屏幕彩色(视频)图文显示系统。广泛用于车站、码头、机场、股市、广告、企事业单位、银行等作为信息发布使用。

近年来,新乡科仪中心在改革的道路上大胆探索、开拓进取,先后荣获河南省“文明单位”、河南省“高技术企业”、“质量信得过单位”等多项荣誉称号,产品也远销国内20多个省市,深受用户青睐。

1996年,新乡科仪中心在人事、劳动、工资等方面结合新乡科仪中心具体实际,先后整理修订、完善和重新制定了10余条改革措施。如“内部待业制度”、“内部退养制度”等等。根据精减、高效的原则,下决心精减机构,减少科室人员,充实生产一线。

1996年新乡科仪中心加大了产品开发和技术改造的力度,如液晶产品型号由原来的几种上升到30余种;远红外烤片1996年又在科技人员的努力下,研制开发了2个新规格;大屏幕图文显示系统,已由原来的一般显示向多媒体发展;新型的红外治疗仪,1996年也已研制成功并投放市场。

此外,1996年新乡科仪中心在增收节支,加强内部管理,强化销售上也下了一定的功夫。收到了比较好的效果。

开封印刷厂

厂　　长：李金平
地　　址：河南省开封市萍果园北路
邮政编码：475002
电　　话：0373-2914868
图文传真：0373-2914868

中国科学院开封印刷厂是科学院下属的综合性印刷企业，前身为开封日报印刷厂。1956年元月由6个私营印刷厂合并而成，经科学界考察，1978年7月经国务院批准，归属中国科学院领导。全厂现有职工713人，中级职称人员10人，初级职称人员22人。固定资产1575万元，占地面积5.4平方米。

开封印刷厂多年来，始终坚持印刷厂为科研出版服务的办厂方针，不断的更新改造设备，承担科学出版社各种期刊、图书印刷工作。另外，胶印生产线拥有光备，承印报刊、课本、图书、画册等。彩印生产线可承印表册、帐簿、商标、装璜等。装订、覆膜生产线拥有先进的平骑联动机、圆盘包书机、配书机、自动锁线机。装订实力和精装水平闻名全省，形成了综合生产能力。

开封印刷厂历史悠久，技术力量雄厚，曾为中国印刷业以及教育、科技、文化事业的发展做出较大贡献。在近几年全国质量评比中居全国先进行列。1995～1996年上半年有20种书刊被评为国优，被定为市一级信用企业。开封印刷厂承开封市唯一被国家新闻出版署认定的国家书刊印刷定点单位。

青岛疗养院

院　　长：万述鉴
地　　址：山东省青岛市栖霞路15号
邮政编码：266003
电　　话：0532-2865161　　0532-2865557
0532-2863511
传　　真：0532-2865161

中国科学院青岛疗养院成立于1956年，前身是青岛疗养所，由中国科学院青岛海洋研究所代管，1979年划规中国科学院直属，1984年改为青岛疗养院。

青岛疗养院坐落在风景秀丽、气候宜人，依山傍海的青岛市中心(交通便利)，它占地6 500平方米，周围景点环境独特、优美，几步之遥可达中山公园、八大关、水族馆、海水浴场等。碧海、蓝天、红瓦、绿树组成了独特的海滨城市风貌，令人留恋往返。青岛疗养院是旅游、会议、商住等的首选之处。

青岛疗养院共有职工47人，专业人员19人，其中高级职称1人，中级职称15人，初级职称2人，至2000年离退休人员可达24人。

青岛疗养院的主要任务是接待中国科学院所属各所来疗养的科技人员，年接待量可达300人次。曾有院士和许多的著名科学家、学者来此疗养，如已故郭沫若院长、竺可桢院长、童第周院长……。

1992年8月随着社会主义市场经济体制的确定，国家编委将该院确定为自收自支单位。从此，青岛疗养院由全额拨款的事业单位转为自我发展、自负盈亏的企业化管理的事业单位，其职责范围也由单一的疗休养接待工作扩大为对外开放的双向职能。

建院初期，共有床位50张，建筑面积2 500平方米，固定资产30万元。几经改造使该院的设施条件得到了较大的改善。近几年来这个院的干部、职工发扬“自力更生、勤俭节约”的光荣传统，自己动手先后建成卡拉OK厅，客房卫生间、洗澡间、单间餐厅等，扩充了床位、餐厅、会议室、购置了大、中、小型客车和医疗器械，使青岛疗养院固定资产已达500万元，拥有床位120张，对外可接纳百余人会议，历年被青岛市政府评为“花园式单位”、“卫生先进单位”。中国科学院的许多工作会议、学术会议都曾在这里召开过。

1985年10月青岛疗养院在青岛市的东部新城区汕头路征地，为青岛疗养院以后的规模发展打下了基础，1993年7月经中国科学院批准，青岛疗养院合作建设新疗养院，预计1997年6月底全部竣工，建筑面积为1.5万平方米，投资额为3 000万元，新建的疗养院将具备举办国际会议的功能，可同时容纳300多人。“九五”期间除建设新院外，青岛疗养院还计划筹集资金对旧址（现址）进行改建，以全面提高接待档次，适用沿海旅游城市的需要。

青岛疗养院在不久的将来将成为集疗养、接待为一体，以信息开发、国内旅游、中介服务等经济实体为佐辅，面向社会的中国科学院综合后勤服务机构。

庐山疗养院

现任院长：张户记

历任院长：第一任　温成胜（已病故）

第二任　吴仕勋（已退休）

地　　址：江西省庐山风景名胜区芦林1358号

通讯地址：江西庐山中国科学院疗养院

邮　　编：332900

电　　话：0792-8282529（总机）

0792-8281189（院长办）

传 真 机：0792-8281940

中国科学院庐山疗养院组建于1978年6月6日，其前身是著名地质学家李四光先生的工作站。1970年，修庐山山南公路的民工住工作站，民工烧火做饭不慎失火，将工作站烧毁。1978年6月，经邓小平、李先念、汪东兴、纪登奎、王震、谷牧等中央领导批示同意，在原址组建了中国科学院庐山疗养所，疗养所属县团级全额拨款事业单位，人员定编为25人。1985年5月9日经中国科学院(85)科发计字0205号文批准，疗养所更名为“中国科学院庐山疗养院”，单位级别和经费形式不变。

1996年底，庐山疗养院在编正式职工44人，退休职工8人，专业技术人员6人，其中高级职称2人（副主任医师），中级职称2人（1人为会计师、1人为主管护师）。

庐山疗养院座落在庐山风景如画的芦林地区，与江西省庐山植物园和芦林饭店相毗邻。院内环境优美，空气清新，是理想的疗、休养和召开各种会议的场所。

庐山疗养院现有高中低档床位200余张，有中西餐厅、卡啦OK厅、大小会议室、图书馆、报告厅，有一定规模的医疗仪器和健身器材，还有自备电源和自备水源。

庐山疗养院下设办公室、接待科、医务室、总务科、餐食部、综合服务部。

庐山疗养院还在九江设有带空调客房的接待站。接待站可供100余人在九江中转。

中国科学院的领导周光召、陆甬祥、孙鸿烈、余志华、严东生、陈宜瑜等同志都来疗养院主持或指导过各种大中型学术研讨会议。著名地质学家陈国达院士、著名天文学家张玉哲院士、著名土壤学家赵其国院士、著名机器人专家蒋新松院士等近百位院士，曾先后来院疗养。自1989年起，疗养院开始对外开放，除接待中国科学院的疗养员外，还接待社会上的旅游团体和各种会议。如人民文学编辑部主办的150人的庐山笔会，国家19个部委的棋类比赛，都是在疗养院进行。建设部、航天工业部、地质矿产部等部委和中央广播电视大学等单位都在疗养院主办过会议。

庐山疗养院与港口、机场、车站有良好的业务联系，不仅能满足宾客的购票需求，而且还实行接送、游览、吃住、娱乐、医疗一条龙服务。

庐山疗养院还有经国家鉴定合格的天然矿泉水，水中含有10多种对人体有益的微量元素。该矿泉水对心脑血管病人有显著疗效。1996年疗养院翻修了部分客房，改善了接待条件，提高了接待质量。

庐山疗养院热忱欢迎院内外的专家和学者来庐山疗养和主办各种会议。

院直属企业

中科集团

总　　裁：张云岗
地　　址：北京市海淀区海淀路 80 号
邮政编码：100080
电　　话：010-62628258
图文传真：010-62628078

中科集团于 1993 年 6 月经国务院和国家经贸委批准，在国家工商局正式注册。1996 年是中科集团在原有基础上持续发展的一年，公司重点在树立外部形象和强化内部管理上下功夫，在激烈的市场竞争中继续坚持高技术产业化的发展方向，1996 年实现销售收入 16 亿元，按中科集团持股比例计算为 12.5 亿元。截止至 1996 年底，所有者权益已达 4.3 亿元，增值 2.3 亿元，较好地完成国有资产保值增值的工作。

中科集团根据产品种类多、涉及行业广泛的特点，为加快高技术产业化进程，提出了“打名牌产品，创名星企业”的产业发展战略。1996 年北京希望电脑公司的 UCDOS 软件产品，北京三环新材料高技术公司的钕铁硼磁性材料被评为北京市名牌产品；中国大恒公司的激光加工产品市场占率达到 30%。中科集团在继续支持一些前景较好的老产品的基础上，重点在医药、电子、新材料三大行业精心培育了一批新产品。其中 X 光刀，大毫安 X 光诊断设备，红外乳腺诊断治疗仪，病理样本快速处理仪都以技术先进、质优价廉的特点赢得了广阔的市场前景。北京中科大洋科技发展有限责任公司自行研制开发的 DY 系列视频设备，1996 年销售额达3 600万元，在国内国际激烈的市场竞争中占领了一席之地。在新材料领域，三环公司 1996 年销售额 2.5 亿元，销售钕铁硼坯料 800 吨，出口量占全国的 60%。1996 年三环公司在昌平购地 23 亩，投资4 000多万元建立了“磁性功能材料国家工程研究中心”，使之成为全国最具规模的生产高中档钕铁硼材料的基地。此外，细旦、超细旦丙纶的推广工作已取得了进展、机织，针织等 20 多个品种已进入市场，这种新型面料已逐渐被人们接受。

1996 年中科大厦投入使用，这一处于中关村黄金位置的宏伟建筑，不仅解决了成员企业的办公用房，同时树立了中科高技术企业的形象。在确立外部形象的同时，中科重点加强了内部规范化管理。1996 年先后出台了《中科集团股权代表（董事）管理条例》、《中科集团成员企业总经理奖惩暂行规定》等条例，公司总部实行“董事派出制”，即公司总部管理人员深入到企业内部，及时反映企业的运作情况，使之真正做到关心企业，了解企业，把为企业服务的工作落到了实处。

企业文化的建设是中科常抓不懈的工作，1996 年中科管理干部学校共举办了 7 期，这不仅为员工提供了学习提高的机会，而且为建设中科企业文化起到了积极的推动作用。另外，中科专家俱乐部的落成，提供了科学院专家、学者交流的场所，受到了他们的高度称赞。在中科，尊重知识、尊重人才、注重创新已蔚然成风，求实、奋进是每位员工精神面貌的真实写照。

未来的中科仍将坚持以创新求发展，不断完善自己，为高技术产业化、规模化、国际化做不懈地努力。

联想集团公司

总　　裁：柳传志
地　　址：北京市海淀区科学院南路 10 号
邮政编码：100080

电　　话：010-62572080
传　　真：010-62572090

联想集团公司是中国科学院所属的全民所有制高科技企业，1984年11月由中科院计算技术研究所的11名科技人员创办。多年来，在没有国家投资的情况下，集团凭借面向市场、自主经营、自负盈亏的灵活运行机制和各级领导及有关部门的大力支持，坚持把科技成果转化为现实生产力，实施以国际化带动产业化的发展战略，获得了持续快速的发展，成为我国计算机行业最大的企业集团。

联想集团公司以总部设在北京的联想集团为母公司，下属成员包括由母公司控股的香港联想控股有限公司及设在国内各地的合资和控股的26个子公司，其中香港联想在国内及14个国家和地区设有27个附属公司，并已于1994年2月在香港股市上市，是集团的最大子公司。

联想集团公司现有职工4 136人，香港联想2 147人，北京联想2 000人，具有大中专以上学历2 024人，博士生10人，硕士生494人，本科生1198人。获有高级职称139人，中级职称459人，技术开发人员占总人数的21%，销售人员占总人数的36%。在美国硅谷及我国香港、深圳设有研发中心，北京设有国家批准认定的企业技术中心。

联想集团1996年销售额77.4亿人民币，在全国电子百强评比中名列第二，微机销量近21万台，在国内台式机销量评比中超过国外大公司品牌居第一位，占全国市场份额的10%。微机板卡170万块，是亚洲最大的电脑板卡生产基地，1996年创汇达1.34亿美金。

中国科技国际信托投资公司

总　　裁：张　钢
地　　址：北京市朝阳区北辰东路8号国际会议中心4层
邮政编码：100101
电　　话：010-64933341
传　　真：010-64933341

中国科技国际信托投资公司（以下简称投资公司）前身为中国科技财务公司，于1989年4月成立，为全民所有制企业。1993年12月31日经中国人民银行总行批准，国家工商行政管理局注册正式更为现名，是专门服务于科技教育领域的全国性非银行金融机构。

至1996年12月31日，投资公司在编人员103人，其中具有大专以上文化程度97人（占94%），研究生以上文化程度15人，高级专业技术职称9人，中级专业技术职称39人，初级专业技术职称54人。

投资公司的宗旨是：促进科技与金融相结合，促进科技成果转化，促进经济体制改革。以各种形式支持企业科技进步，推动高新技术企业及产业的发展。

投资公司的业务范围包括：信托、委托存贷款业务，证券发行与转让业务，金融租赁业务，人民币的经济担保和见证业务，房地产投资业务，经济咨询业务，外汇信托存款、放款、投资，外汇借款、存款、放款、投资，外汇租赁、外汇担保，资信调查、咨询和见证业务。此外，还有中国人民银行和国家外汇管理局批准经营的其他金融业务。

投资公司总部由总裁办公室、财务部、国际业务部、国内金融部、科技金融部、证券部、房地产部、办公室、人事部、稽核部、法律事务室组成。

下属单位由深圳、海南、上海、武汉四家办事处和一些证券营业部组成。

1996年，投资公司严格执行国家的各项金融政策，切实加强内部管理，认真贯彻年初制定的指导方针，各项业务均有了长足的发展。这一年，投资公司完成了增资扩股工作，年末公司人民币股本金为4.1亿元，外汇股本金为1550万美元，公司资本充足率达到8.87%，且改制为有限责任公司，以全新的面貌出现在金融同业面前。投资公司按照自己制定的中长期发展目标，以投资银行化为核心，向集团化和国际化迈出了坚实的一步。

投资公司的外汇业务已不再只限于传统的存、拆、贷业务，1996年首次与瑞士信贷银行开展信用证业务，投资公司获得了500万瑞士法郎的开证额度和400万瑞士法郎的拆借额度，并于年内开出了第一笔金额为30万美元的信用证。

在证券业务方面，1996年投资公司以准一级国债承销商身份参加了全国八次国债承销工作，全年共承销国债22亿元，同时投资公司在全国几百家券商激烈竞争的情况下，成为首批十家获得主承销商资格的公司之一。投资公司全力收购证券营业部，截止到1996年底，投资公司已有证券营业部18家，网点遍布全国主要城市。

在其他方面，投资公司进一步加大收贷力度，努力盘活资产，到1996年底总资产已达到88.1亿元人民币，实现利润6 248万元人民币，全年累计上缴税金3 253万元人民币，分别比上年增长16.56%、56%、45%。

同时，1996年投资公司十分注重思想建设和员工的业务培训，员工队伍凝聚力增强，使投资公司逐步形成了"效益第一、信誉至上、团结敬业、开拓进取"的经营宗旨和"爱党、爱国、爱公司、爱本职工作、求实、创新、团结、廉洁、敬业"的企业文化精神。

东方科学仪器进出口集团公司

总　　裁：曲守慈
地　　址：北京市西城区三里河路52号
邮　　编：100864
临时地址：北京市海淀区中关村南3街8号
邮　　编：100080
电　　话：010-62614989
传　　真：010-62614399

1980年3月27日经国务院批准成立东方科学仪器进出口公司，1995年10月18日经国家经贸委批准成立东方科工贸集团。现有员工324人，院编人员400人，300人有专业技术职务。集团公司有职工104人，其中高级职称27人，中级职称25人，初级职称28人。

集团公司设有总裁办公室、综合计划部、企业管理部、财务部、8个业务部、信息部、储运部等部门。

集团公司下属企业有：美国斯凯泰公司、泰国东方科技开发有限公司、香港豪赛克仪器有限公司、东方国际招标有限责任公司、东方科学仪器上海进出口公司、东方科工贸广州进出口公司、东方科学仪器大连进出口公司、浙江东方科学仪器进出口公司、青岛东方科学仪器进出口公司、北京三高科技公司、北京海淀东星计算机公司、北京依斯特现代仪器装备有限公司、北京中科东方工程师事务所、北京东方科技公司、北京东方集成机电设备有限公司、北京欧赛克技术服务有限责任公司、北京东颐东方科技有限责任公司。

下设办事处有：东方科学仪器进出口集团公司成都办事处、东方科学仪器进出口集团公司新疆办事处、东方科学仪器进出口集团公司昆明办事处。

集团公司宗旨：依靠中科院雄厚的技术力量，以进出口贸易为龙头，以实业为基础，以市场为导向，技、工、贸一体化，实行综合经营，国际化经营，为科研和经济建设服务。

经营范围：1. 自营和代理社会各界委托的进出口业务，包括科研教学仪器、仪表、机械设备、元器件、化学试剂、材料、工具等商品的进口和科研教学仪器、仪表、机械设备、元器件、新型材料、化工产品、化学试剂、服装、纺织品、轻工产品、土畜产品、粮油、黑色金属、陶瓷品、运输工具、医药、名贵花卉、实验动物、植物、古生物标本等商品的出口业务。

2. 承办技术进出口业务。

3. 承办仪器设备的租赁业务。

4. 承办政府贷款、国际金融组织贷款项下的高技术仪器设备的国际招标采购业务。

5. 采取合资经营、合作经营、合作生产、"三来一补"、易货贸易等多种贸易方式与国内外企业、机构、个人开展生产合作、新技术开发等业务。

6. 开展国际出版合作业务、出口科技书刊和资料。接受国内外委托刊登广告业务。

7. 承办国外厂商委托的代理、代销和寄售业务。提供技术维修和技术咨询服务，在国内外举办技术交流及展览活动。

经营情况：1996年进出口总额为9 903万美元，其中进口到货为6 300万美元，实际出口为3 603万美元，与1995年相比，基本持平。

深圳科健集团有限公司

总　　裁：侯自强
地　　址：广东省深圳市蛇口沿山路 10 号
邮政编码：518017
电　　话：0755-6692740
图文传真：0755-6676959

科健集团的首家公司成立于 1984 年。至今，集团共有 12 家成员公司，全部以资产关系为联系纽带。科健集团资产总值达 6 亿元，员工 800 余人。

科健集团的主要产业方向为医疗设备制造业和信息产业。

科健集团依托中国科学院雄厚的技术背景，自 1994 年起，集合集团内优秀技术开发人才，并与中国科学院声学所 DSP 中心紧密合作，密切追踪研究国际上数字信息技术发展动向，与国内有关部门和多家知名高技术公司建立了广泛的合作投资、技术合作、信息交流、产品代理等商务关系，并在计算机多媒体技术、HFC 城域网通信技术、Internet/Intranet 局域网技术、数字化音像传输接收放送技术等多个领域进行了卓有成效的技术和产品开发，已初步形成了能够快速切入数字信息产业多个新领域的开发设计、生产及市场营销系统。在此基础上，科健集团已确定以数字信息产业作为自己今后发展的支柱产业，并确定首先以数字消费电子产品和数字通信服务及系统集成，为进入数字信息产业的切入点。

1. 数字消费类电子产品

数字信息技术的发展，使音像消费类电子产品全面向数字化转变。科健集团已经推出与正在加紧开发的数字消费电子包括 VCD、DVD、数字电视 DVB 机顶盒、数字音频广播 DAB 接收机、百姓网网络电视 WEB-TV 机顶盒、3D 网络游戏机等。

科健集团所属中国科健股份有限公司，是本集团承担数字消费电子产品的主力公司。该公司是在深圳证券交易所上市的首家高技术公司，具有雄厚的技术力量，并已建立了可从事大规模生产，销售的运营系统。1997 年，该公司将采用多种方式融通资金，迅速扩大产销规模。

2. 数字通信服务及系统集成

数字信息技术革命的中心是计算机通信技术的发展。科健集团在发展新一代数字信息产业中选择网络通信系统，特别是宽带网通信系统集成作为又一切入点，将在多项应用业务领域为用户提供优质的服务。

(1) 广联数据网：科健集团 1996 年与广播电影电视部中国数据广播网络中心合资建立北京广通联数据广播有限公司。该公司以建设、开发、经营广联数据网为首要业务方向。广联数据网利用卫星广域网连接全国各地有线电视光纤同轴混和城域网 (HFC)，构成全国计算机互联网络。

广电部正在着手施行连接全国主要城市的部级 2.5Gbps 有线广播专用光纤骨干网。该网开通时，将分配给广通联公司 155Mbps 的数据通道。届时这一光纤广域网可同卫星广域网相补充，为各地地面城域网、局域网接入提供更为快速、便捷的通道。

(2) 网络电视 WEB-TV：广通联公司开发、运营广联数据网的另一重要前景是推广网络电视 WEB-TV 的应用。WEB-TV 技术的发展，使得用户不必具有丰富的计算机操作知识，只需能够使用遥控鼠标，认识汉字，就可在客厅里通过电视屏幕流览 Internet 及信息供应商提供的丰富信息。广通联公司将着手策划利用广联数据网，建立 WEB-TV 信息服务的百姓网。这一项目需要数亿元投资，其市场潜力极大，能够极大促进 Internet 接入业务的发展，未来的经济效益十分看好。

(3) 数字通信系统集成及应用软件开发：科健集团发展信息产业的另一个切入点是数字通信系统集成和相关的应用软件开发。科健集团所属珠海国际智能软件公司是集团开展数字通信系统集成业务和相关软件开发的主力公司。

国际智能公司承接各类 Intranct 企业内部网系统集成工程。Intranct 是基于 Internet 的 TCP/IP 协议和 WEB 技术的局域网。与传统的局域网技术相比，Intranct 具有节省投资、易扩展、兼容性好等优点，特别是对于有异地部门的企业，Intranct网的优势更加明显。国际智能公司基于已经熟练掌握 Internet/Intranet 技术和相关的服务器技术、防火墙技术、大型数据库技术，同 Microsoft、Nctscape、IBM、SUN 等计算机软件、硬件大公司具有广泛的合作关系，并自身具有在 Unix、WindowsNT 平台上进行应用软件开发的能力，因此可承担大型 Intranet 系统集成项目。